普通高等教育“十一五”国家级规划教材
“十四五”普通高等教育本科省级规划教材
科学出版社“十四五”普通高等教育本科规划教材

高等学校工商管理类专业精品系列教材

Financial Management

财务管理学

（第四版）

韩东平　主编

科学出版社

北京

内 容 简 介

本书以现代企业制度和市场经济运行规律为背景，以现代信息技术对财务活动产生的影响为切入，全面、系统、综合地介绍了财务管理的基本理论和知识，主要包括财务管理的基本概念和内容、财务共享的概念与框架、公司治理结构与理财环境、业财融合、资金时间价值、财务预测和预算、筹资方式、资本成本和杠杆、资本结构、项目投资决策、证券投资决策、营运资金管理、收益分配、资本运营管理、财务分析、司库管理。各部分相互贯通，有助于读者消化理解书中内容。每章后配有复习思考题，还配有 MOOC（慕课）教学课件，为选用本书作为教材的教师提供教学支持。

本书可供高等院校财经类、工商管理类学生使用，也可供财务工作者和自学人员阅读参考。

图书在版编目（CIP）数据

财务管理学 / 韩东平主编. -- 4 版. -- 北京 : 科学出版社, 2025. 2. --（普通高等教育“十一五”国家级规划教材）(“十四五”普通高等教育本科省级规划教材)(科学出版社“十四五”普通高等教育本科规划教材)（高等学校工商管理类专业精品系列教材）. -- ISBN 978-7-03-080139-5

Ⅰ. F275

中国国家版本馆 CIP 数据核字第 202493SK02 号

责任编辑：王京苏　尹　越 / 责任校对：姜丽策

责任印制：张　伟 / 封面设计：有道设计

科学出版社 出版

北京东黄城根北街 16 号

邮政编码：100717

http://www.sciencep.com

三河市骏杰印刷有限公司印刷

科学出版社发行　各地新华书店经销

*

2003 年 7 月第　一　版　开本：787×1092　1/16

2007 年 5 月第　二　版　印张：19 1/2

2017 年 3 月第　三　版　字数：460 000

2025 年 2 月第　四　版　2025 年 2 月第三十二次印刷

定价：58.00 元

（如有印装质量问题，我社负责调换）

第 四 版 序

不断涌现的新技术和新方法对现代企业经营管理产生了巨大的影响，党的二十大报告指出：“高质量发展是全面建设社会主义现代化国家的首要任务。”①这改变了企业经营方式和管理模式，也对个人掌握新知识、新理念提出了更高的要求。只有与时俱进，才能跟上时代发展步伐。

业财融合、财务共享、司库等新理念和新模式被越来越多的现代企业应用于管理实践中。而这些新知识、新方法、新技术、新理念和新模式的出现，使得传统的财务管理知识体系亟待更新，财务管理课程内容的修订、完善、补充势在必行。

《财务管理学（第四版）》是在第二版和第三版的基础上，根据环境的变化以及新技术、新方法、新业态的需要而更新的修改版，增加了业财融合、财务共享、司库管理等内容，完善了财务管理知识的内容体系，具有更好的实用性、指导性和前瞻性，可读性和操作性也更强。对企业特别是集团公司财务模式改革和调整将起到积极的引领作用，对财务管理实践将发挥更强的指导意义。

本书的作者既有长期从事财务管理教学和科研工作的学者，也有年轻有为、思想活跃的博士生；不仅拥有丰富的教学实践经验，了解学生和读者的需求，而且能快速响应新技术在新业态中的要求。在教材编写过程中力求使内容由浅入深、重点和难点突出、篇章布局合理。本书的特点还在于从管理角度审视财务问题，在内容设计、篇章布局、详略难易程度安排上都有其独到之处。

本书 2003 年 7 月出版第一版后，深得读者喜爱，2007 年 5 月修订出版第二版，2017 年 3 月修订出版第三版，目前又进行第四版修订。每一版都随着经济形势发展和社会环境变化而进行与时俱进的知识更新。目前已经印刷了二十四次，是普通高等教育“十一五”国家级规划教材。

本书由韩东平任主编，王晓巍和彭彦敏任副主编，具体编写分工为韩东平负责第一、五、六、七、九、十章，王晓巍负责第三、八、十一章，彭彦敏负责第十二、十三章，李晓琳负责第二章，张华负责第四章，张琦负责第十四章及第十四章习题答案。为方便读者使用，本书在出版后配有教学课件，课件由彭彦敏制作，书后习题答案由郭偲偲完成（除第十四章外）。

由于我们水平有限，书中可能存在疏忽之处，诚挚欢迎读者批评指正。

编　者

2025 年 1 月

---

①《习近平：高举中国特色社会主义伟大旗帜 为全面建设社会主义现代化国家而团结奋斗——在中国共产党第二十次全国代表大会上的报告》，https://www.gov.cn/xinwen/2022-10/25/content_5721685.htm[2022-10-25]。

目　　录

第一章　总　论

财务是客观存在的一种资金运动，财务管理是对资金运动进行规划和控制的一项管理活动。财务存在于企业和我们日常生活的方方面面，而且又是企业和日常生活的核心部分。党的二十大报告指出："高质量发展是全面建设社会主义现代化国家的首要任务。"[①]财务管理处于企业管理的中心地位，企业良好的财务状况有利于实现企业可持续发展，有利于经济高质量发展。

因此，人们从不同角度和各个方面重视和关心这门学科。本章概括介绍了财务管理的基本理论，明确了资金的运动形式、财务管理的目标和原则。

第一节　财务管理的内容

一、企业的资金运动形式

在生产经营过程中，企业资金不断运动并发生形态的改变。在商品经济条件下，企业资金运动体现为以下两种形式。

（一）实物商品资金运动

商品是使用价值和价值的统一体，企业再生产过程既是使用价值的生产和交换过程，又是价值的形成和实现过程。在这个过程中，企业需要筹集必要的劳动手段和劳动对象，使劳动者能借助劳动手段，作用于劳动对象，生产出社会需要的商品，并使劳动者新创造的价值物化在商品中，以实现价值的增值。这种价值运动过程可以表示如下：

$$G—W\cdots P\cdots W'—G'$$

式中，G 表示货币；W 表示商品；P 表示生产；W' 表示含有价值增值量的商品；G' 表示增值的货币；$G—W$ 与 $W'—G'$ 表示流通过程；…表示流通过程中断，进入生产过程。

① 《习近平：高举中国特色社会主义伟大旗帜　为全面建设社会主义现代化国家而团结奋斗——在中国共产党第二十次全国代表大会上的报告》，https://www.gov.cn/xinwen/2022-10/25/content_5721685.htm[2022-10-25]。

上式中，$G—W$ 反映实物商品的购进过程，同时也是货币资金向商品资金的转化过程。$W\cdots P\cdots W'$ 反映购进的实物商品与劳动力结合而被生产加工成为一种新的实物商品的过程，同时也是商品资金转化为生产资金，继而又转化为商品资金（或成品资金）的过程。$W'—G'$ 反映实物商品的销售过程，同时又是商品资金向货币资金转化的过程。这样企业经过 $G—W\cdots P\cdots W'—G'$，从货币资金又转回货币资金，形成了资金的循环，不断的资金循环形成资金周转。

（二）金融商品资金运动

在现代企业中，不仅存在实物商品的资金运动，同时也存在金融商品的资金运动。金融商品狭义地讲是指各种能在金融市场中买卖，并有市场价格的商品，如果用 G_w 表示金融商品，它包括以下两种形式。

1. $G—G_w—G'$

该式表明，金融商品的资金运动也经历两个阶段：购买金融商品的过程，同时也是货币资金向金融商品资金转化的过程；出售金融商品的过程，同时也是金融商品资金向货币资金转化的过程。所以在金融商品的买卖过程中，随着金融商品的运动也产生了资金运动。

2. $G_w—G\cdots G'—G_w$

该式表明，通过金融商品获得货币资金后，将货币资金投入生产经营过程中，最后又以货币资金偿付金融商品。

二、财务活动的内容

通过以上对企业资金运动过程的描述，可以概括出企业财务活动的内容。

（一）筹资活动

筹资活动是指企业为了满足投资和用资的需要，筹措和集中所需资金的过程。在筹资过程中，企业一方面要确定筹资的总规模，以保证投资所需要的资金；另一方面要通过筹资渠道、筹资方式或工具的选择，合理确定筹资结构，以降低筹资成本和风险。

从整体上看，任何企业都可以从两方面筹资并形成两种性质的资金来源：一是企业自有资金，它是企业通过吸收直接投资、发行股票、企业内部留存收益等方式取得的资金，其投资者包括国家、法人、个人等；二是企业债务资金，即企业通过银行借款、发行债券、应付款项等方式取得的资金。

如果企业经营效益好，债务资金会发挥其正财务杠杆作用，提高资本收益率；如果经营效益差，债务资金会起到负财务杠杆作用，降低资本收益率。因此，加强债务资金的管理有利于降低债务风险。

企业筹集资金表现为企业资金的流入。企业偿还借款、支付利息、股利及付出各种筹资费用，表现为企业资金的流出。这种因为资金筹集而产生的资金收支，便是由企业筹资引起的财务活动。

（二）投资活动

企业取得资金是为了将资金投入使用，以谋求最大的经济效益；否则，筹资就失去了目的和效用。企业投资可以分为广义投资和狭义投资两种。广义投资是指企业将筹集的资金投入使用的过程，包括企业内部使用资金的过程（如购置流动资产、固定资产、无形资产等），以及对外投放资金的过程（如投资购买其他企业的股票、债券或与其他企业联营等）。狭义投资仅指对外投资。无论是广义投资还是狭义投资，都需要企业支付资金。而当企业投资变现时，则会产生资金的收入。这种资金的收付，便是由投资活动引起的财务活动。

另外，企业在投资过程中，必须考虑投资规模，也就是在怎样的投资规模下，企业的经济效益最佳；企业还必须根据投资方向和投资方式的选择，确定合理的投资结构，以提高投资效益、降低投资风险。

（三）资金营运活动

企业在日常生产经营过程中，会发生一系列的资金收付。首先，企业要采购材料或商品，以便从事生产和销售活动，同时，还要支付工资和其他营业费用；其次，当企业把产品或商品售出后，便可取得收入，收回资金；最后，如果企业现有资金不能满足企业经营的需要，还要采取短期借款方式筹集所需资金。上述各方面都会产生企业资金的收付。这种因企业经营而引起的财务活动，便称为资金营运活动。

企业的营运资金主要是为满足企业日常营业活动的需要而垫支的资金。营运资金的周转与生产经营周期具有一致性，在一定时期内，资金周转越快，就越可以利用相同数量的资金，生产出更多的产品，取得更多的收入，获得更多的报酬。因此，如何加速资金周转，提高资金利用效果，也是财务管理的主要内容之一。

（四）资金的分配活动

企业通过投资过程（包括对内投资和对外投资）必然会取得收入。按照经济核算的原则，这种收入要弥补生产经营耗费、缴纳流转税，差额部分为企业的营业利润。营业利润和投资净收益、营业外收支净额等构成企业的利润总额。利润总额按国家规定缴纳所得税；净利润要提取公积金和公益金，分别用于扩大积累、弥补亏损和改善职工集体福利设施；其余利润进行投资者的收益分配或暂时留存企业作为投资者的追加投资。值得说明的是，企业筹集的资金归结为所有者权益和负债两个方面。在对这两种资金分配报酬时，前者是通过利润分配的形式进行的，属于税后利润分配；后者是通过将利息等计入成本费用的形式进行分配的，属于税前分配。

另外，随着分配过程的进行，资金退出或者留存企业，必然会影响企业的资金运动，这不仅表现在资金运动的规模上，而且表现在资金运动的结构上，如筹资结构。因此，在一定的法律原则下，如何合理确定分配规模和分配方式，以使企业的长期利益最大，也是财务管理的主要内容之一。

上述财务活动的四个方面，不是相互割裂、互不相关的，而是相互联系、相互依存的。正是上述相互联系又有一定区别的四个方面，构成了完整的企业财务活动。

三、财务关系

企业的财务活动表面上看是钱和物的增减变动，其实，钱与物的增减变动离不开人与人之间的经济利益关系。这种财务关系包括以下几个方面。

（一）企业与国家之间的财务关系

国家作为社会管理者，担负着维护社会正常秩序、保卫国家安全、组织和管理社会活动等任务，因此，国家以收缴各种税金的形式，与企业之间产生财务关系。

（二）企业与投资者之间的财务关系

企业与投资者之间的财务关系是指投资者向企业投入资金，企业向其支付投资报酬而形成的经济关系。企业的所有者主要包括国家、法人和个人。企业的所有者要按照投资合同、协议、章程的约定履行出资义务，以便及时形成企业资本。企业利用资本进行营运，实现利润后，应该按照出资比例或合同、章程的规定，向其所有者支付报酬。一般而言，所有者的出资不同，他们各自对企业承担的责任也不同，相应对企业享有的权利和利益也不相同。

（三）企业与债权人之间的财务关系

企业与债权人之间的财务关系是指企业以取得借款、购买货物等形式获得资金使用或占用权而形成的经济关系。企业的债权人主要有债券持有人、贷款机构、商业信用提供人及其他出借资金给企业的单位和个人。企业利用债权人的资金，要按约定的时间和方式，及时偿还，因此，债务到期时，要合理调度资金。企业同其债权人的财务关系是债权与债务关系。

（四）企业与债务人之间的财务关系

企业与债务人之间的财务关系是指企业将其资金以购买债券、提供借款或商业信用等形式出借给其他单位，从而形成的经济关系。企业发生债务关系后，有权要求其债务人按约定的条件和方式偿还。企业同其债务人的关系体现的是债权与债务关系。

（五）企业内部各单位之间的财务关系

企业内部各单位之间的财务关系是指企业内部各单位之间在生产经营各环节中相互提供产品或劳务而形成的经济关系。企业内部各职能部门和生产单位既分工又合作，共同形成一个企业系统。只有这些子系统的功能协调，整个系统才能具有稳定功能，从而达到企业预期的经济效益。因此，在实行厂内经济核算制和企业内部经营责任制的条件下，企业供、产、销各个部门以及各个生产单位之间，相互提供劳务和产品要计价结算。这种在企业内部形成的资金结算关系，体现了企业内部各单位之间的经济利益关系。

（六）企业与职工之间的财务关系

企业与职工之间的财务关系是指企业在向职工支付劳动报酬的过程中形成的经济关系。职工是企业的劳动者，他们以自身提供的劳动作为参加企业分配的依据。企业根据职工的劳动情况，用其收入向职工支付工资、津贴和奖金，并按规定提取公益金等，体现职工个人和集体在劳动成果上的分配关系。

（七）企业与董事会、监事会的财务关系

董事会负责制定或审定公司的战略性决策并检查其执行情况，企业要为董事会支付董事会经费，因此，企业与董事会之间会发生经济利益关系。监事会负责检查企业财务，监督董事、经理遵守法律、法规或公司章程的行为，企业也要支付一部分经费给监事会，因此，监事会与企业也会发生经济利益关系。

（八）企业集团内部的财务关系

企业集团是指以一个或多个大型骨干企业为核心，以资本、技术、产品等为纽带，各成员企业按控股、持股关系组合而成的组织。各成员企业按紧密程度分为以下类型：①核心层企业，是集团企业的核心成员，可以采取股份公司形式，也可以采用有限责任公司形式与集团企业形成财务关系；②紧密层企业，是集团企业的重要成员，一般由核心层企业投资或控股或管理；③半紧密层企业，也称关联企业，由核心层企业参股（未达到控股），或由紧密层企业全资或控股；④松散层企业，也称协作企业，是指与核心层企业没有产权关系，但有稳定经营业务关系，或者由紧密层、半紧密层企业参股的企业。

第二节 财务管理的目标

一、财务管理目标的几种观点

（一）利润最大化

利润最大化即假定在企业的预期投资收益确定的情况下，财务管理行为将朝着有利于企业利润最大化的方向发展。以利润最大化作为财务管理的目标，有其科学的成分。其原因主要有以下几点：①人类进行任何活动，都是为了创造剩余产品，而剩余产品的多少，可以用利润的多少来衡量；②在自由竞争的资本市场中，最容易获得资本使用权的是获利最大的企业；③企业通过追求利润最大化，可以使整个社会财富实现极大化。但是不少理论认为，将利润最大化作为财务目标，是集经营权与所有权于一身时期的产物，随着所有权与经营权的分离，经营者必须协调与企业有关的各方面利益，如与各种债权人、业主（股东）、消费者、雇员、政府和社会等之间的关系。因此，再以利

润最大化作为财务管理的目标就不适当了。此外，利润最大化还存在以下缺点：①利润最大化的概念含混不清，没有指出这种利润是短期利润还是长期利润，是税前利润还是税后利润，是经营总利润还是支付给业主（股东）的利润。②利润最大化没有考虑利润发生的时间。例如，5 年后获利 1 000 万元与 5 年中每年末获利 200 万元，哪个更理想？若不考虑货币时间价值，就难以做出正确的判断。③利润最大化没有反映创造的利润与投入的资本额之间的关系，只将不同投入额所创造的利润总额进行比较，没有太多的意义。④利润最大化没有考虑风险问题。一般而言，报酬越高，风险越大，追求利润最大化，有时会增加企业的风险，而利润最大化目标却没有考虑风险问题。

（二）资本利润率最大化或每股收益最大化

资本利润率是利润额与资本额的比值。每股收益（earnings per share，EPS）是利润额与普通股股数的比值。这里利润额是税后净利润。所有者作为企业的投资者，其投资目标是取得资本收益，具体表现为税后净利润与资本额或股数（普通股）的对比关系。这个目标的优点是把企业实现的利润额同投入的资本或股本数进行对比，能够说明企业的盈利水平，可以在不同资本规模的企业之间或同一企业不同期间进行比较，揭示其盈利水平的差异。但该指标仍然没有考虑资金时间价值和风险因素，也不能避免企业的短期行为。

（三）企业价值最大化

投资者建立企业的重要目的在于创造尽可能多的财富。这种财富最终体现为企业的价值。企业价值通俗地说是指企业本身值多少钱。企业虽不是一般意义上的商品，但也可以被买卖。要买卖必然要对企业进行市场评价，通过市场评价来确定企业的市场价值或者企业价值。在对企业评价时，看重的不是企业已经获得的利润水平，而是企业潜在的获利能力。因此，企业价值不是账面资产的总价值，而是企业全部财产的市场价值，它反映了企业潜在或预期获利能力。投资者在评价企业价值时，是以投资者预期投资时间为起点的，并将未来收入按预期投资时间的同一口径进行折现，未来收入的多少按可能实现的概率进行计算。可见，这种计算方法考虑了资金的时间价值和风险因素。企业未来收入越多，实现收益的时间越近，应得的报酬越确定，则企业的价值越大。

以企业价值最大化作为财务管理的目标，其优点主要表现在以下方面。

（1）这一目标考虑了资金的时间价值和投资的风险价值，有利于统筹安排长短期规划，合理选择投资方案、有效筹措资金、合理制定股利政策等。

（2）这一目标反映了对企业资产保值增值的要求，从某种意义上说，企业价值越大，企业市场价值就越大，追求企业价值最大化可促使企业资产保值或增值。

（3）这一目标有利于克服管理上的片面性和短期行为。

（4）这一目标有利于社会资源合理配置，社会资金通常流向企业价值最大化的企业或行业，有利于实现社会效益最大化。

在股份制经济条件下，资金的所有者将资金投资于股票，其本人成为股东，其财产就体现在股票这种虚拟资本上。股东的财产价值不是股票的票面价值，而是股票的市场价格，即股票市价（以下简称股价）。所以在股份制经济条件下，企业价值最大化可以进一步演变成股票市价最大化。企业价值（股价）最大化不仅反映了股东的主观愿望，也反映了企业外部的客观评价；不仅反映了企业财务管理的目标，也反映了整个社会的经济目标；不仅反映了股东的利益，也反映了雇员、债权人和管理当局的利益，因而是最合理的财务目标。

（四）利益相关者利益最大化

利益相关者利益最大化是指财务管理应为所有利益相关者服务。随着经济环境的全球化，企业的利益主体日益多元化，其关系也趋向于复杂化。企业财务管理的目标就不应单纯是追求资本所有者资本收益的最大化，而应是为各个利益相关者或当事人服务，追求所有利益相关者利益的最大化。企业有不同利益体，包括投资者、董事会、经营者、债权人、生产者、供应者与购买者等，并且他们之间存在利益冲突。20 世纪 60 年代以前，这些利益体在企业生产经营过程中所起的作用差别很大，投资者的投资在企业生产经营过程中起着非常重要的作用，其力量最大、呼声最大、最具有发言权，而其他利益体，没有发言权，投资者在企业经营过程中，起绝对优势作用，经营过程体现为投资者服务，所以就出现了“利益最大化”“股东财富最大化”等一系列充分体现投资者利益的财务管理目标。60 年代以后，随着高科技水平的发展，知识经济和人力资本在企业中的作用和产生的影响越来越大，投资者、经营者、债权人、生产者在企业中的作用和地位也发生较大的变化，他们在生产经营过程中的发言强硬起来，利益也开始受到重视，他们也开始争取自己的利益。宾夕法尼亚议会通过的《参议院 1310 法案》就表明企业的这些利益相关者争取利益的成功，这时的财务管理目标就既要体现为投资者服务，又要考虑利益相关者的利益。因此，出现了利益相关者利益最大化的财务管理目标。这种观点同样考虑了资金的时间价值、风险与报酬等问题，但是，这种观点并未得到普遍认同。

二、财务管理的目标与社会责任

总的来说，企业要承担的社会责任与财富最大化的财务目标在利益上是一致的，但也存在矛盾。因为企业承担太多的社会责任会使企业财富减少，而且每个企业应不应该承担社会责任、承担多少社会责任，也没有一个明确的标准和界限，所以不同企业承担的社会责任有不平等的问题。党的二十大报告为中国的企业及企业家履行社会责任指明了方向。党的二十大报告提出：“推动绿色发展，促进人与自然和谐共生。”①在党的二十大精神的指引下，越来越多的企业主动发布《环境、社会与公司治理（ESG）报告》②，披露其在加强环境保护、推动绿色发展等方面的行动举措。而最佳的方法就是通过法律形式确定出企业应该承担多少社会责任，以便使各个企业在承担社会责任方面

① 《习近平：高举中国特色社会主义伟大旗帜 为全面建设社会主义现代化国家而团结奋斗——在中国共产党第二十次全国代表大会上的报告》，https://www.gov.cn/xinwen/2022-10/25/content_5721685.htm[2022-10-25]。

② ESG 全称为 environmental, social and governance。

的负担公平合理。企业应在承担社会责任的基础上，使财富最大化。

三、财务管理目标协调

企业财务管理目标是企业价值（股东财富）最大化。在这一目标上，财务活动所涉及的不同利益主体如何进行协调是财务管理必须解决的问题。

（一）所有者与经营者的矛盾和协调

企业价值（股东财富）最大化直接反映了企业所有者的利益，但企业的经营是通过经营者完成的，为此所有者必须放弃一部分利益。对所有者来讲，他所放弃的利益也就是经营者所得的利益。在西方，这种被放弃的利益也被称为所有者支付给经营者的享受成本。但问题的关键不是享受成本的多少，而是在增加享受成本的同时，是否更多地提高企业价值（股东财富）。因而，经营者和所有者的矛盾在于，经营者希望在提高企业价值（股东财富）的同时，能更多地增加享受成本；而所有者和股东则希望以较低的享受成本支出带来更高的企业价值（股东财富），因此会产生代理成本。为了解决这一矛盾，应采取将经营者的报酬与绩效相联系的办法，并辅之以一定的监督措施。

（1）解聘。这是一种通过所有者约束经营者的办法。总经理由董事会选聘，如果其未能使企业价值（股东财富）达到最大，董事会就可以解聘经营者，经营者害怕被解聘而被迫朝财务管理目标努力。

（2）接收。这是一种通过市场来约束经营者的办法。如果经营者经营决策失误、经营不力，未能采取一些有效措施使企业价值（股东财富）提高，该公司在市场上的估价就会降低，就可能被其他公司强行接收或吞并，相应的经营者也会被解聘。经营者为了避免这种接收，必须采取一切措施提高股票市价。

（3）激励。将经营者的报酬与其绩效挂钩，以使经营者自觉采取满足企业价值（股东财富）最大化的措施。激励有两种基本方式：①股票选择权方式。它允许经营者以固定的价格购买一定数量的公司股票，当股票的价格比固定价格越高时，经营者所得的报酬就越多，经营者为了获取更大的股票涨价益处，就必然主动采取能够提高股价的行动。②绩效股形式。它是公司运用每股利润、资产报酬率等指标来评价经营者的业绩，视其业绩大小给予经营者数量不等的股票作为报酬的方式。如果公司的经营业绩未能达到规定目标，经营者就将丧失这部分绩效股。因此，经营者为了多得绩效股不断采取措施提高公司的经营业绩，从而使每股市价最大化。

（二）所有者与债权人的矛盾和协调

所有者的财务目标可能与债权人期望实现的目标发生矛盾。首先，所有者可能未经债权人同意，要求经营者投资于比债权人预计风险要高的项目，这会增大偿债的风险，债权人的负债价值也必然会比实际低。高风险的项目一旦成功，额外的利润就会被所有者独享；但若失败，债权人却要与所有者共同负担由此造成的损失。对债权人来说，风险与收益是不对称的。其次，所有者或股东可能未征得现有债权人同意，而要求经营者发行新债券或举借新债，致使旧债券或老债的价值降低（因为相应的偿债风险增加），从而产生矛盾。

为协调所有者与债权人的上述矛盾，通常可采用以下方式：①限制性借款。在借款合同中加入某些限制性条款，如规定借款的用途、借款的担保条款和借款的信用条件等。②收回借款或不再借款。当债权人发现公司有侵蚀其债权价值的意图时，就会采取收回债权或不给予公司重新放款等措施，从而保护自身的权益。

第三节 财务管理的组织

一、建立企业财务管理组织机构的原则

企业财务管理是一项综合的经济管理工作。要做好这项工作，必须建立健全财务管理的组织机构，而组织机构建立应明确其原则。

（一）精简原则

建立企业财务管理组织机构，应该贯彻精简的原则。无论是管理人员还是管理形式，都不能臃肿复杂，更不能人浮于事，而应该精兵简政、强化责任、杜绝扯皮。只有这样，才能提高工作效率，使企业纷繁复杂的业务得以及时处理。

（二）高效原则

效率的高低是企业活力和竞争力强弱的重要标志。建立企业财务管理组织机构，必须贯彻高效原则，只有这样，才能加速资金周转，提高资金的使用效果，不断开创新局面。

二、企业财务管理组织机构的形式

财务管理组织机构的形式是指企业财务管理机构的设置方式。目前，我国企业财务管理组织机构设置的形式主要有以下两种。

（一）传统财务管理的组织形式

1. 一元化组织形式

这种形式是将财务管理和会计管理两个机构合并在一起，是目前多数小型企业采用的形式。在这种形式下，企业一般设一个财会科室，由总会计师或财务经理来领导，负责企业的财务和会计两方面的管理工作，见图 1-1。

一元化的财务会计组织机构适应小型企业的要求。因为在这种类型的企业中，企业业务量较小，需要的资金由企业根据需求解决，发生的费用按国家制度来执行，实现的利润也集中管理。企业筹集资金、使用资金、分配资金等财务职能，相当一部分由会

图 1-1 一元化财务管理组织机构示意图

计职能代替。在这种情况下，依靠会计单方面的管理就可以理好企业的财务关系，掌握企业的资金运动，企业没有必要单独设置财务机构，因此，采用这种组织形式。

随着市场经济的发展，企业已逐步成为自主经营、自主理财、自负盈亏的经济实体，企业面临的财务环境越来越复杂，财务管理的内容越来越丰富，财务管理发挥的作用也越来越重要。企业财务管理部门担负着筹集资金、运用资金、分配盈利的重要任务，因而这种一元化的财务管理组织机构已越来越不适用于大中型企业。

2. 二元化组织形式

这种形式是将一元化的财务会计分开，单独设置财务部门和会计部门，两者各有分工、各司其职（图 1-2）。图 1-2 中实线代表直接领导关系，虚线代表间接领导关系或协商关系。财务部门的负责人是财务副经理，他直接向总经理汇报。在财务副经理之下，有两位主要管理人员，即财务主任和会计主任。财务主任负责资金的筹集、使用和盈利分配，会计主任负责会计和税务方面的工作。具体分工如图 1-2 所示。

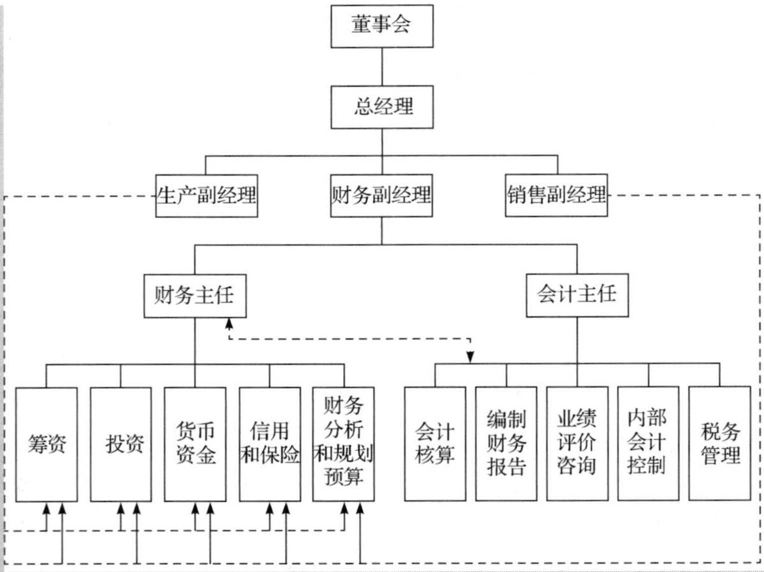

图 1-2 二元化财务管理组织机构示意图

1）财务主任的职能

（1）筹集资金。预测资金的需要量并保证企业生产经营对资金的需要。

（2）投资及与投资者保持良好关系。负责企业的各项投资，并与各种投资机构保持良好的关系。

（3）银行和保管。承担银行职能，对企业货币的收入和支出、有价证券的买卖及其他财务方面的交易活动进行管理。

（4）信用和保险。制定信用政策，催收企业的应收账款；鉴别和估价企业保险的财产可能发生的损失，选择保险总额的适当构成，获得有利于企业的保险条款。

（5）财务分析和规划预算。分析财务状况，制定企业生产经营中的各项计划，并把计划与实际执行情况进行对比，以控制企业的经营活动。

2）会计主任的职能

（1）会计核算。按照会计准则、根据会计程序和会计方法准确地记录经济业务。

（2）编制财务报告。及时向外部利益集团提供有关的财务报告。

（3）业绩评价咨询。评价金融、财政、物价等经济方面的变化情况，并解释其对企业的影响。

（4）内部会计控制。按照财政部《企业内部控制基本规范》，实施内部会计控制管理。

（5）税务管理。制定必要的税务政策和税务程序，负责申报纳税数额，并控制对纳税有重要影响的经济业务，使企业的长期总税负减少到最低。

（二）财务共享框架下的组织形式

1. 财务共享服务

1）财务共享服务的概念

共享服务的概念是罗伯特·W. 冈恩（Robert W. Gunn）等在1993年提出，它的思想在于，在提供服务时共享组织成员和技术等资源。布赖恩·伯杰伦（Bryan Bergeron）分析了大量财务共享服务（financial shared service，FSS）案例后，在其《共享服务精要》一书中提炼出财务共享服务的概念。

财务共享服务是依托信息技术以财务业务流程处理为基础，以优化组织结构、规范流程、提升流程效率、降低运营成本或创造价值为目的，以市场视角为内外部客户提供专业化生产服务的分布式管理模式。具体关键术语的解释如下。

信息技术，主要依托于“大智移云物区”的应用。所谓的“大智移云物区”是指大数据技术、智能化、移动互联网、云计算、物联网、区块链技术，这些信息技术交融渗透，改变了传统企业财务核算方式。

财务业务流程，是指财务部门为实现财务会计目标而进行的一系列活动。它包含数据的采集、加工、存储和输出，是连接业务流程和管理流程的桥梁。因此，财务流程的设计思想、数据采集效率、加工的正确性和有效性，将直接影响管理活动的质量和效率。

多样化的实施目的，财务共享服务中心通过优化整个财务组织架构，达到规范流程、提升流程效率、降低运营成本的目的，此外企业借助财务共享服务加强内部控制。

市场化的视角，是指财务共享服务中心应保持市场化的视角，在此内涵下，财务共享服务中心应重视客户，为客户提供满意服务，并在服务过程中体现运营动机。

生产式服务，是指视财务服务为生产运营，关注生产效率、生产质量，建立完善的现场绩效评估体系及生产质量控制体系。

分布式服务，是指视财务共享服务中心为服务端、商业单元为客户端，提供基于客户/服务模式的分布式业务支持。

财务共享服务管理模式，是包括信息技术、组织管理、服务管理、质量管理、绩效管理等多种管理手段的综合体。

财务共享服务，最早起源于 20 世纪 80 年代的美国福特汽车公司。当时福特公司外部受到美国经济“滞涨”、日本汽车低成本低油耗激烈竞争的影响，内部又面临着集团企业分布各地、财务部门行为方式规则不统一的管理难题。在这种困境下，福特公司对管理模式进行了战略调整，把生产部门带来高效率的流水线作业方式延续到财务部门，整合了所有下属公司中共同的、简单的、重复的、可标准化的财务业务，将这些业务集中到一个中心，实施全集团的共享服务。进入 21 世纪，随着信息技术的进一步发展，财务共享服务被越来越多的企业采纳，世界上最大的企业软件供应商 ORACLE（甲骨文）公司，耗费六年的时间在全球建立了多个大型区域化的财务共享中心；FedEx（联邦快递）将其在世界各地的五个大型财务中心调整合并为一个，并在全球范围内建立了唯一的财务业务模型，在业务覆盖的所有二百多个国家实现业务操作完全的标准化。

2）财务共享服务的系统要素

财务共享服务是一个多系统的协同体，由支持系统、制度系统和运营系统构成。其中制度系统是核心，运营系统是关键，支持系统是保证，三个系统相互联系与支持，构成了企业共享服务的系统要素。

A. 支持系统

a）ERP 系统

ERP（enterprise resource planning，企业资源规划）的诞生从某种程度上来说是财务共享服务崛起的一个契机，在多方面促成或推进了财务共享服务的发展。首先，ERP 系统给财务共享服务带来了专业化的分工；其次，ERP 系统以其自身在数据库上的优势成为多系统协同整合的平台。在财务共享服务中心，ERP 中财务模块的应用最为广泛，主要包括应付账款（accounts payable，AP）、应收账款（accounts receivable，AR）、资产管理模块（asset management module，AM）和总账模块（general ledger module，GL）。

财务共享服务的高效、信息透明理念同时也是 ERP 系统的核心优势。因此，财务共享服务的实施与 ERP 系统相辅相成。

b）网络报销系统

网络报销系统作为集成财务系统框架中的重要一环，将会计信息系统从编制记账凭证提前到业务流程中，将会计信息系统的关注点从记账凭证转移到原始凭证，降低了财务基础工作量，使财务共享服务有效实施并大幅提升效率。目前，网络报销系统实现了资金在报销过程中的实时控制，网络报销系统不再仅是一个报销工具，而是凭借资金计划控制功能，连接网络报销和预算，使网络报销系统和预算系统的整合成为可能。

c）影像管理与快递系统

建立财务共享服务中心，单据流转是实施方案中的重要考虑因素。

信息技术和网络的发展，使图片信息的采集和传输不再成为问题，解决了票据实物流转、原始凭证调阅、业务处理分工等问题。但是，由于影像传输系统初期投资大，因此普及率低，目前，影像管理与快递系统在已实施的财务共享服务中心中同时存在。

B. 制度系统

完备的制度标准及一套优秀的绩效考核体系，是财务共享服务中心有效发挥作用的重要条件。

C. 运营系统

a）内部控制

1992 年 9 月，COSO（The Committee of Sponsoring Organizations of the Treadway Commission，美国反虚假财务报告委员会发起组织）发布了著名的《内部控制——整合框架》，并于 1994 年进行了修订。该框架系内部控制发展历程中的一座重要里程碑，它对内部控制下了一个迄今为止最为权威的定义："内部控制是由主体的董事会、管理层和其他员工实施的，旨在为经营的效率和有效性、财务报告的可靠性、遵循适用的法律法规等目标的实现提供合理保证的过程。"该框架还明确了内部控制的内容，即内部控制包括五个相互独立而又相互联系的构成要素：控制环境、风险评估、控制活动、信息与沟通、监控。

由于该框架提出的内部控制理论和体系集内部控制理论与实践发展之大成，因此在业内备受推崇，已经成为世界通行的内部控制权威标准，被国际和各国审计准则制定机构、银行监管机构和其他机构采纳。但理论界和实务界也对该框架提出改进建议，认为其对风险强调不够，使得内部控制无法与企业风险管理相结合。

运营系统能够使内部控制从单纯的财务风险控制向经营风险控制进行融合和演变。内部控制体系的建设对财务共享服务中心提升自身经营和管理能力有着十分重要的作用和意义。

b）质量管理

如果说内部控制的对象是组织的话，那么质量管理的对象则是产品。质量是企业各项工作的综合反映，受到企业生产经营活动中许多复杂因素的影响。要保证和提高产品质量，必须研究和掌握产品质量产生与形成的客观规律，实行科学的质量管理，不断提高质量管理水平，把质量问题作为一个中心问题对待，在企业中建立质量体系。

对于财务共享服务中心，信息质量的好坏是它的生命。如何建立起信息质量的管理系统就是一个核心的课题。信息产生的过程，又叫信息工序，它是信息质量形成过程的基本环节。因此信息工序的质量管理显得尤为重要，信息工序的质量管理主要是明确工序中各种相关因素与信息质量波动的内在联系和规律，对它们进行判断、预测和控制，追求在动态发展过程中实现合理结合。信息工序质量管理的任务就是保证形成一个能稳定带来合格品和优质品的信息加工系统，加强信息产生过程中各个环节的质量把关和质量控制，达到设计的质量要求。

2. 财务共享服务中心的组织形式

1）集团公司财务部下设财务共享服务中心的模式

在该模式中，财务共享服务中心作为集团公司财务部的二级部门，隶属于集团公司财务部，由财务主管负责，向集团公司财务部汇报工作。这种模式可用图 1-3 表示。

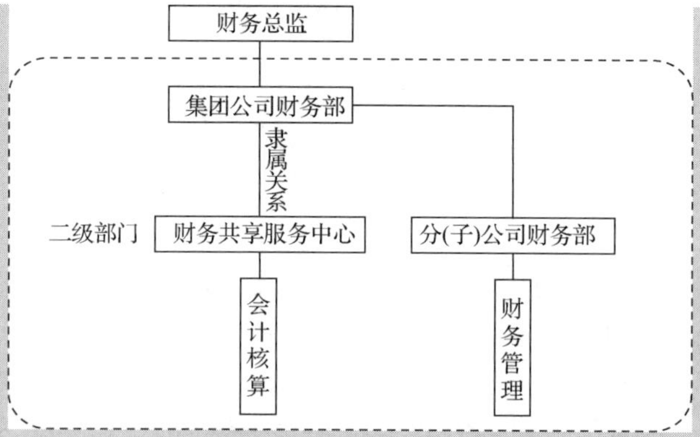

图 1-3　集团公司财务部下设财务共享服务中心的模式

从政策推行力度来看，财务共享服务中心和分（子）公司财务部同属集团公司财务部指导，有总体的管理和协调，易于会计核算要求的向下推行；从协作关系来看，该模式可以保持两部门间的高效协作配合，加强联系，减少沟通障碍；但这种模式汇报层级较多，适用于共享中心实施初期的集团公司。

2）集团公司财务部与财务共享服务中心平行设置的模式

在该模式中，财务共享服务中心和集团公司财务部是平行的两个一级部门（中心），二者是平级关系，分别向集团公司管理层的财务总监（chief financial officer，CFO）汇报工作。这种模式可用图 1-4 表示。

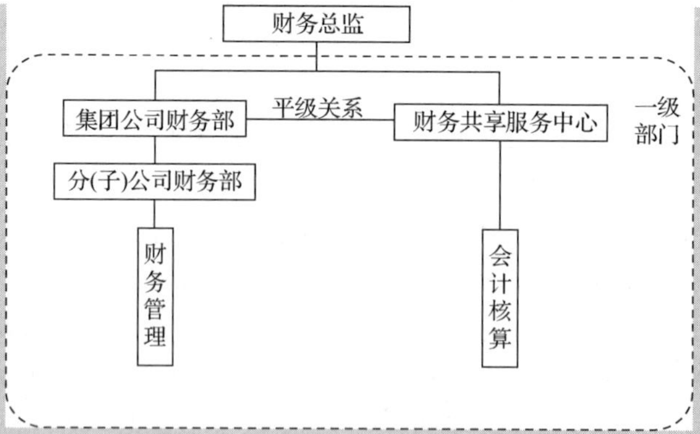

图 1-4　集团公司财务部与财务共享服务中心平行设置的模式

从政策推行力度来看，财务共享服务中心对会计政策的落地，需要跨部门协调，会计核算的要求向下推行的难度和复杂程度相对较高；从协作关系来看，随着共享模式的推行，未来在业务上，财务共享服务中心和集团公司财务部两部门协作配合方面的复杂程度也更高。该模式适用于财务共享服务中心发展到一定程度，或者对财务共享服务中心定位较高的企业；在共享项目实施的初期，该模式经常需要财务总监直接做出大量决策。

在上述两种运营模式下，财务共享服务中心均承担会计核算职能，集团公司财务部和下属分（子）公司财务部承担财务管理职能。财务管理与会计核算的分离，顺应了当前大型集团企业财务组织发展的趋势。核算业务集中在财务共享服务中心处理，可以及时准确地提供多维度数据信息，有利于集团准确了解各成员公司的财务状况。

3）财务共享服务中心独立运行的模式

在该模式中，财务共享服务中心作为集团公司的一级部门，完全替代了集团公司财务部，将其职能全部并入财务共享服务中心，直接向财务总监汇报工作。财务共享服务中心内部分设二级部门，如管理部和业务部，分管财务管理和会计核算工作。这种模式可用图 1-5 表示。

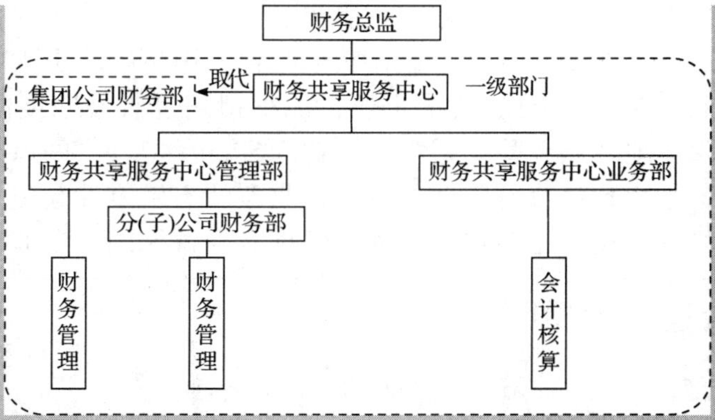

图 1-5 财务共享服务中心独立运行的模式

该模式适用于企业共享项目发展的成熟阶段，财务共享服务中心的最终目标，是成为独立的经营实体和企业的利润中心，内部组织职能将更为丰富，划分出更多的专业服务小组，成为成熟的综合性业务服务中心，最终演变为可以对外承接财务服务的组织形态。

组织形式没有好坏之分，主要看企业的具体情况、财务共享服务中心的发展阶段以及企业基于管理因素的不同选择，最符合实际情况的就是最好的。

第四节 财务管理的原则

一、成本效益原则

成本效益原则是市场经济条件下管理企业的一项基本原则，因而也是我国社会主义市场经济条件下现代企业财务管理应遵循的首要原则。成本效益原则中的“效益”是指包括收入、收益、所得，甚至有用性在内的多方位的多层次概念；而成本效益原则中的“成本”是泛指与效益相关的各种耗费和价值牺牲。就处于市场经济条件下的现代企业而言，如果成本发生以后未取得效益，或者发生的成本大于所取得的效益，则既无微观经济效益，也无宏观经济效益。成本效益原则是投入产出原则的价值体现，是社会再生产活动得以延续和发展的基本要求。就成本效益的关系来说，成本的耗费是效益取得的前提条件，而取得一定的效益则是成本耗费的直接目的，成本与效益是一对既对立又统一的矛盾。

成本效益原则的核心是要求企业在一定的成本下取得尽可能大的效益，或是在效益一定的条件下最大限度地降低成本。

二、风险与收益均衡原则

获取收益是市场经济条件下企业经营的基本出发点，而风险则是由未来情况的不确定性和不可预测性引起的，是与收益的获取相伴随的一种客观现象。而且，随着市场经济的发展和竞争的日趋加剧，现代企业在获取收益方面伴随着更大的风险。

风险与收益均衡原则的核心是要求企业不能承担超过收益限度的风险，在收益既定的条件下，最大限度地降低风险。因为若收益既定，承担较大的风险会对收益产生影响，导致效益降低，承担超过收益限度的风险，收益的不确定性会更大，带来负效益。可见，风险与收益均衡原则也是现代企业财务管理必须遵循的一项非常重要的原则。

三、资源合理配置原则

资源通常是指经济资源，即现代企业所拥有的各项资产。资产的主要功能是带来效益，但并不意味着拥有资产就一定会取得效益，更不意味着取得最佳效益。资产所带来的效益的大小，在很大程度上取决于资源配置的合理与否。财务管理所具有的价值管理和综合性，使各项经营要素的搭配情况直接体现在有关财务指标和各相关财务项目上。

资源合理配置原则的核心是要求企业的各相关财务项目必须在数额上和结构上相互配套与协调，以保证人尽其才、财尽其能、物尽其用，从而获得较为满意的效益。可见，资源合理配置原则也是市场经济条件下现代企业财务管理应遵循的一项重要原则。

四、利益关系协调原则

现代企业与内外部当事人之间的关系，包括与投资人、债权人和内部员工之间的关系，是一种利益关系。现代企业与内外部当事人之间的利益关系，会因种种原因而经常出现不协调甚至矛盾的情况，这种不协调如果不能得到及时解决，轻则影响各方的积极性，导致企业财务状况恶化和财务能力弱化，重则对效益产生不利影响，甚至引发社会问题。因而，现代企业财务管理必须把协调内外部当事人的利益关系作为一个极严肃的问题来对待。

利益关系协调原则的核心是要求现代企业在收益分配中（包括税金的缴纳、股利的发放、利息的支付、工薪的计算等方面），既要保证国家的利益，也要保证自身和员工的利益；既要保证投资人的利益，也要保证债权人的利益；既要保证所有者的利益，也要保证经营者的利益；以便不断改善财务状况，增强财务能力，为提高效益创造条件。可见，在社会主义市场经济条件下，现代企业财务管理遵循利益关系协调原则具有特别重要的意义。党的二十大报告中强调："提高全社会文明程度。"[①]这就需要在利益关系处理过程中强调社会主义精神文明建设和道德建设。

第五节 有效市场理论与委托代理理论

一、有效市场理论

（一）有效市场假说

有效市场假说（efficient market hypothesis，EMH）是信息在资本市场中对证券价格产生影响的一种假设。

这种理论建立的前提假设条件包括以下方面。

（1）股票市价反映了现时与股票有关的各方面的情况，因此，市场上股票总是处于均衡状态下的均衡价格。

（2）一个投资者不可能总是在市场中处于赚钱的地位，也就是说在一个有效率的市场上，证券交易不可能获取经济利润。

美国资本市场的检验结果基本支持这一假设。

1965 年，尤金·法玛（Eugene Fama）将有效资本市场分为三种形式，即强式、半强式和弱式。

（1）强式有效市场。假设现在的价格不仅已经反映了所有的相关信息（不管这些信息是公开的还是秘密的），而且包含全部的原本分析家们对企业和经济所做的分析。如果此假设成立的话，即使是内幕知情人员也很难在证券交易中获取非正常收益。

（2）半强式有效市场。假设市场的价格不仅包含了过去价格的信息，而且包含了全部其他有关的公开信息。如果此假设成立的话，则根据公开的信息，肯定得不到非正常收益，这时，密切注意和研究公司年度报告及其他公开发布的信息意义不大，不过内幕知情人员还可以在本公司股票的买卖上获得非正常收益。

（3）弱式有效市场。假设价格中只包含了过去价格记录中的全部信息，因此，知

① 《习近平：高举中国特色社会主义伟大旗帜 为全面建设社会主义现代化国家而团结奋斗——在中国共产党第二十次全国代表大会上的报告》，https://www.gov.cn/xinwen/2022-10/25/content_5721685.htm[2022-10-25]。

道内幕和公开信息的人都能获得额外收益。

（二）研究有效市场假说的意义

如果有效市场假说成立，资本市场确实反映了全部的公开市场信息，那么股票价格就是真实价格，没有被高估，也没有被低估，投资者不会从这种投资中获得额外收益。

有效市场假说还对公司经营决策，尤其是对那些与发行、出售股票，股票回购、偿付债券、股权收购有关的决策，有非常重大的意义，它能帮助企业判别股票价格中含有的信息量的多少及买卖股票的时机。

二、委托代理理论

代理人说发源于美国，是指那些为了谋取自身利益而代替别人做事情的人，别人又称主人或委托人。研究委托人和代理人之间委托与被委托、代理与被代理关系的理论被称为委托代理理论。罗纳德·H. 科斯（Ronald H. Coase）在 1937 年发表的论文《企业的性质》是委托代理理论赖以形成和发展的基石，斯蒂芬·A. 罗斯（Stephen A. Ross）在 1973 年发表的论文《代理的经济理论：委托人问题》及迈克尔·C. 詹森（Michael C. Jensen）和威廉·H. 麦克林（William H. Meckling）在 1976 年发表的论文《企业理论：管理行为、代理成本和所有权结构》构建了委托代理理论的模型。该模型认为，企业是一个由多人组成的组织，并且多人之间是呈层级分布的，每一层级之间以契约为纽带进行联结，因此，企业可以被看作由无数个合同联结起来的统一体。在每一个契约的签订过程中，双方都可以根据私有信息和偏好进行选择，而私有信息往往比公众信息更接近实际情况。因此，这种契约的签订，既可以调动签约者的积极性，又可以使未来的决策更合理，而且企业内部组织结构简单明了，脉络非常清晰，管理补偿和风险分摊也能有所体现。

委托代理理论的研究内容为：当某一当事人（委托人）聘用另一当事人（代理人）去完成某项工作产生委托代理关系后，客观上要求委托人授予代理人一定的决策权，并由此产生责任和利益，委托代理理论就是通过契约的形式研究委托人与代理人之间的权利、责任和利益。

由于企业是呈层级分布的，所以在企业内部会形成多级的委托代理关系，在复杂的委托代理关系链条中，委托人为实现自己的目标，如何激励和控制代理人从长远利益和整体利益出发进行经营、管理和决策，使代理人和委托人的利益尽可能地趋于一致，从而利用代理人的某些优势来弥补委托人的某些不足，以促使代理人会像为自己工作一样去努力，最大限度地增加委托人的利益，就成为委托代理理论的研究目标。

◆ 复习思考题

1. 什么是财务管理？
2. 简述资金的运动形式。
3. 为什么说“企业价值最大化”是企业财务管理的最优目标？

4. 简述所有者和经营者之间的矛盾及协调。
5. 简述财务管理组织机构的种类及特点。
6. 财务管理包括哪些基本理论?
7. 企业组织财务活动、处理财务关系应遵循哪些原则?

第二章 理财环境

理财环境是企业进行财务管理的基础土壤，是对企业财务管理产生影响作用的各因素的集合。本章主要介绍理财环境的基本概念、基本分类特征、以公司治理和业财融合为主的微观理财环境和宏观理财环境等。

第一节 理财环境的概念、分类和特征

一、理财环境的概念

从系统论的观点来看，所谓环境就是存在于研究系统之外的，对研究系统有影响作用的一切系统的总和。如果把财务管理作为一个系统，那么财务管理以外的，对财务管理系统有影响作用的一切系统的总和，便构成理财环境。该环境是指对企业财务活动和财务管理产生影响作用的企业内外的各种条件。不同时期、不同国家、不同领域的财务管理需要面对不同的理财环境。

二、理财环境的分类

（一）按其涉及的范围分类

按照理财环境涉及的范围，可将其分为微观理财环境和宏观理财环境。

（1）微观理财环境。微观理财环境，又称内部环境，是指在某一特定范围内，对某种财务活动产生重要影响的各种条件。这种微观环境通常与某些企业的内部条件直接或间接有关，从而决定某种或某类企业所面临的特殊问题。企业的财务活动状况和成果，同企业的组织结构、生产经营活动、管理工作有联系。若离开这些内部条件的制约，要搞好财务工作是不可能的。一般而言，微观理财环境通常包括企业的组织形式、结构、生产状况、销售状况等。数字化财务管理的微观理财环境包括企业公司治理和业财融合等。

（2）宏观理财环境。宏观理财环境，又称外部环境，是指在宏观范围内普遍作用于各个部门、地区的各类企业的财务管理的各种条件，通常存在于企业的外部。企业是

整个社会经济体系的一个基层系统，整个社会是企业赖以运行的土壤，无论是社会经济状况的变化、市场的变动和技术的进步，还是经济政策的调整、法律法规的变动以及国际经济形势的变化等，都会对企业财务活动产生直接或间接的作用，甚至产生严重的影响。数字财务管理的宏观理财环境十分广阔，包括经济、政治、社会、技术、制度等各种因素。

（二）按其稳定性分类

按照理财环境的稳定性与否可将其分为相对稳定的理财环境和显著变动的理财环境。

（1）相对稳定的理财环境。相对稳定的理财环境主要是指企业的理财环境总的说来不是一成不变的。有些理财环境一般变化不大，如企业的地理环境、生产方向、国家产业政策、税收政策等。一旦认清这些条件，如无特殊情况，在进行财务管理活动时，可将其作为已知条件或不变动因素来对待。

（2）显著变动的理财环境。显著变动的理财环境主要是指企业的部分理财环境往往处于显著变动状态，对企业的财务状况有重要的影响，如产品销路、材料来源、市场物价、资金供求状况等。在进行财务活动时，一定要及时观察和发现其变动的苗头、分析其变动的趋向和影响，做出准确的财务预测和决策。

三、理财环境的特征

（一）变动性

随着数字化时代的到来，企业理财环境因素不断变化。有的是渐进的、变化比较缓慢的、不易及时察觉和把握的；有的是突变的、很快就会影响企业的生存和发展的。地理环境变化相对比较缓慢，而经济因素特别是市场因素变化则比较快。类似于这些因素的或慢或快的变化，有时会给企业带来理财活动的方便，有时可能带来麻烦，所以，企业财务人员应当及时预测环境变化的趋势和特征，采取对策，调整理财活动。

（二）复杂性

企业的理财环境因素是多方面的、复杂的，既有经济、技术、文化等方面的因素，又有政治、社会方面的因素，这些因素综合地对企业理财产生影响，制约企业的理财行为。企业理财活动在复杂的环境因素中，有的直接受到影响，有的间接产生影响，财务人员必须全面分析各种因素的影响，特别是着重分析那些对理财活动影响重大的因素，及时做出科学的决策。

（三）交互性

构成理财环境的各种因素是相互依存、相互制约的，无论哪一个因素发生变化，都会直接或间接地引起其他因素的变化。例如，消费结构的变化会使市场需求变化，市场需求的变化会影响企业投资方向的变化，等等。这些相互作用、相互依存的关系，都会对企业理财活动造成连锁反应。

（四）不确定性

环境因素的变动是企业财务人员事先难以准确预料，并且不能切实地加以控制的，凡是企业财务人员不能控制的因素，都构成企业理财环境的不确定性。例如，市场上各种生产要素的价格变动，都会影响企业的成本和利润，使管理企业成本和利润方面的不确定性增大。这些环境的不确定性使财务人员既要根据所掌握的信息追求最大利益，又要考虑现实条件的约束及可能性，追求现实期望可得的、虽不是最大但却是最稳妥的利益。

（五）智能性

"大智移云"时代的到来使企业理财环境发生了较大的变化，这在一定程度上改变了传统财务决策的思维方式，推动着财务决策朝智能化转型。理财环境的智能性主要表现在通过一系列收集、整理、分析数据的活动最终以可视化的形式展现数据，进行数据化，并根据特定的时间为特定的人群进行针对性的设计，提供特定的情境，利用互联网技术将所有商务虚拟对象和实体进行有效的连接，从而实现数据共享，借助大数据和人工智能等先进技术工具，进行数据采集、数据整合和数据分析处理的全过程，更精准地帮助管理决策者进行科学化的财务决策。

第二节 公司治理

一、内部治理

企业财务管理是一项综合的经济管理工作。要做好这项工作，必须建立健全公司治理。主要包括以下几个内部治理架构。

（1）股东大会。公司设立由股东组成的股东会（股东大会），股东大会是公司的权力机构，行使决定公司重大问题的权力，决定公司关于合并、分立、解散、年度决算、利润分配、董事会成员等的重大事项。股东大会按照股东持有的股份进行表决。表决制度包括举手表决和投票表决，其中投票表决又分为直接投票制度、累计投票制度、代理投票制度和网络投票制度。

（2）董事会。董事会是公司最高的决策机构，是由董事组成的。职能包括：负责召集股东大会，并向股东大会报告工作；执行股东大会的决议；决定公司的经营计划和投资方案；制订公司的年度财务预算方案、决算方案；制订公司的利润分配方案和弥补亏损方案；制订公司增加或者减少注册资本的方案以及发行公司债券的方案；拟订公司合并、分立、解散的方案；决定公司内部管理机构的设置；聘任或者解聘公司经理，根据经理的提名，聘任或者解聘公司副经理、财务负责人，决定其报酬事项；制定公司的基本管理制度等。

（3）监事会。监事会是公司的常设机构，负责对董事会和高管层的监督，对其违反法律、公司章程等行为加以指正，防止董事会和高管层滥用职权，损害公司和股东的利益。法律地位表现在以下三个方面：①监事会或监事是公司的法定必设机构；②监事会向股东会（股东大会）汇报工作，并得到股东会（股东大会）的批准，以体现股东对公司的权力；③监事行使监督职权，对公司财务以及董事、经理执行业务进行监督。监事会是由全体监事组成的、对公司业务活动及会计事务等进行监督的机构。

（4）经理层。经理层是公司最高的经营执行机构，执行董事会的决策事项，并接受董事会的监督。根据法律规定，经理层是董事会的经营决策执行机构，在董事会授权范围内，具体负责公司日常经营管理事务。高级管理者制度与现代企业制度是相适应的。现代市场经济体制下，会把企业的经营管理决策权交给最有能力管理公司的人。高级管理者是企业的专用性资产。公司通过建立相应的制度来调节、配置，使高级管理者价值最大化。让所有者以最低的代理成本找到最合适的管理人才，是提升企业组织活力和经营效率的关键。因此，对经理层的激励约束制度是关键。

综上，内部治理是以恰当的结构与机制组织好董事会、监事会以及各专业委员会的活动，争取股东对公司的积极关注，保证企业的财务报告和审计体系向股东大会、董事会、监事会及外界提供及时准确的信息，监督并激励经营者尽职履行作为经营受托者的义务。内部治理是公司治理的核心。

二、外部治理

在一个完善有效的治理体系中，既要有能够为公司提供监督的董事会等内部治理结构，又要有外部治理。外部治理是对内部治理的补充，其作用在于使企业经营活动接受外界评价，促使经营者行为自律，主要体现在资本市场、控制权市场、产品市场、经理人市场及其他约束。

（一）资本市场

有效的资本市场可以迅速为全体股东提供公司经营状况的信号，从而使经营层不良行为的后果表现在股票价格上，使股东在监督和遏制经营层机会主义行为方面起到重要作用。资本市场是证券市场参与者发行与交易股票、债券等有价证券的地方，也是价值、财产权利与相关风险的交换场所，是现代金融体系的重要组成部分。根据我国政治、经济、文化等国情背景，我国实行以政府机构监管为主、行业自律为辅的证券市场监管模式。信息披露制度是资本市场监管的重要内容，它能有效地保护证券市场的公平性、真实性与可靠性，保证投资者利益的最大化。信息披露制度因此被称为证券市场的灵魂，需要保证信息披露的真实性、及时性和完整性

（二）控制权市场

公司控制权市场囊括所有的兼并、收购、重组等行为，这些行为可能是由竞争型企业或集团实施的，也可能是通过杠杆收购（leveraged buyout，LBO）、管理层收购

（management buyout，MBO）或由私募公司实施的。其中，提出要约的公司被称为收购方或投标人，要约收购的主体是目标公司。公司控制权的变化不仅会带来管理层的变更，还可能对公司战略、成本结构和资本结构产生巨大影响。理论上，只有当转让后的企业价值减去交易成本后仍然大于当前的企业价值时，公司控制权的变化才有经济意义，当这种情形发生时，收购方会尝试购买目标企业并获得经济收益。

（三）产品市场

产品市场主要是指产品和服务的市场，在竞争中其可以反映出经营者的业绩，股东由此可以对经营者进行监督和制约。产品市场最大的特点是不受内部人操纵，因此是检验公司治理的“公正”裁判和提升公司治理的重要参考内容。

数字化转型背景下，我国继续在完善国内市场、鼓励企业参与全球市场竞争上发力，持续优化营商环境，不断打破贸易壁垒，消除地方保护主义，同时“一带一路”倡议的提出，更是为我国企业参与全球竞争，在复杂的外部环境和激烈的市场竞争中进一步发展壮大创造了良好条件。产品市场竞争在我国公司治理体系中发挥越来越重要的作用。

（四）经理人市场

经理人市场是以经理人人力资本为交易对象，选拔、培养、吸纳、淘汰职业经理人，以市场经济规律实现经理人供需双方合理流动、密切协调，实现经理人合理配置的一种机制和制度。在有效的经理人市场中，有关经理人员经营才能和责任心的信息被公开知晓。经理人的业绩和经营才能将会影响他们在经理人市场中的地位和价值。经理人市场的特点包括自主性、公平性、竞争性和开放性。

经理人市场打破了人力资本归“部门所有”和“企业所有”的格局，在更大范围内通过市场化的公平竞争，可以使职业经理人选择心仪的工作机会，或使企业选择符合自身发展需要的职业经理人。经理人市场通过竞争机制和声誉机制发挥作用，其中竞争机制包括能及时识别、替换不称职的经理人，实现经理人的有效变更并促使经理人履行薪酬契约，完善经理人激励体系。声誉机制是指由于经理人对声誉的重视，企业采取鼓励措施推动经理人努力改善公司治理。

（五）其他约束

除此之外，国家的法律法规、监管机构、社会舆论、企业工会、中介机构（如会计师事务所、审计事务所、律师事务所、第三方评价机构）等也是公司外部治理的重要组成。

三、公司治理机制

（一）激励机制

现代企业制度中，为了解决委托代理问题，需要设计一套有效的激励制度使高层管理者积极地为股东创造价值。激励安排的核心是将高层管理者对个人效用最大化的追求转化为对公司利润最大化的追求。

公司对高层管理者的激励方式主要有物质激励和精神激励。物质激励由货币性与权益性薪酬组成。股权激励是通过让经营者获得公司股权的形式使他们能以股东的身份参与企业决策并承担风险。董事会通过契约授予高层管理者特定控制权，也就是经营控制权，包括日常的生产、销售、雇用等权利，同时保持剩余控制权，对高层管理者行使的控制权进行制约。这样既能适当约束高层管理者，又能起到应有的激励作用。

精神激励更注重提升公司高层管理者的社会地位，使他们的劳动得到社会尊重，包括声誉激励和市场竞争两类。在现代公司中，从经济人利益最大化的假设出发，高层管理者追求声誉的目的是获得长期收益。对于职业经理人，良好的职业声誉与业绩排名会使其在经理人市场上更具讨价还价的资本，会起到激励约束的作用。市场竞争的优胜劣汰机制对高层管理者的机会主义行为的惩罚是残酷的。生存压力本身就是对高层管理者的激励，促使高层管理者必须努力工作避免解聘的威胁。

激励机制旨在激励高层管理者，使其全身心投入工作，提高业务技能和管理水平，为公司更好地贡献自己的才智。

（二）约束机制

约束机制是指公司的利益相关者（包括股东、债权人、公司职工、顾客、供应商、社区、政府等）针对公司经营者的经营行为、决策、结果所进行的一系列客观而及时的审核、监察与督导的行动。

高层管理者约束是指董事会、监事会等基于公司治理结构框架对高层管理者的经营结果、行为或决策所进行的一系列审核、监察和督导的行动，这种约束是法律法规确认的一种正式制度安排，具体可以包括对高层管理者的监督问责机制、业绩考核安排、罢免安排以及重大事项的决策机制等。董事会、监事会对高层管理者的监督问责机制是基础的约束机制。为了保证自己的决策得到贯彻、利益得到保证，董事会必须建立严格的监控制度，对高层管理者进行监督、约束，一旦其行为损害公司利益、偏离公司经营方向，能够及时采取有效措施进行纠正。为了强化这种监督问责机制，应设立代表出资者利益的专职监督机构——监事会，对包括董事会在内的高层管理者进行全面的、独立的监督。董事会对高层管理者的监督也必须建立在事实、全面考虑的基础上，因此，必须有一套符合公司运营情况的、行之有效的业绩考核体系。

四、公司治理转型

随着数字时代的到来，数字技术在转变社会形态和互动方式的同时，也在重构公司治理的新路径和新机制，因此公司治理也面临着数字化转型升级的新态势，需要企业转变治理理念、革新治理模式、优化治理效能等。

在股东治理方面，企业的控制权配置开始向创始人及其管理团队倾斜，公司治理的主要目标不再是解决股东与管理层之间的委托代理问题，而转变为更充分地激励掌握核心技术的管理层对企业持续投入、合作共享，探索有效维护外部股东利益的新机制。例如，云会议与区块链等数字技术使得中小股东通过网络随时随地参与公司治理。在董事会治理方面，数字技术的普及使董事对公司的商业模式更加了解，其主要职能开始由监督转为咨询，董事会专业化水平不断提升。在管理层治理方面，数字技术极大地提升了财务决策的科学性与准确度，削弱了管理层暗中谋求私利的动机，减少了对企业资源的无效耗用。除此之外，随着数字技术的发展，外部治理效率提升，如机构投资者的投资效率提升，因为他们的专业化程度和数字敏感度较高，可以借助大数据捕捉信息，进行投资评估。分析师、审计师也可利用大数据优势，积极地发挥信息中介职能，提高公司治理水平。数字经济时代，数字化孕育出大数据，大数据极大改善了资本市场的信息披露环境，使各参与主体获取信息的成本显著下降。

在数字化背景下，移动互联网技术为各利益相关者切实参与公司治理提供了新的治理思路和治理路径；在数字化转型过程中，信息和数据跃升为关键生产要素，企业通过大数据分析提高精准决策能力，优化资源配置，降低无效消耗和主观操纵，为提高公司治理水平奠定更为科学的基础。

第三节 业财融合

一、业财融合的概念

业财融合是智能会计的基础。财政部 2016 年发布的《管理会计基本指引》中明确提到，单位应用管理会计，应遵循融合性原则。管理会计应嵌入单位相关领域、层次、环节，以业务流程为基础，利用管理会计工具方法，将财务和业务等有机融合。将“财务和业务有机融合”，财务界简称为“业财融合”。业财融合通过知识共享和监督机制确保决策科学化。业财融合主要指的是企业业务与财务的融合，不是财务单向与业务融合，而是双向的，财务靠近业务，业务靠近财务。

业财融合的实现依赖于数据。对数据进行挖掘、分析，并将其应用于资源配置与利用的决策，会有利于业财融合的实现。在业财融合下，财务数据已经不能满足管理者的要求，要拓展数据边界，从采购、生产、营销等业务领域获得数据。这个数据取得的过程本身就是业财融合的体现。业财融合的内容是流程融合，“业财融合”贯穿业务活动的全过程，但又不是全面重叠，二者在关键节点实现融合。业财融合的前提是流程再造，融合的关键节点根据再造后的流程选择。无论流程如何再造，流程的基本要素是“提、审、决”，业财融合主要是在“审”的环节上，实践中常称为“联审联签”或“会审会签”。基本流程以外的附加流程，如招标、鉴定、评审、验收、审计等，常常也是融合的关键。业财融合的目的是通过优化决策和控制机制来有效防控风险。业财融合的关键在于经营分析要从财务动因深入业务动因，真正洞察财务信息背后的驱动因素，为成本核算和定价提供有益信息。也有助于明确管理责任、控制成本并实现战略成本管理。

业财融合是双向融合，既有财务参与业务融合，也有业务参与财务融合，但以前者为主。首先，业财融合是制衡性融合，具有“合作制衡”的特征；其次，融合的方式是双向参与式融合，是以“协管”或“协办”的身份，与“主管”和“主办”的身份结合；再次，制衡的方式很多，如分离或分权制衡、合作制衡、监督制衡、第三方制衡等，具体融合视流程性质和职责分工情况而定。

二、业财融合的保障条件

（一）流程保障

会计流程再造的核心目的在于实现自动采集、共享、实时控制和输出与业务相关的信息，满足不同会计信息使用者的需求；这不仅仅需要在内部打通会计与业务的流程，实现会计信息与业务信息的共享，更需要重新对现有会计流程进行梳理，从内部延伸到外部价值链条或者价值网来实现信息的共享。流程再造包括以下三个环节。

（1）输入环节：目标是消除业务部门在发生业务时产生原始凭证的过程及会计凭证编制的过程。一方面实现无纸化传递，另一方面尽量实现从业务前端按照一定的数据规则统一获取信息，不再采用人工或者从业务端再加工数据后提供。

（2）加工环节：目标是要实现会计凭证到账簿、报表的自动生成。智能化能够给业务处理的经济事项留下痕迹，使对接的业务流程具有可视性和还原性。

（3）输出环节：目标是运用各种可能的数据挖掘和展示技术，按照使用者的需求，分析生成数字化仪表盘等可视化的数据信息。输出环节必须考虑使用者的需求，并不断调整输入和加工环节的业务流程。这其实也起到了一种反馈作用，使得输出环节与前面的环节形成闭环。

（二）信息技术保障

信息技术有利于改变“信息资源孤岛”的普遍问题，实现财务与业务信息的集成。集成有利于更好地实现实时控制、信息共享与融合，更好地跟踪和反馈。信息技术的实现需要以下两个条件。

（1）内部的 ERP 实施：ERP 最大的优点是采用统一标准化、规范化的信息代码实现集成。它有利于将财务模块与生产、物流等模块紧密相连，业务部门按照标准录入生成的信息可以直接为会计部门所采用。

（2）外部的 XBRL（extensible business reporting language，可扩展商业报告语言）接口的统一：XBRL 技术最大的优点是允许使用者根据需求定义标记，当数据双方能就标记达成一致，数据便能无歧义地进行动态的共享和交换。

（三）数据仓库保障

数据仓库，是为所有决策提供数据支持的底层数据库。它有定性与定量、财务与非财务、确定与不确定、内部与外部的数据信息。

在数据仓库中，会计信息以源数据的形式存储，它允许用户根据自己的需要选择信息，在数据库中进行数据搜索和挖掘，来定制需要的会计报告。财务部门还可以通过信息与沟通机制了解用户的需求，不断改善信息的提供和服务。

（四）会计组织保障

对于会计组织来说，高效的衡量标准，是将会计组织的核心竞争力从准则、技术转向信息的采集能力、信息的运用能力和观察者的洞察力。因此，首先，财务团队在理念上要以统一的组织价值实现为目标，顾全大局，提高与业务融合的主动性；其次，财务团队要掌握数据信息的搜索、加工能力，提高洞察能力；最后，财务团队要具有很强的沟通能力，基于业务服务的思考，站在业务的角度，努力提高财务处理效率，积极回应各种质疑，客观分析和评价结果。

三、业财融合的实现路径

财务共享服务中心建设是业财融合的开始，也是财务人员从核算型财务转型到业务型财务的起点，其建设与完善有利于业财融合的实现。财务共享服务建设对业财融合的好处如下。

（1）有利于通过集中的会计、统一的标准、统一的流程、统一的信息系统，降低会计核算成本，提高会计核算服务效率和财务精细化程度。

（2）财务共享服务中心本身也是集中的数据中心。这不仅保证了数据的真实性，也为业财融合具体措施的实施搭建了重要的真实数据仓库。

（3）财务共享服务中心的流程再造和信息技术基础，为财务介入业务前端、对业务前端实现管控和保证原始数据的真实性提供了保障。

（4）财务共享服务中心对流动性资金进行集中管理，通过结算平台与体系的建立，有利于提升清算、结算能力，同时服务于内部企业，促进产融结合，在与互联网金融生态圈进行有效分工与协作的同时，发挥更高的理财与风险管理能力。

业财融合背景下的价值链管理，不仅涉及单个企业，还涉及价值链网络上的联盟企业或合作企业，具有典型的跨组织特征。在这种管理情境下，管理会计的边界趋于模糊化，高效管理和利用的对象不再局限于内部资源，它会扩展到包括上游供应商、下游经销商以及其他关联企业在内的整条供应价值链上的利益共同体。这就要求管理会计作为决策和控制系统，必须契合价值链上的跨组织管理。它有利于企业更好地应对市场环境的不确定性，以及合作关系的不确定性。同时，价值链上的节点企业为了提高整体竞争能力，倾向于协同，以实现整体价值最大化。

第四节 外部环境

一、经济环境

财务管理的经济环境是指影响企业财务管理的各种经济因素，包括经济周期、经济发展水平和数字经济环境等。

（一）经济周期

市场经济条件下，经济发展与运行带有一定的波动性。这种波动性表现为复苏、繁荣、衰退和萧条几个阶段，并循环往复。在不同阶段采取的理财策略一般表现如下：①在复苏期，应增加厂房、建立存货、购入新产品、增加劳动力、实行长期租赁等；②在繁荣期，应扩充厂房设备、继续建立存货、提高价格、扩大营销规模、增加劳动力；③在衰退期，应停止扩张、出售多余设备、停产不利产品、停止长期采购、削减存货、停止雇员；④在萧条期，应建立投资标准、保持市场份额、缩减管理费用、放弃次要利益、削减存货、裁减人员。

我国的经济发展与运行也呈现其特有的周期特征，带有一定的经济波动。企业的筹资、投资和资产运营等理财活动都要受这种经济波动的影响。例如，在治理紧缩时期，社会资金十分短缺，利率上涨，这会使企业的筹资非常困难，甚至影响到企业的正常生产经营活动。相应企业的投资方向会因为市场利率的上涨而转向本币存款或贷款。利率政策是货币政策的重要组成部分。党的二十大报告提出“健全宏观经济治理体系，发挥国家发展规划的战略导向作用，加强财政政策和货币政策协调配合”[①]。

（二）经济发展水平

一方面，经济的飞速发展，给企业扩大规模、调整方向、打开市场以及拓宽财务活动等带来了机遇；另一方面，在高速发展中，公司资金紧张将是长期存在的问题，这又给企业财务管理带来严峻的挑战。

财务管理应当以宏观经济发展目标为导向，从业务工作角度保证企业财务管理经营目标和经营战略的实现。此外，经济的发展也促进了财务理论的丰富、财务职能的发挥、财务人员素质的提高和财务技术的更新。

（三）数字经济环境

数字经济是指以数字化的知识和信息作为生产要素、以现代信息网络作为重要载体、以信息通信技术的有效使用作为效率提升和经济结构优化的重要推动力的一系列经济活动。数字经济作为全球化的一种新形势，对经济增长作用明显，且数字经济密度越

---

① 《习近平：高举中国特色社会主义伟大旗帜 为全面建设社会主义现代化国家而团结奋斗——在中国共产党第二十次全国代表大会上的报告》，https://www.gov.cn/xinwen/2022-10/25/content_5721685.htm[2022-10-25]。

大的国家从数字化中获得的收益越大。据统计，数字化程度每提高 10%，人均 GDP 增长 0.5%～0.62%，尤其是在全球经济增长乏力的情况下，数字经济更被视为撬动全球经济的新杠杆。

《中华人民共和国国民经济和社会发展第十四个五年规划和 2035 年远景目标纲要》明确提出要加快数字化发展，建设数字中国。利用大数据技术、加快数字化转型和财务管理创新，才能更深层次、更高质量地服务数字经济发展。中国企业想要在竞争中获得一席之地，必须建设支撑全球运营的财务管理体系，实现企业财务管理一体化、集约化、数字化。尤其是随着电子商务的快速发展，企业必须构建适应全球化的财务管理体系，实现跨国交易。然而，目前“传统的会计核算”难以满足这种高度业财一体化的设想，财务管理早已不再满足于流程化的信息支持，企业需要全面建设数字财务管理体系，利用数据手段将会计和经济业务有机融合，通过“数据挖掘与处理技术”分析难以发现的价值信息，实现数据智能化，提升财务效率和质量，提升全球化管理能力。

二、技术环境

技术环境影响企业财务管理过程及效率的科技要素以及与该要素有关的社会现象。不管是我国经济发展新常态，还是人口红利的消失，都在警示企业必须走转型升级的发展之路，而财务管理作为企业管理的核心，更要向数字财务管理转型。

（一）“大智移云物区”

大数据、云计算、区块链、物联网、人工智能等技术的发展和应用，引领了第四次工业革命的到来，对企业组织结构、业务流程和管理模式等产生了颠覆性的影响，带来了企业运营的自动化和智能化，财务管理也进入了以技术为主导、人力为补充的智能共享时代。智能技术使利益相关者在线互联，将各类数据变成一个有机的大数据库。数字财务能够借助新兴技术、定量化的决策支持模型来辅助财务人员进行决策，模拟财务专家思维来解决非结构性的问题，实现财务的智能化。这不仅正在重塑财务的工作模式，也推动着企业生产经营整体的信息链、产业链、资金链的打通。在此基础上，共建、共享、共赢的数字财务生态系统也在不断构建和发展。

以大数据、云计算、区块链、物联网、人工智能等为代表的智能化技术的出现，不仅在技术能力上全面提升了财务的支持能力，更是从思维模式、组织革新和人员能力上对企业财务管理的转型提出了更高的要求。对于财务工作而言，从低附加值向高附加值转型，要思考财务人员未来能为客户提供哪些高价值的服务，如何依靠财务人员的专业技能从“财务人口红利”转向“财务人才红利”，即培养能够促进资源优化配置、精细测算成本、研判市场趋势、合理规划投融资方式，进而能够助力经营决策、提升价值创造力的复合型财会人才。

（二）金税四期

金税工程实际上是利用覆盖全国税务机关的计算机网络对增值税专用发票和企业

增值税纳税状况进行严密监控的一个体系。之前的金税工程（即金税一期、二期、三期）主要依靠纸质发票的开具和流通来追踪企业的经营活动，但是由于纸质发票的防伪验证和追踪一般是人工线下进行的，对企业进行监管的成本高、效果差。

金税四期在此基础上进行升级，有四个主要功能：利用大数据打通企业、银行、税务等相关部门的信息通道，实现对“非税收入”全面监控，打通信息共享和核查的通道，实现企业相关人员手机号、企业纳税状态、企业登记注册信息核查以及全部数据云端化。构建了一个更强大的现代化税收征管系统，实现全国范围内税务征收管理业务的通办，实现税费全数据、全业务、全流程的监测，为智能办税、智慧监管提供条件和基础。

金税四期的核心是通过全电子化发票实现对发票验证和追踪的自动管理。可以通过电子发票的流动将企业的经营数据自动整合到一个数据库中，自动监测企业的各种经营活动。

三、制度环境

市场经济的重要特征在于，它是以法律规范和市场规则为特征的经济制度。制度为企业经营活动规定了空间，也为企业在相应空间内自由经营、管理提供了法律和政策上的保护。

（一）法律环境

财务管理的法律环境是指影响企业财务活动的各种法律、法规和规章。国家通过立法程序对企业设立、分立、合并以及破产清算等各个方面制定和颁布了一系列的经济法规。在我国现行法律体系中，《中华人民共和国公司法》《中华人民共和国证券法》《中华人民共和国税法》《中华人民共和国会计法》等法律的有关规定对企业财务活动有重大影响。但同时我们也应该看到，相关法律规定中有些对不同组织形式的企业的要求存在不对等性。例如，有的企业允许采用加速折旧，而有的企业则不允许；有的对上市公司具有较大的约束力，而对非上市公司则缺乏约束力；有的企业能够享受税收优惠政策，而有的企业则无法得到。如何遵循市场经济的客观规律，有利于公平竞争、有利于规范企业的经营活动和理财活动，就要求财务人员学法、知法、守法，充分考虑法律环境及其对企业理财的影响，使理财活动充分适应法律规范的要求。

（二）政策环境

国家的政策环境（如货币政策、财税政策、金融体制、外汇体制、价格体制、投资体制、社会保障制度等）会对企业的理财活动产生重大影响，如金融政策中的货币发行量、信贷规模都能影响企业的资金结构和投资项目的选择；价格政策能影响资金的投向和投资的回收期及预期收益等。这就要求企业财务人员必须把握经济政策，更好地为企业的经营理财活动服务。由于政策环境可能会因经济状况的变化而变化，所以企业在进行财务决策时，也要留有余地，要能预见政策的变化趋势，以便更好地实现理财目标。

四、文化教育环境

财务文化是指社会文化、民族文化、企业文化以及政府现存权威通过潜移默化的形式渗透于财务管理之中，而形成的财务人员的心理定式、思维结构、价值取向、信念追求、职业道德、行为准则等。我国传统文化中所倡导的个人奉献精神在新中国成立以后得到了进一步发扬光大，这种社会文化观念不可避免地影响财务人员的理财观念。

观念现代化是理财行为现代化的前提，因此要提高财务人员的文化素质和知识水平。

◈ 复习思考题

1. 简述企业所有权和财产所有权的区别。
2. 公司治理结构的含义是什么？
3. 公司治理结构中存在哪些制衡关系？
4. 理财环境的特征有哪些？
5. 为什么说经济环境是影响企业财务管理的重要因素？

第三章　资金时间价值

资金时间价值是决策者进行财务决策时必须要考虑的一个重要因素。资金时间价值揭示了不同时点上资金的换算关系，是财务决策的基本技术方法。本章主要介绍了资金时间价值的概念、各种年金终值和现值以及期间和利率的计算。

第一节　资金时间价值的概念

我们都知道，10 年前的 1 000 元与现在 1 000 元的价值不等。通常认为，这两笔同样数量的资金，在不同时间点上价值不相等，主要是因为通货膨胀的存在，使现在的 1 000 元的购买力要低于 10 年前 1 000 元的购买力，因而得出了这样的结论。但是，即使我们不考虑通货膨胀和投资风险，这个结论仍然成立。因为如果将 10 年前的 1 000 元存入银行，10 年后的今天，一定能从银行取出多于 1 000 元的钱，多出的部分是这 10 年的利息收入。资金在使用过程中随时间的推移而产生的增值，即为资金的时间价值。

关于资金时间价值（在西方通常称为货币时间价值）的概念，西方国家传统的说法是：即使在没有风险和通货膨胀的情况下，今天 1 元钱的价值也大于 1 年后 1 元钱的价值，这就是货币的时间价值。

现在，西方关于资金时间价值的概念可以理解为：即使在没有风险和通货膨胀的情况下，对投资者推迟消费的耐心也应给予报酬，这种报酬的多少应与推迟的时间成正比，因此，单位时间的这种报酬对投资的百分比称为资金时间价值。

在实际经济活动中，银行的存款利率、贷款利率、各种有价证券的投资收益率等都可以看作投资报酬率，但是，它们与资金时间价值都是有区别的，只有在没有风险和通货膨胀的情况下，资金时间价值才与上述各报酬率相等。在通货膨胀率很低的时期，可将政府债券的利率视同资金时间价值。

为了便于由浅入深地研究问题，在讲述资金时间价值时，先不考虑投资风险和通货膨胀因素，以利率代表资金时间价值。

第二节　单利和复利的终值与现值

一、单利的终值与现值

终值又称将来值，是指现在一定量现金在未来某一时点上的价值，俗称本利和。

现值又称本金，是指未来某一时点上的一定量现金折合到现在的价值。

终值与现值的计算涉及利息计算方式的选择。目前有两种利息计算方式，即单利和复利。在单利方式下，每期都按初始本金计算利息，当期利息不计入下期本金，计算基础不变，即只就本金计息，利息不计息。在复利方式下，以当期末本利和为计息基础计算下期利息，即不仅本金计息，利息也计息。资金时间价值的计算中一般都按复利方式计算终值与现值。

为便于同后面介绍的复利计算方式相比较，加深对复利的理解，这里先介绍单利的有关计算。为计算方便，先设定如下符号标示：

I——利息；

P——现值；

F——终值；

i——每期的利率（折现率）；

n——计算利息的期数。

单利终值的计算可依照如下公式：

$$\begin{aligned}F &= P + P\cdot i\cdot n\\ &= P(1+i\cdot n)\end{aligned}$$

【例 3-1】设 P 为 100 元，i 为 10%，n 为 3，则单利方式下各期终值为

$$F_1=100\times(1+10\%)=110\text{（元）}$$

$$F_2=100\times(1+2\times10\%)=120\text{（元）}$$

$$F_3=100\times(1+3\times10\%)=130\text{（元）}$$

可以看出，第一期的利息为 10 元，到第二期，利息是 10 元的 2 倍，即 20 元，也就是说，第二期的利息仍按原始本金 100 元计算，而不按第一期的本利和 110 元计算。

单利现值的计算同单利终值的计算是互逆的，由终值计算现值称为折现。将单利终值计算公式变形，即得单利现值的计算公式：

$$P = F/(1+i\cdot n)$$

【例 3-2】某人希望在 3 年后取得 10 000 元，用以支付一笔款项。则在存款利率为 5%、单利方式计算的条件下，此人现在需存入银行多少钱？

$$P=10\ 000\div(1+3\times5\%)=8\ 695.65\text{（元）}$$

二、复利的终值与现值

1. 复利的终值

资金时间价值通常是按复利计算的。复利不同于单利，它是指在一定期间（如一年），按一定利率将本金所生利息加入本金再计利息的方式，即“利上滚利”，也就是说，它既涉及本金上的利息，又涉及利上所生的利息。

复利终值是指一定量的本金按复利计算若干期后的本利和。

【例 3-3】某人将 10 000 元存放于银行，年存款利率为 2%，则经过一年时间的本利和为

$$\begin{aligned}F&=P+P\cdot i\\&=P\cdot(1+i)\\&=10\ 000\times(1+2\%)\\&=10\ 200（元）\end{aligned}$$

若此人并不提走现金，将 10 200 元继续存在银行，则第二年本利和为

$$\begin{aligned}F&=\left[P\cdot(1+i)\right]\cdot(1+i)\\&=P\cdot(1+i)^2\\&=10\ 000\times(1+2\%)^2\\&=10\ 404（元）\end{aligned}$$

同理，第三年的本利和为

$$\begin{aligned}F&=\left[P\cdot(1+i)^2\right]\cdot(1+i)\\&=P\cdot(1+i)^3\\&=10\ 000\times(1+2\%)^3\\&=10\ 612（元）\end{aligned}$$

第 n 年的本利和为

$$F=P\cdot(1+i)^n$$

式中，$(1+i)^n$ 通常表示复利终值系数，记为$(F/P, i, n)$。例 3-3 中$(F/P, 2\%, 3)$表示利率为 2%、3 期复利终值的系数。复利终值系数可以通过查阅“1 元复利终值表”（附表一）直接获得。

“1 元复利终值表”的第一行是利率 i，第一列是计息期数 n，相应的 $(1+i)^n$ 在其纵横相交处。通过该表可查出，$(F/P, 2\%, 3)=1.061\ 2$，即在时间价值为 2%的情况下，现在的 1 元和 3 年后的 1.061 2 元在经济上是等效的，根据这个系数可以把现值换算成终值。

2. 复利的现值

复利现值是复利终值的逆运算，它是指今后某一特定时间收到或付出的一笔款项，按折现率（i）计算的现在时点价值。其计算公式为

$$P = F \cdot (1+i)^{-n}$$

式中，$(1+i)^{-n}$ 通常表示复利现值系数，记为$(P/F, i, n)$，可直接查阅“1 元复利现值表”（附表二）。上式也可写为 $P = F \cdot (P/F, i, n)$。

【例 3-4】某投资项目预计 8 年后可获得收益 500 万元，按年利率（折现率）10%计算，问这笔收益相当于现在的价值是多少？

$$\begin{aligned} P &= F \cdot (1+i)^{-n} = F \cdot (P/F, i, n) \\ &= 500 \times (1+10\%)^{-8} = 500 \times (P/F, 10\%, 8) \\ &= 500 \times 0.466\,5 = 233.25\text{（万元）} \end{aligned}$$

即 8 年后的 500 万元（按资金时间价值为 10%计算）相当于现在的 233.25 万元。

第三节 普通年金的终值与现值

一、年金的种类

在现实经济生活中，还存在一定时期内多次收付的款项，如果每次收付的金额相等，则这样的系列收付款项便称为年金。换言之，年金是指一定时期内每次等额收付的款项，通常记为 A。

年金的形式多种多样，如保险费、折旧、租金、等额分期收款、等额分期付款以及零存整取或整存零取储蓄等，都存在年金问题。

年金按其每次收付发生的时点不同，可分为普通年金、即付年金、递延年金、永续年金等。

普通年金是指一定时期内每期末等额收付的系列款项，又称后付年金，如每期末收到的债券的利息收入、每期末支付的租金等。即付年金是指一定时期内每期初等额收付的系列款项，又称先付年金。即付年金与普通年金的区别仅在于付款时间的不同。递延年金是指第一次收付款发生时间不在第一期末，而是隔若干期后才开始发生的系列等额收付款项。它是普通年金的特殊形式，凡不是从第一期开始的普通年金都是递延年金。永续年金是指无限期等额收付的特种年金，可视为普通年金的特殊形式，即期限趋于无穷大的普通年金。存本取息可视为永续年金的例子。此外，也可将利率较高、持续期限较长的年金视同永续年金计算。

二、普通年金的终值

1. 普通年金终值的计算

普通年金终值犹如零存整取的本利和，它是一定时期内每期末收付款项的复利终值之和。其计算办法如图 3-1 所示。

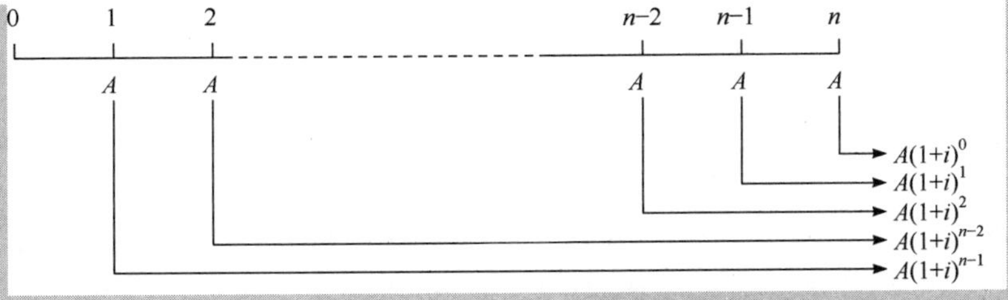

图 3-1　普通年金终值计算示意图

由图 3-1 可知，年金终值的计算公式为

$$F = A\cdot(1+i)^0 + A\cdot(1+i)^1 + A\cdot(1+i)^2 + \cdots + A\cdot(1+i)^{n-2} + A\cdot(1+i)^{n-1} \qquad (3\text{-}1)$$

将式（3-1）两边同时乘上 $(1+i)$ 得

$$F\cdot(1+i) = A\cdot(1+i)^1 + A\cdot(1+i)^2 + A\cdot(1+i)^3 + \cdots + A\cdot(1+i)^{n-1} + A\cdot(1+i)^n \qquad (3\text{-}2)$$

将式（3-2）减去式（3-1）得

$$F\cdot i = A\cdot(1+i)^n - A = A\cdot\left[(1+i)^n - 1\right]$$

则

$$F = A\cdot\left[\frac{(1+i)^n - 1}{i}\right]$$

式中，$\left[\frac{(1+i)^n - 1}{i}\right]$通常表示年金终值系数，记为$(F/A, i, n)$，可直接查阅“1 元年金终值表”（附表三）。上式也可写为 $F = A\cdot(F/A,i,n)$。

【例 3-5】假设某项目在 3 年建设期内，每年末向银行借款 200 万元，借款年利率为 10%，问该项目竣工时应付的本息总额是多少？

$$F = 200\times\left[\frac{(1+10\%)^3 - 1}{10\%}\right] = 200\times(F/A,10\%,3)$$
$$= 200\times 3.310\ 0 = 662\text{（万元）}$$

2. 年偿债基金的计算

偿债基金是指为了在约定的未来某一时点清偿某笔债务或积聚一定数额的资金而必须分次等额提取的存款准备金。由于每次提取的等额准备金类似年金存款，因而同样可以获得按复利计算的利息，所以债务实际上等于年金终值，每年提取的偿债基金等于年金 A。也就是说，偿债基金的计算实际上是年金终值的逆运算，即已知年金的终值求年金，其计

算公式为

$$A = F \cdot \left[\frac{i}{(1+i)^n - 1}\right]$$

【**例 3-6**】某企业有一笔 8 年后到期的长期借款，数额为 1 000 万元，为此设置偿债基金，年复利率为 10%，到期一次还清借款，问每年末应存入的金额是多少？

$$A = 1\ 000 \times \left[\frac{10\%}{(1+10\%)^8 - 1}\right] = 1\ 000 \times 0.087\ 4$$
$$= 87.4（万元）$$

或

$$A = 1\ 000 \times [1/(F/A, 10\%, 8)]$$
$$= 1\ 000 \times (1 \div 11.436)$$
$$= 87.4（万元）$$

三、普通年金的现值

1. 普通年金现值的计算

年金现值是指一定时期内每期末收付款项的复利现值之和。其计算办法如图 3-2 所示。

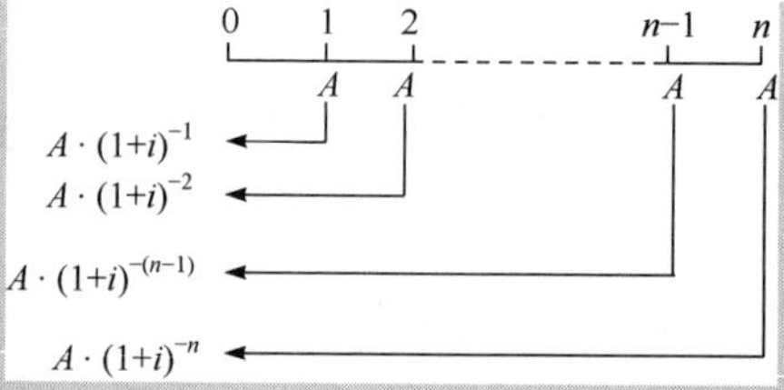

图 3-2　普通年金现值计算示意图

由图 3-2 可知，年金现值的计算公式为

$$P = A \cdot (1+i)^{-1} + A \cdot (1+i)^{-2} + \cdots + A \cdot (1+i)^{-(n-1)} + A \cdot (1+i)^{-n} \tag{3-3}$$

将式（3-3）两边同乘 $(1+i)$ 得

$$P \cdot (1+i) = A + A \cdot (1+i)^{-1} + \cdots + A \cdot (1+i)^{-(n-2)} + A \cdot (1+i)^{-(n-1)} \tag{3-4}$$

将式（3-4）减去式（3-3）得

$$P \cdot i = A - A \cdot (1+i)^{-n} = A \cdot \left[1 - (1+i)^{-n}\right]$$

则

$$P = A \cdot \left[\frac{1 - (1+i)^{-n}}{i}\right]$$

式中，$\left[\frac{1-(1+i)^{-n}}{i}\right]$表示年金现值系数，记为$(P/A, i, n)$，可直接查阅“1 元年金现值表”（附表四）。上式也可写为$P = A\cdot(P/A,i,n)$。

【例 3-7】某企业需租入一种设备，每年末需要支付租金 5 000 元，年复利率为 10%，问 5 年内应支付的租金总额的现值是多少？

$$P = 5\,000\times\left[\frac{1-(1+10\%)^{-5}}{10\%}\right] = 5\,000\times(P/A,10\%,5)$$
$$= 5\,000\times3.790\,8 = 18\,954\text{（元）}$$

2. 年资本回收额的计算

资本回收是指在给定的年限内等额回收初始投入的资本或所欠的债务。其中未收回部分要按复利计息构成偿债的内容。年资本回收额是年金现值的逆运算，即已知年金的现值求年金。其计算公式为

$$A = P\cdot\left[\frac{i}{1-(1+i)^{-n}}\right]$$

上式也可写为$A = P\cdot[1/(P/A,i,n)]$。

【例 3-8】某企业现在借得 2 000 万元的贷款，在 10 年内以年利率 12%均匀偿还，每年应付的金额是多少？

$$A = 2\,000\times\left[\frac{12\%}{1-(1+12\%)^{-10}}\right]$$
$$= 2\,000\times0.177\,0 = 354\text{（万元）}$$

或

$$A = 2\,000\times[1/(P/A,12\%,10)] = 2\,000\times(1\div5.650\,2) = 354\text{（元）}$$

第四节　即付年金的终值与现值

一、即付年金终值的计算

即付年金的终值是其最后一期末的本利和，是各期收付款项的复利终值之和。

n 期即付年金终值与 n 期普通年金终值之间的关系可以用图 3-3 加以说明。

从图 3-3 可以看出，n 期即付年金与 n 期普通年金的付款次数相同，但由于其付款时间不同，n 期即付年金终值比 n 期普通年金终值多计算一期利息。因此，在 n 期普通年金终值的基础上乘以$(1+i)$就是 n 期即付年金的终值。其公式如下：

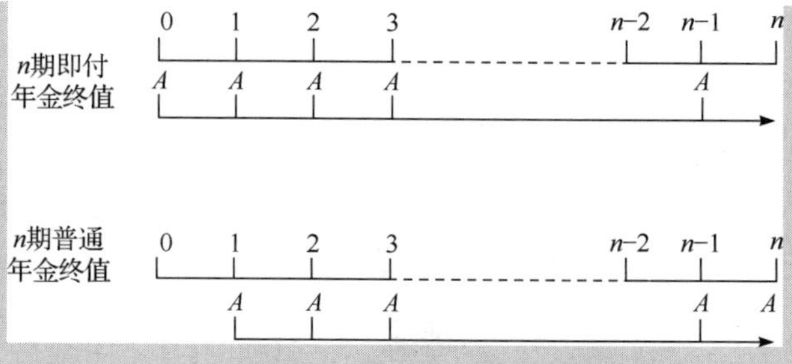

图 3-3 即付年金终值计算示意图

$$F = A \cdot \left[\frac{(1+i)^n - 1}{i}\right] \cdot (1+i)$$
$$= A \cdot \left[\frac{(1+i)^{n+1} - (1+i)}{i}\right]$$
$$= A \cdot \left[\frac{(1+i)^{n+1} - 1}{i} - 1\right]$$

式中，$\left[\frac{(1+i)^{n+1} - 1}{i} - 1\right]$表示即付年金终值系数，它是在普通年金终值系数的基础上，期数加 1，系数减 1 所得的结果，通常记为$\left[(F/A,i,n+1)-1\right]$。这样，通过查阅“1 元年金终值表”得 $n+1$ 期的值，然后减去 1 便可得对应的即付年金系数的值。这时可用如下公式计算即付年金的终值，即

$$F = A \cdot \left[(F/A,i,n+1)-1\right]$$

【**例 3-9**】某人准备在今后的 5 年中，于每年初存入 20 000 元，若银行存款利率为 5%。则此人在第 5 年末能一次取出本利和多少钱？

$$F = A \cdot \left[(F/A,i,n+1)-1\right]$$
$$= 20\,000 \times \left[(F/A,5\%,6)-1\right]$$
$$= 20\,000 \times (6.801\,9 - 1) = 116\,038（元）$$

二、即付年金现值的计算

n 期即付年金现值与 n 期普通年金现值之间的关系，可用图 3-4 加以说明。

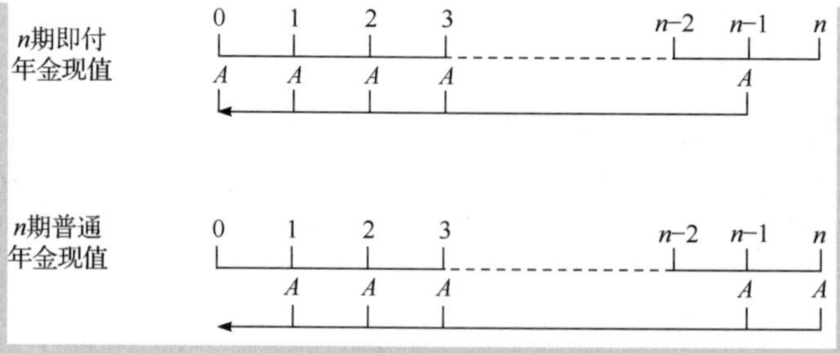

图 3-4 即付年金现值计算示意图

从图 3-4 可以看出，n 期即付年金现值与 n 期普通年金现值的期限相同，但由于其付款时间不同，n 期即付年金现值比 n 期普通年金现值多折现一期。因此，在 n 期普通年金现值的基础上乘以 $(1+i)$，便可求出 n 期即付年金的现值，其公式为

$$
\begin{aligned}
P &= A\cdot\left[\frac{1-(1+i)^{-n}}{i}\right]\cdot(1+i)\\
&= A\cdot\left[\frac{(1+i)-(1+i)^{-(n-1)}}{i}\right]\\
&= A\cdot\left[\frac{1-(1+i)^{-(n-1)}}{i}+1\right]
\end{aligned}
$$

式中，$\left[\frac{1-(1+i)^{-(n-1)}}{i}+1\right]$表示即付年金现值系数，它是在普通年金系数的基础上，期数减 1，系数加 1 所得的结果，通常记为$\left[(P/A,i,n-1)+1\right]$。这样，通过查阅“1 元年金现值表”得$n-1$期的值，然后加 1，便可得出对应的即付年金现值系数的值。这时可用如下公式计算即付年金的现值，即

$$P = A\cdot\left[(P/A,i,n-1)+1\right]$$

第五节　递延年金和永续年金的现值

一、递延年金现值的计算

递延年金的现值是自若干时期后开始每期收付款项的现值之和，其计算公式为

$$
\begin{aligned}
P &= A\cdot\left[\frac{1-(1+i)^{-(m+n)}}{i}-\frac{1-(1+i)^{-m}}{i}\right]\\
&= A\cdot\left[(P/A,i,m+n)-(P/A,i,m)\right]
\end{aligned}
\tag{3-5}
$$

或

$$
\begin{aligned}
P &= A\cdot\left[\frac{1-(1+i)^{-n}}{i}\right]\cdot(1+i)^{-m}\\
&= A\cdot(P/A,i,n)\cdot(P/F,i,m)
\end{aligned}
\tag{3-6}
$$

上述式（3-5）是先计算出 $m+n$ 期的普通年金现值，然后减去前 m 期的普通年金现值，即得递延年金的现值；式（3-6）是先将此递延年金视为 n 期普通年金，求出在第 $m+1$期初的现值，然后再折算到第 1 期初。

【例 3-10】某人拟在年初存一笔资金，以便能在第 6 年末起每年取出 1 000 元，至第 10 年末取完。在银行存款利率为 10%的情况下，此人应在最初一次存入银行多少钱？

$$P = A\cdot[(P/A,10\%,10)-(P/A,10\%,5)]$$
$$=1\ 000\times(6.144\ 6-3.790\ 8)=2\ 354（元）$$

或

$$P = A\cdot(P/A,10\%,5)\cdot(P/F,10\%,5)$$
$$=1\ 000\times3.790\ 8\times0.620\ 9=2\ 354（元）$$

二、永续年金现值的计算

由于永续年金持续期无限，没有终止的时间，所以没有终值，只有现值。通过普通年金现值计算可推导出永续年金现值的计算公式为

$$P = A/i$$

【例 3-11】某人持有的某公司优先股，每年每股股利为 1 元，若此人想长期持有，在利率为 8%的情况下，请对该项股票投资进行估价。

这是一个求永续年金现值的问题，即假设该优先股每股股利固定且持续较长时期，计算出这些股利的现值之和，即为该股票的估价。其计算结果如下：

$$P = A/i = 1\div8\% = 12.5（元）$$

第六节 折现率、期间和利率的推算

一、折现率（利息率）的推算

根据复利终值和现值的计算公式可得，折现率的计算公式为

$$i=(F/P)^{1/n}-1$$

因此，若已知 F、P、n，不用查表便可直接计算出折现率（利息率）i。

永续年金折现率（利息率）i 的计算也很方便。若 P、A 已知，则根据公式 $P=A/i$，变形即得 i 的计算公式为

$$i=A/P$$

普通年金折现率（利息率）的推算比较复杂，无法直接套用公式，必须利用有关的系数表，有时还会牵涉内插法的运用。下面着重对此加以介绍。

普通年金终值 F、现值 P 的计算公式分别为

$$F = A\cdot(F/A,i,n) \quad （3-7）$$

$$P = A\cdot(P/A,i,n) \quad （3-8）$$

将式（3-7）、式（3-8）变形得到相应的式（3-9）、式（3-10），即

$$F/A=(F/A,i,n) \tag{3-9}$$

$$P/A=(P/A,i,n) \tag{3-10}$$

从式（3-9）、式（3-10）中可看出，两式右边分别为普通年金终值系数和普通年金现值系数。若 F、A、n 已知，则可利用式（3-9），查普通年金终值系数表，找出系数值为 F/A 的对应的 i 即可；若 P、A、n 已知，则可利用式（3-10），查普通年金现值系数表，找出系数值为 P/A 的对应的 i 即可。若找不到完全对应的 i，则可运用内插法求得。

可见，利用式（3-9）或式（3-10）求 i 的基本原理和步骤是一致的。现以式（3-10）为例（即已知 P、A、n），说明求 i 的基本方法。

若 P、A、n 已知，则可按以下步骤推算 i。

步骤一：计算出 P/A 的值，假设 $P/A=\alpha$。

步骤二：查普通年金现值系数表。沿着已知 n 所在的行上横向查找，若恰好能找到某一系数值等于 α，则该系数值所在的列相对应的利率便为所求的 i 值。

步骤三：若无法找到恰好等于 α 的系数值，就应在表中 n 所在的行上找与 α 最接近的两个上下临界系数值，设为 β_1 和 β_2（$\beta_1>\alpha>\beta_2$ 或 $\beta_1<\alpha<\beta_2$）。读出 β_1、β_2 所对应的临界利率，然后进一步运用内插法。

步骤四：在内插法下，假定利率 i 同相关的系数在较小范围内线性相关，因而可根据临界系数 β_1、β_2 和临界利率 i_1、i_2 计算出 i，其公式为

$$i=i_1+\frac{\beta_1-\alpha}{\beta_1-\beta_2}\cdot(i_2-i_1)$$

【例 3-12】某公司于第一年初借款 10 万元，每年末还本付息额均为 2 万元，连续 9 年还清。问借款利率为多少？

根据题意，已知 P=10 万元，A=2 万元，n=9，则

$$P/A=10\div 2=5=\alpha$$

即

$$\alpha=5=(P/A,i,9)$$

查 $n=9$ 的普通年金现值系数表。在 $n=9$ 一行上无法找到恰好为 α（$\alpha=5$）的系数值，于是找大于和小于 5 的临界系数值，分别为：$\beta_1=5.328\,2>5$，$\beta_2=4.916\,4<5$。同时读出临界利率分别为 i_1=12%，i_2=14%。则

$$\begin{aligned}i&=i_1+\frac{\beta_1-\alpha}{\beta_1-\beta_2}\cdot(i_2-i_1)\\&=12\%+\frac{5.328\,2-5}{5.328\,2-4.916\,4}\times(14\%-12\%)\\&=13.594\,0\%\end{aligned}$$

按照上述方法，利用式（3-9），计算出 F/A 的值，设为 α，然后查普通年金终值系数表求 i。

对于即付年金利率 i 的推算，同样可遵照上述方法。先求出 F/A 的值，令 $\alpha=F/A+1$，然后在普通年金终值系数表中沿 $n+1$ 所在的行上横向查找，若恰好找到等于 α 的系数值，则该系数值所在行相对应的利率便为所求的 i，否则便查找临界系数值和对应的临界利率，应用内插法求出利率 i。

二、期间的推算

期间 n 的推算，其原理和步骤同折现率（利息率）i 的推算是一样的。

现以普通年金为例，说明在 P、A 和 i 已知的情况下，推算期间 n 的基本步骤。

步骤一：计算出 P/A，设为 α。

步骤二：查普通年金现值系数表。沿着已知 i 所在列上纵向查找，若能找到恰好等于 α 的系数值，其对应的 n 值即为所求的期间值。

步骤三：若找不到恰好为 α 的系数值，则查最为接近 α 值的左右临界系数 β_1 和 β_2，以及对应的临界期间 n_1、n_2，然后应用内插法求 n，公式为

$$n=n_1+\frac{\beta_1-\alpha}{\beta_1-\beta_2}\cdot(n_2-n_1)$$

【例 3-13】某企业拟购买 1 台柴油机，更新目前的汽油机。柴油机价格较汽油机高出 2 000 元，但每年可节约燃料费用 500 元。若利率为 10%，则柴油机应至少使用多少年对企业而言才有利?

依题意，已知 P=2 000，A=500，i=10%，则

$$P/A=2\,000/500=4=\alpha$$

即

$$(P/A,10\%,n)=\alpha=4$$

查普通年金现值系数表。在 $i=10\%$ 的列上纵向查找，无法找到恰好为 α（$\alpha=4$）的系数值，于是查找大于和小于 4 的临界系数值：$\beta_1=4.355\,3>4$，$\beta_2=3.790\,8<4$，对应的临界期间为 n_1=6，n_2=5。则

$$\begin{aligned}n&=n_1+\frac{\beta_1-\alpha}{\beta_1-\beta_2}\cdot(n_2-n_1)\\&=6+\frac{4.355\,3-4}{4.355\,3-3.790\,8}\times(5-6)\\&=5.4（年）\end{aligned}$$

三、名义利率与实际利率的换算

前文讨论的有关计算均假定利率为年利率，每年复利一次，但实际上，复利的计息不一定是 1 年，有可能是季度、月或日。例如，某些债券半年计息 1 次；有的抵押贷款每月计息 1 次；银行之间拆借资金均为每日计息 1 次。当每年复利次数超过 1 次时，

这样的年利率叫作名义利率，而每年只复利一次的利率才是实际利率。

对于 1 年内多次复利的情况，可采取两种方法计算时间价值。

第一种方法是按如下公式将名义利率调整为实际利率，然后按实际利率计算时间价值，即

$$i=(1+r/m)^m-1$$

式中，i 表示实际利率；r 表示名义利率；m 表示每年复利次数。

【例 3-14】某企业于年初购入一种 5 年期的债券，面值为 100 万元，票面利率为 4%，半年计息 1 次，到期偿还本息（投资期间产生的利息按复利计算），问：债券到期时该企业能得本息之和是多少？

依题意，P=100 万元，r=4%，m=2 次，n=5 年，则

$$i=(1+r/m)^m-1=(1+4\%\div 2)^2-1=4.04\%$$

$$F=P\cdot(1+i)^n=100\times(1+4.04\%)^5=121.90\text{（万元）}$$

因此，当债券到期时该企业可得本息之和为 121.90 万元。

这种方法的缺点是调整后的实际利率往往带有小数点，不利于查表。

第二种方法是不计算实际利率，而是相应调整有关指标，即利率变为 r/m，期数相应变为 $m\cdot n$。

利用上例中的有关数据，用第二种方法计算本利和，即

$$\begin{aligned}F&=P\cdot(1+r/m)^{m\cdot n}=100\times(1+4\%\div 2)^{2\times 5}\\&=100\times(F/P,2\%,10)=100\times 1.219\ 0=121.90\text{（万元）}\end{aligned}$$

◆ 复习思考题

一、思考题

1. 什么是资金时间价值？
2. 理论上资金时间价值的概念与实际中银行的存贷款利率有何区别？
3. 什么是年金？常见的年金有哪几种？
4. 偿债基金的实质是什么？

二、练习题

1. 某人希望在 3 年后能有 5 万元用以购买 1 辆家用汽车，如果目前银行定期 1 年的存款利率为 2%，每年不取本息并办理自动转存。

要求：计算此人现在应一次存入银行多少钱？

2. 某公司准备购买 1 台设备，购价为 16 万元，可使用 10 年，期满无残值。预计使用该设备后每年可带来净收益 2 万元，若折现率为 8%。

要求：判断该公司是否应购买此设备。

3. 某公司准备从现在开始为 3 年后到期的借款准备偿债基金，借款数额为 350 万元，若银行的年存款利率为 5%。

要求：计算该公司现在应一次存入银行多少钱 3 年后才能取出 350 万元（按复利计算）。

4. 某人准备去银行办理零存整取业务，准备每年末存入 3 000 元，连续 5 年，5 年后一次取出本息，每年自动转存，假设存款年利率为 8%。

要求：计算此人的存款到期时可取出的本利之和是多少？

5. 在题 3 中，如果该公司每年末存入银行一笔钱，3 年后取出本息偿还到期的借款，假定银行存款利率不变。

要求：计算该公司每年末应存入银行多少钱？

6. 某企业需用一台专用设备，如果自己购买需要 26 000 元，可使用 5 年。如果租用，则每年租金为 3 000 元。若折现率为 10%。

要求：分析该企业应租用还是购买该设备。

7. 某企业欲购买一辆载重汽车，估计在 5 年内每年末可获等额收益 12 000 元，5 年后尚可以 10 000 元的价格售出，若向银行贷款，年利率为 12%。

要求：确定该企业欲购买这辆车肯出的最高价是多少。

8. 某矿业公司连续 3 年于每年末向银行借款 2 000 万元，对原有的矿山进行改建与扩建，假定借款的年利率为 12%，改扩建工程于第 4 年初建成投产。

要求：

（1）计算该工程的总投资额。

（2）若工程投产后，分 7 年等额归还银行全部借款的本息，每年末应归还多少？

（3）若该公司在工程建成投产后，连续 7 年每年可获净利 1 800 万元，相当于建成时的现值是多少？

（4）若该公司在工程建成投产后，将每年的净利 1 800 万元全部用于归还借款的本息，需多少年还清？

第四章　财务预测和预算

财务管理工作需要基于企业过去和当前的经营与财务状况，对未来的财务行为进行预测和规划，才能保证对未来企业财务资源的有效配置和对财务风险的有效控制。本章主要介绍财务预测、财务预算的基本原理和方法，通过本章的学习要了解和掌握财务预测的意义、基本内容、程序和方法，以及财务预算的意义、主要内容和编制程序等。

第一节　财务预测

一、财务预测的意义

财务预测就是对企业未来的财务活动趋势做出定性和定量的估计，财务预测的工作重点就是要对企业的资金需求和融资安排进行提前规划，以保证企业未来供产销经营活动的顺利开展。因此，财务预测是财务计划与预算的前提和依据，只有做好财务预测，才能使企业的财务计划和预算准确合理，才能保证企业资金运营管理的有效性。

财务预测是财务决策的基础。企业财务管理中的各项决策都必须以科学的预测为依据。例如，企业在进行投资决策时，需要对可选投资方案未来的营业收入、成本、利润和现金流量进行科学的预测，才能做出正确的投资决策；企业在融资决策时，需要对未来资金的需求量、融资成本等因素做出准确的预测，才能做出正确的融资决策。

财务预测是企业防范和控制财务风险的必要手段。由于宏观环境的多变，企业经营具有诸多的不确定性。做好财务预测可以知道企业未来的各种情境，促使人们做出相应的应对策略，提高企业对于未来不确定事件的反应能力，从而减少不利事件发生带来的风险和损失，增强企业的可持续发展能力。

二、财务预测的种类

财务预测可以按照预测的期限、对象与性质进行分类。

（一）按财务预测的期限划分

按期限，财务预测可以分为短期预测、中期预测和长期预测。通常把一年以内的月份和季度预测作为短期预测；把一年至五年的预测作为中期预测；把五年以上的预测作为长期预测。

（二）按财务预测的对象划分

按对象，财务预测可分为期间预测和项目预测。

（三）按财务预测的性质划分

按性质，财务预测可分为定性预测和定量预测。

三、财务预测的内容和基本程序

财务预测的内容取决于财务预测的对象，通常主要包括销售预测、资金需求量预测和利润预测。

财务预测的程序是指进行财务预测普遍适用的基本步骤，一般来说，可以概括为以下几个步骤：

（1）确定预测的目的，是指在进行预测活动之前，需要明确预测所需要达到的目标。它是预测过程中的一个重要环节，预测目的不同，预测对象、预测信息以及预测方法的选择不同。

（2）搜集存储信息，包括搜集信息和存储信息。搜集信息是指通过各种途径和方法，获取所需的数据、资料或情报的过程。存储信息是指将搜集到的信息按照一定的格式和方式保存起来，以便后续使用或分析的过程。

（3）建立预测模型，是指建立用数学语言或公式描述的事物间的数量关系的模型。

（4）实施财务预测，是指基于历史财务数据，用模型对未来一段时间内的财务状况、经营成果和现金流量进行预计和测算。

（5）分析预测误差，是指探究预测值与实际值之间产生的差异及原因。

四、财务预测的方法

（一）销售预测

销售预测是根据过去销售情况和市场未来需求对预测期产品销售量进行的预计和测算，用以指导企业经营决策和产销活动。销售预测的一般要求如下。

第一，掌握市场动态，估计产品的销售形势。

第二，广泛收集资料，制定产品销售策略。

第三，做好定量分析。

销售预测方法包括以下几种。

1. 趋势预测法

趋势预测法是指根据企业历史的、按发生时间的先后顺序排列的一系列销售数据，应用一定的数学方法进行加工处理，按时间数列找出销售量随时间发展变化的趋势，由此推断其未来发展趋势的分析方法。

（1）算术平均法，也称作简单趋势平均法，是将若干历史时期的销售量或销售额作为观测值，将各个观测值相加除以 N 年计算出来的平均数作为下期销售量的预测值的方法。其计算公式为

$$Y=\frac{\sum_{i=1}^{N}X_i}{N}$$

式中，Y 表示预测值；X_i 表示第 i 期的观测值；N 表示所选历史时期的期数。

【**例 4-1**】某公司 2021 年至 2023 年的销售量分别为 540 万件、560 万件、590 万件，则用算术平均法预测 2024 年的销售量如下：

$$Y_{2024}=\frac{540+560+590}{3}=566.33\text{（万元）}$$

（2）加权平均法，是将若干历史时期的销售量或销售额作为观测值，将各个观测值与各自的权数相乘之积加总，然后除以权数之和，求出其加权平均数，并将加权平均数作为销售量的预测值。加权平均法的计算公式为

$$Y=\sum_{i=1}^{n}W_iX_i$$

式中，Y 表示预测期的预测值；W_i 表示第 i 个观测值的权数，且 $0<W_i<1$，$\sum W_i=1$；X_i 表示第 i 个观测值；n 表示观测值个数。

【**例 4-2**】某公司 2018 年至 2023 年的销售情况如表 4-1 所示。

表 4-1　公司 2018 年至 2023 年的销售情况

项目	2018 年	2019 年	2020 年	2021 年	2022 年	2023 年
销售量/万件	510	530	550	540	560	590

假设根据资料，用加权平均法预测 2024 年的销售量时，选定 n=6，2018 年至 2023 年的权数分别为 0.1、0.1、0.1、0.2、0.2、0.3，则 2024 年销售量的预测值为

$$\begin{aligned}Y_{2024}&=\sum_{i=1}^{n}W_iX_i\\&=0.1\times510+0.1\times530+0.1\times550+0.2\times540+0.2\times560+0.3\times590\\&=556\text{（万件）}\end{aligned}$$

（3）指数平滑法。是加权平均法的一种演变，要计算的是指数平滑平均数。其计算公式如下：

$$S_t=\alpha X_{t-1}+(1-\alpha)S_{t-1}$$

式中，S_t 表示 t 期的销售预测值；S_{t-1} 表示 $t-1$ 期的销售预测值；X_{t-1} 表示 $t-1$ 期的实际销售值；α 表示满足 $0<\alpha<1$ 条件的常数，亦称指数平滑系数。

【**例 4-3**】承上例，假设 α 为 0.3，2018 年销售量的预测值为 520 万件，则 2019 年

至 2024 年的预测值计算如表 4-2 所示。

表 4-2　2019 年至 2024 年的预测值

年份	αX_{t-1}	$(1-\alpha)S_{t-1}$	S_t
2018			520
2019	0.3×510	(1−0.3)×520	517
2020	0.3×530	(1−0.3)×517	520.90
2021	0.3×550	(1−0.3)×520.90	529.63
2022	0.3×540	(1−0.3)×529.63	532.74
2023	0.3×560	(1−0.3)×532.74	540.92
2024	0.3×590	(1−0.3)×540.92	555.64

2. 回归分析法

回归分析法是一种用数学模型计算因变量和自变量之间关系的统计方法。它是假定预测对象销售量的变量因素只有一个，根据直线方程式 $y=a+bx$，按照数学上的最小二乘法来确定一条误差最小的、能正确反映自变量 x 和因变量 y 之间关系的直线。其中，a 代表起点销售量，即直线的截距；b 代表单位时间增加的销售量，即直线的斜率；x 代表时间变量；y 代表销售量；n 代表观测值的个数。它的常数项 a 与系数 b 的值可以按下列公式计算：

$$a=\frac{\sum y-b\sum x}{n}$$

$$b=\frac{n\sum xy-\sum x\sum y}{n\sum x^2-(\sum x)^2}$$

为了简化计算，可令时间变量 $\sum x=0$，则公式简化为

$$a=\frac{\sum y}{n},\ b=\frac{\sum xy}{\sum x^2}$$

【例 4-4】承上例，用回归分析法预测 2024 年的销售量，因其观测值有六个，为偶数，若要使时间因素 $\sum x=0$，则可令时间变量的值为−5,−3,−1,1,3,5；如果观测值为奇数个，则令时间变量的值为 $\cdots,-3,-2,-1,0,1,2,3,\cdots$，$\sum x$ 仍可保持为 0。2024 年销售量预测如表 4-3 所示。

表 4-3　2024 年销售量预测表

年份	时间 x	销售量 y/万件	xy	x^2
2018	−5	510	−2 550	25
2019	−3	530		9
2020	−1	550	−550	1

续表

年份	时间 x	销售量 y/万件	xy	x^2
2021	1	540	540	1
2022	3	560	1 680	9
2023	5	590	2 950	25
n=6	$\sum x=0$	$\sum y=3280$	$\sum xy=480$	$\sum x^2=70$

利用表中计算结果计算系数 a、b：

$$a=\frac{3\,280}{6}=546.67,\ b=\frac{480}{70}=6.86$$

可得回归方程 y=546.67+6.86x。

接下来即可利用回归方程预测 2024 年销售量，时间变量 x 取值应为 7。

$$y_{2024}=546.67+6.86\times 7=594.69（万件）$$

3. 本量利分析法

这种方法是在将成本划分为变动成本和固定成本的基础上，根据成本、销售量与利润三者之间的关系，假定已知其中两个因素的条件下，来推测另一个因素的方法。这种方法既可以用来预测销售量也可以用来预测成本或利润。这种方法将在利润预测中详细讲述。

（二）资金需求量预测

1. 销售百分比法

销售百分比法首先假定收入、费用、资产、负债与销售收入存在稳定的百分比关系，根据预计的销售额和相应的百分比预计资产、负债和所有者权益的增加额，然后确定融资需求。

【例 4-5】某公司 2023 年的销售收入为 600 000 元，年末资产负债表如表 4-4 所示，该公司现在还有剩余的生产能力，即增加收入不需进行固定资产方面的投资。假定税后销售利润率为 10%，股利支付率为 90%。如果 2024 年销售收入提高到 720 000 元，那么需筹集多少资金？

表 4-4　某公司 2023 年 12 月 31 日资产负债表　　单位：元

资产		负债及股东权益	
现金	19 500	短期借款	13 000
应收账款（净额）	29 000	应付票据	7 500
存货	34 500	应付账款	26 000
预付账款	6 000	应付债券（长期）	60 000
长期投资	50 000	应付债券——折价	–5 250

续表

资产		负债及股东权益	
固定资产（净值）	208 000	股本	195 000
无形资产	28 500	资本公积	12 000
递延资产	10 500	盈余公积	2 000
		未分配利润	75 750
资产合计	386 000	负债及股东权益合计	386 000

现将应用销售百分比法进行预测的程序说明如下。

首先，将资产负债表中预计随销售变动而变动的项目分离出来。在该公司的资产负债表中资产项目随销售的增加而增加的有：现金、应收账款、存货、预付账款；负债及股东权益项目随销售的增加而增加的有：应付票据、应付账款。如果公司的盈余不全都分配给股东，那么盈余也会增加。各变动项目的销售百分比列于表 4-5。

表 4-5　某公司销售百分比表

资产	销售百分比	负债及权益	销售百分比
现金	3.25%	短期借款	不变
应收账款（净额）	4.83%	应付票据	1.25%
存货	5.75%	应付账款	4.33%
预付账款	1%	应付债券——折价	不变
长期投资	不变	股本	不变
固定资产（净值）	不变	资本公积	不变
无形资产	不变	盈余公积	不变（暂时假设）
递延资产	不变	未分配利润	不变
合计	14.83%	合计	5.58%
应筹资金占销售收入的百分比：14.83%−5.58%=9.25%			

从表 4-5 中可以看出，销售收入每增加 100 元，必须多占用资金 14.83 元，而且同时可以相应增加 5.58 元的资金来源。因此从 14.83%的资金需求中减去 5.58%自动产生的资金来源，还剩下 9.25%的资金需求。该公司销售收入从 600 000 元增加到 720 000 元，增加了 120 000 元，因此需要资金 120 000×9.25%=11 100 元。

这些资金需求还可以用企业的盈余公积来融通。2024 年预计税后利润为 72 000（720 000×10%），因为企业的股利支付比率为 90%，那么有 10%的盈余，即有 7 200 元保留下来，从 11 100 元中减去 7 200 元，还有 3 900 元的资金必须向外界融通。这一过程可以用下列公式表示：

$$对外界资金的需求量=\frac{A}{S_1}(\Delta S)-\frac{D}{S_1}(\Delta S)-EP(S_2)$$

式中，A 表示随销售变化的资产；D 表示随销售变化的负债；S_1 表示基期销售额；S_2 表示预测期销售额；ΔS 表示销售的变动额；P 表示销售利润率；E 表示盈余的保留比率；$\frac{A}{S_1}$ 表示随销售的变动资产变动的百分比；$\frac{D}{S_1}$ 表示随销售的变动负债变动的百分比。

根据北方公司的资料得

$$\begin{aligned}对外界资金的需求量&=14.83\%\times 120\ 000-5.58\%\times 120\ 000-10\%\times 10\%\times 720\ 000\\&=3\ 900（元）\end{aligned}$$

此例中，如果该公司 2024 年的销售额为 660 000 元，即增长 10%，应用上面的公式可知：

$$\begin{aligned}对外界资金的需求量&=14.83\%\times 60\ 000-5.58\%\times 60\ 000-10\%\times 10\%\times 660\ 000\\&=-1\ 050（元）\end{aligned}$$

也就是说，如果公司的销售额仅增加 10%，公司不仅不需要向外界筹资，还会有 1 050 元的剩余资金。在此种情况下，公司的任务就不是规划如何筹资，而应是计划去增加股利、偿还债务或寻找比较有利的投资机会。这一实例也说明了正确预测资金需求量，对于公司合理筹资具有举足轻重的作用。

2. 资金习性预测法

资金的习性，是指资金的变动同产销量之间的依存关系。按资金同产销量之间的依存关系，可以把资金区分为不变资金、变动资金和半变动资金。

不变资金是指在一定的产销量范围内，不受产销量变动的影响保持固定不变的那部分资金。这部分资金包括：为维持营业而占用的最低数额的现金，必要的成品储备、厂房、机器设备等固定资产占用的资金。

变动资金是指随产销量的变动而成同比例变动的那部分资金。它一般包括：直接构成产品实体的原材料、外购件等占用的资金。另外，在最低储备以外的现金、存货、应收账款等也具有变动资金的性质。

半变动资金是指虽然受产销量变化的影响，但不成同比例变动的资金，如一些辅助材料占用的资金。半变动资金可采用一定的方法划分为不变资金和变动资金两部分。

这种预测主要有两种形式：一是根据企业资金占用的总额与产量的关系来预测；二是根据各个资金占用项目分别预测后汇总。

（1）根据资金占用的总额与产量的关系预测。

采用这种方式是根据历史上企业资金占用总额与产销量之间的关系，将资金划分成变动和不变动两部分，确定出预测模型，进而对资金需求量进行预测。

【例 4-6】某企业产销量和资金变动情况如表 4-6 所示。

表 4-6　某企业产销量和资金变动情况表

年份	产销量 X_i/万件	资金占用 Y_i/万元
2018	2	24
2019	6	34
2020	4	28
2021	8	34
2022	12	44
2023	10	38

设产销量为自变量 X，资金占用为因变量 Y，它们之间的关系可以用下式表示：

$$Y = a + bX$$

式中，a 表示不变资金；b 表示单位产销量所需的变动资金。

根据表 4-6 整理出表 4-7。

表 4-7　回归直线方程计算表

年份	产销量 X_i/万件	资金占用 Y_i/万元	X_iY_i	X_i^2
2018	2	24	48	4
2019	6	34	204	36
2020	4	28	112	16
2021	8	34	272	64
2022	12	44	528	144
2023	10	38	380	100
合计（n=6）	$\sum x_i = 42$	$\sum y_i = 202$	$\sum x_i y_i = 1\,544$	$\sum x_i^2 = 364$

将表 4-7 中资料代入下列联立方程：

$$\begin{cases} \sum_{i=1}^{n} Y_i = na + b\sum_{i=1}^{n} X_i \\ \sum_{i=1}^{n} X_i Y_i = a\sum_{i=1}^{n} X_i + b\sum_{i=1}^{n} X_i^2 \end{cases}$$

解得

$$\begin{cases} a = 20.6 \\ b = 1.86 \end{cases}$$

直线方程为 Y=20.6+1.86X。

若企业 2024 年的销量为 13 万件，则资金需求量为

$$20.6+1.86\times13=44.78\text{（万元）}$$

（2）将各个资金占用项目分别预测后汇总。

这种方式是根据各资金占用项目，如现金、存货、应收账款、固定资产等同产销量之间的关系，把各项目的资金都分成变动和不变动两部分，然后汇总在一起，求出企业变动资金总额和不变动资金总额，进而预测资金需求量。

【例 4-7】某企业以前年度现金占用与销售收入之间的关系如表 4-8。

表 4-8　某企业现金占用与销售收入关系表　　单位：万元

年份	销售收入 X_i	现金占用 Y_i
1	200	11
2	240	13
3	260	14
4	280	15
5	300	16

根据资料，用高低点法计算 a、b 的值。

$$b=\frac{最高点资金占用-最低点资金占用}{最高销售收入-最低销售收入}=\frac{16-11}{300-200}=0.05$$

由 $Y=a+bX$ 得

$$a=Y-bX$$

代入第 5 年资料得

$$a=16-0.05\times300=1（万元）$$

同样，根据历史资料，把存货、应收账款、流动负债、固定资产也做这样的划分，然后汇总于表 4-9 中。

表 4-9　不变资金和变动资金划分表　　单位：元

项目	年度不变资金 a	每一元销售收入所需变动资金 b
流动资产：		
现金	10 000	0.05
应收账款	60 000	0.14
存货	100 000	0.22
小计	170 000	0.41
减流动负债：		
应付账款及应付费用	80 000	0.11
净资金占用	90 000	0.30
固定资产：		
厂房设备	510 000	0
所需资金合计	600 000	0.30

根据表 4-9 的资料得出预测模型为

$$Y = 600\ 000 + 0.30X$$

如果第 6 年的预计销售收入为 3 500 000 元，那么，

第 6 年资金需求量=600 000+0.30×3 500 000=1 650 000（元）

从上面的分析可以看出，资金习性预测考虑了资金需求量同产销量之间的变动关系，是一种比较简单而又准确的预测方法。

（三）利润预测

利润预测通常采用本量利分析法和可比产品销售利润因素测算法。

1. 本量利之间的关系

为了正确进行预测，必须研究成本、销售量与利润之间的关系。这里的成本要划分成固定成本和变动成本两部分。所谓固定成本是指成本总额在一定时期和在一定业务量范围内，不受业务影响而固定不变的成本。折旧费、房屋租金、管理人员工资等都属于固定成本。所谓变动成本是指在一定业务量范围内成本总额与业务量总数成正比例增减变动的成本。直接材料、直接人工等都属于变动成本。

成本、销售量和利润之间的关系可用下列公式表示：

$$\begin{aligned}\text{利润} &= \text{销售收入} - \text{变动成本总额} - \text{固定成本总额}\\ &= \text{销售量} \times \text{单价} - \text{销售量} \times \text{单位变动成本} - \text{固定成本总额}\\ &= \text{销售量} \times (\text{单价} - \text{单位变动成本}) - \text{固定成本总额}\end{aligned}$$

2. 预测盈亏临界点

盈亏临界点又称为保本点，是指既没有盈利也没有亏损时的销售量或销售额。当销售量在此点时，企业利润等于零。因此，将量本利公式中的利润定义为 0，计算得出的销售量即为盈亏临界点销售量，公式如下：

$$\text{盈亏分界点销售量} = \frac{\text{固定成本}}{\text{单价} - \text{单位变动成本}}$$

3. 预测目标利润

目标利润的计算公式为

目标利润=预计资金占用额×目标资金利润率

目标利润=预计销售收入×目标销售利润率

【例 4-8】某企业销售预测表明，下一年度预计销售收入为 50 000 元，根据历史资料，目标销售利润率为 10%，则该企业的目标利润为 50 000×10%=5 000 元。

企业为保证目标利润的实现，销售量应达到的数量称为保利量，可用下式计算：

$$\text{实现目标利润销售量} = \frac{\text{固定成本} + \text{目标利润}}{\text{单价} - \text{单位变动成本}}$$

第二节　财务预算

一、财务预算的概念及内容

财务预算是企业全面预算的重要部分，是全面预算结果的财务表述。全面预算管理是指企业在战略目标的指导下，对未来的经营活动和财务结果进行全面的预测和规划，并通过对预算执行过程和结果的监督与评价，及时调整和改善经营活动，以帮助企业最大限度地实现战略目标的管理活动。全面预算管理在企业内部控制和治理中发挥着核心的作用，是企业实现战略目标、提升经营绩效、防范经营风险的有效工具。党的二十大报告提出"健全现代预算制度"[①]。

全面预算可以按其涉及的业务活动领域分为非财务预算和财务预算。其中，非财务预算主要是指业务预算，用于预测和规划企业的供、产、销等基本经营活动，是企业全面预算的主体；财务预算是一系列专门反映企业未来一定预算期内预计财务状况和经营成果，以及现金收支等价值指标的各种预算的总称。财务预算是企业全面预算的重要组成部分，是业务预算的结果和终点，具体包括反映现金收支活动的资金预算、反映企业财务状况的预计资产负债表、反映企业财务成果的预计利润表等内容。

二、财务预算的作用

财务预算在企业全面预算体系中具有重要的作用，主要表现在以下方面。

（1）财务预算能够保证企业合理地利用财务资源。通过财务预算的编制和平衡，企业可以对有限的财务资源进行合理的安排使用，避免资源的浪费和低效使用；资金预算通过对企业一定期间资金的来源和占用进行规划，可以有效地避免企业资金的短缺或者溢余；通过对企业长短期资产规模和结构的合理配置，实现资产流动性和营利性的平衡；通过对企业利润和现金流量的合理规划，可以保障投资者回报以及企业可持续发展的有机协调。

（2）财务预算能够实现企业财务部门和业务部门的管理协调。财务预算以企业整体的经营预算为出发点，不仅从价值方面反映了企业财务资源对供、产、销等各个业务部门的经营活动的支持，而且反映了业务部门预算执行的结果。因此，财务预算是协调企业财务活动和业务经营的桥梁与纽带，通过财务预算可以有效识别和防范控制企业业务经营风险，保障企业业务经营的顺利开展。

（3）财务预算有助于财务战略目标的顺利实现。财务预算可以对企业未来的财务行为进行规划，通过规划未来的发展来指导现在的实践。财务预算执行过程中能有效地发现和控制企业财务风险，及时调整和规范财务行为，使企业的经济活动按预定的目标

---

① 《习近平：高举中国特色社会主义伟大旗帜 为全面建设社会主义现代化国家而团结奋斗——在中国共产党第二十次全国代表大会上的报告》，https://www.gov.cn/xinwen/2022-10/25/content_5721685.htm[2022-10-25]。

进行，从而实现企业的财务目标。

三、财务预算的编制方法

（一）固定预算和弹性预算

固定预算又称静态预算，是以预算期内正常的、可能实现的某一业务量（如生产量、销售量）水平为固定基础，不考虑可能发生的变动因素而编制预算的方法，它是最传统的，也是最基本的预算编制方法。但在实际工作中，当实际的业务量与编制预算所根据的预计业务量产生较大差异时，有关预算指标的实际数与预算数就会因业务量基础不同而失去可比性，不利于正确地控制、考核和评价企业财务预算的执行情况。一般来说，固定预算只适用于业务量水平较为稳定的企业或非营利组织编制预算。

弹性预算又称变动预算、滑动预算，是在变动成本法的基础上，以未来不同业务水平为基础编制预算的方法，是固定预算的对称。弹性预算是以预算期间可能发生的多种业务量水平为基础，分别确定与之相对应的费用数额而编制的、能适应多种业务量水平的费用预算，以便分别反映在各业务量情况下的成本费用（或利润）水平。弹性预算的优点在于：一方面，能够适应不同经营活动情况的变化，扩大预算的范围，更好地发挥预算的控制作用，避免在实际情况发生变化时，对预算进行频繁的修改；另一方面，能够在更加客观可比的基础上，建立预算对实际执行情况的评价与考核机制。

（二）增量预算与零基预算

增量预算是指在基期成本费用水平的基础上，结合预算期业务量水平及有关低成本的措施，通过调整有关原有成本费用项目而编制预算的方法。这种预算方法比较简单，但它以过去的水平为基础，实际上就是承认过去是合理的，无须改进，因此，往往不加分析地保留或接受原有成本项目，或按主观臆断平均削减，或只增不减，这样容易造成预算的不足；或者安于现状，造成预算不合理的开支。

零基预算也称零底预算，是指在编制成本费用预算时，不考虑以往会计期间发生的费用项目或费用数额，而是以所有的预算支出为零作为出发点，一切从实际需要与可能出发，逐项分析预算期内各项费用的内容及其开支标准是否合理，在综合平衡的基础上编制费用预算的一种方法。零基预算是以“零”为起点观察和分析所有业务活动的，并且不考虑过去的支出水平，每项业务经过成本-效益分析，对每个业务项目是否应该存在、支出金额多少，都要进行分析计算。因此，需要动员企业的全体员工参与预算编制，这样使不合理的因素不能继续保留下去，从投入开始，减少浪费，通过成本-效益分析，提高产出水平，从而能使投入产出意识得以增强。

（三）定期预算与滚动预算

定期预算就是以会计年度（季度、月度）为单位编制的各类预算。由于定期预算多在其执行年度开始前几个月进行，因此，许多预算期数据资料只能估计，具有一定的盲目性。另外，在预算执行中，许多不确定因素会使实际数据偏离预算数较多，而预算又往往不能进行及时调整，从而使预算的控制和评价功能失去作用。

滚动预算又称永续预算，其主要特点包括：不将预算期与会计年度挂钩，始终保持十二个月，每过去一个月，就根据新的情况调整和修订后几个月的预算，并在原预算基础上增补下一个月的预算，从而逐期向后滚动，连续不断地以预算形式规划未来经营活动。滚动预算可以保持预算的连续性和完整性，使预算方法与生产经营过程相适应，同时，滚动预算便于随时修订预算，可充分发挥预算的指导与控制作用。

四、预算的编制

（一）预算的编制程序

企业预算的编制涉及经营管理的各个部门，只有执行人参与预算的编制，才能使预算成为他们自愿努力完成的目标，而不是外界强加于他们的枷锁。企业预算的编制程序如下：

（1）最高领导机构根据长期规划，提出企业一定时期的总体目标，并下达规划指标。

（2）最基层成本控制人员自行草编预算，使预算能较为可靠、较为符合实际。

（3）各部门汇总部门预算，并初步协调本部门预算，编出销售、生产、财务等业务预算。

（4）预算委员会审查、平衡业务预算，汇总出公司的总预算。

（5）经过行政首长批准，审议机构通过或者驳回修改预算。

（6）主要预算指标报告给董事会或上级主管单位，讨论通过或驳回修改。

（7）批准后的预算下达各部门执行。

（二）预算的编制方法

下面通过具体实例说明企业全面预算编制的方法。

1. 分项预算的编制

【例 4-9】假设某公司上期末资产负债表如表 4-10 所示。

表 4-10　某公司上期末资产负债表　　单位：元

资产	金额	负债及权益	金额
流动资产：		流动负债：	
货币资金	10 000	应付账款	2 200
应收账款	9 500	其他应付款	4 000
存货	4 350.27		
小计	23 850.27	小计	6 200
固定资产（净值）	90 000	所有者权益：	
		股本	70 000
		留存收益	37 650.27
		小计	107 650.27
资产合计	113 850.27	负债及权益合计	113 850.27

企业在上期末资产负债表的基础上编制分项预算。

1）销售预算

销售预算是企业编制预算的起点，企业可以根据前面讲过的销售预测的方法，对企业进行销售预测，进而编制销售预算。销售预算如表 4-11 所示。假设：①当季收回本季销货款的 70%；②下季度收回本季销货款的 28%；③坏账损失估计 2%。

表 4-11　销售预算　　单位：元

项目	1 季度	2 季度	3 季度	4 季度	合计
预期销售数量	800	700	900	800	3 200
单位售价	80	80	80	80	
销售额	64 000	56 000	72 000	64 000	256 000

如果 1 季度销售 64 000 元，当季收入现金 44 800 元，下季度收入现金 17 920 元，则每季的现金收入可计算于表 4-12。

表 4-12　销货款现金收入预算　　单位：元

项目	1 季度	2 季度	3 季度	4 季度	合计
应收账款	9 500				9 500
1 季度销售（64 000）	44 800	17 920			62 720
2 季度销售（56 000）		39 200	15 680		54 880
3 季度销售（72 000）			50 400	20 160	70 560
4 季度销售（64 000）				44 800	44 800
现金收入合计	54 300	57 120	66 080	64 960	242 460

2）生产预算

在销售预算的基础上，可以确定生产数量，编制生产预算。计划生产数量如下：

$$计划生产数量=销售数量+需要保持的期末产品数量-期初产品存量$$

式中，“需要保持的期末产品数量”假设为下期销售量的 10%，并假设第 4 季度期末产品存量为 100，1 季度初产品存量为 80，那么各季度的生产量可计算于表 4-13。

表 4-13　生产预算

项目	1 季度	2 季度	3 季度	4 季度	合计
计划销售量	800	700	900	800	3 200
计划的期末产品存量	70	90	80	100	100
总需求量	870	790	980	900	3 300
减：期初产品存量	80	70	90	80	80
计划生产数量	790	720	890	820	3 220

3）直接材料预算

根据生产预算，即可按原材料的耗用定额等资料估计生产需要的原材料数量和需要采购的材料数量。

采购数量＝预计生产用料量＋需要保持的期末储备量－期初储备量

假设期末储备量为下季度生产需要量的 10%，第 4 季度期末储备量为 250，1 季度期初储备量为 237，则各季度采购量可计算于表 4-14。

表 4-14　直接材料预算　单位：元

项目	1 季度	2 季度	3 季度	4 季度	合计
生产数量	790	720	890	820	3 220
单位产品用料	3	3	3	3	3
生产用料量	2 370	2 160	2 670	2 460	9 660
加：期末储备需要量	216	267	246	250	250
需要量合计	2 586	2 427	2 916	2 710	9 910
减：期初储备量	237	216	267	246	237
采购数量	2 349	2 211	2 649	2 464	9 673
单价	2	2	2	2	2
采购成本	4 698	4 422	5 298	4 928	19 346

根据表 4-14，假设每季度采购款当季支付 50%，其余在下季度付清，那么采购原材料现金支付的预算可计算如表 4-15 所示。

表 4-15　采购原材料现金支付预算表　单位：元

项目	1 季度	2 季度	3 季度	4 季度	合计
应付账款期初余额	2 200				2 200
1 季度购货款	2 349	2 349			4 698
2 季度购货款		2 211	2 211		4 422
3 季度购货款			2 649	2 649	5 298
4 季度购货款				2 464	2 464
共支付现金	4 549	4 560	4 860	5 113	19 082

4）直接人工成本预算

生产预算也为编制直接人工工资预算提供依据。生产需要的直接人工工时数，乘以估计的工时工资率，即为直接人工成本总额。假设生产每单位产品需要 5 个直接人工工时，每工时的工资率为 5 元，直接人工成本预算可计算如表 4-16 所示。

表 4-16 直接人工成本预算 单位：元

项目	1 季度	2 季度	3 季度	4 季度	合计
生产数量	790	720	890	820	3 220
单位产品直接工时	5	5	5	5	5
小计	3 950	3 600	4 450	4 100	16 100
直接工时工资率	5	5	5	5	5
直接人工成本	19 750	18 000	22 250	20 500	80 500

5）制造费用预算

制造费用包括除直接材料和直接人工工资以外的全部制造成本。此类成本不能直接计入产品成本，需要采用一定的标准，按照一定比率分摊计入成本。需要注意的是固定资产的折旧费这一部分虽然属于制造费用，但并不支付现金，在计算制造费用的现金支付时需要减除。

假设：①预算的制造费用合计数=固定制造费用（假设为 6 000 元）+按每直接人工工时分摊的变动制造费用（假设分摊率为每直接人工工时 2 元）；②固定资产折旧费每季度为 3 250 元；③本季度发生的制造费用全部在当季支付。

根据上述条件，制造费用预算可列于表 4-17。

表 4-17 制造费用预算 单位：元

项目	1 季度	2 季度	3 季度	4 季度	合计
预算的直接人工工时	3 950	3 600	4 450	4 100	16 100
变动制造费用分摊率	2	2	2	2	2
预算的变动制造费用	7 900	7 200	8 900	8 200	32 200
预算的固定制造费用	6 000	6 000	6 000	6 000	24 000
预算的制造费用合计	13 900	13 200	14 900	14 200	56 200
减：固定资产折旧	3 250	3 250	3 250	3 250	13 000
制造费用现金支付数	10 650	9 950	11 650	10 950	43 200

6）产品单位成本预算

根据表 4-13 中的资料可知，产品计划生产数量为 3 220 件，又根据表 4-14、表 4-16、表 4-17 中的资料可知生产 3 220 件产品的直接材料费、直接人工工资、制造费用分别为 19 320 元、80 500 元和 56 200 元，因此产品单位成本预算为

$$\text{产品单位成本}=\frac{19\ 320+80\ 500+56\ 200}{3220}=48.453\ 4\text{元}$$

7）期末盘存预算

期末盘存既影响损益表上的销售成本，也影响资产负债表中流动资产的结构，因

此要特殊加以编制。期末盘存包括直接材料、产成品（还有在产品和半成品，本例假设只有直接材料和产成品）的盘存，根据表 4-12 和表 4-13 中资料可编制表 4-18。

表 4-18 期末盘存预算

项目	期末盘存数量	单位成本/元	合计/元
直接材料	250 单位	2	500
产成品	100 单位	48.453 4	4 845.34

根据表 4-13，销售量为 3 220 件，则销售成本为 48.453 4×3 220=156 020 元。

8）销售费用和管理费用预算

销售费用和管理费用预算是指在销售产品和管理企业中发生的各项费用，如表 4-19 所示。

表 4-19 销售费用和管理费用预算 单位：元

项目	1 季度	2 季度	3 季度	4 季度	合计
预算销售数量	800	700	900	800	3 200
单位变动销售与管理费用	4	4	4	4	4
变动费用预算数	3 200	2 800	3 600	3 200	12 800
固定销售与管理费用：					
广告费用	1 100	1 100	1 100	1 100	4 400
保险费用	2 800				2 800
办公人员工资	8 500	8 500	8 500	8 500	34 000
租金	300	300	300	300	1 200
税款			1 200		1 200
其他	50	50	50	50	200
小计	12 750	9 950	11 150	9 950	43 800
合计	15 950	12 750	14 750	13 150	56 000

注：各项费用均在发生的季度支付

2. 现金预算的编制

现金预算是进行现金管理的最重要的工具，它概括了企业在预算期现金收入和现金支出的情况，通常由以下几个部分组成。

（1）营业现金收入，主要指产品销售收入。

（2）其他现金收入，主要指企业除销售收入以外的收入，如设备的租赁收入、证券投资的利息收入等。

（3）营业现金支出，指企业经营过程中发生的采购材料现金支出、工人工资的现金支出和其他费用支出。

（4）其他现金支出，指资本支出、股利支出、偿还债务的本金和利息支出、所得税支出等其他支出。

（5）净现金流量，指现金收入和现金支出的差额。

净现金流量 = 现金收入–现金支出

= (营业现金收入+其他现金收入) – (营业现金支出+其他现金支出)

（6）筹资部分，是指预算期期末现金余额与理想现金持有量的差额部分。如果期末现金余额大于理想的现金持有量，说明现金有结余，应设法进行投资或归还债务；如果期末现金余额小于理想现金持有量，则说明现金短缺，应筹集资金予以补充。

现假设如下数据：①企业每月末现金余额保持不少于 5 000 元；②第 2 季度购置机器支付现金 243 000 元；③第 2 季度末向银行借款 10 000 元，年利息 10%，第 3 季度末偿还 5 000 元及利息，第 4 季度末本息全部还清；④预计第 4 季度现金余额较多，拿出 10 000 元买进国库券作短期投资，在下季度需要资金时或行情有利时售出。

根据以上资料和各项预算资料，可编制现金预算表（表 4-20）。

表 4-20 现金预算表 单位：元

项目	1 季度	2 季度	3 季度	4 季度	合计
现金收入：					
营业现金收入	54 300	57 120	66 080	64 960	242 460
其他现金收入	0	0	0	0	0
小计	54 300	57 120	66 080	64 960	242 460
现金支出：					
营业现金支出：					
直接材料	4 549	4 560	4 860	5 113	19 082
直接人工	19 750	18 000	22 250	20 500	80 500
制造费用	10 650	9 950	11 650	10 950	43 200
销售与管理费用	15 950	12 750	14 750	13 150	56 600
其他现金支出：					
购置机器		24 300			24 300
所得税	4 000				4 000
小计	54 899	69 560	53 510	49 713	227 682
净现金流量	–599	–12 440	12 570	15 247	14 778
现金余缺					
期初现金余额	10 000	9 401	6 961	14 281	10 000
净现金流量	–599	–12 440	12 570	15 247	14 778
期末余额	9 401	–3 039	19 531	29 528	24 778
筹集或付出资金：					
借款		10 000			10 000

续表

项目	1 季度	2 季度	3 季度	4 季度	合计
偿还本金			−5 000	−5 000	−10 000
支付利息			−250	−125	−375
短期投资				−10 000	−10 000
小计		10 000	−5 250	−15 125	−10 375
现金余额	9 401	6 961	14 281	14 403	14 403

3. 预算损益表的编制

预算损益表是提供未来一定期间成本、利润等方面资料的一种报表。根据以上资料可以编制预算损益表（假定所得税率为 40%），如表 4-21 所示。

表 4-21 预算损益表 单位：元

项目	金额
销售收入	256 000
减：销售成本	156 020
销售费用（及管理费用）	56 600
销售利润	43 380
减：营业外收支	0
财务费用	375
利润总额	43 005
减：所得税（40%）	17 202
净利润	25 803

4. 预算资产负债表的编制

预算资产负债表是提供一定时间的资产、负债和所有者权益情况，反映企业预计财务状况的一种报表。现金预算和预算损益表都是编制资产负债表的重要资料。根据以上资料，资产负债表可以列示于表 4-22。

表 4-22 预算资产负债表 单位：元

项目	上期	本期	项目	上期	本期
流动资产：			流动负债：		
现金	10 000	14 403（1）	应付账款	2 200	2 464（7）
短期投资		10 000（4）	应付所得税	4 000	17 589.60（8）
应收账款	9 500	23 040（2）	小计	6 200	20 053.60
存货	4 350.27	5 345.3（3）	所有者权益：		

续表

项目	上期	本期	项目	上期	本期
小计	23 850.27	52 788.3	实收资本	70 000	70 000
固定资产：			留存收益	37 650.27	64 034.70（9）
土地	50 000	50 000	小计	107 650.27	134 034.70
房屋设备	100 000	124 300（5）			
减：折旧	60 000	13 000（6）			
小计	90 000	101 300			
合计	113 850.27	154 088.30	合计	113 850.27	154 088.30

注：数据（1）根据表 4-20 获得；数据（2）根据表 4-11、4-12 获得；数据（3）根据表 4-18 获得；数据（4）根据表 4-20 获得；数据（5）根据表 4-20 获得；数据（6）根据表 4-17 获得；数据（7）根据表 4-15 获得；数据（8）根据表 4-21 获得；数据（9）根据表 4-10 和表 4-21 获得

五、预算的实施、控制和考核

预算的执行和实施，是通过全公司各个部门的经营活动来达到的。预算是全公司的目标，是一种行为准则。公司每一个部门的每一项活动，对于公司目标的实现，都起着积极或消极的影响。但由于预算是每个部门、每个管理者业绩的重要依据，因此，在日常的经营活动中，管理人员会将经营活动同公司的预算目标相联系。

预算控制着重于企业的费用和现金流量。预算控制方式采用前馈控制和反馈控制相结合的方法。前馈控制是面向未来的控制，通过收集预算执行实绩，对下期预算执行过程的输入进行监督，以确定是否符合预算目标。如果不符合预算目标，为了确保目标的实现，需要改变输入或预算执行过程。预算管理机构在对本期预算执行情况进行跟踪、控制和分析以后，根据预算实绩与预算指标的差异、未来环境的变化等其他相关因素，提出下期预算执行的修正方案，对预算执行过程实行动态控制和管理。反馈控制是将预算执行实绩信息回送到下一个预算执行期的输入端，作为控制的依据。对于规律性较强的业务或项目，预算管理机构根据以往历史信息的反馈，对本期预算执行情况进行控制。

预算考核是分别对预算内指标和预算外追加项目、金额进行考核，并对预算总额进行考核和控制。预算管理机构向相关部门下达公司预算，并确定各项预算考核指标及责任部门，制定预算考核办法和考核具体实施细则，报公司批准后下发执行。预算管理机构根据已制定的预算考核办法和实施细则，对各预算单位、归口部门进行跟踪，对预算考核指标按月、季、年考核，并予以综合整理。各部门若未经管理机构批准，擅自变更预算，使成本费用上升、支出增加、收入减少或者负债增加的，由预算管理机构负责提出对直接责任者的处理意见，上报最高管理机构处理。

预算管理是一种涉及企业组织各个层次的责权利关系的制度安排，只有企业上下统一思想和认识，密切配合，从多方着手，建立自上而下的预算保障体系，才能最大限度地发挥预算的预期作用。

◈ 复习思考题

一、思考题

1. 财务预测的意义有哪些？
2. 销售百分比法的基本原理是什么？
3. 为什么说销售预算是全面预算的起点？
4. 零基预算有什么优缺点？
5. 固定预算和滚动预算有什么区别？

二、练习题

1. 某公司采用销售百分比法预测 2024 年外部资金需要量，2024 年销售收入将比 2023 年增加 20%。2023 年的销售收入为 3 600 万元，敏感资产和敏感负债占销售收入的百分比分别为 58%、13%，销售净利润率为 10%，股份支付率为 60%。若该公司 2024 年销售净利润率、股份支付率均保持不变，则 2024 年该公司应追加资金需要量的数额是多少？

2. 某企业第三季度销售预算如表 4-23 所示。

表 4-23　某企业第三季度销售预算　　单位：元

项目	预计销售金额	预期现金收入		
		7 月	8 月	9 月
期初应收账款	105 000	①	②	
7 月销售收入	200 000	③	④	⑤
8 月销售收入	300 000		⑥	⑦
9 月销售收入	340 000			⑧
期末应收账款	⑨			
合计	⑩	⑪	⑫	⑬

该企业销售货款当月可收回 55%，次月收回 30%，第三个月收回余额。期初应收账款 105 000 元，其中 5 月销售的应收账款为 24 000 元，6 月销售的应收账款为 81 000 元。

要求：

（1）计算 5 月与 6 月的销售收入。

（2）计算第三季度的预期现金收入，填入①～⑬中。

（3）计算第三季度末应收账款。

第五章　筹资方式

企业的建立、生存、发展都离不开资金，但资金又有不同的存在方式。党的二十大报告提出："健全资本市场功能，提高直接融资比重。"①这为加强筹资管理、增强资金服务进一步指明了方向。本章介绍筹资的一些基本概念，以及资金的筹集渠道和方式。

第一节　筹资概论

一、筹资的基本概念

筹资是指企业向企业外部有关单位或个人以及从企业内部筹措和集中经营所需资金的财务活动。它是财务管理的一项重要内容。为了探讨如何才能卓有成效地筹集资金，必须首先了解筹资中的一些基本概念。

（一）短期资金与长期资金

短期资金是指短期（一般在一年以内）使用的资金。短期资金主要用于现金、应收账款、材料采购、发放工资等，一般在短期内可以收回。短期资金可采用商业信用、银行短期借款、商业票据等方式来筹集。

长期资金是指长期（一般在一年以上）使用的资金。长期资金一般采用发行股票、债券、银行中长期借款等方式筹集。

在一个企业的资金来源中，短期资金和长期资金所占的比例被称为资金的长短期结构，也被称为筹资组合。不同的筹资组合对企业的风险和报酬有不同的影响，财务人员必须设法做出最佳的安排。

（二）业主资金与负债资金

企业所有者投入的资本金，以及企业在持续经营过程中形成的留存收益（盈余公积、未分配利润）被称为业主资金，有时也被称为自有资本或权益资本。

---

① 《习近平：高举中国特色社会主义伟大旗帜　为全面建设社会主义现代化国家而团结奋斗——在中国共产党第二十次全国代表大会上的报告》，https://www.gov.cn/xinwen/2022-10/25/content_5721685.htm[2022-10-25]。

企业利用发行债券、银行借款等方式筹集的资金，代表对企业的债权，因而被称为负债资金，有时也被称为借入资本或借入资金。

企业资金总额由业主资金和负债资金组成。业主资金与负债资金的比例，叫作企业的资金结构或资本结构。不同的资金结构对企业风险和成本的影响不同，企业的财务人员必须合理安排资本结构，以便实现理财目标。

二、资金的筹集渠道与方式

（一）资金的筹集渠道

筹资渠道是指企业资金的来源。目前我国筹资渠道主要包括国家财政资金、企业内部资金、金融机构资金、其他单位资金、职工和民间资金、国外资金。

（1）国家财政资金是国家对企业投入的资本金，它是我国国有企业的主要资金来源。由于国家财政资金具有广阔的来源和稳固的基础，因此，国家投资在大企业的各种资金来源中仍占有重要的地位。

（2）企业内部资金主要是指企业在税后利润中提取的盈余公积和未分配利润。盈余公积和未分配利润在一定条件下可以转化为经营资金。随着经济效益的提高，企业内部资金日益增加。

（3）金融机构资金是指各种商业银行和各种非银行金融机构的资金。目前，我国商业银行包括中国银行、中国工商银行、中国农业银行、中国建设银行、交通银行等。非银行金融机构包括信用社、保险公司、投资公司、租赁公司等。金融机构的资金来源包括个人储蓄、单位存款等。金融机构具有财力雄厚、贷款方式灵活、能适应企业的各种需要、有利于国家宏观调控等优势，因此，它也是企业资金的重要筹集渠道。

（4）其他单位资金是指其他法人单位投入企业的资金。各企业在其生产经营过程中，往往有部分暂时闲置的资金，可在企业之间相互调剂使用。随着横向经济联合的开展，企业同企业之间的经济联合和资金融通日益广泛。既有长期稳定的资金联合，又有短期临时的资金融通。这种资金联合和融通，有利于促进企业之间的经济联系，开拓企业的经营业务，所以这种资金筹集渠道得到广泛利用。

（5）职工和民间资金是指本企业职工和城乡居民手中的暂时闲置未用的资金。这种个人投资渠道在动员闲置的消费基金方面具有重要的作用，已经逐渐成为企业筹集资金的重要渠道。

（6）国外资金是指外商向企业投入的资金。企业吸收外资，不仅可以满足经营资金的需要，而且能够引进国外先进技术和管理经验，促进企业技术的进步和产品水平的提高。因此，国外资金已成为企业加速生产发展、扩大经营规模的重要筹资渠道之一。

（二）资金的筹措方式

筹资方式是指企业取得资金的具体形式。目前，我国的筹资方式主要有吸收直接投资、发行股票、留存收益、银行借款、公司债券、商业信用、融资租赁等。党的二十大报告强调“坚持把发展经济的着力点放在实体经济上”①，这就需要通过融资方式的优化支持实体经济实现高质量发展。在本章的后面部分详细阐述这些方式。

（三）筹资渠道和筹资方式的对应关系

筹资渠道解决的是资金来源问题，筹资方式解决的是通过何种方式取得资金的问题，它们之间存在一定的对应关系，其对应关系如表 5-1 所示。

表 5-1　筹资渠道和筹资方式的对应关系

筹资方式	吸收直接投资	发行股票	留存收益	银行借款	公司债券	商业信用	融资租赁
国家财政资金	√	√					
银行信贷资金				√			
非银行金融机构资金	√	√		√	√		√
其他企业资金	√	√			√	√	√
居民个人资金	√	√			√		
企业自留资金	√		√				

三、筹资的基本原则

（一）规模适当原则

企业的资金需求量往往是不断波动的，企业财务人员要认真分析科研、生产、经营状况，采用一定的方法，预测资金的需要数量，合理确定筹资规模。这样，既能避免因资金筹集不足，影响正常生产经营，又可防止资金筹集过多，造成闲置。

（二）筹措及时原则

同等数量的资金，在不同时点上具有不同的价值，企业财务人员在筹集资金时必须熟知资金时间价值的原理和计算方法，以便根据资金需求的具体情况，合理安排资金的筹集时间，适时获取所需资金。这样，既能避免过早筹集资金形成资金投放前的闲置，又能防止取得资金的时间滞后，错过资金投放的最佳时间。

（三）来源合理原则

资金的市场和来源渠道为企业提供了资金的筹资场所和源泉。不同来源的资金，对企业的收益和成本有不同影响，因此，企业应认真研究资金市场和资金渠道，合理选择资金来源。

① 《习近平：高举中国特色社会主义伟大旗帜 为全面建设社会主义现代化国家而团结奋斗——在中国共产党第二十次全国代表大会上的报告》，https://www.gov.cn/xinwen/2022-10/25/content_5721685.htm[2022-10-25]。

（四）方式经济原则

在确定筹资数量、筹资时间、资金来源的基础上，企业在筹资时还必须认真研究各种筹资方式。不同的筹资方式资金成本不同。资金成本是指企业取得和使用资金而付出的代价。企业筹集资金必然要付出一定的代价，为此，就需要对各种筹资方式进行分析、对比，选择经济、可行的筹资方式。与筹资方式相联系的问题是资金结构问题，企业应确定合理的资金结构，以便降低成本、减少风险。

第二节　吸收直接投资

一、吸收直接投资的种类

吸收直接投资一般包括以下四类。

（一）吸收国家投资

国家投资是指有权代表国家的政府部门或者机构以国有资产进行的投资。这种投资形成的资金叫国家资本金。吸收国家投资具有以下特点：①产权归属国家；②资金数额较大。

（二）吸收法人投资

法人投资是指法人单位以其依法可以支配的资产进行的投资，这种投资形成的资金叫法人资本金。目前，吸收法人投资主要指法人单位在进行横向经济联合时所产生的联营投资。随着我国横向经济联合的广泛发展，吸收法人投资变得越来越重要。吸收法人投资具有以下特点：①产权归属企业；②以获取企业利润为目的；③出资方式比较灵活。

（三）吸收个人投资

个人投资是指社会个人或本企业内部职工以个人合法财产进行的投资，这种投资形成的资金叫个人资本金。吸收个人投资具有以下特点：①参加投资的人员较多；②每人投资的数额相对较少；③以参与企业利润分配为目的。

（四）吸收外商投资

外商投资是指外国的自然人、企业或者其他组织直接或者间接在中国境内进行的投资活动。这种投资形成的资金叫外商资本金。随着我国改革开放的进一步深化，越来越多的外商资金涌入企业，形成外商资本金。吸收外商投资具有以下特点：①可以筹集外汇资金；②可以引进先进技术和管理模式。党的二十大报告指出我国“吸引外资和对外投资居世界前列”①。

二、吸收直接投资中的出资方式

吸收直接投资可以采用现金投资、实物投资、无形资产等出资方式，主要有以下几种。

（一）现金投资

现金投资是以现金形式对企业进行的投资。由于现金可以进行任何物质的交换，所以企业应尽量动员投资者采用现金方式出资。这需要在投资过程中由双方协商加以确定。

（二）实物投资

以厂房、建筑物、设备等固定资产和材料、燃料、商品等流动资产进行的投资，属于实物投资。一般来说，实物投资应满足如下要求：①确为企业科研、生产、经营所需；②实物资产的技术性能较好；③作价公平合理。

投资实物的具体作价，可由双方按公平合理的原则协商确定，也可聘请各方同意的专业资产评估机构评定。

（三）工业产权投资

工业产权是指以专有技术、商标权、专利权等无形资产进行的投资。一般来说，企业吸收的工业产权应满足以下条件：①对研究和开发新的高科技产品有帮助；②对生产出适销对路的高科技产品有帮助；③对改进产品质量，提高生产效率有帮助；④对大幅度降低各种消耗有帮助；⑤作价比较合理。

企业在吸收工业产权投资时应特别谨慎，并进行认真的可行性研究，因为工业产权投资实际上是技术的投资，是对技术价值的资本化。而技术实际上在不断老化，价值在不断减少甚至完全丧失。

（四）场地使用权投资

场地使用权投资是指以场地使用权进行的投资。企业在接受场地使用权的投资时，应注意以下问题：①场地应是企业科研、生产、销售活动所需要的；②场地的交通、地理条件比较适宜；③作价公平合理。

三、吸收直接投资的程序

企业吸收其他单位的投资，一般要遵循如下程序。

---

① 《习近平：高举中国特色社会主义伟大旗帜 为全面建设社会主义现代化国家而团结奋斗——在中国共产党第二十次全国代表大会上的报告》，https://www.gov.cn/xinwen/2022-10/25/content_5721685.htm[2022-10-25]。

（一）确定所需吸收直接投资的数量

吸收直接投资一般是企业开办时所使用的一种筹资方式。企业在经营过程中，如果发现自有资金不足，可采用吸收直接投资的方式，但在吸收直接投资之前，必须确定所需资金的数量，以利于合理筹集所需资金。

（二）寻找投资单位

企业在吸收直接投资之前，需要进行一些必要的宣传，以便出资单位了解企业的经营状况和财务状况，这也有利于企业在比较多的投资者中寻找最合适的合作伙伴。

（三）确定投资数额和投资方式

寻找到投资单位后，双方便可进行具体的协商，以便合理确定投资的数量和方式。在协商过程中，企业应尽量说服投资者以现金方式出资，如果投资者的确拥有较先进的、适合于企业且企业需要的固定资产、无形资产等，也可用实物、工业产权和场地使用权进行投资。

（四）签署投资协议

双方经初步协商后，如没有太大异议，便可进一步协商。如果企业以实物、工业产权、场地使用权投资时，还要考虑实物资产的作价问题。因为这是投资报酬、风险的确定依据。一般而言，价格由双方按照公平合理的原则商定，但如果争议较大，可聘请有关资产评估机构来断定。当出资数额、资产作价确定后，便可签署投资协议或合同，以明确双方的权利和责任，并为分配报酬做准备。

（五）共同经营，共享利润

出资各方有权对企业进行经营管理，但如果投资者的投资占企业资金总额的比例较低，一般不参与经营管理，他们最关心的是其投资报酬问题。因此，企业在吸收直接投资之后，应按合同中的有关条款，从实现的利润中对所吸收的投资支付报酬。

四、吸收直接投资的优缺点

（一）吸收直接投资的优点

（1）吸收直接投资所筹集的资金属于自有资金，能增强企业的信誉和借款能力，对扩大企业经营规模、壮大企业实力具有重要作用。

（2）吸收实物投资和产权投资可以直接获取投资者的先进技术和设备，尽快形成生产能力，有利于尽快开拓市场。

（3）吸收直接投资根据企业的经营状况向投资者支付报酬，企业经营状况好，要向投资者多支付一些报酬，企业经营状况不好，就可不向投资者支付报酬或少支付报酬，比较灵活，所以财务风险较小。

（二）吸收直接投资的缺点

（1）吸收直接投资支付的资金成本较高。一般而言，采用吸收直接投资方式所筹集资金的成本较高。

（2）吸收直接投资容易分散企业的控制权。采用吸收直接投资方式筹集资金，投资者一般都要求获得与投资数量相适应的经营管理权，这是接受外来投资的代价之一。如果外部投资者的投资较多，则投资者会有相当大的管理权，甚至会对企业实行完全控制，这是吸收直接投资的不利因素。

第三节 股票

一、股票概述

股票是股份公司为筹集权益资金而发行的一种有价证券，是投资者入股并借以取得股利的凭证，它代表了对股份企业的所有权。权益资金通常是构成一个新公司的首要资金来源，而且是保证该公司后来可以获得一切类型债务的基础。

（一）股票的特点

股票同其他筹资方式相比，具有如下特点。

（1）股票筹集到的资金是永久性的。股票是没有任何届满日期的，通过发行股票筹集到的资金可以永久占用，只要企业存在，股东不能将股票退给公司。

需要指出的有两点：第一，这种永久性并不意味着股东的投资是永久性的，因为股票是可以买卖或转让的，通过卖出股票，原来的股东收回投资；第二，这种永久性并不妨碍公司必要时在市场上购买自己的部分股票以调整股票的行市。

（2）股票持有者的投资风险最大。股票持有者即股东，作为公司的投资者，其投资风险比债权人大，尽管他向社会承担的经济责任可能是有限的。这一点可以从公司偿债顺序中反映出来，一旦公司破产，其财产变价收入的偿债顺序是：首先，支付应付未付的职工工资、劳动保险费等；其次，支付应缴未缴的税金；再次，支付尚未偿付的债务；最后，在满足各种债权人的合法要求之后如果还有剩余，在股东之间按出资比例分配。可见，由于股东的清偿顺序在最后，所以其投资的风险是最大的。

正因为如此，公司股本（加上未分配利润）便构成了支付公司一切债务的基础。增加股票的发行，公司对其债权人所提供的保证便随之增加。

（3）股利的支付具有灵活性。公司股利的发放与否，可以由股东代表大会投票表决。如果现金暂时短缺，或者即使资金并不短缺但遇到了很好的投资机会，公司可以不向股东支付股利，但与此相反，公司债务利息的支付则是固定的，没有灵活性，不管公司现金周转是否有困难，也不管公司的效益如何。

股票股利支付上的灵活性给公司理财提供了很大的方便，减少了公司出现财务困难的可能性。

（4）股利的支付在公司缴纳所得税之后。按照国际惯例，股利是股份公司在获得盈利的情况下，从依法缴纳所得税后的利润中支付的，属于公司的非免税支出，与此形成对照，债务利息则是在缴纳所得税前支付的，免除了所得税。

（5）股票筹资的资金成本高。股票投资者在所有投资者中承担的风险最大，根据风险与报酬相配合的原则，股票持有者所要求的投资报酬率也是最高的，从公司角度来说，获得同样多的资金（使用权），采用股票筹资方式所付出的代价（主要是股利）也是最高的。

（二）股票的票面内容及种类

（1）股票的票面内容有：①发行股票的企业名称、住所；②企业设立登记或新股发行之变更登记的文号及日期；③企业注册资金、股份类别、每股金额、股票面值；④本次发行的股数：⑤股东姓名或名称；⑥股票号码；⑦发行日期；⑧中国人民银行批准募股的文号及日期；⑨董事长签名，企业盖章。

（2）股票的种类。股票根据不同的标准，可以分为以下五种。

①按发行方式不同可以划分为记名股票和不记名股票。记名股票将股东姓名记入股东名簿及股票，分配股息时，由企业书面通知股东。记名股票的转让受到一定限制。不记名股票是不在股票上记载所有者的姓名，仅凭股票所附息票领取股息的形式。不记名股票可以任意转让。

②按票面是否标明金额可以划分为面值股票和无面值股票。面值股票根据每股金额在票面上标明每张股票的金额。这种股票可以直接确定每一股份在企业资金总额中所占的份额。这种标明金额的做法能够为簿记带来一定的方便。无面值股票是不标明每张股票的面值，而仅将企业资金分为若干股份，在股票上载明股数的股票。在企业生产经营过程中，股份的实际价值与股票发行价值往往不相一致，因此，只能根据股票股数才可确定股份的实际价值。

③按股息是否变动和股东权利不同可以划分为普通股股票和优先股股票。普通股股票是指股息和红利随着企业利润的多少而变动的股票，是股票中最普通的一种形式，也是公司资金的基本来源。优先股股票是较普通股股票有某些优先权利的股票。其优先权体现在两个方面：一是优先股股票的持有者享有固定的股息，且固定股息的支付在普通股股票持有者得到任何股息之前；二是当企业由于倒闭破产而进行清算时，优先股股票的持有者享有优先于普通股的剩余财产分配权。

④我国股票按面值币种和交易场所可分为 A 股、B 股、H 股和 N 股。A 股是指非外国和非我国香港、澳门、台湾地区的投资者买卖的，以人民币标明股票面值，以人民币认购和交易的股票；B 股是指在国内上市，以外币认购和进行交易的股票；H 股是指在我国香港联合交易所上市，以港币认购和进行交易的股票；N 股是指在纽约发行上市，以美元交易的股票。

⑤我国股票按认股对象不同可以分为国家股、法人股、个人股和外资股。国家股是指国家以国有资产投入企业形成的股份；法人股是指企事业单位以其依法可以支配的资产投入企业形成的股份；个人股是指企业职工和城乡居民以其自有财产投资形成的股份；外资股是指国外和我国香港、澳门、台湾地区的企业、公司和其他经济组织或个人向企业投资形成的股份。

（三）股票的发行

股票的发行是公司利用股票进行筹资中的一个重要问题，主要包括以下方面。

1. 股票发行的目的

公司发行股票，主要目的是筹措资金，但也有其他目的。

（1）为了设立新的股份公司而发行股票。设立新的股份公司，必须有一定数量的发起人，而且发起人要以出资额多少认购股票，因此实施股票发行。发起人数会因公司的规模及各国的法规不同而不同，有些国家限定发起人的最低数，有些国家并不限定。发起人必须认购公司第一次发行股票的全部或部分（如 1/4）。设立股份公司主要有两种方法：①发起设立。由发起人认购全部股票，设立股份公司，不存在股票的对外发行问题。②募集设立。发起人只认购部分股票，其余股票向社会发行。在采用募集设立时，发起人必须向社会公布招股说明书，以便投资者了解公司的基本情况和股票的发行情况。

（2）已设立的股份公司为增加资本而发行股票。已设立的股份公司为了增加产品数量，扩大经营规模，有时需要用发行股票的方式来筹集资金。公司新发行的股票可以先由原有股东认购，然后再在市场出售。

（3）其他目的的股票发行。这类发行通常与某一特定财务决策相关，主要包括：①以股票股利形式的股票发行；②把可调换债券转化为普通股时的股票发行；③配股时的股票发行等。

2. 股票发行的条件

虽然股份公司和股票市场是商品经济条件下极为普遍的现象，而且也是商品经济发达程度的重要标志，但股票的发行必须遵循一定的法律和规定。按照国际惯例，股份公司发行股票必须具备一定的发行条件，取得发行资格，并在办理必要手续后才能发行。

我国股票发行的条件主要包括以下几点。

（1）组织机构健全：发行股票的公司必须具备健全且运行良好的组织机构，以确保公司治理结构的合理性和有效性。

（2）持续盈利能力：公司应具有持续盈利能力，财务状况良好，这是保证投资者利益和公司稳定发展的基础。

（3）财务会计报告真实：最近三年的财务会计报告应被出具无保留意见审计报告，且无虚假记载，以确保公司财务状况的透明度和真实性。

（4）无重大违法行为：公司及其控股股东、实际控制人最近三年不得存在贪污、贿赂、侵占财产、挪用财产或者破坏社会主义市场经济秩序的刑事犯罪，以保证公司的合法合规经营。

（5）股本要求：对于申请上市的公司，其股本总额需达到一定要求，如不少于人民币三千万元，公开发行的股份需达到公司股份总数的一定比例（如百分之二十五以上，对于股本总额超过四亿元的公司，公开发行股份的比例为百分之十以上）。

（6）国务院证券监督管理机构规定的其他条件：除上述条件外，还需满足经国务院批准的国务院证券监督管理机构规定的其他条件。

此外，设立股份有限公司公开发行股票时，还需向国务院证券监督管理机构报送相关文件和资料，如公司章程、发起人协议、招股说明书等，并确保这些文件的真实性、准确性和完整性。同时，发行过程中还需遵守证券法律法规的规定，确保发行行为的合法性和合规性。

3. 股票发行的基本程序

股票发行的基本程序通常包括以下几个步骤。

（1）申请发行：发行股票的公司需向直属证券管理部门正式提出发行股票的申请，并提交相关材料以供审核。

（2）制作申报材料：公司需聘请具有证券从业资格的会计师、资产评估机构、律师事务所等专业机构，对公司的资信、资产、财务状况等进行评估，并制作正式的申报材料。

（3）提交上市申请：拟发行公司需向拟选定挂牌上市的证券交易所提交上市申请，并呈交所需的上市材料。

（4）审查与复审：直属证券管理部门会对公司的申报材料进行审查，确保其完整、有效、准确。审查通过后，材料将转报中国证券监督管理委员会（以下简称中国证监会）进行复审。中国证监会发行部对申报材料进行预审，并提交给股票发行审核委员会进行复审。

（5）批准发行：经过复审后，如获通过，中国证监会将出具批准发行的有关文件，并对发行方案进行审核。审核通过后，将出具批准发行方案的有关文件。

（6）公告与发行：发行公司需在发行前通过指定报刊公告新股招股说明书和财务会计报告等信息。之后，按照批准的发行方案进行股票发行。

4. 股票的发行原则与方式

公司发行股票应遵循以下三条原则：一是自愿认购原则，不可硬性摊派和强行认购；二是互惠互利原则，应当使集资和投资双方都受益；三是共担风险原则，当企业出现亏损，甚至倒闭、破产时，集资者和投资者要共担损失。

股票的发行方式一般有三种，即公开发行、股东优先认购和内部协商发行。

（1）公开发行。公开发行股票的市场叫一级市场，又叫发行市场。这是专门发行新证券的市场，这个市场一般是通过投资银行或承销人，使筹资公司与投资者结合起来。

（2）股东优先认购。企业在发行新股票时，原有股东具有优先认购股票的权利。为此，企业要向股东印发认股权证，这是股东优先认购一定股数的凭证。如果股东自己不准备认购，那么，可以把认股权证转让或卖出。

（3）内部协商发行。公司在增发新股票时，如果知道有些保险公司和投资公司愿意购买，就不必公开发行，而通过协商成交。内部协商发行的优点是手续简单，发行迅速，节约发行费。

5. 股票的发行成本

股票的发行成本一般较高，如果发行数量较小，则成本会更高。发行股票的成本主要由三部分组成：①给投资银行或承销商的报酬；②发行股票所应负担的法律费、印刷费等；③发行中的其他支出。在这三部分中，以给投资银行或承销商的报酬最大。投资银行或承销商的报酬由投资银行或承销商付给公司的股票价格与售给投资大众的价格之间的差额构成。这种报酬是通过两者之间讨价还价后决定的，这种报酬越小，公司发行股票的成本就越低。

6. 股票买卖的基本程序

（1）买卖价格的确定。柜台市场的股票交易价格是由双方协商来确定的，而在交易所进行的股票交易价格则是采用公开竞价的形式来确定的。它不仅有买者之间的竞争，而且有卖者之间的竞争。当买者中提出的最高价格与卖者中提出的最低价格一致时，才可成交。

（2）股票的交割（delivery of stock）。股票买卖的双方成交以后，一方付出股票收到现金，另一方付出现金收到股票，这种成交后现金与股票的收交活动便称为股票的交割。股票的交割一般有以下几种：①当日交割（day delivery），买卖双方在成交日内办完交割手续；②次日交割（one-day delivery），买卖双方在成交后的下一个营业日中午之前办完交割手续；③第二天交割（second-day delivery），买卖双方在成交后的第三个营业日中午以前办完交割手续；④例行交割（regular way delivery），买卖双方在从成交日算起的第五个营业日以内办完交割手续。

（3）股票的过户。公司发行股票时，要设立一本账簿，专门用来登记持有人的姓名及所持股票份数情况，以备查考和发放股利。股票因买卖、赠与或以其他方式从一个持有人转到另一个持有人手中时，收到股票的人必须到该股票的发行公司去办理更名手续，这叫股票的过户。

对于无记名股票，办理过户手续，只需改变公司账簿中持有人的姓名和其他基本资料即可；而对于记名股票，必须由股票的卖者在股票上签字转让才能办理过户手续。

二、普通股

普通股股票是股息和红利随着企业利润的多少而变动的股票，是股票中最普通的一种形式，也是公司资金的基本来源。它是权益资金首要的资金来源。

（一）普通股股东的权利

普通股股票的持有人叫普通股股东，一般具有如下权利。

（1）对公司的管理权。普通股股东具有对公司的管理权。对大公司来说，普通股股东成千上万，不可能每个人都直接对公司进行管理。普通股股东的管理权主要体现为其在董事会选举中有选举权和被选举权。通过选出的董事会来代表所有股东对企业进行控制和管理。具体来说，普通股股东的管理权主要表现为：①投票权。普通股股东有权投票选举公司董事会成员并有权对修改公司章程、改变公司资本结构、批准出售公司某些资产、吸收或兼并其他公司等重大问题进行投票表决。②查账权。从原则上来讲，普通股股东具有查账权。但由于账目的保密性，这种权利常常受到限制，因此，并不是每个股东都可自由查账，这种权利是通过股东每年选举的不受任何影响的会计查账员来行使的，由他们来查证公司的各项财务报表。③阻止越权的权利。当公司的管理当局越权进行经营时，股东有权阻止。

（2）分享盈余的权利。分享盈余也是普通股股东的一项基本权利。盈余的分配方案由董事会决定，每一个会计年度由董事会根据企业的盈利数额和财务状况来决定分发股利的多少。企业的盈余首先用来发放优先股股利，然后才能用来发放普通股股利。

（3）出售或转让股份的权利。股东有权出售或转让股票，这也是普通股股东的一项基本权利。股东出售股票的原因可能有：①对公司的选择。有的股东由于与管理当局的意见不一致，又没有足够的力量对管理当局进行控制，便出售其股票而购买其他公司的股票。②对报酬的考虑。有的股东认为现有股票的报酬低于所期望的报酬，便出售现有的股票，寻求更有利的投资机会。③对资金的需求。有的股东由于一些原因需要大量现金，不得不出售其股票。

（4）优先认股权。当公司增发普通股股票时，旧股东有权按持有公司股票的比例，优先认购新股票。这主要是为了保持现有股东所持股份在公司股份中所占的百分比与原来相同，以保证他们的控制权。

（5）剩余财产的要求权。当公司解散、清算时，普通股股东对剩余财产有要求权。然而，这并不是一项愉快的权利，因为公司破产清算时，财产的变价收入，首先要用来清偿债务，其次支付给优先股股东，最后才能分配给普通股股东。所以，在破产清算时，普通股股东实际上很少能分到剩余财产。

（二）普通股集资的优缺点

1. 普通股集资的优点

（1）从发行公司的角度来看：①普通股筹资没有固定的利息负担。公司有盈余，并认为适合分配股利，就可以分给股东；公司盈余较少，或虽有盈余但资金短缺或有更有利的投资机会，就可少支付或不支付股利。②普通股没有固定的到期日，不用偿还。利用普通股筹集的是永久性的资金，除非公司清算才需偿还。它对保证企业最低的资金需求有重要意义。③能增加公司的信誉。普通股股本与留存收益构成公司一切债务的基础。有了较多的主权资本，就可为债权人提供较大的损失保障，因而，普通股集资可以提高公司的信用价值，同时也为使用更多的债务资金提供强有力的支持。④普通股集资的限制较少。利用优先股或债券集资，通常有许多限制，这些限制往往会影响公司经营的灵活性；而利用普通股集资则没有这种限制。

（2）从投资者的观点来看：债券、优先股股票和普通股股票通常形成一个风险递增和安全递减的序列，与此同时，它们赚取利润和资本增益的机会是递增的。

2. 普通股集资的缺点

普通股集资的缺点主要是：①普通股集资的资金成本较高。一般来说，普通股集资的成本要大于债务资金。这主要是因为股利要从税后盈余中支付，而债务资金的利息可在税前扣除，另外，普通股的发行费用也比较高。②利用普通股集资，出售新的股票，引进新的股东时，容易分散公司的控制权。③如果公司盈余没有增加，增加发行新股票将会降低每股获利能力，这种降低每股获利能力的现象又会对股票的交易价格产生不良的影响。

三、优先股

优先股是一种股息固定的股票，它是一种类似于债券，但又具有普通股的某些特性的“混血”证券。作为优先股股东，对企业的收益和资产有优先于普通股股东求偿的权利，但作为报酬，它是有限的。

（一）优先股股东的权利

优先股是相对普通股而言的，这种“优先”主要表现在以下几个方面。

（1）优先获得股利的权利。优先股股东对企业的资产与收益拥有优先于普通股股东求偿的权利，所以企业在支付普通股股利前，必须先行支付优先股股利。优先股股东的股利一般是在发行股票时予以确定的。有的按相对额，即面值的一定百分比确定，如股票面值 100 元，股利率为年股利 5%，那么每年股利为 5 元；有的按绝对额确定，如规定面值为 1 000 元的股票，每年股利 50 元。

（2）优先获得分配企业资产权。当企业因破产而清算财产时，优先股将比普通股优先以票面价值参加资产分配，然后再由普通股按比例分配，所以优先股都设有票面价值，以便于优先股的清偿。但企业优先股股东的财产求偿权位于债权人之后。

（二）优先股权利的限制

优先股在某些权利上，也会受到若干限制。

（1）有限的表决权。一般来讲，优先股往往被规定为无表决权，但以下两种情况例外：其一，除非在合同条款中特别允许，对一些与他们的利益有特殊关系的问题，如发行新优先股股票，其权利优先于原来的优先股时，他们可能有表决权；其二，假如企业连续若干年内不能支付优先股的股利，则无表决权的优先股也可获得一股一票的权利来推举相当数目的董事，但通常这个数目对董事总数而言相当少。

（2）固定股利。优先股股东的收益通常以事先约定的股利为限，它不随企业经营的好坏而起伏，通常不能分享企业的剩余盈余。而且，如果企业没有盈余，或者说只有微薄的盈余，董事会可以决定不分配优先股股利，只要企业不分配普通股股利，优先股股东就不能提出异议，这也正是优先股不受欢迎的主要原因之一。

（三）优先股的种类

优先股因发行条款或股利的分配条件不同，可分为若干种，其中最常见的几种优先股如下。

（1）按股利是否能累积计算，分为累积优先股和非累积优先股。累积优先股是指当企业不能正常支付股利时，未付的股利可以加在一起或累积在一起，当企业恢复优先股股利的支付能力时，一起予以如数补偿；非累积优先股是指不论上年度企业对其股利是否进行过分配，一律以本年度所获得的盈余和比率为限进行分配，企业不负有补偿过期优先股股利的义务，优先股股东也无权要求企业予以补发。很显然，这样会损害优先股股东所获得的优先地位。

（2）按能否参与普通股分配企业盈余，分为参与优先股和非参与优先股。参与优先股是指优先股在其所应得的股利之外，如企业有额外盈余，有权与普通股一起分享额外的股利；非参与优先股是指优先股的股东所获得的股利只限于按事先规定的股利率计算，若企业有额外盈余，应全部归属普通股所有。

（3）按优先股可否转换为普通股，分为可转换优先股和不可转换优先股。可转换优先股是指约定于一定期限内，优先股的持有人有权将其股票按照事先规定的兑换率转换为企业的普通股；不可转换优先股是指优先股的持有人无权要求将其优先股转换成普通股，只能享受固定的股利。

（4）按企业有无收回优先股的权利，分为可收回优先股和不可收回优先股。可收回优先股是指优先股发行若干年后，企业可随时按照预先制定的价格和方式收回已发行的优先股。必须注意，此项收回的决定权归发行企业所有，而不是股票的持有人。不可收回优先股是指发行企业不能在某一期间，以某一价格或方式收回的优先股。企业如果想收回优先股，只能在证券市场上按照市价收购。

（四）优先股的性质

优先股是一种复杂的证券，它虽属权益资金，但却兼有债券性质。

从法律上讲，优先股是企业权益资金的一部分，它的股利必须从税后利润中支付。但优先股又具有债券的特征，有固定的股利，对清偿财产有优先权。

另外，企业的不同利益者，对优先股有不同的认识。普通股的股东一般把优先股看作一种特殊债券，因为它必须在普通股之前取得收益，分享资产。但是，从债券的持有人来看，优先股则属于股票，因为它对债券起保护作用，可以减少债券投资的风险，属于权益资金。从企业管理当局和财务人员的观点来看，优先股则具有双重性质，因为优先股虽没有固定的到期日，不用偿还本金，但往往需要支付固定的股利，成为财务上的一项负担，所以当企业利用优先股筹资时，一定要考虑它这两方面的特性。

（五）优先股筹资的优缺点

1. 优先股筹资的优点

从发行公司的角度来看：①优先股通常没有固定的到期日，不用偿还本金。事实上等于使用一笔无限期的贷款，无偿还本金义务，也无须做再筹资计划。但大多数优先股又附有收回条款，这就使使用这种资金变得更有弹性。当财务状况较弱时发行，而财务状况转强时收回，有利于结合资金需求，同时也能控制公司的资本结构。②股利的支付既固定，又有一定弹性。一般而言，优先股都采用固定股利，但固定股利的支付并不构成公司的法定义务。如果财务状况不佳，则可暂时不支付优先股股利，那么优先股股东也不能像债权人一样迫使公司破产。③保持普通股股东的控制权。当公司既想向外界筹集权益资金，又不想丧失原有股东控制权时，利用优先股筹资则尤为恰当。④作为股票筹资的工具，优先股的特定成本低于普通股的特定成本，这是由于优先股较之普通股具有某些优先权。⑤只要公司所获得的报酬率超出股票资金的特定成本，就产生了一个重要优点，即用举债或优先股筹资的每股收益一定高于普通股筹资的每股收益。

从投资者的角度来看：①提供了相对稳定的收益；②优先股股东在公司清算时，分配剩余财产的权利优先于普通股股东，因此，可以避免受到如普通股股东一般所遭受的损失。

2. 优先股筹资的缺点

从发行公司的角度来看：①优先股成本很高。优先股所支付的股利要从税后盈余中支付，不同于债券利息可在税前扣除，因此，优先股成本很高。②如果公司不能获取至少等于优先股资金成本的报酬，就会降低每股收益，从而抵消了这种筹资的优点。③虽然在法律上没有强制分配股利的要求，但不发放股利将损害优先股股东的利益。若股利是累积的，投资者预测公司近期内不能支付累积股利，将会降低股票的市场价值。这种情况如果持续下去，将会导致优先股股东有权选举自己的董事会成员。④发行优先股可能会引起一些有关控制和所有权的问题。例如，可转换成普通股的优先股，可能会改变普通股所有权的构成比例，新加入的股东可能会对公司管理上采取的一系列方针、政策持反对态度。

从投资者的角度来看：①虽然优先股持有人承担了很大的风险，但其报酬很有限；②优先股价格波动较债券要大，而债券的收益通常高于优先股；③所积欠的股利在现金足以清偿债务时，也不一定能解决。

第四节 债券

一、债券的概念和特征

（一）债券的概念

债券是指社会各类经济主体为了筹集资金而向债券的购买者出具的、承诺按一定利率到期支付利息和偿还本金的一种书面凭证。对筹集资金者来讲表明了其对债券购买者所负担的债务，对债券购买者来讲表明了其拥有对发行债券主体的债权。债券表明一种债权债务关系。

（二）债券的基本要素

作为一种债权债务凭证，债券具备下面几个基本要素。

（1）债券的票面价值。它包含两个方面：一是票面价值的币种方面，即以何种货币作为债券票面价值的计量单位。选择币种时主要依照发行对象和实际需要来决定。一般来讲，如果发行对象是国内各类投资者，就选择国内货币作为债券票面价值的计量单位，如果发行对象是国外投资者，就选择债券发行地国家货币或国际通用货币作为债券价值的计量单位。二是债券的票面金额。债券票面金额的大小直接影响债券的发行成本及发行数量，从而影响筹资的效果。一般来说，票面金额较小，有利于债券发行，但发行费用较高；相反，票面金额较大，则发行费用较低，但不利于债券的发行。在美国，债券的票面金额一般是 1 000 美元。

（2）债券的利率，即债券持有者定期获取的利息与债券票面价值的比率。例如，某投资者持有某公司债券面额 100 元，每年可从该公司获取利息 15 元，说明该投资者持有该债券的票面收益率是 15%。债券利率的高低是由发行债券主体决定的，但受银行利率、发行者的资信级别、偿还期限、利息的偿还方式以及资本市场资金的供求关系等因素影响。

（3）债券的到期日。债券有固定的偿还期限。所谓偿还期限是指债券自发行日起至还本付息日为止的这段时间。偿还期限的长短主要受发行者将来一段时间可调配的资金规模、市场利率的状况、证券市场的完善程度、投资者的投资行为等因素的影响。一般来讲，偿还期限在 1 年以内的为短期，1 年以上 10 年以下的为中期，10 年以上的为长期。

（4）债券的价格在这里是指债券的发行价格。债券的票面价值是其发行价格的基础，但债券发行价格的确定还取决于资金市场供求状况、利息率的变化等因素。债券的发行有三种方式，即平价发行、溢价发行和折价发行。平价发行是指以票面价值对外发行；溢价发行是指以高于票面价值对外发行；折价发行是指以低于票面价值对外发行。

（三）债券的特征

（1）偿还性。一般来讲，债券都规定了偿还期限。到期时，债务人必须向债权人支付利息和偿还本金。

（2）收益性。这表现在两个方面：一是债权人凭借债券根据票面利率从债务人那里定期取得利息收入；二是在资本市场上通过债券的买卖获得收入。

（3）安全性。投资于债券相对来说风险小一些，比较安全，其原因包括以下方面：①债券在发行时利率已确定；②债券的还本付息有法律保障并且具有优先分配权；③发行债券的企业要接受银行和有关部门监督，以便保障债权人的利益。但由于债券投资风险小，所以相对来讲收益也低一些。

（4）流动性。债券随时都可以在金融市场上流通、转让，因此流动性较强，而且还能够以债券作抵押，取得银行等金融机构的贷款。

一般来讲，债券的这几个特征很难同时兼顾，如要保证债券安全性，可能收益就低些；要使债券流动性强，收益可能就差一些。因此，作为筹资者应充分考虑它们相互之间的关系，兼顾收益性、安全性与流动性，以吸引更多投资者购买，从而达到筹集资金的目的。

二、债券的种类

债券的种类很多，而且在不同国家、不同地区分类方法也不一样。下面介绍按基本分类方法分类的债券种类。

（一）按发行主体分类

按债券的发行主体不同，债券可以分为公众债券、金融债券、企业债券和国际债券四大类。

（1）公众债券也称政府债券，包括国家债券和地方债券。公众债券是指国家和地方为了筹集资金而向购买者发行的一种有价证券。

（2）金融债券是指银行或非银行的金融机构发行的债权债务凭证，如日本的附息金融债券、贴现金融债券、美国的国民银行从属债券等。我国曾发行过普通金融债券、累进利息金融债券和贴现金融债券。

（3）企业债券是指企业为筹集资金而发行的债券。企业债务一般风险较大，因此，利率也较高。通常国家为了保护投资者的利益，对企业债券的发行数量、时间、期限、利率等方面都有严格的规定。我国有明文规定，债券的发行主体仅限于我国境内的全民所有制企业。我国的企业债券目前主要有三种，即重点企业债券、地方企业债券和企业短期融资债券。

（4）国际债券是指本国政府、大公司以及国际机构在本国以外的国际金融市场上发行的债券。国际债券的发行面额以外币计价，如我国在日本发行的日元债券就属于国际债券。

（二）按债券的偿还期限分类

（1）短期债券是指到期偿还本金的期限在一年以内的债券。

（2）中期债券是指到期偿还本金的期限在一年以上十年以内的债券。

（3）长期债券是指到期偿还本金的期限在十年以上的债券。

（三）按债券利息的支付方式分类

（1）一般付息债券是指债券利息按债券面值计算，到期一次支付本息的债券。在我国，一般付息债券是常见的债券形式。

（2）附息票债务是指债券上附有每期（如一年或半年）领取利息凭证的债券。每次利息到期时，凭息票领取利息。

（3）贴现债券是指债券发行价格低于其面值，到期时按面额偿还的债券，债券票面价值与发行价格的差额即为债券购买者的利息。此种债券利息是预先支付的，也就是以贴现的方式先行扣除，因而叫作贴现债券。

（四）按债券本金的偿还方式分类

（1）一次性偿还债券是指债券发行单位在债券到期时一次性还本付息的债券。

（2）分期偿还债券是指债券发行单位在债券的偿还期内分期还本付息的债券。此种债券可减轻发行单位到期一次还本付息的财务负担。

（3）通知偿还债券是指债券发行单位在发行债券时附有条款，条款规定发行单位可随时提前还本付息的债券。

（4）延期偿还债券。这种债券分两种情况：一是债券发行单位延长偿还期限的债券；二是债券购买者有权要求给予延期还本付息的债券。前一种情况是由债券发行单位根据自身的目的决定的，后一种情况是由债券购买者根据自身的利益决定的。

（5）偿债基金债券是指债券发行单位，按照债券合同的要求，从每年的盈余中按发行总额的一定比例提取一定数量的基金存入信托机构，以满足将来还本付息需要的债券。建立偿债基金的目的是债券发行单位可根据自身的需要从金融市场上或债券持有者手中收回债券。

（6）可转换债券是指债券发行单位在发行债券时规定，在特定条件下，根据债券购买者的选择可继续拥有，到期收回本息，也可转换成普通股的债券。

（五）按债券有无担保分类

（1）无担保债券也叫信用债券，是指债券发行单位凭借其自身的信用发行的没有抵押品作担保的债券。企业发行无担保债券时，银行对发行者的行为有一些约束限制，以保障投资者的利益。

（2）担保债券是指债券发行单位在发行债券时以发行者的资产作为抵押或者有担保人作保证到期还本付息的债券。它又可分为以下三类：①抵押债券是指以发行单位的土地、设备、房屋等不动产作为抵押品而发行的债券。债券到期时，若发行债券单位不能还本付息，则债券购买者有权要求处理抵押品来支付。②抵押信托债券是指以发行单位的有价证券作为抵押而发行的债券，通常是指以发行单位的其他债券和股票作为抵押。一般来讲，在以有价证券作为抵押品发行债券时，需将有价证券抵押品交给发行单位委托的信托机构抵押，如到期企业不能还本付息，信托机构有权处理抵押的有价证券，以保证投资者的利益。③保证债券是指发行单位以第三者作担保发行的债券。担保人一般来讲是政府、银行、金融机构及信誉较好的大公司（企业）等。

（六）按债券购买者的收益分类

（1）固定利率债券是指债券发行单位在发行债券时就规定了利率的债券。这种规定的利率不受市场利率的影响，债券购买者凭借利率到期获取固定利息。

（2）浮动利率债券是指债券发行单位在发行债券时没有固定利率，利率随市场利率的波动而变化的债券。发行浮动利率债券可使债券购买者在市场利率上下波动的情况下避免其收益受到通货膨胀的影响。

（3）收益债券是指债券发行单位在发行债券时指出债券到期是否还本付息要依赖企业的盈余状况来决定的债券。发行单位具有到期还本付息的义务，但能否履行，则要看发行单位的盈余状况，如果有盈余就支付本息，如果亏本，就不支付本息。收益债券的风险较大，但对发行单位来讲不会导致企业破产。

（4）免税债券是指对发行单位在发行债券时所支付的利息政府不征发行单位税的债券，但这类债券的利息比较低。

（5）附新股认购权债券是指债券发行单位规定，购买此种债券者即可拥有发行单位新股认购权利的债券。

（七）按债券是否记名分类

（1）记名债券是指债券发行单位在发行债券时，需要在债券票面上记载购买者姓名的债券。这种债券的购买者需要在发行单位登记注册，并需要经背书才能流通转让。

（2）不记名债券是指债券发行单位在发行债券时，不需要在债券票面上记载购买者姓名的债券。此种债券无须在发行单位登记注册，不需要背书就能流通转让，流动性较好。

三、债券的发行决策

债券是筹集资金的渠道之一，为了更好地通过发行债券筹集资金，作为债券发行者必须做出有关债券发行方式、发行数量、发行种类、偿还期限、发行价格等方面的决策。

（一）债券发行方式

债券的发行方式可分为私募发行和公募发行两大类。

（1）私募发行是指向与发行者有密切关系的投资者进行的发行，如企业内部职工、金融机构等。私募发行节省时间、费用，一般都是企业直接销售，但私募发行债券数量一般较少。

（2）公募发行是指向社会进行的发行。此种发行范围较广，筹资潜力较大，但发行手续复杂、发行费用较高，而且一般来讲，公募发行债券者必须具备一定条件。

（二）债券发行数量

债券的发行数量必须有一个合理界限，既要保证生产企业对资金的需要，达到筹集资金的目的，又不能影响其资金使用效果，增加发行单位的负担。发行数量的确定首先要考虑其发行成本，比较几种不同筹资方式的资金成本，选择最经济、最方便的资金来源；其次要考虑企业将来的盈利能力和偿还能力，是否会有破产的风险；最后要考虑通货膨胀的风险。

（三）债券的发行种类

在确定发行数量后，发行单位要决策债券发行的种类。债券的种类很多，发行单位必须考虑发行什么种类的债券才能吸引投资者购买，因此，在债券发行种类方面必须考虑利率的高低、通货膨胀的影响、各种附加条件等。

（四）债券的偿还期限

发行单位必须在短期、中期、长期债券三者之间进行选择，发行什么期限的债券。一般来讲，应考虑下列几个因素：①筹资的用途，如用于什么项目的投资、投资项目的性质如何；②市场利率状况及变化趋势的预测；③金融市场的完善程度；④居民的投资行为及消费趋势。

（五）债券的发行利率

债券发行利率是指债券的票面利率或名义利率，是债券票面载明的利率，是债券利率与债券面额的比率，是固定不变的。票面利率的决定既要考虑发行单位的承受力，又要考虑对投资者的吸引力。在决定利率时应考虑下面几个因素：①银行同期利率水平的高低及期限的长短；②发行单位的承受能力；③金融市场上其他类别债券的利率水平；④国家税收政策；⑤发行单位的信用级别；⑥债券发行是否有附加条件；等等。

（六）债券的发行价格

一旦确定了债券的面值及票面利率，下一步就是确定债券的发行价格。由于受市场利率影响，债券发行价格可划分为三种类型：平价发行——市场利率与票面利率一致时，债券发行价格与其面值一致；折价发行——市场利率高于票面利率时，债券发行价格低于其面值发行；溢价发行——市场利率低于票面利率时，债券发行价格高于其面值发行。

（七）债券的发行程序

不同国家债券的发行程序有所区别，但都必须按照政府的有关法律和规则进行。一般来讲，主要经过下列程序：①制订发行方案。包括债券发行金额、期限、利率、范围、方式、资金用途、现有资产、经济效益预测、偿付资金来源等。②发行单位决策者审议。③申请国家及主管部门批准，发行单位在申报时必须按有关规定报送材料。④确定募集方式、签立协议。公募方式有三种，即代销、金额包销、余额包销。每一种公募方式都要明确规定销售的责任、义务、报酬及数量等。⑤向社会发出募集公告。债券发行单位发行债券前要以公告形式公布自身的经营管理概况、财务状况、发行计划、发行债券目的、金额、还本付息的方式、偿还期限等。⑥正式募集。购买者认购、交割。⑦发行完毕。

四、债券的收回与偿还

债券的收回与偿还有多种方法，可在到期日按面值一次偿还，也可分批收回或分批偿还。

（一）收回条款

如果企业发行债券的契约中规定有收回条款，那么，企业可按特定的价格在到期日之前收回债券。债券的收回价格一般比面值要高，并随到期日的接近而逐渐减少。具有收回条款的债券可使企业融资有较大的弹性。当企业资金有结余时，可收回债券。当预测利率下降时，也可收回债券，而后以较低的利率来发行新债券。

（二）偿债基金

偿债基金是一种帮助企业有条理地偿还所发行的债券的一种准备金。一般来说，如果发行债券的契约中规定有偿债基金，则要求企业每年都提取偿债基金以便顺利偿还债券。提取的偿债基金有的每年金额固定，有的根据每年的销售额或盈利计算确定。

（三）分批偿还

企业在发行同一种债券的当时就规定了不同的到期日，这种债券为分批偿还债券。由于各批的到期日不同，所以发行价格和规定的利率也不尽相同，这样，如果公开发行，会花费较多的发行费，但这种债券便于投资人挑选最合适的到期日，因而便于发行。

（四）以新债券换旧债券

发行新的债券来调换一次或多次发行的旧债券叫债券的调换。企业之所以要进行债券的调换，一般有以下几个原因：①原有债券的契约中有较多的限制条款，不利于企业的发展；②把多次发行、尚未彻底偿清的债券进行合并，以减少管理费；③有的债券到期，但企业现金不足。

（五）转换成普通股

如果企业发行的是可转换债券，那么，可通过转换变成普通股来收回债券。

（六）到期一次以现金方式偿还

我国发行的债券目前多数采用此种方式，即债券到期时一次性偿还本息。

五、利用债券筹资的利弊

（一）利用债券筹资的优点

（1）资本成本较低。由于债券受条款约束，安全性较高，所以利息率较低，从而资本成本较低。

（2）债券利率固定。利息固定，与企业盈利多少没有多大关系，因此，加大了财务杠杆作用。

（3）有节税作用。债券利息支出计入成本，减轻了企业的税收负担。

（4）不会分散控制权。债券表明一种债权债务关系，持有者无权干预企业管理和决策，不会分散股东对企业的控制权。

（二）利用债券筹资的缺点

（1）增加财务风险。由于债券到期必须偿还，必须承担还本付息的义务，因此，当发行企业出现财务困难时，还本付息给发行企业带来很大困难，甚至带来破产的可能性。

（2）企业借款行为受到约束。由于受契约条款的限制，发行企业筹资能力受到约束。

第五节 银行借款

一、银行借款的种类

银行借款是指企业根据借款合同从有关银行或非银行金融机构借入的需要还本付息的款项。银行借款的种类很多，按不同标准可进行不同的分类。

（一）按借款的期限分类

按借款的期限，银行借款可分为短期借款、中期借款和长期借款。短期借款是指借款期限在一年以内（含一年）的借款；中期借款是指借款期限在一年以上（不含一年）五年以下（含五年）的借款；长期借款是指借款期限在五年以上（不含五年）的借款。

（二）按借款的条件分类

按借款是否需要担保，银行借款可以分为信用借款、担保借款和票据贴现。信用借款是指以借款人的信誉为依据而获得的借款，企业取得这种借款，无须以财产做抵押；担保借款是指以一定的财产做抵押或一定的保证人做担保为条件所取得的借款；票据贴现是指企业以持有的未到期的商业票据向银行贴付一定的利息而取得的借款。

（三）按借款的用途分类

按借款的用途，银行借款可分为基本建设借款、专项借款和流动资金借款。基本建设借款是指企业因为新建、改建、扩建等基本建设项目需要资金时而向银行申请借入的款项；专项借款是指企业因为专门用途而向银行申请借入的款项，包括更新改造借款、大修理借款、科研开发借款、小型技术措施借款、出口专项借款、引进技术转让费周转金借款、进口设备外汇借款、进口设备人民币借款以及国内配套设备借款等；流动资金借款是指企业为满足流动资金的需求而向银行申请借入的款项，包括流动资金借款、生产周转借款、临时借款、结算借款和卖方信贷。

（四）按提供贷款的机构分类

按提供贷款的机构，可将银行借款分为政策性银行贷款和商业银行贷款。政策性银行贷款一般是指执行国家政策性贷款业务的银行向企业发放的贷款。例如，国家开发银行为满足企业承建国家重点建设项目的资金需要而向其提供的贷款；进出口信贷银行为大型设备的进出口提供的买方或卖方信贷。商业银行贷款是指由各商业银行向工商企业提供的贷款，这类贷款主要为满足企业生产经营的资金需要。此外，企业还可从信托投资公司取得实物或货币形式的信托投资贷款，从财务公司取得各种中长期贷款等。

二、银行借款的程序

企业利用银行借款筹集资金，要按特定程序办理，这一程序大致分为以下几个步骤。

（一）企业提出借款申请

企业需要向银行借入资金，必须向银行提出申请，填写包括借款金额、借款用途、偿还能力以及还款方式等主要内容的《借款申请书》，并提供以下资料：①借款人及保证人的基本情况；②财政部门或会计师事务所核准的上年度财务报告；③原有的不合理借款的纠正情况；④抵押物清单及同意抵押的证明，保证人拟同意保证的有关证明文件；⑤项目建议书和可行性报告；⑥贷款银行认为需要提交的其他资料。

（二）银行审查借款申请

银行接到企业的申请后，要对企业的申请进行审查，以决定是否对企业提供贷款。一般包括如下几个方面：①对借款人的信用等级进行评估。银行根据借款企业的领导素质、经济实力、资金结构、履约情况、经济效益和发展前景等因素，评定借款企业的信用等级。评级可由贷款银行独立进行，也可委托独立的信用评估机构进行评估。②对贷款进行调查。贷款人受理借款人的申请后，应当对借款的合法性、安全性和营利性等情况进行调查，核实抵押物、保证人的情况，测定贷款的风险。③贷款审批。贷款银行一般都建立了审贷分离、分级审批的贷款管理制度。审查人员要对调查人员提供的资料进行核实、评定，预测贷款风险，提出意见，按规定权限报批，决定是否提供贷款。

（三）签订借款合同

为了维护借贷双方的合法权益，保证资金的合理使用，企业向银行借入资金时，双方签订借款合同。借款合同主要包括如下四个方面内容：①基本条款。这是借款合同的基本内容，主要规定双方的权利和义务。具体包括借款数额、借款方式、款项发放的时间、还款期限、还款方式、利息支付方式、利息率等。②保证条款。这是保证款项能顺利归还的一系列条款，包括借款按规定的用途使用、有关的物资保证、抵押财产、担保人及其责任等内容。③违约条款。这是关于双方有违约行为时应如何处理的条款，主要载明企业在出现逾期不还或挪用贷款等情况时要如何处理，以及对银行不按期发放贷款的处理等内容。④其他附属条款。这是与借贷双方有关的其他条款，如双方经办人、合同生效日期等条款。

（四）企业取得借款

双方签订借款合同后，贷款银行要按合同的规定按期发放贷款，企业便可取得相应的资金。贷款人不按合同约定按期发放贷款的，应偿付违约金。借款人不按合同的约定用款的，也应偿付违约金。

（五）借款的归还

企业应按借款合同的规定按时足额归还借款本息。一般而言，贷款银行会在短期贷款到期之前一个星期，中长期贷款到期之前一个月，向借款的企业发送还本付息通知单。企业在接到还本付息通知单后，要及时筹备资金，按期还本付息。

如果企业不能按期归还借款，应在借款到期之前，向银行申请贷款展期，但是否展期，由贷款银行根据具体情况决定。

三、银行借款的信用条件

按照国际惯例，银行发放贷款时，往往带有一些信用条件，主要有以下几种。

（一）信贷额度

信贷额度也称贷款限额，是贷款人与银行在协议中规定的允许借款人借款的最高限额。若借款人超过规定限额继续向银行借款，银行则停止办理。此外，如果企业信誉恶化，即使银行曾经同意按信贷限额提供贷款，企业也可能得不到借款。这时，银行不会承担法律责任。

（二）周转信贷协定

周转信贷协定是银行具有法律责任地承诺提供不超过某一最高限额的贷款协定。在协定的有效期内，只要企业借款总额未超过最高限额，银行必须满足企业在任何时候提出的借款要求。周转信贷协定与信贷额度的主要区别在于：①贷款时间不同。信贷额度贷款的有效期一般为一年；而周转信贷协定期限却可超过一年，在实际应用中很多是无限期的，因为只要银行与企业双方照协议执行，贷款可一再延长。②法律约束力不同。信贷额度贷款一般不具有法律约束力，不构成银行必须给予贷款的法定责任，而周转信贷协定具有法律约束力，银行有正式承担在限额内提供贷款的义务，如果银行拒绝贷款，则可视为违法。③支付费用不同。企业采用周转信贷协定，除支付利息以外，还要支付承诺费。承诺费是对周转借款限额中未使用部分收取的费用。正是由于银行对未使用部分收取了承诺费，才构成其为借款人提供资金的法定义务。承诺费的收费率与利息率有关，但一般收取周转贷款限额内未使用部分的 0.5%。

【例 5-1】某企业与银行商定的周转信贷协议额为 2 000 万元，承诺费率为 0.5%，借款企业年度内使用了 1 400 万元，余额为 600 万元。那么，借款企业应向银行支付承诺费 3 万元（600 万元×0.5%）。

（三）补偿性余额

补偿性余额是银行要求借款人在银行中保持按贷款限额或实际借用额的一定百分比（通常为 10%～20%）计算的最低存款余额。补偿性余额有助于银行降低贷款风险，补偿其可能遭受的风险；但对借款企业来说，补偿性余额则提高了借款的实际利率，加重了企业的利息负担。

【例 5-2】某企业按年利率 8%向银行借款 100 万元，银行要求保留 20%的补偿性余额。那么，企业实际可以动用的借款只有 80 万元，该项借款的实际利率为

$$补偿性余额贷款实际利率=\frac{名义利率}{1-补偿性余额比率}\times 100\%$$
$$=\frac{8\%}{1-20\%}\times 100\%=10\%$$

（四）抵押贷款

抵押贷款是指必须有担保品做担保的贷款。对信用不好、财务状况较差的企业进行贷款时，银行都要求企业有担保品作为担保。企业要准备价值多少的担保品，取决于企业的信用情况和担保品的变现能力。信用情况较好、担保品变现能力较强的企业，担保价值可以小一些；否则，担保价值要大些。假如企业到期不能履行付款义务，那么银行可出售企业担保品，以担保品的销售收入归还贷款。如果担保品的销售额超过贷款额和应计利息，那么超过部分应退给企业；如果少于贷款额和应计利息，则不足部分变为一般的无抵押贷款。借款的抵押品通常是借款企业的应收账款、存货、股票、债券及房屋等。

（五）以实际交易为贷款条件

当企业发生经营性临时资金需求，向银行申请贷款以求解决时，银行则以企业将要进行的实际交易为贷款基础，单独立项、单独审批并做出决定，以确定贷款的相应条件和信用保证。

除了上述信用条件外，银行有时还要求企业为取得借款而做出其他承诺，如及时提供财务报表，保持适当资产流动性等。若企业违背其做出的承诺，银行可要求企业立即偿还全部贷款。

四、借款利息的支付方式

（一）利随本清法

利随本清法又称收款法，是在借款到期时向银行支付利息的方法。这种方法借款的名义利率（也称约定利率）等于其实际利率（也称有效利率）。

（二）贴现法

贴现法是银行向企业发放贷款时，先从本金中扣除利息部分，而到期时借款企业再偿还全部本金的一种计息方法。采用这种方法，企业可利用的贷款额只有本金扣除利息后的差额部分，因此，其实际利率高于名义利率。

【例 5-3】某企业从银行取得借款 400 万元，期限 1 年，名义利率 10%，利息 40 万元。按照贴现法付息，企业实际可动用的贷款为 360 万元（400 万元−40 万元），该项

贷款的实际利率为

$$贴现贷款实际利率=\frac{利息}{贷款金额-利息}\times 100\%$$
$$=\frac{40}{400-40}\times 100\%=11.11\%$$

或

$$贴现贷款实际利率=\frac{名义利率}{1-名义利率}\times 100\%$$
$$=\frac{10\%}{1-10\%}\times 100\%=11.11\%$$

五、利用借款筹集资金的利弊

（一）利用借款筹集资金的优点

（1）速度快。借款合约是借款双方直接协定的，无须经过公开募集资金的程序，可以在比较短的时间内筹集到资金。

（2）灵活性强。由于合约是双方协定的，所以灵活性强，一旦有了新的情况，可以通过借贷双方直接协调、修改合约。

（3）筹集资金成本低。同公开市场上募集资金相比，筹集资金成本低，减免了诸如发行费用等中间费用。

（4）借款表明一种债权债务关系，贷款者对企业没有控制权，削弱不了股东对企业的控制权。

（二）利用借款筹集资金的缺点

（1）借款数量有限，其用途也有明确的规定，使企业在资金需求方面受到限制。

（2）增加了企业的风险。借款到期必须还本付息，不管借款企业有无盈余、盈余状况如何，如果企业违约，就有可能导致企业破产，因此，增加了企业现金流转困难及企业破产的可能性。

第六节　租赁

一、租赁的经济性质

租赁是指所有权与使用权之间的一种借贷关系，即由资产所有者（出租人）以收取租金为条件，在契约合同规定的期限内，将资产租让给承租人使用的业务活动。

租赁往往是涉及供货人、出租人和承租人三方当事人的经济活动，所以它的经济性质就需要从三方的实际业务活动进行分析。

从供货人角度看，供货人与出租人之间发生的业务关系属于一种商品买卖关系。不管供货人是企业单位还是商业单位，也不管出租人以后会以何种方式开展租赁业务，都不会改变这一买卖关系。随着出租人购买设备，供货人的商品资金就转化为货币资金，从而实现其商品价值，获取社会平均利润。

从出租人角度看，出租人是供货人和承租人之间的纽带，他既与供货人发生业务关系，又与承租人发生业务关系。出租人与供货人发生的是商品买卖关系，但出租人与承租人之间就不是商品买卖关系，而是由租赁关系产生的一种信用关系。出租人在保留设备所有权和收取租金的前提下，成为债权人；而承租人在按期支付租金并取得设备使用权的前提下，成为债务人。所以两者之间的债务关系是具有法律效力的租赁合约，是一种信用行为。因此，租赁公司（企业）的资产（租赁资产）也必然属于借贷资产范畴。只是这种借贷资产不再以货币形态存在，而是以商品形态出现，因而它是一种新型的借贷资产，即借贷商品资产。借贷资产由货币形态扩大到商品形态，是借贷资产的一种新的发展。租赁的经济性质决定了租赁与分期付款购买的不同，虽然二者在付款方式上颇有相似之处，都是分期支付，但是，从法律、会计处理及其经济性质等方面，二者有本质的区别，它们是两个不同的概念。

二、租赁的特点

租赁作为一种独特的信用形式，既有信用的一般特征，又有自己独特的特点。从租赁本身看，其特点主要有以下几方面。

（一）所有权与使用权分离

租赁资产的所有权与使用权相分离，是租赁的主要特点之一，也正是这一特点使租赁与一般的商品交易买卖相区别。在租赁期内，所租物品归承租人使用，承租人在享有使用权的同时，一般还对租用物品（设备）负有维修、保养的责任，这期间，出租人却始终拥有租赁物品的所有权。租赁期满后，承租人可根据租赁合同，留购、续租、另订租约或退回租赁物等。租赁信用和银行信用虽然都是所有权与使用权的分离，但是，银行信用是资金形态的分离，而租赁信用则是资金与实物相结合基础上的分离。租赁的发展，丰富了所有权与经营权分离的形式。

（二）融资与融物相结合

租赁是以商品形态与货币形态相结合的方式提供的信用活动，它在向企业出租设备的同时，解决了企业的资金需求，具有信用、贸易双重性质。它不同于一般的借钱还钱、借物还物的信用形式，而是借物还钱，并以分期支付租金的方式来体现。租赁的这一特点使银行信贷和物资信贷融合在一起，成为企业融资的一种新方式。

融资与融物相结合使专营租赁业务的专业租赁公司或兼营租赁业务的机构具有金融机构（融资资金）和贸易机构（提供设备）的双重职能。在租赁期内，租赁公司始终控制着设备的所有权，把握着资金的使用方向，因此，租赁不仅使资金具有安全保障，而且表现出比银行信用更强的约束力。

（三）租金的分期归还

在租金的偿还方式上，租赁与银行信用、消费信用一样，采取分期回流方式。出租人的资金一次投入，分期收回。承租人交付租金的次数和金额由承租人与出租人具体磋商议定。租金的分期支付对承租人具有较大益处，主要表现为以下方面：①承租人可以保证资金的流动性，以较少的投入取得较大的经济效益。企业进行设备投资，如果一次性支付全部价款，必然增加资金占用，如果采用租赁方式，企业只需要按期支付一定的租金即可，支付金额分布在整个租赁期内，提高了企业资金的流动性。②使用价值超前获得。付出部分价值，就能获得设备的全部使用价值，并可以用新创造的价值归还租金，因此，使用价值超前获得。③租金支付滞后。用明天的钱还今天的债，企业不仅获得了资金的时间价值，而且在整个租赁期内，不会受到通货膨胀的影响，相对受益。

三、租赁的类型

租赁公司的租赁业务类型很多，其中比较重要的有经营租赁、融资租赁、售后租赁和举债经营租赁四种，下面分别对此四种方式进行介绍。

（一）经营租赁

经营租赁是指为了解决临时所需而以支付租金方式取得租赁物使用权的一种租赁方式。在这种租赁方式下，出租人不仅提供租赁资产，还要提供保险及使用资产人员的培训等项服务。经营租赁的特点主要有以下几个方面。

（1）租赁期限较短。租赁资产的经济寿命一般远远长于每一次的租赁期限。同一台设备在其寿命周期内往往要经历几个租期，设备的全部价值和收益要从多个承租人手中收回，因此，经营租赁也被称为未完全付清租赁。

（2）在一定条件下，承租人可以提前解约退还设备或改租更先进的设备。经营租赁契约通常包括解约条款，根据这一条款，承租人在约定的租赁期结束以前有权取消租赁契约，返还租赁设备。这表明，如果出租人的设备落后，或承租人的经营状况不佳，不再需要继续租赁设备，承租人有权中止租赁合同。

（3）租赁期满，承租人必须将设备退还租赁公司，以便另行出租。租赁期结束后，承租人一般需退还租赁资产。但是，出租人也可以要求承租人续约租赁，或者购买租赁资产，以收回租赁资产的全部成本。

（二）融资租赁

融资租赁是由租赁公司按承租单位要求出资购买设备，在较长的契约或合同期内提供给承租单位使用的信用业务。融资租赁的特点主要有以下几个方面。

（1）融资租赁是出租人首先融通资金，按承租人要求购进承租人所需的设备，然后租给承租人。在融资租赁业务中，出租人只提供租赁资产，并不提供与租赁资产有关的维修、保养、保险、咨询等项服务。由于设备是承租人自行选定的，所以出租人对租赁设备的性能、生产效率，以及它的适用性、型号老化风险等问题，概不负责。

（2）融资租赁业务不能随意解约。承租人必须按照合同的规定，分期、及时、足额地向出租人交纳租金，租赁公司以此收回投资并获得收益。租赁期内，任何一方都不得单方解约或退约。若一方无故违约，将被施以重罚。

（3）融资租赁以承租人对设备的长期使用为前提。融资租赁的租赁期较长，有的相当于设备的寿命期。在我国有明确规定，融资租赁的租期最短不得少于设备寿命期的一半。租赁设备的原始成本必须全部摊入各期的租赁费中，承租人所支付的全部租金一般远远高于设备售价，所以融资租赁也称完全付清租赁。

（4）租赁期满后，根据租赁合同条款处理设备。租赁期满后，租赁资产处理的方法一般有三种：①将原设备退还给租赁公司（出租人）；②另订合同，要求以低租金续租；③留购，即承租人按双方商定价格把设备买下来，形成租赁资产的所有权转移。目前我国大多采用第三种方法。

融资租赁在租赁行业中是最普遍，也是易被承租人接受的一种。融资租赁的范围很广，但大多是先进的技术设备，如办公自动化设备、建筑施工机械、产业机械、运输设备、医疗器械及商用设备等。

（三）售后租赁

企业在出售某项资产设备以后，再从购买者手中租回该项资产设备，叫作售后租赁，也称售后租回。

售后租赁的特点表现为：一方面可以使企业取得现金流入，即资产的销售收入；另一方面也可以使企业继续使用该项资产。例如，将设备或厂房出售给租赁公司，然后再向租赁公司原封不动地租回，按租赁合约规定分期交付租金。这样，企业（承租人）就能把固定资产转变为现金，但又不影响原有生产的进行，所以一些资产流动性差的企业，通过这一租赁方式，可以得到额外的现金。有时出售的资产，特别是土地和建筑物资产，当其市价高于账面价值时，还可获得盈利。因此，售后租赁也是一种筹资方式。售后租赁与融资租赁不同，主要表现为售后租赁的承租人和资产供货人都是同一主体，而在融资租赁中，租赁设备是由出租人向资产供货人或制造商购置的新设备。

（四）举债经营租赁

举债经营租赁是由出租人、承租人和贷款人三方共同组成的一种租赁形式。典型的举债经营租赁方式是由出租人先向贷款人借入租赁设备的购货款，然后将用贷款购置的设备出租给承租人。承租人支付的租赁费先用于偿还贷款人的贷款，剩余部分才是出租人的投资报酬。如果出租人无力偿还贷款，贷款人享有对租赁资产和租赁费用的要求权。可见，租赁资产贬值和承租人破产的风险都由贷款人承担，故而，贷款人要求的利息也必然足以补偿贷款人所承担的风险（表 5-2）。

表 5-2 租赁类型一览表

租赁类型	参与者	租赁期	是否提供维修服务
经营租赁	出租人和承租人	短期	是
融资租赁	出租人和承租人	长期	否
售后租赁	出租人和承租人	长期	否
举债经营租赁	出租人、承租人和贷款人	长期	否

四、租赁租金的计算

在租赁筹资方式下，承租企业要按照合同的规定向租赁公司支付租金。租金的数额和支付方式对承租企业的未来财务状况具有直接影响，同时也是租赁筹资决策的重要依据。

（一）租赁租金的构成

（1）经营租赁的租金包括租赁资产购买成本、租赁期间利息、租赁物件维护费、业务和管理费、税金、保险费以及租赁物的陈旧风险补偿金等。

（2）融资租赁的租金包括设备价款和租息两部分，其中租息又可分为租赁公司的融资成本、租赁手续费等。设备价款是租金的主要内容，它由设备的买价、运杂费和途中保险费等构成。租息中的融资成本是指租赁公司为购买租赁设备所筹资金的成本，即设备租赁期间的利息；租息中的租赁手续费包括租赁公司承办租赁设备的营业费用和一定的盈利，租赁手续费的高低一般无固定标准，可由承租企业与租赁公司协商确定。

（二）租金的支付方式

租金的支付方式也影响租金的计算。支付租金的方式一般有如下种类：①按支付时期长短，可以分为年付、半年付、季付和月付等方式；②按支付时期先后，可以分为先付租金和后付租金两种，先付租金是指在期初支付，后付租金是指在期末支付；③按每期支付金额，可以分为等额支付和不等额支付两种。

（三）租金的计算方法

在我国租赁业务中，计算租金的方法一般采用等额年金法。现对其进行详细介绍。

等额年金法是利用年金现值的计算公式变换后，计算每期支付租金的方法。因税金有先付租金和后付租金两种支付方式，需分别说明。

（1）后付租金的计算。承租企业与租赁公司商定的租金支付方式，大多为后付等额税金，即普通年金。

$$p = S \cdot (P/A, i, n)$$

根据普通年金现值的计算公式，可推导出在后付租金方式下，每年末支付租金数额的计算公式为

$$A = P/(P/A,i,n)$$

【例 5-4】某企业采用融资租赁方式于 2016 年 1 月 1 日从一家租赁公司租入一台设备，设备价款为 40 000 元，租期为 8 年，到期后设备归企业所有，为了保证租赁公司完全弥补融资成本、相关的手续费并有一定盈利，双方商定采用 18%的折现率，试计算该企业每年末应支付的等额租金。

$$A = 40\,000 / (P/A,18\%,8)$$
$$= 40\,000 \div 4.077\,6 = 9\,810（元）$$

（2）先付租金的计算。承租企业有时可能会与租赁公司商定，采取先付等额租金的方式支付租金。根据即付年金的现值公式，可得出先付等额租金的计算公式为

$$A = P\big/\big[(P/A,i,n-1)+1\big]$$

【例 5-5】假如上例采用先付等额租金方式，则每年初支付的租金额可计算如下：

$$A = 40\,000\big/\big[(P/A,18\%,7)+1\big]$$
$$= 40\,000 \div (3.811\,5+1) = 8\,313（元）$$

五、租赁筹资的优缺点

（一）租赁筹资的优点

（1）筹资速度快。租赁往往比借款购置设备更迅速、更灵活，因为租赁是筹资与设备购置同时进行，可以缩短设备的购进、安装时间，使企业尽快形成生产能力，有利于企业尽快占领市场、打开销路。

（2）限制条款少。如前文所述，债券和长期借款都定有相当多的限制条款，虽然类似的限制在租赁公司中也有，但一般比较少。

（3）设备淘汰风险小。当今，科学技术在迅速发展，固定资产更新周期日趋缩短。企业设备陈旧过时的风险很大，利用租赁筹资可减少这一风险。这是因为：①营业租赁期限较短，过期把设备归还出租人，这种风险完全由出租人承担；②财务租赁的期限一般为资产使用年限的 75%，不会像自己购买设备那样整个期间都承担风险；③多数租赁协议都规定由出租人承担设备陈旧过时的风险。

（4）到期还本负担轻。租金在整个租期内分摊，不用到期归还大量本金。许多借款都在到期日一次偿还本金，这会给财务基础较弱的公司造成相当大的困难，有时会造成不能偿付的风险；而租赁则把这种风险在整个租期内分摊，可适当减少不能偿付的风险。

（5）税收负担轻。租金可在税前扣除，具有抵免所得税的效用。

（6）租赁可提供一种新的资金来源。有些企业，出于种种原因，如负债比率过高，不能向外部筹集大量资金。这种情况下，采用租赁的形式就可使企业在资金不足而又急需设备时，不付出大量资金就能及时得到所需设备。

（二）租赁筹资的缺点

租赁筹资的最主要缺点是资金成本较高。一般来说，其租金要比举借银行借款或发行债券所负担的利息高得多。在财务困难时，固定的租金也会构成一项较沉重的负担。另外，采用租赁不能享有设备残值，这也是一种损失。

第七节 其他筹资方式

一、商业信用

商业信用是指因商品交易中的延期付款或延期交货而形成的借贷关系，它是企业之间的一种直接信用行为。在交易中，购货者对所购货物并不需要在提货时支付现金，而是销货者根据其特殊交易条件向购货者开出票据或账单，即由销货者向购货者提供信用，购货者由此获得一项临时性的资金来源。党的二十大报告中指出，“完善产权保护、市场准入、公平竞争、社会信用等市场经济基础制度”[①]。

（一）商业信用的形式

利用商业信用融资，主要有以下几种形式。

（1）赊购商品。赊购商品是一种最典型、最常见的商业信用形式。在此种情况下，买卖双方发生商品交易，买方收到商品后不立即支付现金，可延期到一定时间以后付款。

（2）预收货款。在这种形式下，卖方要先向买方收取货款，但要延期到一定时期以后交货，这等于卖方向买方先借一笔资金，是另外一种典型的商业信用形式。通常，购买单位对于紧俏商品愿意采用这种形式，以便顺利获得所需商品。另外，对于生产周期长、售价高的商品，如轮船、飞机等，生产企业也经常向订货者分次预收货款，以缓解资金占用过多的矛盾。

（3）商业汇票，是指单位之间根据购销合同进行延期付款的商品交易时，开出的反映债权债务关系的票据。根据承兑人的不同，商业汇票可分为商业承兑汇票和银行承兑汇票。商业承兑汇票是指由收款人开出，经付款人承兑，或由付款人开出并承兑的汇票。银行承兑汇票是指由收款人或承兑申请人开出，由银行审查同意承兑的汇票。商业汇票是一种期票，是反映应付账款和应收账款的书面证明。对于买方来说，它是一种短期融资方式。

---

① 《习近平：高举中国特色社会主义伟大旗帜 为全面建设社会主义现代化国家而团结奋斗——在中国共产党第二十次全国代表大会上的报告》，https://www.gov.cn/xinwen/2022-10/25/content_5721685.htm[2022-10-25]。

（二）商业信用条件

所谓信用条件是指销货人对付款时间和现金折扣所做的具体规定，“2/10，*n*/30”便属于一种信用条件。信用条件从总体上来看，主要有以下几种形式。

（1）预收货款。这是企业在销售商品时，要求买方在卖方发出货物之前支付货款的情形。一般用于如下两种情况：①企业已知买方的信用欠佳；②销售生产周期长、售价高的产品。在这种信用条件下，销货单位可以得到暂时的资金来源，购货单位则要先垫支一笔资金。

（2）延期付款，但不提供现金折扣。这是指企业购买商品时，卖方允许企业在交易发生后一定时期内按发票金额支付货款的情形，如 net45，是指在 45 天内按发票金额付款。这种条件下的信用期间一般为 30～60 天，但有些季节性的生产企业可能为其顾客提供更长的信用期间。在这种情况下，买卖双方存在商业信用，买方可因延期付款而取得资金来源。

（3）延期付款，但早付款有现金折扣。在这种条件下，买方若提前付款，卖方可给予一定的现金折扣，如买方不享受现金折扣，则必须在一定时期内付清账款。例如，“2/10，*n*/30”便属于此种信用条件。西方企业在各种信用交易活动中广泛地应用现金折扣，这主要是为了加速账款的收现。现金折扣一般为发票金额的 1%～5%。

（三）现金折扣成本的计算

在采用商业信用形式销售产品时，为鼓励购买单位尽早付款，销货单位往往都规定一些信用条件，这主要包括现金折扣和付款期间两部分内容。

【例 5-6】某企业拟以“2/10，*n*/30”信用条件购进一批原料。这一信用条件意味着企业若在 10 天之内付款，可享受 2%的现金折扣；若不享受现金折扣，货款应在 30 天内付清。如果销货单位提供现金折扣，购买单位应尽量争取获得此项折扣，因为丧失现金折扣的机会成本很高。其计算公式为

$$\text{资金成本率}=\frac{\mathrm{CD}}{1-\mathrm{CD}}\times\frac{360}{n}\times 100\%$$

式中，CD 表示现金折扣的百分比；n 表示失去现金折扣延期付款天数。

此例的资金成本率应为

$$\text{资金成本率}=\frac{2\%}{1-2\%}\times\frac{360}{20}\times 100\%=36.73\%$$

（四）商业信用融资的优缺点

（1）商业信用融资的优点：①筹资便利。利用商业信用筹措资金非常方便。因为商业信用与商品买卖同时进行，属于一种自然性融资，不用做非常正规的安排。②筹资成本低。如果没有现金折扣，或企业不放弃现金折扣，则利用商业信用集资没有实际成本。③限制条件少。如果企业利用银行借款集资，银行往往对贷款的使用规定一些限制条件，而商业信用则限制较少。

（2）商业信用融资的缺点。商业信用的期限一般较短，如果企业取得现金折扣，则时间会更短，如果放弃现金折扣，则要付出较高的资金成本。如果到期不支付货款，过长时间地拖欠，则会影响企业的信誉，对今后购货和筹资不利。

二、商业票据

（一）商业票据的含义

商业票据是由信用较高的企业发行的短期无担保的期票。商业票据按票面是否带有利息可分为带息票据和不带息票据。带息票据是指票据到期时既能收回票面金额，又能收回以票面金额为基础，以票面利率为依据的利息；不带息票据是指票据到期时只能收回票面金额。商业票据可以在市场上流通，但到期时付款单位必须付款，不存在商量延期的余地。

在短期融资中，发行商业票据的风险最大，因为商业票据不像商业信用和银行贷款那样到期有协商延期的余地，商业票据到期必须归还，绝对不能延期，如果到期不能及时兑现，会使企业信用锐减，若没有及时的补救措施，甚至会使企业走向破产。

（二）商业票据的优缺点

（1）商业票据的优点：①成本低。这是商业票据的最大优点。不仅因为商业票据的利息率低，还因为它不用支付协议费。②没有限制。企业如果以银行贷款方式筹集资金，银行的最大贷款额不能超过该企业资本或盈余的10%；而商业票据这一筹资方式没有这种限制，对于需要大量短期资金的大企业来说，比较适用。

（2）商业票据的缺点：①风险大。商业票据到期必须归还，到期不能归还，就会出现严重后果。这要求企业在采用商业票据筹资的同时，一定要同银行保持良好的关系，最好留有一定的信用额度或周转贷款限额，以便在企业资金波动，不能及时偿还商业票据时求得银行的帮助。②缺少弹性。商业票据必须到期才能归还，因此，即使企业资金需要量减少，也不能减少商业票据持有量，导致利息成本固定。③条件严格。商业票据并不是任何企业都能采用，它有严格的限制条件，信誉好、实力强的企业才能使用，而新成立的或规模较小的企业则不能使用。

三、可转换债券

可转换债券是指债券的持有人在一定时间内依据约定条件可将其转换为发行公司的股票的债券。

（一）可转换债券的构成要素

可转换债券一般由以下要素构成：①利率。可转化债券与一般债券一样要支付利息，因此要标明利率。但是，其利息率一般低于普通债券。近年出现利息率递增的可转换债券，即第一年利率较低，第二年较第一年高，以此类推。②到期日。可转换债券有固定到期日，在到期日如果转换没有实现，发行公司将赎回可转换债券，投资者可以收回本金。③转换期。转换期是指可以转换为股票的期限。④转换价格。可转换债券的转换价格是指转换为普通股时的每股普通股价格。我国规定，上市公司发行可转换债券的，以发行可转换债券前一个月的股票平均价格为基准，上浮一定幅度作为转换价格。重点国有企业发行可转换债券的，以拟发行股票的价格为基准确定转换价格。⑤转换比率。转换比率是指每张债券可以转换为普通股的股数。转换价格、转换比率和债券面值之间的关系为

$$\text{转换比率}=\frac{\text{债券面值}}{\text{转换价格}}$$

（二）可转换债券的特征

从投资者的角度来看，可转换债券可以看作一般债券加上一个相关选择权的投资。从筹资者的角度来看，可转换债券具有债务和权益筹资的双重特性，属于一种混合型筹资。可转换债券在转换前或未能在规定的期限内转换时，与一般债券筹资类同，属于债券性资金。如果可转换债券在规定期间转换为股票，则此时债券被股票替代，所筹集的资金形成权益资金。

可转换债券有缓解代理问题的作用。当公司经理借有大量负债时，企业投资项目的风险增加。如果风险项目成功，不会增加债券持有人的利益，却会增加股东利益；但如果投资项目失败，债券持有人却极有可能收不回本息。债务人考虑到这种情况，会要求提高利息率。但如果引入可转换债券，则债券持有人可以通过债券转换这种选择权来参与企业收益的分享，使经营者估计到这种选择，约束了经营者的行为，避免一些代理问题的出现。

另外，经济周期的不确定性和国际金融市场上的多方面风险也为可转换债券的推广带来了强大动力。

（三）可转换债券筹资的优缺点

1. 可转换债券筹资的优点

发行可转换债券筹资的优点主要有：①有利于降低资金成本。可转换债券的利率通常较一般债券利率低，降低了利息费用。转换为股票时，又可降低发行成本。②有利于筹集更多资金。可转换债券在为投资人提供固定利息收入的同时，又给投资人提供了一项选择权，因而，有利于扩大债券的发行数量，筹集更多资金。③有利于提高股票发行价格。可转换债券设定的股票转换价格，一般比发行债券时的股票价格高，因此，如果转换成功，公司可以以高于当前的价格溢价发行股票。所以当公司发行股票或配股时机不好时，可以先发行可转换债券，然后通过转换实现股票筹资的目的。

2. 可转换债券筹资的缺点

发行可转换债券筹资的缺点主要有：①虽然可转换债券可以使公司以较高的股价出售股票，但如果转换时普通股价格大幅度上涨，则会造成股票价格偏低。②若公司业绩不佳，可转换债券可能不能转换为普通股，公司必须及时偿还本金，可能带来较大的财务风险。③可转换债券转换后，会失去低利率筹资的好处。

四、认股权证

认股权证是由股份公司发行的、可以在一定时期内认购股份的买入期权。它赋予持有者在一定时期内以约定的价格购买发行公司一定股份的权利。认股权证可以单独发行，也可以依附于其他证券发行，如发行债券、优先股时附有认股权证。

（一）认股权证在筹资中的运用

对发行公司而言，认股权证是一种特殊的筹资方式。认股权本身含有期权条款，其持有人在认股之前，对发行公司既不拥有债权也不拥有股权，而只拥有股票认购权。尽管如此，发行公司可以通过发行认股权证筹得现金。

在企业筹资实务中，认股权证往往与债券同时发售，以便改善筹资条件。当投资者不愿意购买具有不确定前途的新建公司和处于发展中公司的债券时，公司若不想通过提高利率、增加资金成本、加大财务风险发行债券，可以采用附有认股权证的方式发行债券，这时可以筹集到利率较低的资金。认股权证被认购时，会增加公司的资金总量。

【例 5-7】某公司发行附有认股权证的债券筹集资金，有关情况见表 5-3。

表 5-3　认股权证在筹资中的运用　　单位：万元

筹资来源	发行附有认股权证的债券之前	发行附有认股权证的债券之后但行使认股权之前	行使认股权以后
债券		3 750	3 750
普通股本（1 元/股）	800	800	950
资本公积	2 600	2 600	3 200
留存收益	12 000	12 000	12 000
资金总额	15 400	19 150	19 900

从表 5-3 中可以看出，在附有认股权证的债券发行之前，该公司有 800 万股普通股，每股面值 1 元，总股本 800 万元，资本公积为 2 600 万元，留存收益为 12 000 万元，所有者权益为 15 400 万元，资金总额也是 15 400 万元。在出售附有认股权证的 3 750 万元债券以后，增加了 3 750 万元的负债，所有者权益保持不变，资金总额增加到 19 150 万元。这些债券的利息率为 3%，每张 1 000 元面值债券附有 40 份认股权证，每份认股权证可以在未来 3 年中以每股 5 元的价格购买 1 股股票，因此，总共发售 37 500 张债券，每张 40 份认股权证，如果认股权全部行使，将出售 150 万股新股。由于面值 1 元/股，股本增加 150 万元，资本公积增加 600 万元，企业的资金总额上升到 19 900 万元。

（二）认股权证筹资的优缺点

1. 认股权证筹资的优点

认股权证筹资的优点主要有：①有利于吸引投资者。认股权证给投资者选择权，在公司股票价格上升时，投资者行使这种权利，在公司股票没有上升到约定价格以上时，则可以放弃这种权利。因此，这种筹资方式有利于投资者降低风险，对投资人很有吸引力。②有利于降低资金成本。发行附有认股权证的债券时，由于认股权证的吸引作用，利率一般比没有认股权证的债券要低。认股权行使时，自动实现股票发行，可以降低股票发行费用。

2. 认股权证筹资的缺点

认股权证筹资的缺点主要有：①当认股权行使后，公司股东数增加，这就会分散原有股东对公司的控制权；②在认股权行使时，如果股票价格大大高于认股权证约定的价格，则实际上加大了公司资金成本，出现筹资损失。

复习思考题

一、思考题

1. 股票按照不同的标准可以划分为哪些种类？与其他筹资方式相比，股票筹资有何特点？
2. 公司破产清算时，其财产变价收入的偿还顺序是什么？
3. 股票的发行方式有哪几种？
4. 股票的发行成本主要包括哪几部分内容？
5. 普通股股东对公司享有哪些权利和应负何种义务？
6. 优先股按照不同的标准可以划分为哪些种类？
7. 优先股股东享有哪些优先权？
8. 请比较普通股筹资与优先股筹资的优缺点。
9. 简述负债经营有何特征。
10. 银行借款有哪些方式和种类？企业向银行申请借款，必须具备哪些条件？
11. 简述债券的种类。
12. 试述债券发行的四要素。
13. 简述债券发行价格的确定方法。
14. 比较银行借款筹资与债券筹资的优缺点。
15. 试述租赁的种类及各种租赁形式的特点。
16. 试述融资租赁设备租金的构成与计算方法，以及融资租赁筹资的优缺点。
17. 试述商业票据及其优缺点。
18. 简述可转换债券的构成要素、特征及其优缺点。
19. 简述认股权证及其使用中的优缺点。

二、练习题

1. 某公司 2023 年 8 月 1 日向租赁公司融资租入一套设备，价值 120 万元，租赁期为 4 年，名义价款为 5 万元，租赁期年利率为 10%，租赁手续费为设备价值的 2%，租金从次年 8 月 1 日起每年支付一次。

要求：利用等额年金法计算每次支付的租金。

2. 某企业为扩大经营规模需购置一台机床，该机床当前的市价为 20 000 元，可以使用 5 年。如果采用租赁的方式，每年初需支付租金 4 000 元，假设当时的市场利率为 10%。

要求：分析该企业应该进行购买还是租赁。

3. 如果一家公司正面对两家提供不同信用条件的卖方：A 家信用条件为“2/10，*n*/30”；B 家信用条件为“1/20，*n*/30”。

要求：

（1）请分析若该公司在 10～30 天用该笔应付账款有一投资机会，回报率为 60%，公司是否应在 10 天内归还 A 家的应付账款，以取得折扣。

（2）请说明当该公司只能在 20～30 天内付款时，该公司应选择哪家供应商。

4. 某公司向银行借入短期借款 5 000 元，支付银行贷款利息的方式同银行协商后的结果是：如采用贴现法，利息为 12%；如采用补偿性余额，利息降为 10%，银行要求的补偿性余额比例为 20%。

要求：请分析该公司财务经理会选择哪种支付方式，并说明理由。

第六章　资本成本和杠杆

在市场经济条件下，追求利润最大化是企业生产经营的根本目标。这就要求企业不仅要着眼于当前的利润最大化，更重要的是在未来获取最大的利润。生产经营规模会给企业带来一定经济收益，同时企业必然要为筹资付出一定的代价。因此，企业在做出筹资决策时要以“成本最小化，利润最大化”为目标，既要尽可能降低所筹集资本的成本，还要充分利用财务杠杆效益，更要合理地规划企业的资本结构。

第一节　资本成本

一、资本成本概述

（一）资本成本的概念

资本成本是指企业为筹集和使用资金而付出的代价。广义地讲，企业筹集和使用任何资金，不论是短期的，还是长期的都要付出代价。狭义的资本成本仅指筹集和使用长期资金（包括借入长期资金和自有资本）的成本。由于长期资金也被称为资本，所以，长期的资金成本也称为资本成本。市场经济条件下，资本是一种特殊的商品，企业不论通过何种渠道筹资，不论以什么形式取得资本，都是有偿的，需要承担一定的成本。

（二）资本成本的构成

资本成本从绝对量的构成来看，包括资金筹集费和资金占用费。

资金筹集费是指在筹集资本过程中支付的各项费用，如发行股票、债券支付的印刷费、发行手续费、律师费、资信评估费、公证费、担保费、广告费等。它一般是一次性发生的，所以在计算资本成本时可以作为筹资金额的抵减项予以扣除。

资金占用费是指企业在生产经营和对外投资活动中，因占用资金而支付的费用，如股票的股息、银行借款和债券利息等。它一般是陆续发生的，并随资本数量的多少和占用时间的长短而变动，是构成资本成本的主要内容。

（三）资本成本的计量形式

在企业筹资实务中，通常运用资本成本的相对数，即资本成本率。资本成本率是指企业实际的资金占用费与实际有效筹资额之间的比率，即年资本成本率，通常用百分比来表示。具体计量形式如下。

（1）个别资本成本率。个别资本成本率是指企业某种个别的长期资本成本的比率。包括：普通股成本率、留存收益成本率、长期借款成本率、债券成本率。它往往在比较各种筹资方式时使用。

（2）加权平均资本成本率。加权平均资本成本率也叫综合资本成本率，是在个别资本成本率的基础上，根据各种资本在总资本中所占的比重，采用加权平均的方法计算的企业全部长期资本的成本率。它往往在进行资本结构决策时使用，在多个筹资方案中选择综合资本成本最低的。

（3）边际资本成本率。边际资本成本率是指资本每增加一个单位而增加的成本，是企业追加长期资本的成本率。它也是按加权平均的方法计算出来的，在进行追加筹资决策时使用。

（四）资本成本的意义

资本成本的概念广泛用于企业财务管理的许多方面，国际上将其视为一项“财务指标”。其作用体现在以下方面。

（1）在筹资方面，资本成本是选择资金来源、确定筹资方案的重要依据，企业力求选择资本成本最低的筹资方式。

（2）在投资方面，资本成本是评价投资项目、决定投资取舍的重要标准。

（3）资本成本还可用作衡量企业经营成果的尺度，即经营利润率应高于资本成本，否则说明企业经营业绩不好。

二、个别资本成本的计算

个别资本成本率是企业资金占用费与有效筹资额的比率，基本公式为

$$K=\frac{D}{P-F}$$

或

$$K=\frac{D}{P(1-f)}$$

式中，K 表示资本成本率，以百分率表示；D 表示资金占用费；P 表示筹资金额；F 表示资金筹集费；f 表示筹资费用率，即资金筹集费占筹资金额的比率。

为了满足企业进行长期筹资决策的需要，应区别各种来源测算其资本成本，主要包括长期借款资本成本、长期债券资本成本、优先股资本成本、普通股资本成本、留存收益资本成本。

（一）长期借款资本成本率

企业长期借款的资本成本是由借款利息和筹资费用构成的，借款利息计入税前成本费用，可以起到抵税的作用，因此，一次还本、分期付息借款的资本成本率为

$$K_l = \frac{I_l(1-T)}{L(1-f_l)}$$

式中，K_l 表示长期借款资本成本率；I_l 表示长期借款年利息额；L 表示长期借款筹资总额；T 表示所得税率；f_l 表示长期借款筹资费用率。

上式也可以改为以下形式：

$$K_l = \frac{i(1-T)}{1-f_l}$$

式中，i 表示长期借款的利率。

若长期借款的筹资费用（主要是借款的手续费）很少时，也可以忽略不计。忽略手续费时，长期借款的资本成本率为

$$K_l = i(1-T)$$

【例 6-1】某企业取得五年长期借款 200 万元，年利率为 5%，每年付息一次，到期一次还本，筹资费用率为 0.5%，假定企业所得税率 25%。该项长期借款的资本成本率为

$$K_l = \frac{200 \times 5\% \times (1-25\%)}{200 \times (1-0.5\%)} = 3.77\%$$

或

$$K_l = \frac{5\% \times (1-25\%)}{1-0.5\%} = 3.77\%$$

如果银行要求借款企业在银行经常保持一定的存款余额作为抵押，即合同中附加补偿性余额条款时，计算长期借款资本成本率应该将存款保留余额从长期借款总额中扣除，因为企业未真正使用。此时，借款的实际利率和资本成本率将会上升。

【例 6-2】某企业按年利率 5%向银行借款 100 万元，银行要求保持 10%的补偿性余额，假定企业所得税率为 25%。这笔借款的资本成本率为

$$K_l = \frac{100 \times 5\% \times (1-25\%)}{100 \times (1-10\%)} = 4.17\%$$

如果在一年内结息次数超过一次，为 M 次，借款期数为 N 年，假定忽略筹措费率，则借款的实际利率，即资本成本率为

$$K_l = \left[\left(1+\frac{i}{M}\right)^{MN} - 1\right](1-T)$$

【例 6-3】某公司从银行取得 5 年期借款 800 万元，年利率为 5.2%，每半年结息一次，到期一次还本，假定企业所得税率为 25%。这笔借款的资本成本率为

$$K_l = \left[\left(1+\frac{5.2\%}{2}\right)^{2\times5} - 1\right](1-25\%) = 21.95\%$$

（二）长期债券资本成本率

发行债券的成本，主要指债券利息和筹资费用。债券利息是事先根据资本市场上的利率情况确定的。按规定发行债券的企业定期支付的债券利息是在税前支付的，因此，企业实际上少缴了一部分所得税，那么企业实际负担的债券利息只为：债券利息×(1−所得税率)。债券的筹资费用即发行费用，包括申请费、注册费、印刷费、上市费和推销费等。所以，长期债券的资本成本率为

$$K_b = \frac{I_b(1-T)}{B(1-f_b)}$$

式中，K_b表示长期债券资本成本率；B表示债券筹资总额，按发行价确定；f_b表示债券筹资费用率；T表示所得税率。

【例 6-4】某公司发行面值总额为 500 万元的 10 年期债券，票面利率为 6%，发行费用率为 5%，按面值发行，假定企业所得税率为 25%，该债券的资本成本率为

$$K_b = \frac{500\times6\%\times(1-25\%)}{500\times(1-5\%)} = 4.74\%$$

根据上例资料，若溢价发行，发行总额为 600 万元，其债券资本成本率为

$$K_b = \frac{500\times6\%\times(1-25\%)}{600\times(1-5\%)} = 3.95\%$$

若折价发行，发行总额为 400 万元，则债券资本成本率为

$$K_b = \frac{500\times6\%\times(1-25\%)}{400\times(1-5\%)} = 5.92\%$$

由于公司支付给债券持有者的利息是按票面值乘以票面利率计算的，所以不管实际发行价格为多少，筹资公司的利息负担不变。

如果考虑货币时间价值，公司债券的税前资本成本率就是债券持有人的投资必要报酬率，在此基础上乘以 $1-T$ 即为债券的税后资本成本率。

首先，计算债券的税前资本成本率，可根据下式求得

$$P_0 = \sum_{t=1}^{n}\frac{I}{(1+R_b)^t} + \frac{P_n}{(1+R_b)^n}$$

式中，P_0表示债券的筹资净额，即债券的发行总额扣除发行费用；I表示债券年利息额；P_n表示债券面额或到期值；R_b表示债券的税前资本成本率，即债券投资的必要报酬率；t 表示债券期限；n 表示债券持有期间。在上式中，P_0、I、P_n、t 均为已知条件，根据年金现值和复利现值的计算公式可以倒求出债券的税前资本成本率。

然后，根据下列公式即可求出债券的税后资本成本率：

$$K_b = R_b(1-T)$$

用上述公式计算债券税前资本成本率，然后再计算税后资本成本率比较复杂。现实生活中往往采用近似值公式来计算税前资本成本率，近似值公式可以表达为

$$R_b = \frac{I_t + \frac{P_n - P_0}{n}}{\frac{P_n + P_0}{2}}$$

【例 6-5】某公司准备发行 10 年期长期债券，其面值为 1 000 元，票面利率为 8%，实际发行价格为 1 100 万元。平均每张债券的发行费用为 8 元，假定企业所得税率为 25%。测算该债券的资本成本率。

$$R_b = \frac{80 + \frac{1\,000-(1\,100-8)}{10}}{\frac{1\,000+(1\,100-8)}{2}} = \frac{70.8}{1\,046} = 6.77\%$$

$$K_b = 6.77\% \times (1-25\%) = 5.08\%$$

（三）优先股资本成本率

企业发行优先股股票，同发行债券和长期借款一样，需要支付筹资费用，如注册费、代销费等。其股息也要定期支付。但由于股息是税后支付的，没有享受所得税优惠，所以其资本成本率的计算与债券和长期借款不同，公式如下：

$$K_p = \frac{D}{P(1-f_p)}$$

式中，K_p 表示优先股资本成本率；D 表示优先股每股年股利；P 表示优先股发行价格；f_p 表示优先股筹措费率。

【例 6-6】某公司发行面值每股 100 元的优先股 100 000 股，年股利率为 6%，发行费用为股金总额的 2%，则优先股的资本成本率为

$$K_p = \frac{100 \times 100\,000 \times 6\%}{100 \times 100\,000 \times (1-2\%)} = 6.12\%$$

当企业资不抵债时，优先股股东的求偿权，次于长期贷款的债权人和长期债券的持有人，所以优先股的投资风险比长期贷款和长期债券的投资风险高，因而优先股的股息率一般高于借款的利率和债券的利率。同时优先股股票不仅筹措费较高，而且支付的优先股股息不会减少企业应缴的所得税，所以优先股的资本成本率明显高于债券的资本成本率。但是，发行优先股筹集的资金是自有资金，可以被企业长期占用，因此在一定条件下，企业仍乐于采用这种筹资方式。

（四）普通股资本成本率

由于普通股的股利率是不固定的，需要根据每年的盈利情况而定，这就使得普通股的资本成本率与优先股有所不同。按照资本成本实质是投资者要求的收益率的思路，计算普通股资本成本率的方法相当于计算普通股要求收益率的方法。计算方法主要有：股息率加增长率法、资本资产定价模型法和债券收益率加风险溢价法。

（1）股息率加增长率法。如果公司采用固定增长股利的政策，则普通股的资本成本率为

$$K_c = \frac{D}{P(1-f_c)} + G$$

式中，K_c表示普通股资本成本率；D 表示普通股每股年股利；P 表示普通股发行价格；f_c表示普通股筹措费率；G表示股利年固定增长率。

【例 6-7】某公司普通股目前市价为 10 元，估计股利年增长率为 5%，预计第一年发放股利 0.6 元，筹资费用率为股票市价的 4%，则发行普通股的资本成本率为

$$K_c = \frac{0.6}{10\times(1-4\%)} + 5\% = 11.25\%$$

（2）资本资产定价模型法。资本资产定价模型是西方金融理论学界威廉・夏普等在资产组合理论基础上的又一新发展，广泛应用于发达市场国家的投资价位评估与基金管理中。资本资产定价模型的内容可以简单描述为：普通股股票的预期收益率等于无风险利率（即无风险报酬率）加上风险补偿（也称风险溢价或市场风险报酬率）。采用此原理计算普通股资本成本率，其公式为

$$K_c = R_f + \beta(R_m - R_f)$$

式中，R_f表示无风险报酬率；β表示某种股票的风险对证券市场风险的敏感程度；R_m表示证券市场的平均报酬率。

【例 6-8】某公司准备发行普通股筹资，此时无风险报酬率为 2.5%，市场平均收益率为 8%，根据同类上市公司的β系数预测该股票的β系数为 1.25，计算该股票的资本成本率。

$$K_c = R_f + \beta(R_m - R_f) = 2.5\% + 1.25\times(8\% - 2.5\%) = 9.375\%$$

企业在清算时，普通股股东的求偿权不仅在债券持有人之后，而且仅次于优先股股东，其投资风险最大，因而股利率比债券利息率、贷款利率和优先股股利率都高，另外，其股利率还将随企业经营状况而逐年变化。一般地，如果企业的收益逐年增加，则企业支付的股利也将逐年增长，所以普通股资本成本率最高。

（五）留存收益资本成本率

留存收益也叫留用利润，包括盈余公积金和未分配利润。盈余公积金是企业按照国家有关规定从利润中提取的公积金，包括法定盈余公积金、任意盈余公积金和公益金。

国家为维护债权人的利益、企业职工的利益，避免“吃光分净”，保证企业健康

稳定发展，规定企业要从税后利润中按比例提取盈余公积金。可用于弥补亏损，转增资本金和职工福利事业支出等。

未分配利润是企业历年累积的，留待企业以后年度分配的利润。实际上，留存收益在使用期内是不需要支付成本的，但由于股东放弃了现金股利，便承受一定的机会成本。所以我们假设它是一种投资，此时，股东希望这部分留用利润能获得与普通股相同的报酬。因此留用利润资本成本率的计算与普通股的资本成本率基本相同，只是不考虑筹资费用。

当股利每年有一个稳定增长率时，留存收益的资本成本率为

$$K_e = \frac{D}{P} + G$$

式中，K_e 表示留存收益资本成本率；D 表示第一年普通股股利；G 表示股利年固定增长率。

由于留存收益不需支付筹资费用，所以其资本成本率略低于普通股的资本成本率。

企业在选择融资方式时，要考虑不同筹资方式的资本成本水平，一般地，按资本成本率从低到高的顺序排列，以上五种筹资方式依次为：长期借款＜长期债券＜优先股＜留存收益＜普通股。

三、综合资本成本

由于受多种因素的制约，企业不可能只用某种单一的筹资方式，往往需要通过多种方式筹集所需资金。为进行筹资决策，就要计算确定企业全部长期资本的总成本，即综合资本成本，也叫加权平均资本成本。加权平均资本成本一般是以各种资本占全部资本的比重为权数，对个别资本成本进行加权平均确定的，其计算公式为

$$K_w = \sum_{j=1}^{n} K_j W_j$$

式中，K_w 表示综合资本成本率；K_j 表示第 j 种筹资方式的个别资本成本率；W_j 表示第 j 种筹资方式的个别资本占全部资本的比重（权数）。

【例 6-9】某企业账面反映的长期资本共 500 万元，其中长期借款 100 万元，应付长期债券 50 万元，普通股 250 万元，留存收益 100 万元，其个别资本成本率分别为 5.7%、7.17%、10.26%、9%。则该企业的综合资本成本率为

$$\begin{aligned} K_w &= \frac{100}{500} \times 5.7\% + \frac{50}{500} \times 7.17\% + \frac{250}{500} \times 10.26\% + \frac{100}{500} \times 9\% \\ &= 8.787\% \end{aligned}$$

上述计算中的个别资本成本占全部资本的比重，是按账面价值确定的，其资料容易取得。但当资本的账面价值与市场价值差别较大时，比如股票、债券的市场价格发生较大变动，计算结果会与实际有较大的差距，从而贻误筹资决策。为了克服这一缺陷，个别资本占全部资本的比重的确定还可以按市场价值或目标价值确定，分别称为市场价

值权数、目标价值权数。

市场价值权数是指债券、股票以市场价格确定权数。这样计算的加权平均资本成本能反映企业目前的实际状况。同时为弥补证券市场价格变动频繁的不便，也可选用平均价格。

目标价值权数是指债券、股票以未来预计的目标市场价值确定权数。这种权数能体现期望的资本结构，而不是像账面价值权数和市场价值权数那样只反映过去和现在的资本结构，所以按目标价值权数计算的加权平均资本成本更适用于企业筹措新资金。然而，企业很难客观合理地确定正确的目标价值，又使这种计算方法不易推广。

四、边际资本成本

边际资本成本是指资金每增加一个单位而增加的资本成本。在现实生活中，可能会出现这样一种情况：当企业以某种方式筹集资金超过一定额度时，资本的边际成本会提高。此时即使企业保持原有的资本结构，也仍有可能导致加权平均资本成本提高。因此边际资本成本也称随筹资额增加而提高的加权平均资本成本。

边际资本成本是企业在追加筹资决策时使用的，如果追加筹资额不大，可能只采用一种筹资方式；在筹资额较大时，或在目标资本结构一定的情况下，往往需要多种筹资方式的组合来实现。这时，边际资本成本率应该按加权平均法计算。通过下面的例题来说明边际资本成本率的计算和应用。

【例 6-10】某企业拥有长期资本 400 万元，其中长期借款 60 万元，长期债券 100 万元，普通股 240 万元。为了扩大经营规模，现需要追加筹集资金。经分析，认为筹集新资金后仍保持原有资本结构，即长期借款占 15%，长期债券占 25%，普通股占 60%。要求测算企业的边际资本成本。

（一）测算各种资本筹资范围及其资本成本率

随着企业筹资规模的不断扩大，各种资本的成本率也将发生变动。因为资本成本是由市场对资金的供应与需求来决定的，各种资本的成本率将随着资本供应量的增大而降低，随着资本需求量的增大而提高。该企业的财务人员对资本市场状况和企业的筹资能力分析之后，测算出了随筹资额的增加各种资本成本率的变化情况，见表 6-1。

表 6-1 某企业追加筹资测算资料表

资本种类	目标资本结构	各种资本追加筹资范围/元	个别资本成本率
长期借款	15%	45 000 以下	3%
		45 000～90 000	5%
		90 000 以上	7%
长期债券	25%	200 000 以下	10%
		200 000～400 000	11%
		400 000 以上	12%

续表

<table>
<tr><th>资本种类</th><th>目标资本结构</th><th>各种资本追加筹资范围/元</th><th>个别资本成本率</th></tr>
<tr><td rowspan="3">普通股</td><td rowspan="3">60%</td><td>300 000 以下</td><td>13%</td></tr>
<tr><td>300 000～600 000</td><td>14%</td></tr>
<tr><td>600 000 以上</td><td>15%</td></tr>
</table>

（二）计算筹资突破点并测算筹资总额范围

筹资突破点也叫筹资总额分界点，是指为保持特定的资本结构，在一定的资本成本率水平下，可以筹集到的资金总限度。这就是说在筹资突破点范围内筹资，原来的资本成本率不会改变；一旦筹资额超过筹资突破点，即使维持现有的资本结构，其资本成本率也会增加。筹资突破点的计算公式为

$$\mathrm{BP}_j=\frac{\mathrm{TF}_j}{W_j}$$

式中，BP_j 表示筹资突破点；TF_j 表示第 j 种资本的资本成本率分界点；W_j 表示目标资本结构中第 j 种资本的比重。

例如，当资本成本率为 3%时，取得的长期借款筹资限额为 45 000 元，其筹资突破点为

$$\frac{45\ 000}{15\%}=300\ 000（元）$$

当资本成本率为 5%时，取得的长期借款筹资限额为 90 000 元，其筹资突破点为

$$\frac{90\ 000}{15\%}=600\ 000（元）$$

按这种方法计算，该企业追加筹资总额范围的测算结果如表 6-2 所示。

表 6-2　某企业筹资突破点计算表

<table>
<tr><th>资本种类</th><th>资本结构</th><th>个别资本成本率</th><th>各种资本筹资范围/元</th><th>筹资突破点/元</th><th>筹资总额范围/元</th></tr>
<tr><td rowspan="3">长期借款</td><td rowspan="3">15%</td><td>3%</td><td>45 000 以下</td><td rowspan="3">$\frac{45\ 000}{0.15}=300\ 000$
$\frac{90\ 000}{0.15}=600\ 000$</td><td>300 000 以下</td></tr>
<tr><td>5%</td><td>45 000～90 000</td><td>300 000～600 000</td></tr>
<tr><td>7%</td><td>90 000 以上</td><td>600 000 以上</td></tr>
<tr><td rowspan="3">长期债券</td><td rowspan="3">25%</td><td>10%</td><td>200 000 以下</td><td rowspan="3">$\frac{200\ 000}{0.25}=800\ 000$
$\frac{400\ 000}{0.25}=1\ 600\ 000$</td><td>800 000 以下</td></tr>
<tr><td>11%</td><td>200 000～400 000</td><td>800 000～1 600 000</td></tr>
<tr><td>12%</td><td>400 000 以上</td><td>1 600 000 以上</td></tr>
</table>

续表

资本种类	资本结构	个别资本成本率	各种资本筹资范围/元	筹资突破点/元	筹资总额范围/元
普通股	60%	13%	300 000 以下	$\frac{300\ 000}{0.60}=500\ 000$ $\frac{600\ 000}{0.60}=1\ 000\ 000$	500 000 以下
		14%	300 000～600 000		500 000～1 000 000
		15%	600 000 以上		1 000 000 以上

（三）计算边际资本成本率

从表 6-2 可以看到，根据 6 个筹资突破点，可以得出 7 个新的筹资总额范围：①300 000 元以下；②300 000～500 000 元；③500 000～600 000 元；④600 000～800 000 元；⑤800 000～1 000 000 元；⑥1 000 000～1 600 000 元；⑦1 600 000 元以上。对这 7 个筹资总额范围分别测算其加权平均资本成本率，即可得到各筹资总额范围的边际资本成本率，见表 6-3。

表 6-3　某企业边际资本成本率测算表

序号	筹资总额范围	资本种类	目标资本结构	个别资本成本率	边际资本成本率
1	300 000 元以下	长期借款	15%	3%	3%×15%=0.45%
		长期债券	25%	10%	10%×25%=2.5%
		普通股	60%	13%	13%×60%=7.8%
	第一个筹资总额范围的边际资本成本率=0.45%+2.5%+7.8%=10.75%				
2	300 000～500 000 元	长期借款	15%	5%	5%×15%=0.75%
		长期债券	25%	10%	10%×25%=2.5%
		普通股	60%	13%	13%×60%=7.8%
	第二个筹资总额范围的边际资本成本率=0.75%+2.5%+7.8%=11.05%				
3	500 000～600 000 元	长期借款	15%	5%	5%×15%=0.75%
		长期债券	25%	10%	10%×25%=2.5%
		普通股	60%	14%	14%×60%=8.4%
	第三个筹资总额范围的边际资本成本率=0.75%+2.5%+8.4%=11.65%				
4	600 000～800 000 元	长期借款	15%	7%	7%×15%=1.05%
		长期债券	25%	10%	10%×25%=2.5%
		普通股	60%	14%	14%×60%=8.4%
	第四个筹资总额范围的边际资本成本率=1.05%+2.5%+8.4%=11.95%				

续表

序号	筹资总额范围	资本种类	目标资本结构	个别资本成本率	边际资本成本率
5	800 000～1 000 000 元	长期借款	15%	7%	7%×15%=1.05%
		长期债券	25%	11%	11%×25%=2.75%
		普通股	60%	14%	14%×60%=8.4%
	第五个筹资总额范围的边际资本成本率=1.05%+2.75%+8.4%=12.2%				
6	1 000 000～1 600 000 元	长期借款	15%	7%	7%×15%=1.05%
		长期债券	25%	11%	11%×25%=2.75%
		普通股	60%	15%	15%×60%=9%
	第六个筹资总额范围的边际资本成本率=1.05%+2.75%+9.0%=12.8%				
7	1 600 000 元以上	长期借款	15%	7%	7%×15%=1.05%
		长期债券	25%	12%	12%×25%=3%
		普通股	60%	15%	15%×60%=9%
	第七个筹资总额范围的边际资本成本率=1.05%+3.0%+9.0%=13.05%				

将以上讨论结果用图 6-1 显示。

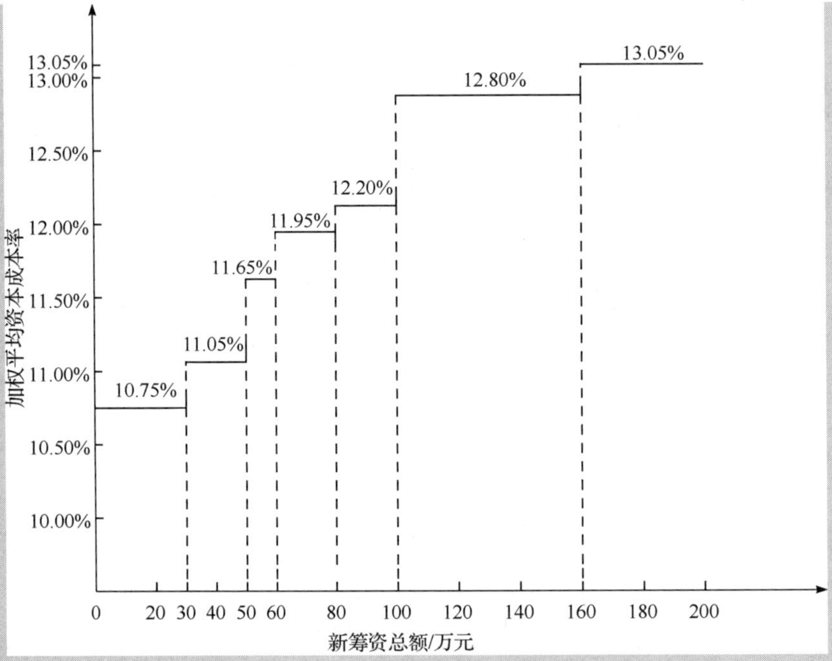

图 6-1　新筹资总额与边际资本成本关系图

从图 6-1 可以看出，随着筹资总额增加，边际资本成本也在增加，但这种增加不是连续上升，而是呈阶段性跳跃。跳跃点就是突破点，即一旦筹资额突破这一点，资本成本就发生变化，企业可依此进行追加筹资的规划。

第二节　杠杆原理

一、经营杠杆

（一）经营杠杆的定义

经营杠杆（又称营业杠杆或营运杠杆）是指由于固定成本的存在导致息税前利润的变动幅度大于产销量变动幅度的杠杆效应，它反映了产销量与息税前利润之间的关系。

在其他条件不变的情况下，产销量的增加不会引起固定成本总额的变化，但会降低单位产品的固定成本，从而提高单位产品的利润。尤其是当企业固定成本占很大比重时，只要企业的产销量稍有变化，就会导致其息税前利润大幅度变化。如果不存在固定成本，所有成本都是变动的，这时，息税前利润变动率就同产销量变动率完全一致，此时没有杠杆效应。

（二）经营杠杆系数的测算

经营杠杆的作用程度可以通过经营杠杆系数（degree of operational leverage，DOL）来表示，经营杠杆系数是指息税前利润随产销量的变动而发生变动的程度，即息税前利润变动率相当于产销量变动率的倍数。其计算公式为

$$\mathrm{DOL}=\frac{\Delta\mathrm{EBIT}/\mathrm{EBIT}}{\Delta S/S}$$

式中，DOL 表示经营杠杆系数；ΔEBIT 表示息税前利润的变动额；EBIT 表示息税前利润；ΔS 表示销售收入的变动额；S 表示销售收入。

有时我们不能取得息税前利润变动额和销售收入的变动额，为了计算方便，可以将上面的公式变换如下：

$$\because \mathrm{EBIT}=Q(P-V)-F$$

$$\Delta\mathrm{EBIT}=\Delta Q(P-V)$$

$$\therefore \mathrm{DOL}_Q=\frac{\Delta Q(P-V)}{Q(P-V)-F}\div\frac{\Delta Q}{Q}=\frac{Q(P-V)}{Q(P-V)-F}$$

或

$$\mathrm{DOL}_S=\frac{S-C}{S-C-F}$$

式中，DOL_Q 表示按销售数量计算的经营杠杆系数；Q 表示销售数量；P 表示销售单价；V 表示单位变动成本；F 表示固定成本总额；DOL_S 表示按销售额计算的经营杠杆系数；C 表示变动成本总额。

若取得了息税前利润和固定成本总额的数据资料，上述公式还可以变换为

$$DOL = \frac{EBIT + F}{EBIT}$$

【例 6-11】某企业生产单一产品，固定成本总额为 50 万元，变动成本率为 60%，分别测算销售额为 500 万元、200 万元、150 万元、125 万元的经营杠杆系数。

$$DOL_{(500)} = \frac{500 \times (1-60\%)}{500 \times (1-60\%) - 50} = 1.33$$

$$DOL_{(200)} = \frac{200 \times (1-60\%)}{200 \times (1-60\%) - 50} = 2.67$$

$$DOL_{(150)} = \frac{150 \times (1-60\%)}{150 \times (1-60\%) - 50} = 6$$

$$DOL_{(125)} = \frac{125 \times (1-60\%)}{125 \times (1-60\%) - 50} = \infty$$

（三）经营两平点分析

经营两平点也叫盈亏平衡点，指使息税前利润等于零的产销量（或销售额）。其计算公式如下。

由于

$$EBIT = Q \times (P - V) - F$$

令 EBIT=0，即

$$Q \times (P - V) - F = 0$$

所以

$$Q = \frac{F}{P - V}$$

式中，Q 表示经营两平点的产销量；F 表示固定成本；P 表示产品单价；V 表示单位变动成本。

在企业一定的营业规模内，变动成本总额随着销售收入的增加而增加，固定成本总额保持不变，但单位收入所负担的固定成本会相对减少，从而给企业带来额外的利润。通过经营两平点可以考察企业销售量与固定成本水平、利润之间的关系。

【例 6-12】甲、乙两企业的收入、成本、利润的变化情况分别见表 6-4 和表 6-5。

表 6-4 甲企业收入、成本、利润变化情况表

销售量/万件	变动成本总额/万元	固定成本总额/万元	总成本/万元	销售收入总额/万元	息税前利润/万元
0	0	8	8	0	−8
2	0.8	8	8.8	4	−4.8
3	1.2	8	9.2	6	−3.2
4.5	1.8	8	9.8	9	−0.8
5	2	8	10	10	0
5.5	2.2	8	10.2	11	0.8
6	2.4	8	10.4	12	1.6
8	3.2	8	11.2	16	4.8
10	4	8	12	20	8

表 6-5 乙企业收入、成本、利润变化情况表

销售量/万件	变动成本总额/万元	固定成本总额/万元	总成本/万元	销售收入总额/万元	息税前利润/万元
0	0	1.8	1.8	0	−1.8
2.7	3.78	1.8	5.58	5.4	−0.18
3	4.2	1.8	6	6	0
3.3	4.62	1.8	6.42	6.6	0.18
6	8.4	1.8	10.2	12	1.8
8	11.2	1.8	13	16	3
10	14	1.8	15.8	20	4.2

从表 6-4 可以看出，当企业的销售量为 5 万件时，息税前利润为零，此时的 5 万件为经营两平点。随着销售量大于 5 万件，并不断增长，息税前利润就会以更快的速度增加，这就说明甲企业获得了经营杠杆利益，即息税前利润的增长幅度高于销售额的增长幅度。

下面再通过表 6-5 看一下经营杠杆不同的乙企业的情况。

从表 6-5 可以看出，当企业的销售量为 3 万件时，息税前利润为零，此时的 3 万件为经营两平点。随着销售量大于 3 万件，并不断增长，息税前利润就会以更快的速度增加，这就说明乙企业获得了经营杠杆利益，即息税前利润的增长幅度高于销售额的增长幅度。

现在，我们把甲、乙两企业进行比较，就会发现，若甲企业的销售量为 5.5 万件，比经营两平点多 10%，则息税前利润增加 8 000 元；而乙企业的销售量为 3.3 万件，同样比经营两平点多 10%时，息税前利润仅增加 1 800 元。可见，营业杠杆大的甲企业比

乙企业获得了更多的经营杠杆利益。当销售量比经营两平点的销售量降低 10%时，甲企业的息税前利润减少 8 000 元，而乙企业的息税前利润仅减少 1 800 元，说明营业杠杆大的甲企业比乙企业面临着更大的营业风险。由此可以得出结论，经营杠杆大的企业，利润受销售量的变化影响更大一些，也就是说利润对销售量变动的敏感程度更大些。

（四）经营杠杆的作用

1. 说明产销量变动时息税前利润的变动程度

根据例 6-11 计算结果，当企业经营成本的结构一定时，经营杠杆系数的大小说明了息税前利润受销售量（或金额）变动的影响幅度。如当销售额为 500 万元时，息税前利润将按照 1.33 倍的幅度随着销售量的增加而增长，即当企业销售量（或金额）增长 1 倍时，息税前利润将增长 1.33 倍。同时，当企业成本结构不变时，随着销售量（或金额）的扩大，经营杠杆系数在减小。经营杠杆系数越小，说明经营风险越小；相反地，销售量（或金额）越小，经营杠杆系数越大，表明企业所面临的经营风险越大。如当销售额为 500 万元时，经营杠杆系数为 1.33；而当销售额为 200 万元时，经营杠杆系数为 2.67，如图 6-2 所示。

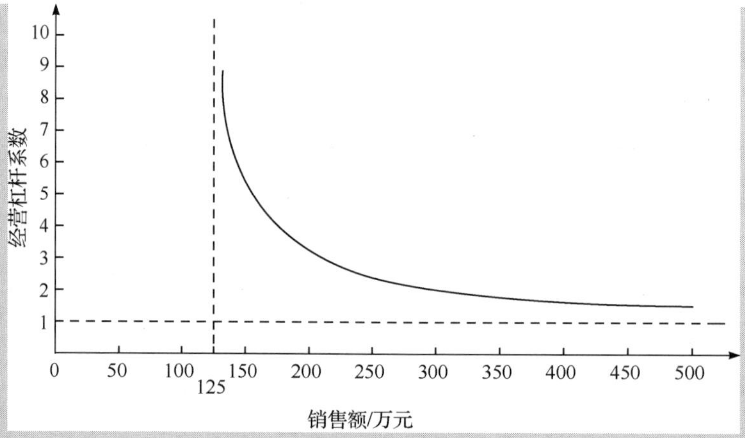

图 6-2 经营杠杆系数与销售额关系图

特别地，当销售额达到经营两平点 125 万元时，营业杠杆系数达到最大值（∞）。此时若销售量稍有增加，企业就可获得赢利；但若销售量稍有减少，企业也就出现亏损。当经营杠杆系数接近 1（但大于 1）时，其息税前利润将达到最大值，而企业的风险将降至最小。一般而言，有效的经营杠杆系数值在(1,∞)。

2. 解释息税前利润预测中的误差

息税前利润的预测误差有许多原因，产销量预测误差是其中的一种。如果某企业的经营杠杆系数为 6，如产销量实际值偏离预测值的 1%，那么实际的息税前利润值就会偏离预测值的 1%×6=6%。因此，企业的有关管理人员应该尽量精确地预测产销量，否则将引起息税前利润的大幅度变动。

3. 衡量企业的经营风险

经营风险指企业因经营上的原因导致利润变动的风险。影响企业经营风险的因素很多，主要有：

（1）产品需求。市场对企业产品的需求越稳定，经营风险就越小，反之，经营风险则越大。

（2）产品售价。售价变动不大，经营风险小，否则经营风险大。

（3）产品成本。产品成本是收入的抵减，成本不稳定，会导致利润不稳定，因此，产品成本变动大的，经营风险就大，反之经营风险就小。

（4）调整价格的能力。当产品成本变动时，若企业具有较强的调整价格的能力，经营风险就小，反之经营风险则大。

（5）固定成本的比重。在企业全部成本中，固定成本所占的比重较大时，单位产品分摊的固定成本额便大，若产销量发生变动，单位产品分摊的固定成本会随之变动，最后导致利润更大幅度的变动，经营风险就大，反之经营风险就小。

衡量企业经营风险的方法有很多种，经营杠杆系数只是其中的一种。由于经营杠杆系数可以说明，产销量偏离预测值对息税前利润偏离预测值的影响程度，因此可以用来衡量风险水平。营业杠杆系数越大，企业面临的经营风险越高，较高的经营风险会降低企业的息税前利润。

因此，在市场经济条件下，若企业的市场占有份额有限，即企业的销售量一定时，要想降低企业的经营风险，缩小营业杠杆系数，就只能通过降低固定成本来实现。

二、财务杠杆

（一）财务杠杆的定义

财务杠杆是指由于债务的存在，导致普通股每股利润变动幅度大于息税前利润变动幅度的杠杆效应，它反映了息税前利润与普通股每股利润之间的关系。

企业的资金来源中，除了自有资本外，还会有大量的借入资金。在企业资本规模和资本结构一定的条件下，企业从息税前利润中支付的债务利息是相对固定的，当息税前利润增多时，每 1 元息税前利润所负担的债务利息会相应地降低，从而使扣除所得税后可分配给普通股股东的利润增加。尤其是当企业债务资本占很大比重时，只要企业的息税前利润稍有变化，就会导致普通股每股利润大幅度变化。如果不存在债务资本，企业的全部资本都是自有资本，这时，普通股每股利润变动率就同息税前利润变动率完全一致，此时没有杠杆效应。

（二）财务杠杆系数的测算

财务杠杆的作用程度可以通过财务杠杆系数（degree of financial leverage，DFL）来表示，财务杠杆系数是指普通股每股利润随息税前利润的变动而发生变动的程度，即普通股每股利润变动率相当于息税前利润变动率的倍数。其计算公式为

$$DFL=\frac{\Delta EPS/EPS}{\Delta EBIT/EBIT}$$

式中，DFL 表示财务杠杆系数；ΔEPS 表示普通股每股税后利润的变动额；EPS 表示普通股每股税后利润额；ΔEBIT 表示息税前利润变动额；EBIT 表示息税前利润额。

有时我们难以取得每股利润和息税前利润的变动额，为了计算方便，可将上式变换为

$$EPS=\frac{(EBIT-I)(1-T)-D}{N}$$

$$\Delta EPS=\Delta EBIT\frac{(1-T)}{N}$$

$$\frac{\Delta EPS}{EPS}=\frac{\dfrac{\Delta EBIT(1-T)}{N}}{\dfrac{(EBIT-I)(1-T)-D}{N}}=\frac{\Delta EBIT}{EBIT-I-\dfrac{D}{1-T}}$$

$$\therefore DFL=\frac{EBIT}{EBIT-I-\dfrac{D}{1-T}}$$

如果企业没有优先股筹资，则

$$DFL=\frac{EBIT}{EBIT-I}$$

式中，I 表示债务年利息额；T 表示所得税率；D 表示优先股年股利；N 表示流通在外普通股股数。

【例 6-13】某企业全部资本为 100 万元，债务比率为 40%，债务成本率为 6%，假定企业所得税率为 33%，当息税前利润分别为 5 万元、4 万元、3 万元、2.4 万元时，分别计算财务杠杆系数。

$$DFL_{(5)}=\frac{5}{5-100\times40\%\times6\%}=1.923$$

$$DFL_{(4)}=\frac{4}{4-100\times40\%\times6\%}=2.5$$

$$DFL_{(3)}=\frac{3}{3-100\times40\%\times6\%}=5$$

$$DFL_{(2.4)}=\frac{2.4}{2.4-100\times40\%\times6\%}=\infty$$

从例 6-13 可以看出，如果资本总额和债务利息一定，息税前利润越小，财务杠杆系数越大；反之，息税前利润越大，财务杠杆系数越小，充分反映了普通股每股利润随息税前利润的变动而发生变动的程度。

如果企业的资本总额和息税前利润一定，不同的负债规模也会具有不同的财务杠

杆效应。

【例 6-14】A、B、C 三家经营业务相同的公司，有关资料如表 6-6，分别计算财务杠杆系数。

表 6-6　指标计算表（一）　　单位：元

项目	A 公司	B 公司	C 公司
普通股股本	2 000 000	1 500 000	1 000 000
发行股数	200 000	150 000	100 000
债务（利率 8%）	0	500 000	1 000 000
资本总额	2 000 000	2 000 000	2 000 000
息税前利润	200 000	200 000	200 000
债务利息	0	40 000	80 000
税前利润	200 000	160 000	120 000
所得税（税率 33%）	66 000	52 800	39 600
税后利润	134 000	107 200	80 400
每股利润	0.67	0.715	0.804
财务杠杆系数	1	1.25	1.67

从例 6-14 可以得出结论，在企业的资本总额和盈利水平一定的条件下，如果企业债务比率及其利息成本增加，普通股股东的每股利润就会增加，与此同时，财务杠杆系数就会加大，说明企业的财务风险在提高。

（三）财务杠杆的作用

1. 说明普通股每股利润随息税前利润的变动程度

根据例 6-13 计算结果，当企业债务成本一定时，财务杠杆系数的大小说明了普通股每股利润受息税前利润变动的影响幅度。如当息税前利润为 5 万元时，普通股每股利润将按照 1.923 倍的幅度随着息税前利润的增加而增长，即当企业息税前利润增长 1 倍时，普通股每股利润将增长 1.923 倍。同时，当企业债务成本不变时，随着息税前利润的减小，财务杠杆系数在扩大，如图 6-3 所示。

当息税前利润达到 2.4 万元时，财务杠杆系数达到最大值（∞）。此时若息税前利润稍有增加，普通股股东就可获得利润；但若息税前利润稍有减少，普通股股东也就遭受损失。从图中可以看到，随着息税前利润不断增加，财务杠杆系数无限趋近于 1，此时，普通股每股利润接近最大值。一般而言，有效的财务杠杆系数值在$(1,\infty)$。

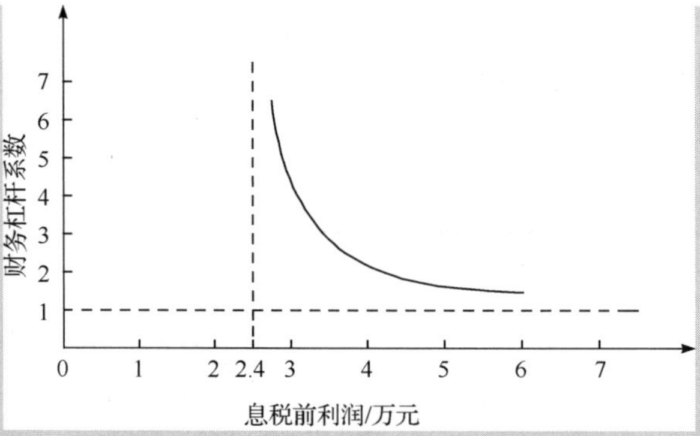

图 6-3 财务杠杆系数与息税前利润关系

2. 解释每股盈余测试中的误差

财务杠杆系数除了说明每股利润的变动幅度外，还能说明每股利润的偏离值。例如，财务杠杆系数为 1.2，那么如果息税前利润的实际偏离值为 1%，则每股利润的实际值就会偏离预测值 1.2%。

3. 衡量企业的财务风险

财务风险是指企业以负债方式融资后，增加了普通股利润大幅度变动的机会或破产的可能性，从而给普通股股东带来的额外风险。在企业的投资者中，只有股东，尤其是普通股股东承担企业的全部商业风险，债权人由于可以取得固定的收益而不承担财务风险，并且在企业清算时可以获得优先求偿权。因此，在资金来源总额确定的情况下，如果债务资本比例较高时，单位利润分摊的债务成本就大，若利润变动，每元利润分摊的债务成本便随之变动，最后，投资者的收益更大幅度的变动，加大财务风险。反之，债务资本率较低时，财务风险就小。

显然，财务风险是在企业经营风险一定的情况下，针对企业资本结构变化对普通股股东风险承担的影响而言的，是由全部资本中债务资本比率的变化带来的风险。财务风险的大小主要取决于企业的负债规模。除此之外，资本规模地变动、债务利率的变动以及息税前利润的变动等都会引起财务风险的变动。

下面，运用每股利润标准离差和标准离差率来测算财务风险的高低。

【例 6-15】结合例 6-14 的资料，将 A、B、C 三家公司的有关指标计算如下，见表 6-7。

表 6-7 指标计算表（二）

公司名称	经济状况	概率	息税前利润/元	利息/元	税前利润/元	所得税（税率 33%）/元	净利润/元	每股利润/元
A	较好	0.2	320 000	0	320 000	105 600	214 400	1.072
	中等	0.5	200 000	0	200 000	66 000	134 000	0.67
	较差	0.3	80 000	0	80 000	26 400	53 600	0.268
B	较好	0.2	320 000	40 000	280 000	92 400	187 600	1.251
	中等	0.5	200 000	40 000	160 000	52 800	107 200	0.715
	较差	0.3	80 000	40 000	40 000	13 200	26 800	0.179

续表

公司名称	经济状况	概率	息税前利润/元	利息/元	税前利润/元	所得税（税率33%）/元	净利润/元	每股利润/元
C	较好	0.2	320 000	80 000	240 000	79 200	160 800	1.608
	中等	0.5	200 000	80 000	120 000	39 600	80 400	0.804
	较差	0.3	80 000	80 000	0	0	0	0

根据表 6-7，计算 A 公司的期望每股利润、每股利润的标准离差和标准离差率为

$$E_A = 1.072\times0.2 + 0.67\times0.5 + 0.268\times0.3 = 0.629\ 8$$

$$\sigma_A^2 = (1.072 - 0.629\ 8)^2\times0.2 + (0.67 - 0.629\ 8)^2\times0.5 + (0.268 - 0.629\ 8)^2\times0.3 = 0.079\ 2$$

$$\sigma_A = \sqrt{\sigma_A^2} = \sqrt{0.079\ 2} = 0.281\ 4$$

$$q_A = \frac{0.281\ 4}{0.629\ 8} = 0.446\ 8$$

同理，可计算 B 公司的有关数据如下：

$$E_B = 1.251\times0.2 + 0.715\times0.5 + 0.179\times0.3 = 0.661\ 4$$

$$\sigma_B^2 = (1.251 - 0.661\ 4)^2\times0.2 + (0.715 - 0.661\ 4)^2\times0.5 + (0.179 - 0.661\ 4)^2\times0.3 = 0.140\ 8$$

$$\sigma_B = \sqrt{\sigma_B^2} = \sqrt{0.140\ 8} = 0.375\ 2$$

$$q_B = \frac{0.375\ 2}{0.661\ 4} = 0.567\ 3$$

C 公司的有关数据如下：

$$E_C = 1.608\times0.2 + 0.804\times0.5 + 0\times0.3 = 0.723\ 6$$

$$\sigma_C^2 = (1.608 - 0.723\ 6)^2\times0.2 + (0.804 - 0.723\ 6)^2\times0.5 + (0 - 0.723\ 6)^2\times0.3 = 0.316\ 7$$

$$\sigma_C = \sqrt{\sigma_C^2} = \sqrt{0.316\ 7} = 0.562\ 8$$

$$q_C = \frac{0.562\ 8}{0.723\ 6} = 0.777\ 8$$

从以上计算结果可以分析如下，A 公司全靠自有资本经营，其期望每股利润为 0.629 8 元，财务杠杆系数为 1，标准离差率为 0.446 8。B 公司利用了利率为 8%的负债 500 000 元，其期望每股利润上升到 0.661 4 元，财务杠杆系数为 1.25，标准离差率为 0.567 3。C 公司利用了利率为 8%的负债 1 000 000 元，其期望每股利润上升到 0.723 6 元，财务杠杆系数为 1.67，标准离差率为 0.777 8。可见，A、B、C 三家公司的期望每股利润逐步上升，其财务杠杆系数和标准离差率也随之逐步上升，说明应用财务杠杆在取得了较好效益的同时，公司的财务风险也随之加大了。

可见，企业选择了不同的资本结构，其发生财务危难的可能性也不一样，企业面临的财务风险也不同。从例 6-15 能够发现，在其他条件不变的情况下，负债越多，财务杠杆系数越大，每股利润变动幅度越大，财务风险就越高。

因此，在现代企业制度下，若企业息税前利润比较稳定，要想降低企业的财务风险，缩小财务杠杆系数，就只能通过降低债务筹资比例和债务成本来实现。

三、混合杠杆

（一）定义

混合杠杆，也叫复合杠杆，是指综合运用经营杠杆和财务杠杆，用来衡量每股利润随产销量的变动而发生变动的幅度。经营杠杆和财务杠杆两者最终都影响到企业税后利润或普通股每股利润。因此混合杠杆综合了经营杠杆和财务杠杆的共同影响作用。一个企业如果同时利用经营杠杆和财务杠杆，这种影响作用会更大。

（二）混合杠杆系数的测算

混合杠杆系数是指每股利润的变动率相对于产销量变动率的倍数。其计算公式如下：

$$\mathrm{DCL}=\frac{\Delta \mathrm{EPS}/\mathrm{EPS}}{\Delta Q/Q}$$

式中，DCL 表示混合杠杆系数；ΔEPS 表示每股利润的变动额；EPS 表示变动前的每股利润；ΔQ 表示产销量的变动额；Q 表示变动前的产销量。

如果不便于得到每股利润的变动额和产销量的变动额等有关资料，还可以根据下面的公式计算混合杠杆系数。

$$\mathrm{DCL}=\frac{\Delta \mathrm{EPS}/\mathrm{EPS}}{\Delta \mathrm{EBIT}/\mathrm{EBIT}}\times\frac{\Delta \mathrm{EBIT}/\mathrm{EBIT}}{\Delta Q/Q}=\mathrm{DFL}\times\mathrm{DOL}$$

即混合杠杆系数等于财务杠杆系数与经营杠杆系数的乘积。

又由于

$$\mathrm{DOL}=\frac{\mathrm{EBIT}+F}{\mathrm{EBIT}}$$

$$\mathrm{DFL}=\frac{\mathrm{EBIT}}{\mathrm{EBIT}-I-\dfrac{D}{1-T}}$$

$$\therefore \mathrm{DCL}=\mathrm{DFL}\times\mathrm{DOL}=\frac{\mathrm{EBIT}}{\mathrm{EBIT}-I-\dfrac{D}{1-T}}\times\frac{\mathrm{EBIT}+F}{\mathrm{EBIT}}=\frac{\mathrm{EBIT}+F}{\mathrm{EBIT}-I-\dfrac{D}{1-T}}$$

【例 6-16】某企业产品单价为 60 元，单位变动成本为 45 元，固定成本总额为 180 000 元，利息为 50 000 元，优先股股利为 26 800 元，所得税率为 25%，发行在外的普通股股数为 100 000 股，计算产销量分别为 12 000、14 000、18 000、25 000、28 000 时的混合杠杆系数。

先计算息税前利润如下：

$$\text{EBIT}_{(12\ 000)}=12\ 000\times(60-45)-180\ 000=0\text{（元）}$$

$$\text{EBIT}_{(14\ 000)}=14\ 000\times(60-45)-180\ 000=30\ 000\text{（元）}$$

$$\text{EBIT}_{(18\ 000)}=18\ 000\times(60-45)-180\ 000=90\ 000\text{（元）}$$

$$\text{EBIT}_{(25\ 000)}=25\ 000\times(60-45)-180\ 000=195\ 000\text{（元）}$$

$$\text{EBIT}_{(28\ 000)}=28\ 000\times(60-45)-180\ 000=240\ 000\text{（元）}$$

再计算混合杠杆系数如下：

$$\text{DCL}_{(12\ 000)}=\frac{\text{EBIT}+F}{\text{EBIT}-I-\dfrac{D}{1-T}}=\frac{0+180\ 000}{0-50\ 000-\dfrac{26\ 800}{1-25\%}}=-2.100$$

$$\text{DCL}_{(14\ 000)}=\frac{30\ 000+180\ 000}{30\ 000-50\ 000-\dfrac{26\ 800}{1-25\%}}=-3.768$$

$$\text{DCL}_{(18\ 000)}=\frac{90\ 000+180\ 000}{90\ 000-50\ 000-\dfrac{26\ 800}{1-25\%}}=63.28$$

$$\text{DCL}_{(25\ 000)}=\frac{195\ 000+180\ 000}{195\ 000-50\ 000-\dfrac{26\ 800}{1-25\%}}=3.42$$

$$\text{DCL}_{(28\ 000)}=\frac{240\ 000+180\ 000}{240\ 000-50\ 000-\dfrac{26\ 800}{1-25\%}}=2.72$$

从以上计算结果可以看出，随着产销量逐步增大，混合杠杆系数会越来越小，说明企业所面临的总体风险也越来越小。

（三）混合杠杆的作用

1. 说明产销量变动对每股利润的变动幅度

当企业的混合杠杆系数为 2.72 时，若产销量变动 1%，普通股的每股利润就会变动 2.72%；若产销量变动 2%，普通股的每股利润就会变动 5.44%（2%×2.72）。

2. 解释每股利润预测中的误差

当企业的混合杠杆系数为 2.72 时，若产销量预测与实际有 1%的偏差，普通股的每股利润预测值与实际值就会有 2.72%的偏差。

3. 衡量企业的总体风险

经营杠杆系数衡量经营风险，财务杠杆系数衡量财务风险，混合杠杆系数衡量总体风险，混合杠杆系数越大，企业面临的总体风险越大。企业为了降低总体风险，可以综合考虑运用经营杠杆和财务杠杆，如营业杠杆程度高的企业，可以运用较低程度的财务杠杆，以此来减小混合杠杆系数。

◈ 复习思考题

一、思考题

1. 什么是资本成本？资本成本在企业中有哪些作用？

2. 什么是综合资本成本？测算综合资本成本的权数的方法有哪些？各有何优缺点？

3. 经营杠杆如何计量？经营杠杆和经营风险有何关系？

4. 财务杠杆如何计量？财务杠杆和财务风险有何关系？

二、练习题

1. 某企业发行普通股 800 万元，发行价为 8 元/股，筹资费用率为 6%，第一年预期股利为 0.8 元/股，以后各年增长 2%；该公司股票的 β 系数为 1.2，无风险报酬率为 8%，市场上所有股票的平均收益率为 12%。

要求：根据上述资料使用股利折现模型、资本资产定价模型分别计算普通股的资本成本。

2. 某企业拟筹资 2 500 万元。其中发行债券 1 000 万元，筹资费用率为 2%，债券年利率为 10%，所得税率为 25%；优先股 500 万元，年股息率为 7%，筹资费用率为 3%；普通股 1 000 万元，筹资费用率为 4%，第一年预期股利率为 10%，以后各年增长 4%。计算该筹资方案的综合资本成本。

3. 某企业年销售额为 210 万元，息税前利润 60 万元，变动成本率 60%，全部资本 200 万元，负债比率 40%，负债利率 15%。试计算企业的经营杠杆系数、财务杠杆系数和混合杠杆系数。

第七章 资本结构

在企业资产负债表的右边，是企业的筹资部分——负债和所有者权益，由于不同的筹资方式有不同的资金成本，所以，每个企业都很注意本企业的资金构成问题，即资本结构问题。

本章首先介绍资本结构的概念及其理论，其次介绍最佳资本结构的决策方法。本章的讨论有助于我们分析影响企业财富最大化的各种因素，并为企业建立目标资本结构提供依据。

第一节 资本结构及其理论

一、资本结构概述

（一）资本结构的含义

资本结构是指企业各种资金来源的构成和比例关系。由于企业负债包括短期负债和长期负债，若企业负债只考虑长期负债，而“资本”一词常指可供企业使用的长期资金，此时所谈的资本结构是狭义的；广义的资本结构包括短期负债，也被称为财务结构或融资结构。一般认为，短期资金需要量是经常变化的，在整个资金总量中所占比重不稳定，所以通常资本结构仅指狭义的。企业的资金来源与资本结构、融资结构之间的关系如图 7-1 所示。

资本结构可以分为质量结构和数量结构：前者主要是企业从所筹资金的质上的一种选择；后者主要是从所筹资金的量上的一种选择。一般说来，质量结构表明了不同来源渠道资金的流动性大小、成本高低、风险大小、对企业经营业务和财务活动的约束强弱。在这方面越是趋向有利于企业的质量结构，企业资本结构的质量越高。数量结构是质量结构的总量表现，它反映了不同质量资金来源在总资金中的比重，当企业筹集各种质量资金时，要说明筹资的质量，必须通过数量结构予以反映。

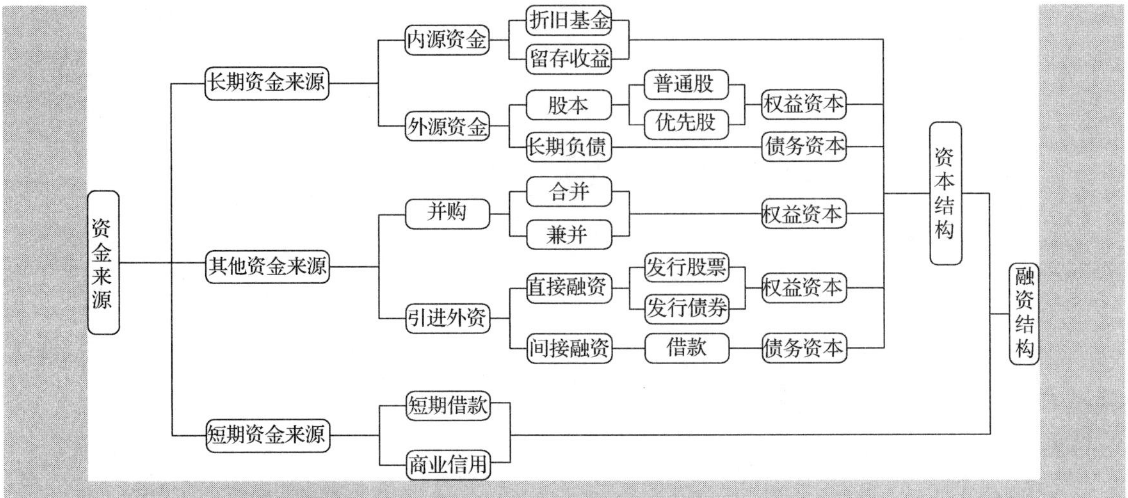

图 7-1 资金来源与资本结构、融资结构图

（二）资本结构的类型

企业资本结构的类型因资金来源的不同而不同，企业资本结构有两大类：一种是单一的普通股结构，即企业的全部资金来源于普通股，而不包含优先股和负债。另一种是混合结构，由普通股、优先股和负债组成。混合结构又可具体分为普通股和优先股混合结构，普通股和负债混合结构，以及普通股、优先股和负债混合结构。下面分别对上述四种类型的资本结构加以分析。

1. 单一的普通股结构

这种资本结构既无优先股又无负债，因而没有固定利息和固定股利的负担，没有还本付息的义务，不存在财务风险问题，股利政策比较自由。此外，由于企业并未利用优先股或负债筹集资金，以后需要资金时，筹资方式的选择性比较大。

但是，这种资本结构也存在一定的缺陷：首先，普通股的成本通常比优先股或长期负债高，因此，若发行普通股，企业就无法利用其他成本较低的资金；其次，这种资本结构没有财务杠杆利益，容易被外界认为经营过于保守而影响资金筹集，如果继续坚持普通股筹资方式，可能会影响企业原有股东对企业的控制权和所有权。

2. 普通股和优先股混合结构

首先，这种结构中没有负债，因而没有固定利息负担，而且优先股股利可以延期支付，因此，这种资本结构也没有财务风险；其次，优先股的股利一般比普通股股利低，所以这种结构的资金成本比第一种低，而且优先股股利是固定的，有一定的财务杠杆作用，如果企业经营状况好的话，可以提高普通股股本收益率；最后，在资产负债表上，优先股属于股本权益，和举债相比，可以显示出较好的财务状况。

但是，就资金成本而言，优先股仍高于负债，因此，这种资本结构的资金成本还是较高，而且财务杠杆作用也不明显。由于优先股股利属于税后利润分配，不能像借款利息一样作为财务费用处理，故其节税作用不明显。此外，优先股合同一般限制普通股股利的发放，使合同的股利政策受到限制，并有可能影响到以后的财务调整。

3. 普通股和负债混合结构

负债的利息一般低于普通股和优先股股利，所以这种资本结构的资金成本最低，而且负债的利率是固定的，其财务杠杆作用比较大。另外，采用负债筹资，债权人与企业只是一种债权债务关系，不会影响股东的控制权和所有权。

但是，这种资本结构有固定利息负担，而且要到期还本，所以存在较大的财务风险。当经营状况不佳时，负债的存在会产生财务杠杆反作用，影响股东的利益。如果负债比率过高，会使筹资方式的选择性大为减少。企业的经营也会受到债权人的影响。此外，在资产负债表上，负债增加，会影响企业的财务状况。

4. 普通股、优先股和负债混合结构

这种资本结构的资金成本低于第一种和第二种但高于第三种，财务风险低于第三种但高于第一种和第二种，可以得到一定的财务杠杆利益，但比第三种结构要少，因此，这种资本结构适合于各种投资者的需要，筹资市场非常广泛。

通过对上述四种资本结构的分析，我们可以发现这样的规律：资金成本低的资本结构，其财务风险必然很高，而资金成本高的资本结构，其财务风险则很低，因此，企业在确定资本结构时，必须在成本之间进行权衡。如果主要是为了避免财务风险，就应当选择第一种和第二种资本结构；如果主要是为了降低资金成本，可以选择第三种资本结构；如果既要避免一定的财务风险，又要求资金成本较低，那么第四种资本结构是必然的选择。

（三）资本结构的意义

企业在筹集资金时可以根据实际需要采用各种不同的筹资方式，各种筹资方式不同的组合类型形成了企业不同的资本结构。但按权益性质不同可以把资本分为负债资本和权益资本两大类，因此，资本结构问题总的来说是负债资本的比例问题，即负债在企业全部资本中所占的比重。因此，在企业的资本结构决策中，合理地利用债权筹资，科学地安排债权资本的比例，是企业筹资管理的一个核心问题，它对企业具有重要意义。

1. 一定程度的负债有利于降低企业综合资本成本率

由于负债利率通常低于股票股利率，而且债务利息从所得税税前利润中扣除，企业可减少所得税，从而债权资本成本率明显低于股权资本成本率，因此，在一定的限度内，合理地提高债权资本的比例，可以降低企业的综合资本成本率。

2. 负债筹资具有财务杠杆作用

由于债务利息通常是固定不变的，当息税前利润增大时，每一元利润所负担的固定利息会相应降低，从而可分配给股权所有者的税后利润会相应增加。因此，在一定的限度内，合理地利用债权资本，可以发挥财务杠杆的作用，给企业所有者带来财务杠杆利益。

3. 负债资本会加大企业的财务风险

企业持有负债资本就增加了普通股每股利润大幅度变动的机会或企业破产的可能性。企业为取得财务杠杆利益而增加债务，必然增加利息等固定费用的负担。另外，由于财务杠杆的作用，在息税前利润下降一定百分比时，普通股每股利润会下降得更快。这就是负债资本给企业带来的财务风险。

4. 适度的债权资本比例可以增加公司的价值

一般而言，一家公司的价值应该等于其债权资本的市场价值与股权资本的市场价值之和。公司的价值与公司的资本结构是紧密联系的，资本结构对公司的债权资本市场价值和股权资本市场价值产生影响，进而对公司总资本的市场价值，即公司总价值具有重要的影响。因此，合理安排资本结构有利于增加公司的市场价值。

（四）最优资本结构

最优资本结构是指在一定条件下，使企业加权平均资本成本最低、企业价值最大的资本结构。由于企业的内部条件（如销售水平、收支状况、现金流量、盈利状况等）经常变化，同时外部环境（包括资本供求状况、利率水平、宏观经济政策、法规等）也会随时变化，所以寻找最优的资本结构是非常困难的。我们只能在考虑影响资本结构的各种影响因素的同时，利用一定的科学的定量方法，来建立一种相对优化的资本结构。

二、资本结构理论

（一）早期的资本结构理论

资本结构理论的正式研究起源于 20 世纪 50 年代。1952 年美国经济学家大卫·杜兰特（David Durand）在一篇题为《企业负债及权益资金的成本：趋势和计量问题》的论文中，提出了资本结构理论的三种类型，即净收益理论、净经营收益理论和传统理论。

1. 净收益理论

净收益理论的特征是按股本净收益来确定企业的总价值，并且该理论认为，利用负债筹资可降低企业资金成本，故企业采用负债筹资总是有利的，因为它可以提高企业股本净收益，企业的加权平均资本成本和企业总价值可以用图 7-2 来表示，其中 K_s 表示权益性资本成本，K_d 表示债务资本成本，K_o 表示加权平均资本成本，V 表示企业总价值。

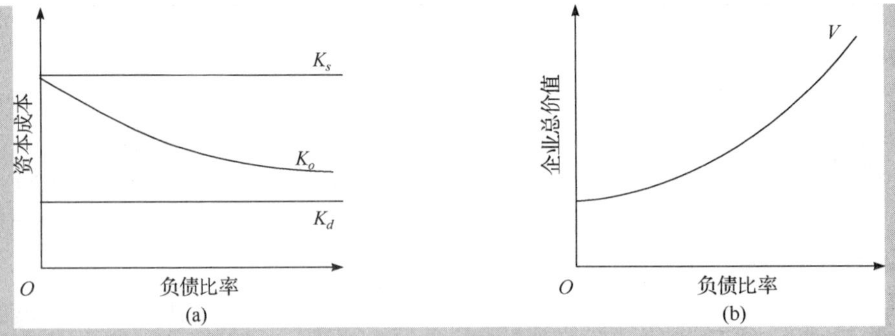

图 7-2 净收益理论

根据净收益理论，当企业提高财务杠杆度（负债比率）时，能降低加权平均资本成本，并使企业总价值 V 达到最大。但这里有一个重要假设，即当财务杠杆提高后，企业原有的权益资本成本率和负债资本成本率不变，这样其加权平均资本成本才会下降。同时也等于假设企业提高财务杠杆后没有增加风险，债权人和权益人都不认为企业的风险也会随之增加。只有这样才能使企业股本价值和企业资本化的负债价值同步上升，使企业总价值达到最大化。

显然，随着财务杠杆作用的扩大，不考虑企业财务风险和筹资成本率变化的假设是很难成立的。如果这种假设理论是正确的，那么企业最理想的资本结构便是100%的负债。因为按照该理论，这种结构能确保加权平均资本成本最低，使企业价值最大。显然这种理论缺乏经验基础，难以让人信服。

2. 净经营收益理论

净经营收益理论认为，不论企业财务杠杆作用如何变化，加权平均资本成本是固定的，因此，该变化对企业总价值没有影响。其基本假设是企业利用负债筹资，财务杠杆作用扩大，会增加企业权益资本的风险，普通股股东便要求更高的报酬率，财务杠杆作用产生的收益将全部作为股利向股东发放。权益性资本成本上升，正好抵消财务杠杆作用带来的好处，因此，权益者仍以原来固定的加权平均资本成本来度量企业的净营业收入，所以企业总价值没有变化。这可用图 7-3 来表示，图中字母含义与图 7-2 相同。

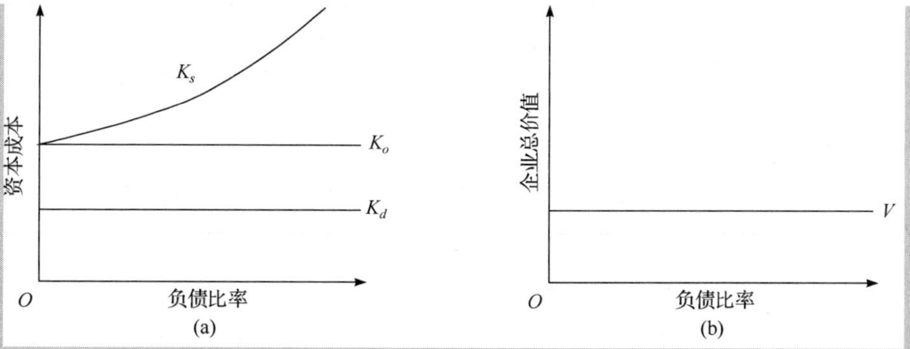

图 7-3 净经营收益理论

从图 7-3 中可以看出，由于企业加权平均资本成本不变，从资本化计算角度看，按固定资本成本计算出来的净营业收入必然是相同的，故企业总价值与财务杠杆作用没有关系。按照此理论推导就不存在资金结构的决策问题，也没有什么最佳资本结构。

3. 传统理论

传统理论实际上是介于净收益理论和净经营收益理论两种极端理论之间的一种折中的理论。此理论认为，当企业在一定的负债限度内利用财务杠杆作用时，负债资金和权益资金的风险都不会有明显增长，且权益性资本成本的上升还不能完全抵消利用成本率低的债务带来的好处，故其加权平均资本成本呈下降的趋势，而此时，企业的总价值也逐步上升，并且可能在此限度内达到最高点。但是，如果企业负债筹资的财务杠杆作用超出这个限度，由于风险明显增大，企业负债资金和权益资金的成本率都开始上升，加权平均资本成本上涨。负债比率超出此限度越大，其加权平均资本成本上升得越快。相应地，在负债比率超出此限度后，企业总价值会随着其成本的上升而开始下降。这可用图 7-4 来表示，图中 A 表示最佳资本结构点，其他字母含义与图 7-2 相同。

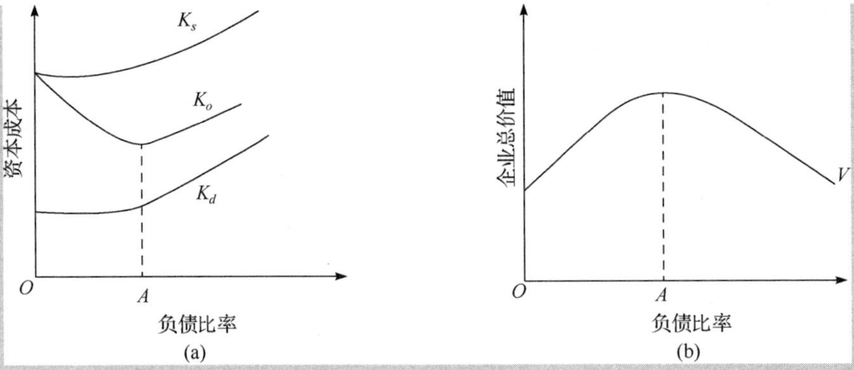

图 7-4　传统理论

此种理论承认企业确实存在一个最佳的资本结构，也就是使企业价值最大化的资本结构，并可以通过适度财务杠杆的运用来获得。一般来讲，在最佳资本结构点上，负债的实际边际资本成本率与股本的实际边际资本成本率相同。在财务杠杆率达到该点前的所有水平上，负债的实际边际资本成本率都会超过股本的实际边际资本成本率，而当财务杠杆达到该点以后，则出现相反情况。应该肯定，传统折中理论的思想是较符合实际的，但是，它是凭经验而非严密的数学推导得出的，因此这一理论还需进一步完善。

（二）MM 资本结构理论

MM 资本结构理论是莫迪利亚尼（Modigliani）和米勒（Miller）两位财务学者开创的资本结构理论的简称，也称 MM 定理，是资本结构现代理论的核心内容。虽然 MM 定理中完善的市场假设与现实市场条件不符，但它却是新古典学派资本结构理论的基础。

1. MM 定理一

假设企业处于如下的环境条件下：没有企业所得税，无市场交易成本，债务是无风险的（对债权人而言），资本市场是完全竞争的；还假定如果两个企业 m 和 n 被所有的投资者认为是相同的，即两个企业可产生相同的现金流 Y_n、Y_m，也就是 $Y_n=Y_m$，因此，两现金流有相同的概率分布，并且相关系数为 1。MM 定理一可以表述如下：在完善的市场下，企业均衡市场价值与它的债务权益比是无关的。

上述的定理结论与传统理论的看法是不同的，传统理论认为，企业债权人和股东的均衡预期收益率依赖于企业资本结构（债务比例）。随着债务比例的升高，企业违约的机会增加，债券的价格就下跌，债券的预期收益率就会提高。类似地，当债务增多时，股东权益流量的风险增大，从而使相关的债券和股票的预期收益率提高。因此，在风险厌恶的市场，企业的债券和股票的预期收益率是随着债务的增加而增加的。传统理论认为，企业市场价值与资本结构是相关的，这种假设只从直观角度提出，没有建立理论逻辑模型进行严格论证，不令人信服。MM 定理是通过严格的逻辑证明推导出的结论，在完善的市场条件下，许多学者从不同的角度和方法进一步证明 MM 定理是成立的。

2. MM 定理二

如果考虑企业存在所得税的情况，前文所述的无企业所得税的 MM 定理结论就不再成立。MM 定理二阐述如下：在完善的市场条件下，如果企业需要缴纳所得税且借款的利息可在税前作为费用支付，则有举债企业的市场均衡价值为 V_{n}，无任何借款和规模相同的企业市场均衡价值是 V_{m}，t 是企业所得税率，B_{n} 是企业债务的市场均衡价值，它们之间存在如下关系：

$$V_{\text{n}} = V_{\text{m}} + tB_{\text{n}}$$

MM 定理二的结论表明，企业价值与企业举债量呈线性关系，举债越多，企业价值就越高。这种理论与传统理论虽然都说明企业价值与企业融资是相关的，但 MM 定理二以线性关系形式准确描述这种关系，并且这种逻辑关系被严格证明了。

MM 定理提出后引起财务理论界和财务实务界的极大关注，对其的评论和研究不断深入，主要可以分为两个方面：一是评价 MM 定理完善市场假设的正确性；二是通过收集的数据对 MM 定理结论的正确性进行实证研究。

斯蒂格利茨（Stiglitz）在更一般的条件下证明 MM 定理的结论是成立的。他证明了在个人借款和风险债务受到一定限制的情况下，企业资本结构与企业总价值无关。其他学者，如罗伯特（Robert）和詹姆斯（James）于 1971 年、马克（Mark）于 1973 年先后在美国相关的财务学刊上发表有关文章，他们将 MM 定理的“无风险债务”假设改为“风险债务”假设，证明 MM 定理的结论仍然成立。但当破产成本和代理成本引入 MM 定理时，其结论就会发生变化。巴克特（Baxter）、华纳（Warner）研究了破产成本与资本结构的关系，詹森（Jensen）和麦克林（Meckling）以及梅耶斯（Myers）研究了代理成本与资本结构的关系等，他们的研究表明，MM 定理的结论在破产成本和代理成本存在的情况下需要修正。

（三）平衡理论

平衡理论是企业资本结构理论在 20 世纪 70 年代的重要发展，其主要代表人物是詹森和麦克林。MM 定理只考虑了负债带来的节税收益，却忽略了负债带来的风险和额外费用。平衡理论认为，企业固然可以利用免税的优惠政策，通过增加债务而增加企业的市场价值，然而随着企业负债的增加，企业面临的风险也在增加，即企业陷入财务亏空的概率也在增加，这种风险的存在甚至会导致企业破产。根据平衡理论，负债企业市场价值（V_l）应等于无负债企业市场价值（V_u）加上节税现值（TD），再减去财务亏空成本（PVFD），即

$$V_l = V_u + \text{TD} - \text{PVFD}$$

财务亏空成本大致可以分为两大类：一类是由财务亏空导致的破产成本；另一类则是经理人员为调节股票投资者与债权投资者利益而花费的代理成本。平衡理论所表述

的平衡关系如图 7-5 所示。

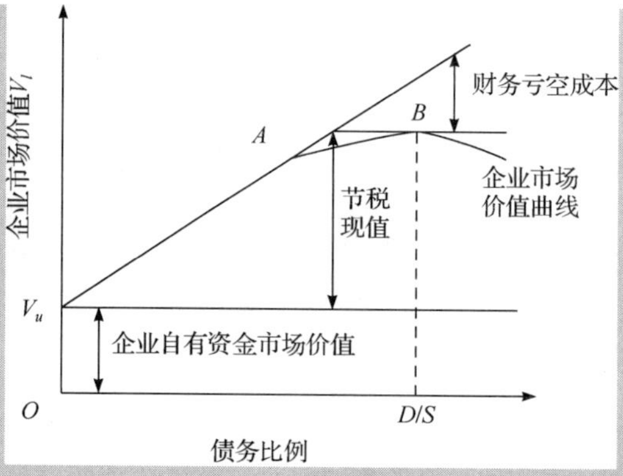

图 7-5 平衡理论图

D/S 表示负债除以权益

图 7-5 表明，由于节税利益，企业市场价值随着债务比例的增加而到达 *A* 点。超过 *A* 点，财务亏空成本发生作用，但因节税利益仍大于财务亏空成本，企业市场价值还在继续上升，企业将继续增加资本结构，直至 *B* 点，企业市场价值达到极大值。超过 *B* 点，随着资本结构增加，财务亏空成本将大于节税现值，企业市场价值趋于下降。因此，*B* 点是最佳资本结构点。

平衡理论引入了均衡概念，使企业资本结构具有最优解的可能性，从而为现代企业资本结构研究提供了一种新思路。此外，平衡理论放松了 MM 定理中关于无破产企业与企业投资政策和筹资政策独立的假设，深入讨论了引入破产成本后，股票投资者和债权投资者相互关系的变化及其对企业市场价值的影响。

（四）非对称信息理论

前述的几种理论都有一个共同的假设，那就是充分信息的假设。根据这一假设，企业决策者和投资者双方对企业未来的收益都具有充分的信息，并据此做出自己的决策。充分运行的资本市场也正是依据这一假设来评价企业市场价值的。然而，在现实经济中，这种假设显然是不完全的。因为企业决策者和投资者双方不可能同时获得充分的信息。比较接近现实的假设是企业决策者比投资者更多地了解和掌握企业内部的经营活动，因此，其在企业决策者和投资者的对抗中也具有相当大的优势，这是一个典型的非对称信息环境。20 世纪 70 年代，非对称信息理论正式建立，也正是在这个时期，罗斯首次系统地把非对称信息理论引入企业资本结构的分析中，并借助现代数学工具的迅速发展，建立起非对称信息的资本结构理论，该理论也是 70 年代较有创意的资本结构理论之一。

罗斯假设企业决策者对企业的未来收益和投资风险有内部信息，而投资者则无法获取这些内部信息，投资者只能通过管理者输出的信息来间接地评价企业的市场价值。那么，资本结构就是管理者输送的一个判断指数。投资者根据这个指数来评价企业，并决定是否进行投资。应该说，资本结构增加是一个积极的信号，它表明管理者对企业的未来收益有较高的期望，因此，市场价值应随之提高。从这个意义上说，企业市场价值与资本结构有关。然而在罗斯的分析中，只根据管理者输送的企业资本结构信号来测定企业市场价值，却没有一个防止管理人员向外输送错误信号的内在约束机制，这也正是非对称信息理论的弱点。继罗斯之后，又有许多学者从各方面对非对称信息理论进行了延伸和发展。总体来说，非对称信息问题的引入是资本结构理论的一大飞跃。但与此同时，它也使资本结构的研究变得更加复杂，实际操作更加困难。

第二节 资本结构决策

一、资本结构的影响因素

（一）企业内部的主要影响因素

1. 企业的经营特点

一般来说，资本越密集的企业越依赖于长期举债和股权融资，而并非所有的流动资产都靠短期借款来支撑。例如，一个发展中的非季节性的企业会考虑长期借款和股权融资作为短期投资，因为存货和应收账款的一部分可看作永久的投资，所以在企业融资中，也存在流动资产和固定资产的可转换性。

如果企业是季节性的，在短期资本需求的高峰季节，短期借款的比例就会明显增大。虽然国民经济的变化并非对所有企业产生影响，但对有些企业却会产生重大影响，如房地产行业、建筑行业以及资本商品（证券）。企业财务杠杆的增加意味着企业需要一个合理的资本结构去应对宏观经济的波动。

在选择资本结构时，对企业整体的技术和经济风险也应当加以考虑。企业的产品、产品制造工艺设备、产品的材料和市场营销手段都会限制企业对技术或经济过热引起的危机做出反应的能力。如果经济过热，则风险变大，资本结构的选择也应当谨慎。

企业的产品周期和经营周期是构造资本结构的又一个应考虑的因素。企业在风险投资阶段，失败的风险很高，因此，风险股权资本是主要的资金来源。在成长阶段，失败的风险减少，其侧重点从举债市场转向高效益的财务成长，随着成长的减慢，周期性特征变得更为明显。

2. 企业的规模

理论上认为，企业规模大小对资本结构的影响是双重的。一方面，大企业容易采取多角化经营来回避风险，相同的负债水平带来的破产风险不同。但从另一个角度来考虑，大企业筹集资金的方式较多，如通过证券市场发行股票、吸收国家和法人单位投资等，负债比率可以降低。然而小企业由于面临更大的破产风险，其长期融资（主要是股东和债券融资）成本相对较高，所以小企业更倾向于短期债权融资。可见，企业规模对资本结构有影响。

3. 资产结构

企业存量资产的结构和预计形成的资产结构，影响企业的资本结构，即企业资本结构要求与相应的资产结构相适应。在企业销售稳定的情况下，如果企业资产中流动资产较高，则可优先考虑规模和结构相对容易调整的流动负债，以提高资金的利用效率；反之，如果企业资产中长期或固定资产较高，则长期融资应多于短期融资，举债以长期负债为主，或相应增加权益资本，提高自由资金比率，以弥补固定资产、长期资产不易变现的不足。另外，资产性质影响举债，如房地产公司的抵押贷款就相当多，以技术开发为主的公司则负债很少。

4. 企业的财务状况

获利能力越强、财务状况越好、变现能力越强的公司，就越有能力承担财务上的风险。因而，随着企业变现能力、财务状况和盈利能力的增强，举债融资就更有吸引力。例如，企业在进行资本结构决策时，应考虑其未来的现金收益和偿债能力。如果能按时足额地取得现金收益或能够举新债还旧债，那么企业的偿债能力就比较强，可以持有较多的负债资本，如果企业对未来的现金收益不能可靠地估计，则不能持有较多的负债资本。

5. 企业销售的情况

（1）企业的销售增长率水平。在一定范围内，企业的固定成本和单位产品的变动成本基本不变，销售量越大，企业可能实现的销售利润越大，企业的盈利与获得现金的能力就越强，偿债能力也就越强，这种情况下，企业负债率可以高一些。从另一角度考虑，企业的增长速度越快，其对资金的需要量就越多，企业对外部资金的依赖性也就越强，而短期借款以其筹资速度快、效率高、成本低等优点成为企业扩大资金规模的优先选择，所以，当企业的增长速度比较快时，企业一般会持有较多的负债资本。相反，如果企业的销售增长率低或者企业的销售停滞不前，企业对投资者的吸引力就会减弱，故企业应采取低负债率的筹资策略。

（2）销售的稳定性。如果企业销售不稳定，它的现金流量也不稳定，此时企业偿债风险加大；另外，企业销售不稳定，其证券的市场价值也不稳定，其对投资者的吸引力降低，从而导致企业债务筹资发生困难，故企业的负债率会很低。相反，企业效益增长稳定可靠，利润的保证程度较高，现金流量及其增长就易于预期和掌握，即使企业筹集较多债务，也会因企业资金周转顺畅、获利稳定而能到期还本付息，不会产生过高的财务风险，并且其证券市场的价值稳定，因而可以保持较高的负债比例，适当增加企业负债。

6. 企业所有者和管理人员的态度

企业所有者和管理人员的态度对资本结构也有重要影响，因为企业资本结构的决策最终是由他们做出的。

哈里斯（Harris）和拉维夫（Raviv）认为，过度负债会阻碍企业的管理，其理由是：高负债引起经营者对于破产风险的巨大压力，从而经营者的注意力集中于还本付息，较少关注管理的其他方面，使企业管理效率降低。格罗斯曼（Grossman）和哈特（Hart）则认为，高负债有助于提高经营效率，其理由是：正是因为高负债可能引起对于破产风险的巨大压力，才使经营者不得不勤奋工作，从而提高工作效率。

一个企业的股票如果被众多投资者持有，谁也没有绝对的控制权，这个企业可能会更多地采用发行股票的方式来筹集资金，因为企业所有者并不担心控制权的旁落。反之，有的企业被少数股东控制，股东很重视控制权问题，企业为了保证少数股东的绝对控制权，一般尽量避免股权筹资，而是采用优先股或负债方式筹集资金。

管理人员对待风险的态度，也是影响资本结构的重要因素。喜欢冒险的财务管理人员，可能会安排比较高的负债比例；反之，一些持稳健态度的财务人员则会使用较少的债务。

（二）企业外部的主要影响因素

1. 政策限制的影响

政府或有关部门为了规范市场秩序，进行宏观调控，会用政策和法规限制企业的行为，如政府在银根紧缩的情况下，提高存款准备金率和再贴现率，使金融机构收缩贷款规模，从而使企业负债比率下降。

2. 法律限制的影响

我国法律规定，企业必须拥有不少于特定数额的权益资本；在生产经营过程中，企业不得随意变更其注册资本。企业在进行资本结构决策时，必须深入研究与企业经营相关的公司法、证券法、经济合同法等一系列法律规范，在不违反法律的前提下确定资本结构。

3. 经济周期的波动

在市场经济条件下，任何国家的经济都既不会较长时间的增长，也不会较长时间的衰退，而是在波动中发展的。这种波动大体上呈现复苏、繁荣、衰退和萧条的阶段性周期循环，即为经济周期。一般而言，在经济衰退、萧条阶段，由于整个宏观经济不景气，多数企业经营举步维艰，财务状况常常陷入窘境，甚至恶化，经济效益较差。在此期间，企业应尽可能压缩负债，甚至采用零负债策略，这不失为一种明智之举。而在经济复苏、繁荣阶段，一般来说，由于经济走出低谷，市场供求趋旺，大部分企业的销售顺畅，利润水平不断上升，此时，企业应适当增加负债，以抓住机遇，迅速发展。

4. 证券市场的状况

对于上市公司来说，证券市场主要从两个方面影响企业的资产负债率：一是证券市场总的趋势。“牛市”时，投资者为了获得较大的收益，更注重于股票投资，此时企业筹集债券的能力较弱，故企业的负债率较低；“熊市”时，投资者为了降低风险，相对较多地投资于债券，从而使企业的资产负债率较高。二是各企业证券的竞争力。证券竞争力弱的企业相对较多地采用保留盈余的筹资方式，从而使企业的负债率较低。

5. 债权人和信用评级机构

尽管企业对自身经营和财务杠杆的利用有其自身的评价，但是，企业融资都要受债权人和信用评级机构的制约，他们的态度往往决定了企业扩大融资和选择融资种类的可能性。也就是说，纵然企业对未来充满信心，并认为可以超出企业能力大胆运用财务杠杆，但客观上，债权人未必能与企业持相同的态度。如果企业过于乐观，自身资本结构中的负债比重大大超过同行业的平均水平，那么债权人往往会持反对意见，不愿再提供借款。因为债权人考虑的是债务过多会损害企业的偿债能力，最终将更多的风险转嫁到债权人身上。一般来说，信用评级机构的态度决定了债权人的态度。信用评级机构一般用偿债能力系数（即预期利润对利息的倍数）和固定费用偿付比率等指标来判断企业的信用等级。在西方国家，认为企业的偿债能力系数低于 2.5 时，要想举债是十分困难的。因此，企业资本结构中负债比重的高低，应当以不影响企业的信用等级为限度。

6. 行业因素

科里恩斯（Collirns）和塞克利（Sekely）于 1983 年对 9 个不同国家的 411 家企业的资本结构进行了实证调查，结果也证明，总部设于不同国家的企业的资本结构有显著的差别。他们试图将其解释为是由税率、通货膨胀、市场规模等方面的差异所致，但实证的结果发现，这些因素与不同国家之间资本结构的差异并无直接的关联。于是，他们在进一步考察不同国家之间资本结构的分布规律后指出，文化制度因素可能是导致资本结构国际差异的首要因素。

不同行业的资本结构也有很大差别。一般地，当企业所处行业竞争激烈时（如劳动密集型企业），其资产负债率应该低一些；相反，当企业所处行业竞争不激烈时（如资本密集型企业与技术密集型企业），其资产负债率就可以高一些。因为企业的偿债能力取决于企业利润的多少，而利润的多少在很大程度上与企业所处行业有关。劳动密集型企业需要的资本较少，行业进入壁垒较低，行业外企业可以轻易进入，企业只能获得正常利润，利润较小，其资产负债率应较低；而资本密集型和技术密集型企业需要的资本较大，行业进入壁垒较高，行业外企业很难进入，行业内企业能够获得超额利润，相应的资产负债率可以高一些。因此，财务经理必须考虑本企业所处的行业特点以及该行业资本结构的一般水准，以便确立本企业的最佳资本结构。

然而，为了保持竞争力，企业的资产负债率水平不应过分高于或低于行业平均负债率水平。当行业平均负债率水平较高时，企业的负债率也可以高一些；当行业平均负债率水平较低时，企业的资产负债率就应该低一些。进而可引申出：一个企业如果要取得行业平均报酬率以上水平，它的亏损风险就必须小于行业平均亏损水平。

7. 负债的避税效应

MM 定理认为，负债的避税效应鼓励企业高负债。但后来的研究又发现，当出现以下三种情况时，负债的避税效应将受到削弱：一是当企业出现亏损时，将减少乃至失去利息避税效应；二是有大量非负债避税效应（如折旧避税、投资避税等）的企业，负债避税效应较弱，从而负债比例可能较低；三是过度负债导致的直接及间接成本的上升，会部分抵消负债避税效应。

8. 利率水平的变动趋势

利率水平的变动趋势也会影响企业的资金结构。如果公司财务管理人员认为利息率暂时较低，但不久的将来有可能上升的话，便会大量发行长期债券，从而在若干年内把利率固定在较低水平上。

以上因素都会影响企业的资本结构，财务管理人员应在认真分析上述因素的基础上，根据经验来确定企业的资本结构。但对这些因素的分析只是定性的，难免有失客观性和科学性。为了确定更加科学合理的资本结构，企业应在定性分析的基础上，采用定量分析的决策方法。

二、资本结构的决策方法

（一）加权平均资本成本法

加权平均资本成本法是先计算每个备选方案的加权平均资本成本，然后根据加权平均资本成本的高低确定最优资本结构的方法。一般步骤如下：首先，计算各种资本的比重（资本结构）及其各自的资本成本，然后确定加权平均资本成本；其次，计算每个方案的加权平均资本成本；最后，比较每个方案的加权平均资本成本，成本最低的为最佳方案。

1. 初始筹资的资本结构决策

企业在初创时期，可以采用多种筹资方式，且各种筹资方式的筹资额有多种选择，这样就形成了多种类型的筹资组合方案。为了在这些方案中求好选优，可以分别计算每个方案的加权平均资本成本，然后选择其加权平均资本成本最低的方案。

【例 7-1】某企业初创时需要资本总额为 2 000 万元，有两个筹资方案可供选择，有关资料经测算整理见表 7-1。

表 7-1　某企业初始筹资组合方案资料测算表

筹资方式	筹资方案Ⅰ		筹资方案Ⅱ	
	筹资额/万元	资本成本率/%	筹资额/万元	资本成本率/%
长期借款	500	5.0	600	5.5
债券	350	6.5	200	6.0
优先股	250	6.8	250	6.8
普通股	900	7.0	950	7.0
合计	2 000		2 000	

要求：根据加权平均资本成本，确定企业最佳的资本结构。

筹资方案Ⅰ的加权平均资本成本率：

$$K_{\mathrm{I}}=\frac{500}{2\,000}\times 5.0\%+\frac{350}{2\,000}\times 6.5\%+\frac{250}{2\,000}\times 6.8\%+\frac{900}{2\,000}\times 7.0\%=6.39\%$$

筹资方案Ⅱ的加权平均资本成本率：

$$K_{\mathrm{II}} = \frac{600}{2\,000} \times 5.5\% + \frac{200}{2\,000} \times 6.0\% + \frac{250}{2\,000} \times 6.8\% + \frac{950}{2\,000} \times 7.0\% = 6.43\%$$

根据计算结果，筹资方案 I 的加权平均资本成本较低，在其他有关因素大致相同的条件下，筹资方案 I 是最好的筹资方案，由其所形成的资本结构是最佳的资本结构。

2. 追加筹资的资本结构决策

企业在持续的生产经营过程中，由于业务经营和对外投资的需要，经常会追加筹措新的资本。此时，由于企业内部条件和外部融资环境的变化，企业初创时的（或原有的）资本结构需要调整，力争使其在动态中达到最优。

按照最佳资本结构的要求，选择追加筹资方案时，可测算各种追加筹资方案的边际资本成本，然后将边际资本成本最低的方案作为首选。

【例 7-2】某企业现需要追加筹资 500 万元，有两个追加筹资方案可供选择，有关资料经测算整理后如表 7-2 所示。

表 7-2　某企业追加筹资方案资料测算表

筹资方式	追加筹资方案 I		追加筹资方案 II	
	筹资额/万元	资本成本率/%	筹资额/万元	资本成本率/%
长期借款	100	5.2	150	5.3
债券	100	6.6	80	6.5
普通股	300	7.5	270	7.5
合计	500		500	

分别测算两个追加筹资方案的资本成本如下：

追加筹资方案 I 的边际资本成本率：

$$K_{\mathrm{I}} = \frac{100}{500} \times 5.2\% + \frac{100}{500} \times 6.6\% + \frac{300}{500} \times 7.5\% = 6.86\%$$

追加筹资方案 II 的边际资本成本率：

$$K_{\mathrm{II}} = \frac{150}{500} \times 5.3\% + \frac{80}{500} \times 6.5\% + \frac{270}{500} \times 7.5\% = 6.68\%$$

根据上述计算结果，追加筹资方案 II 的边际资本成本较低，在其他有关因素大致相同的条件下，方案 II 是最好的追加筹资方案，由此形成的新的资本结构为该企业的最佳资本结构。结合例 7-1 的资料，若该企业原有资本总额为 2 000 万元，资本结构为长期借款 500 万元、债券 350 万元、优先股 250 万元、普通股 900 万元，则追加筹资后的资本总额为 2 500 万元。

下面将各追加筹资方案与原有最优资本结构汇总，测算各追加筹资方案下汇总资本结构的综合资本成本，比较选择最优追加筹资方案，寻求资本结构的最优化（表 7-3 和表 7-4）。

表 7-3 追加筹资方案 I 和原资本结构资料汇总表

筹资方式	原资本结构		追加筹资方案 I		追加筹资后的资本结构	
	资本额/万元	资本成本率/%	资本额/万元	资本成本率/%	资本额/万元	资本成本率/%
长期借款	500	5.0	100	5.2	600	$\frac{500\times5.0\%+100\times5.2\%}{600}=5.03$
债券	350	6.5	100	6.6	450	$\frac{350\times6.5\%+100\times6.6\%}{450}=6.52$
优先股	250	6.8			250	6.80
普通股	900	7.5	300	7.5	1 200	7.50
合计	2 000		500		2 500	

注：根据股票的同股同利原则，原有股票应按新发行股票的资本成本率计算，即全部股票按新发行股票的资本成本率计算其总的资本成本率

表 7-4 追加筹资方案 II 和原资本结构资料汇总表

筹资方式	原资本结构		追加筹资方案 II		追加筹资后的资本结构	
	资本额/万元	资本成本率/%	资本额/万元	资本成本率/%	资本额/万元	资本成本率/%
长期借款	500	5.0	150	5.3	650	$\frac{500\times5.0\%+150\times5.3\%}{650}=5.07$
债券	350	6.5	80	6.5	430	$\frac{350\times6.5\%+80\times6.5\%}{430}=6.50$
优先股	250	6.8			250	6.80
普通股	900	7.5	270	7.5	1 170	7.50
合计	2 000		500		2 500	

注：根据股票的同股同利原则，原有股票应按新发行股票的资本成本率计算，即全部股票按新发行股票的资本成本率计算其总的资本成本率

若采用方案 I 追加筹资后，其汇总资本结构的综合资本成本率为

$$K_{\mathrm{I}}=\frac{600}{2\,500}\times5.03\%+\frac{450}{2\,500}\times6.52\%+\frac{250}{2\,500}\times6.80\%+\frac{1\,200}{2\,500}\times7.50\%=6.66\%$$

若采用方案 II 追加筹资后，其汇总资本结构的综合资本成本率为

$$K_{\mathrm{II}}=\frac{650}{2\,500}\times5.07\%+\frac{430}{2\,500}\times6.50\%+\frac{250}{2\,500}\times6.80\%+\frac{1\,170}{2\,500}\times7.50\%=6.63\%$$

通过前面的测算，可以得知采用方案 II 追加筹资后，其汇总资本结构的综合资本成本率为 6.63%，低于采用方案 I 追加筹资后的汇总综合资本成本率 6.66%。因此，在适度财务风险的前提下，若不考虑其他因素，可采用追加筹资方案 II，由此而形成的新的资本结构为该企业的最优资本结构。

最低资本成本法的测算原理易于理解，计算简单，是确定资本结构的一种常用方法，但因所拟定的方案有限，故有把最优方案漏掉的可能。一般适用于资本规模较小、

资本结构较为简单的非股份制企业。

（二）息税前利润-每股收益分析法

由于企业的偿债能力是建立在盈利能力基础上的，而考核企业的盈利能力的大小一般用息税前利润来表示，所以研究资本结构不能脱离息税前利润。又由于负债筹资能通过杠杆作用增加股东财富，而股东财富的多少用每股收益表示，所以确定资本结构，也不能不考虑每股收益。

综合这两点考虑，分析资本结构与每股收益之间的关系，进而确定最佳的资本结构的方法称为息税前利润-每股收益分析法。一般通过计算每股收益无差异点来分析。每股收益无差异点也叫筹资无差别点，是指每股收益不受融资方式影响的销售水平，或是各种筹资方式下普通股每股收益相等时的息税前利润。

根据每股收益无差异点，可以判断在什么情况下应运用举债筹资来安排和调整资本结构，若企业的预计息税前利润高于每股收益无差异点，则企业适合采用债务筹资，这时的每股收益要高于权益筹资的每股收益；反之，若企业的预计息税前利润低于每股收益无差异点，这时利用股权筹资能给投资者带来较多的每股收益。

可见，这种资本结构决策方法的关键是找到每股收益无差异点。

普通股每股收益的计算公式为

$$\text{EPS}=\frac{(\text{EBIT}-I)(1-T)-D}{N}$$

式中，EPS 表示普通股每股收益；N 表示流通在外的普通股股数；I 表示长期债务年利息；T 表示企业所得税率；D 表示优先股年股利。

如果令第一种筹资方式的每股收益为 EPS_1，第二种筹资方式的每股收益为 EPS_2，令两种筹资方式下的每股收益相等时的息税前利润为 EBIT_0，则

$$\text{EPS}_1=\text{EPS}_2$$

即

$$\frac{(\text{EBIT}_0-I_1)(1-T)-D_1}{N_1}=\frac{(\text{EBIT}_0-I_2)(1-T)-D_2}{N_2}$$

将已测算出的有关数据 $(I_1,D_1,N_1;I_2,D_2,N_2)$ 代入该方程，即可解出每股收益无差异点 EBIT_0。

【例 7-3】某企业原有资本 800 万元，其中债务资本 200 万元，年利率 5.6%，优先股资本 150 万元，年股利率 6%，普通股资本 450 万元，每股面值 10 元，现拟追加筹资 200 万元，扩大业务范围有两种筹资方式：方式一，发行普通股筹资，每股面值 10 元，共计 20 万股；方式二，举借长期债务 200 万元，年利息率 5.8%。假定企业适用所得税率为 33%。

要求：运用每股收益无差异点，分析如何选择筹资方式，确定资本结构。

将已知资料代入上述方程，则

$$\frac{(\mathrm{EBIT}_0 - 200\times 5.6\%)\times(1-33\%)-150\times 6\%}{45+20}=\frac{(\mathrm{EBIT}_0 - 200\times 5.6\% - 200\times 5.8\%)\times(1-33\%)-150\times 6\%}{45}$$

解得 $\mathrm{EBIT}_0 = 62.33$万元。再将 EBIT_0代入上式，可计算出两种筹资方式的每股收益为

$$\mathrm{EPS}_1=\mathrm{EPS}_2=0.39\text{（元）}$$

上述计算结果表明，当企业的息税前利润为 62.33 万元时，两个筹资方案的每股收益相等，为 0.39 元。

下面，假设该企业的息税前利润分别为 50 万元和 80 万元，分别计算两种筹资方案的普通股每股收益，见表 7-5 和表 7-6。

表 7-5 息税前利润为 50 万元时两种筹资方案的每股收益计算表

项目	发行普通股筹资	举借债务筹资
息税前利润/万元	50	50
减：利息支出（5.6%、5.8%）/万元	200×5.6%=11.2	200×5.6%+200×5.8%=22.8
税前利润/万元	50−11.2=38.8	50−22.8=27.2
减：所得税（33%）/万元	38.8×33%=12.804	27.2×33%=8.976
税后利润/万元	38.8−12.804=25.996	27.2−8.976=18.224
减：优先股股利/万元	150×6%=9	150×6%=9
普通股可分配利润/万元	25.996−9=16.996	18.224−9=9.224
普通股股数/万股	45+20=65	45
每股收益/元	16.996÷65=0.261	9.224÷45=0.205

表 7-6 息税前利润为 80 万元时两种筹资方案的每股收益计算表

项目	发行普通股筹资	举借债务筹资
息税前利润/万元	80	80
减：利息支出（5.6%、5.8%）/万元	200×5.6%=11.2	200×5.6%+200×5.8%=22.8
税前利润/万元	80−11.2=68.8	80−22.8=57.2
减：所得税（33%）/万元	68.8×33%=22.704	57.2×33%=18.876
税后利润/万元	68.8−22.704=46.096	57.2−18.876=38.324
减：优先股股利/万元	150×6%=9	150×6%=9
普通股可分配利润/万元	46.096−9=37.096	38.324−9=29.324
普通股股数/万股	45+20=65	45
每股收益/元	37.096÷65=0.571	29.324÷45=0.652

上述计算结果表明，当息税前利润为 50 万元，小于每股收益无差异点的息税前利润 62.33 万元时，发行普通股筹资方案的每股收益为 0.261 元，大于举借债务筹资方案的每股收益 0.205 元，所以选择发行普通股筹资比较有利。当息税前利润为 80 万元，大于每股收益无差异点的息税前利润 62.33 万元时，发行普通股筹资方案的每股收益为 0.571 元，小于举借债务筹资方案的每股收益 0.652 元，所以选择举借债务筹资比较有利。

下面将例 7-3 中每股收益无差异点的分析结果用图 7-6 表示。

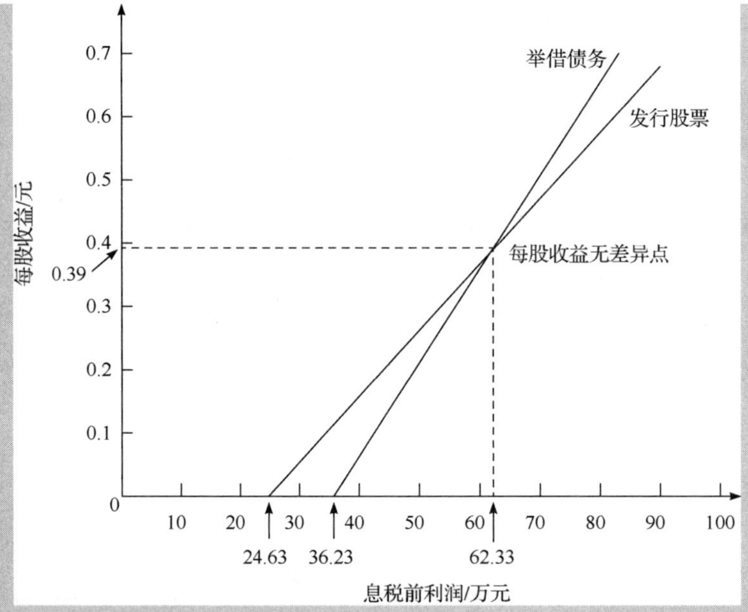

图 7-6　每股收益无差异点分析图

每股收益分析法的测算原理易于理解，计算过程比较简单，但是，仅以普通股每股收益最高作为决策依据，不考虑财务风险，是不全面的。因为随着负债的增加，企业的财务风险加大，投资者的风险也在加大，股票价格和企业价值也会有下降的趋势，所以，单纯用每股收益分析法来确定资本结构难免有些片面。这种决策方法可用于公司资本规模不大、资本结构不太复杂的股份公司。

（三）公司价值评价法

公司价值评价法是在充分反映公司财务风险的前提下，根据公司总价值的大小和公司综合资本成本率的高低来评价确定资本结构的方法。这种决策方法考虑了公司的资本成本和财务风险等因素，符合公司价值最大化的理财目标。其关键是测算公司的总价值和公司资本成本率。

1. 公司总价值的测算

对公司所有的股东来说，他们最关心的事情莫过于公司的价值。公司价值提高，意味着股东财富增加。如果将公司的资金来源总额看成对公司的金融要求权，那么金融

要求权相当于股权与债权之和。按照以上分析的逻辑，公司总价值应该等于公司债务的市场价值与公司股权市场价值之和，即

$$V = B + S$$

式中，V 表示公司的市场价值，即公司总价值；B 表示公司长期债务的市场价值；S 表示公司股权的市场价值。

按照前文中资本结构的概念，公司债务仅指长期债务（包括长期借款和长期债券）。为了计算简便，设公司债务的市场价值等于其面值（或本金）；股权的市场价值按公司未来净收益的折现值测算。测算公式为

$$S = \frac{(\text{EBIT} - I) \times (1 - T) - D}{K_S}$$

式中，S 表示公司股权的市场价值；EBIT 表示公司未来的年息税前利润；I 表示公司长期债务年利息；T 表示企业所得税率；K_S 表示公司普通股资本成本率；D 表示公司优先股年股利。

2. 公司资本成本率的测算

如果公司的全部资本由长期债务与普通股构成，在已测算的公司总价值的基础上，公司的全部资本成本率即加权平均资本成本率，其测算公式为

$$K_W = K_B\left(\frac{B}{V}\right)(1 - T) + K_S\left(\frac{S}{V}\right)$$

式中，K_W 表示公司资本成本率；K_B 表示公司长期债务税前资本成本率（可按长期债务年利率计算）；B 表示公司长期债务的市场价值（可按债务本金或面值计算）；V 表示公司总价值；K_S 表示公司普通股资本成本率；S 表示公司股权的市场价值。

一般地，在计算普通股资本成本率（K_S）时，经常考虑筹资风险的影响，可用资本资产定价模型来测算，其公式为

$$K_S = R_F + \beta(R_M - R_F)$$

式中，K_S 表示公司普通股资本成本率；R_F 表示无风险报酬率；R_M 表示证券市场的平均报酬率；β 表示该公司股票风险对证券市场风险的敏感程度。

3. 公司最佳资本结构的确定

下面通过例题来介绍如何测算公司的债务资本成本率和普通股资本成本率，并计算公司总价值，据此来确定资本结构。

【例 7-4】某公司现有的全部长期资本额 8 000 万元，均为普通股资本，无长期债券资本和优先股资本。为了发挥债务的财务杠杆作用，确立合理的资本结构，公司准备举借长期债务，购回部分普通股。若预计公司息税前利润为 1 000 万元，假定所得税率为 33%。

要求：确定合理的债务规模，以调整目前的资本结构。

第一步，测算不同债务规模下普通股资本成本率，见表 7-7。

表 7-7 某公司债务年利率和普通股资本成本率测算表

长期债务的市场价值（B）/万元	长期债务税前资本成本率（K_B）/%	β	无风险报酬率（R_F）/%	证券市场平均报酬率（R_M）/%	普通股资本成本率（K_S）/%
0		1.2	3	6	6.6
800	5	1.25	3	6	6.75
1 600	5.5	1.3	3	6	6.9
2 400	6	1.35	3	6	7.05
3 200	6.5	1.4	3	6	7.2
4 000	7	1.5	3	6	7.5
4 800	7.5	1.6	3	6	7.8

表 7-7 中，长期债务税前资本成本率（K_B）为预测的长期债务的利率；β系数、无风险报酬率（R_F）、市场平均报酬率（R_M）均为根据资本市场情况预测的数据。普通股资本成本率是根据前述公式计算的，如当预计债务为 800 万元时，普通股资本成本率为

$$K_S = R_F + \beta\left(R_M - R_F\right) = 3\% + 12.5 \times (6\% - 3\%) = 6.75\%$$

其余计算同理。

第二步，测算在不同债务规模下的公司总价值和公司资本成本率，见表 7-8。

表 7-8 公司总价值和公司资本成本率测算表

长期债务的市场价值（B）/万元	长期债务税前资本成本率（K_B）/%	普通股资本成本率（K_S）/%	股权市场价值（S）/万元	公司总价值（V）/万元	公司资本成本率（K_W）/%
0		6.6	10 151.515	10 151.515	6.6
800	5	6.75	9 528.889	10 328.889	6.487
1 600	5.5	6.9	8 855.652	10 455.652	6.408
2 400	6	7.05	8 135.035	10 535.035	6.360
3 200	6.5	7.2	7 370	10 570	6.339
4 000	7	7.5	6 432	10 432	6.423
4 800	7.5	7.8	5 497.436	10 297.436	6.506

表 7-8 中的长期债务的市场价值（B）、长期债务税前资本成本率（K_B）、普通股资本成本率（K_S）来源于表 7-7；股权市场价值（S）、公司总价值（V）、公司资本成本率（K_W）是根据前述的公司总价值和公司资本成本率的公式计算的。

当长期债务（月）为 800 万元时，长期债务税前资本成本率（K_B）为 5%，普通股资本成本率（K_S）等于 6.75%，预计息税前利润（EBIT）为 1 000 万元时，有

$$S = \frac{(\text{EBIT} - B \times K_B) \times (1 - T)}{K_S} = \frac{(1\,000 - 800 \times 5\%) \times (1 - 33\%)}{6.75\%} = 9\,528.889（万元）$$

$$V = B + S = 800 + 9\,528.889 = 10\,328.889(\text{万元})$$

$$\begin{aligned}K_W &= K_B\left(\frac{B}{V}\right)(1-T) + K_S\left(\frac{S}{V}\right)\\ &= 5\% \times \frac{800}{10\,328.889} \times (1-33\%) + 6.75\% \times \frac{9\,528.889}{10\,328.889}\\ &= 6.487\%\end{aligned}$$

其余同理计算。

在例 7-4 中，随着负债额的增加，公司总价值逐步上升，与此同时，公司的资本成本率随之下降。但当债务额增加到 3 200 万元，即债务比重上升到 40%（3 200÷8 000=40%）时，公司总价值最高，为 10 570 万元，此时，公司的资本成本最低，为 6.339%。之后，随负债率提高，平均资本成本也提高。因此，最佳的资本结构应该是负债率为 40%。

复习思考题

一、思考题

1. 什么是资本结构？什么是最优资本结构？其影响因素有哪些？
2. 资本结构的理论是如何产生和发展的？
3. 资本结构决策的方法主要有哪几种？每种方法的利弊及适用范围是什么？

二、练习题

1. 资料：某公司在初创时拟筹资 800 万元，现有甲、乙两个备选方案，有关资料经测算列入表 7-9 中。

表 7-9 筹资额和资金成本表

筹资方式	筹资方案甲		筹资方案乙	
	筹资额/万元	个别资本成本率/%	筹资额/万元	个别资本成本率/%
长期借款	60	5.5	90	6.0
公司债券	100	8.0	30	7.5
普通股	240	10.0	280	10.0
合计	400		400	

要求：测算该公司甲、乙两方案的综合资本成本，并据以选择筹资方案。

2. 资料：某公司原有资本 500 万元，其中债务资本 180 万元，年利率 5.2%；普通股资本 220 万元，每股面值 6 元；优先股资本 100 万元，年股利率 8%。现拟追加筹资 180 万元，有两种方案可供选择：①发行普通股筹资，每股面值 6 元，计 30 万股；②举借长期债务 180 万元，年利息率为 5.8%。假定该公司适用所得税率为 33%。

要求：运用每股收益无差异法计算分析该公司应选择何种筹资方式。

3. 资料：某公司产品售价为 12 元/件，单位变动成本为 6 元/件，固定费用为 200 万元，公司目前年产销量 80 万件，该公司资本全为普通股资本，股本总额为 600 万元，假定所得税率为 33%。为了改善资本结构，决定发行债券，购回本公司的股票。经预测，公司发放不同数量债券时的票面利率和公司股票的 β 系数如表 7-10 所示。

表 7-10 票面利率和公司股票 β 值表

债券的发行额/万元	票面利率/%	β 系数
0		1.3
200	10	1.4
400	12	1.6
600	14	1.8
800	16	2.1
1 000	18	2.5

另外，已知市场无风险报酬率为 8%，平均风险股票必要报酬率为 12%。

要求：测算公司在各种债券发行规模上的加权平均资本成本及公司总价值，并确定最佳筹资额。

第八章　项目投资决策

投资决策是财务管理的重要内容之一，它包括项目投资决策、证券投资决策和其他投资决策。本章主要介绍项目投资决策需要考虑的因素及项目投资决策所使用的基本方法。

第一节　项目投资概述

一、项目投资的含义

企业投资行为按其内容不同可分为项目投资、证券投资和其他投资。证券投资是指购买其他企业的债券或股票等有价证券的间接投资行为。项目投资是一种以特定项目为对象，与新建项目或更新改造项目直接有关的长期投资行为。

二、投资项目的类型

工业企业投资项目的类型主要可分为新建项目和更新改造项目两大类。新建项目是指以新增生产能力为目的的投资项目；更新改造项目是指以恢复和改善生产能力为目的的投资项目。显然，前者属于外延式扩大再生产的类型，后者是属于简单再生产或内涵式扩大再生产的类型。

新建项目按其涉及的内容还可以进一步细分为单纯固定资产投资项目和完整工业投资项目。单纯固定资产投资项目简称固定资产投资，其特点在于：投资中只包括为取得固定资产发生的垫支资本投入而不涉及周转资本投入。完整工业投资项目则不仅包括固定资产投资，还涉及流动资产投资，甚至包括其他长期资产项目的投资，如在无形资产和递延资产上的投资。因此，不能将项目投资简单地等同于固定资产投资。

三、项目投资的几个相关概念

（一）项目计算期

项目计算期（记为 n）是指投资项目从投资建设开始到最终清理结束整个过程的全

部时间，即该项目的有效持续期间。完整的项目计算期包括建设期和经营期。其中建设期（记为 s，$s \geqslant 0$）是指从投资建设时起到项目建成投产时止所经过的时期；经营期（记为 p）是从项目建成投产时起到最终清理结束时止所经过的时期。经营期又可分为试产期和达产期。通常我们习惯将建设期的期初定义为第 0 年，项目计算期的最后一年的年末定义为第 n 年。项目计算期与建设期和经营期的关系可用下式表达：

$$n = s + p$$

（二）原始投资额和投资总额

原始投资额是反映投资项目所需现实资金的价值指标。从项目投资的角度看，原始投资等于企业为使投资项目完全达到设计生产能力、开展正常经营而投入的全部现实资金，因此，原始投资额包括在固定资产上的投资、流动资产上的投资、其他长期资产上的投资。

投资总额是反映项目投资总体规模的价值指标，它等于原始投资与建设期资本化利息之和。其中建设期资本化利息是指在建设期发生的与购建固定资产、无形资产等长期资产有关的借款利息。

原始投资额与投资总额之间的关系可用下式表示：

投资总额=原始投资额+资本化利息

从资金投入方式的角度看，投资者进行项目投资时可将原始投资一次或分次投入。一次投入是指投资行为集中一次发生在项目计算期的第一年的年初或年末；分次投入是指投资行为分别发生在建设期的不同时间点上，如建设投资是在建设期各年的年初或年末分期投入的。

第二节　现金流量

一、现金流量的含义

现金流量（cash flow）是指投资项目在其计算期内因资本循环而可能或应该发生的各项现金流入与流出的统称。它以收付实现制为基础，以反映广义现金运动为内容，是计算项目投资决策评价指标的主要依据和关键信息之一。

之所以考虑现金流量是因为：①现金的收支运动可以序时动态地反映投资的流向与回收的投入产出关系，便于更完整全面地评价投资的效益；②采用现金流量可以回避在权责发生制下必然要遇到的问题，如存货计价及费用分摊的方法不一致，导致不同方案下利润指标相关性差、透明度不高，使不同方案的可比性差；③利用现金流量使应用货币时间价值的形式进行动态评价成为可能。

二、现金流量的内容

（一）有关假设

现金流量包括哪些内容，要视特定决策和时空观念而定。因为从不同角度看有多种现金流量形式，其内容千差万别，如国民经济现金流量、财务现金流量、全部投资的现金流量、自由资金的现金流量等，所以，为了便于理解和简化现金流量的计算，特作如下假设。

（1）财务假设。假设投资决策是从企业投资者的立场出发，计算现金流量只是为了进行项目财务可行性分析，该项目已经具备国民经济可行性和技术可行性。

（2）全投资假设。假定在确定现金流量时，只考虑全部投资的运行情况，而不具体区分自有资金和借入资金，不论是否存在借入资金，即使实际存在借入资金也将其作为自有资金。

（3）项目计算期假设，即投资项目的有效持续期间——从建设到清理的全部年份，由建设期、试产期、达产期三个阶段构成。

（4）时点假设。现金流量均发生在各有关时点上，不论现金流量实际发生在某个时点还是在某个时期内。

（5）建设期与经营期不重叠假设。无论项目的原始总投资是一次投入还是分次投入，除个别情况外，假定它们都是在建设期投入的，即在项目的经营期没有原始投资投入。

（6）经营期与折旧年限一致假设。假设项目主要固定资产的折旧年限或使用年限与经营期相同。

（7）确定性假设。假设与项目现金流量有关的价格、产销量、成本、所得税率等因素均为已知常数。

（二）现金流量的具体内容

1. 现金流入的内容

对于一般的投资项目，其现金流入量主要包括营业收入、回收的固定资产残值、回收的流动资金等。

（1）营业收入是指项目投产后每年实现的全部销售收入或业务收入，它是经营期主要的现金流入量项目。它本应按当期的现销收入与回收以前期应收账款的合计数确认，但为了简化计算，可假定正常经营年度内每期发生的赊销额与回收的应收账款大体相等。

（2）回收的固定资产残值是指投资项目的固定资产在终结点报废清理或中途变价转让处理时所收回的价值。

（3）回收的流动资金主要是指新建项目在项目计算期完全终止时，因不再发生新的替代投资而回收的原垫付的全部流动资金投资额。如果在经营期不发生提前回收流动资金，则在终结点一次回收的流动资金应等于各年垫支的流动资金之和。

（4）其他现金流入是指除以上三项现金流入量以外的现金流入。

2. 现金流出的内容

对于一般的投资项目，其现金流出量主要包括原始投资（建设投资）、垫支流动资金、经营成本（付现成本）、各项税款等。

（1）原始投资（建设投资）是指在建设期内按一定生产经营规模和建设内容进行的固定资产投资、固定资产投资方向调节税缴纳、无形资产投资和开办费投资等项目的总称，它是建设期发生的主要现金流出量。其中固定资产投资主要包括各项建筑工程费、设备购置成本、安装工程费等。

（2）垫支流动资金是指投资项目建成投产时，用于生产经营周转的营运资金。

（3）经营成本（付现成本）是指在经营期内为满足正常的生产经营而动用现金支付的成本费用，又称为付现的经营成本。它是经营期最主要的现金流出量。某年的经营成本等于当年的总成本费用（含期间费用）扣除该年的折旧额、无形资产和开办费的摊销额，以及财务费用中的利息支出等项目后的差额。因为总成本费用中包含了一部分非现金流出的内容，这些内容大多与固定资产、无形资产和开办费等长期资产的价值转移有关，无须动用现金支付。而从投资主体（全投资假设）的角度看，支付给债权人的利息与支付给所有者的利润的性质是相同的，既然后者不作为现金流出量的内容，前者也不应纳入这个范围。

（4）各项税款是指项目投产后依法缴纳的、单独列示的各项税款，包括所得税等。

（5）其他现金流出是指除以上内容以外的现金流出量项目。

三、净现金流量的计算

（一）净现金流量的含义

净现金流量（net cash flow，NCF）又被称为现金净流量，是指在项目计算期内各年现金流入量与现金流出量之差。

根据净现金流量的定义，可将其理论计算公式表示为

$$某年净现金流量=该年现金流入量-该年现金流出量$$

或

$$\mathrm{NCF}_t=\mathrm{CI}_t-\mathrm{CO}_t,\quad t=0,1,\cdots,n$$

式中，NCF_t表示第 t 年净现金流量；CI_t表示第 t 年现金流入量；CO_t表示第 t 年现金流出量。

（二）净现金流量的简化公式

为了简化净现金流量的计算，可以根据项目建设期不同阶段的现金流入量和流出量的具体内容，直接计算各阶段的净现金流量。

1. 建设期净现金流量的简化公式

若原始投资全部在建设期内投入，则建设期净现金流量的计算公式如下：

$$\mathrm{NCF}_t = -I_t, \quad t = 1, 2, \cdots, s$$

式中，I_t表示建设期第 t 期的原始投资额；s 表示建设期的年数。

2. 经营期净现金流量的简化公式

经营期某年净现金流量=该年利润+该年折旧+该年摊销额+该年利息费用+该年回收额

或

$$\mathrm{NCF}_t = P_t + D_t + M_t + C_t + R_t, \quad t = s+1, s+2, \cdots, n$$

式中，P_t为第 t 年的利润（营业净利润或净利润）；D_t为第 t 年的折旧；M_t为第 t 年长期待摊费用的摊销额；C_t为第 t 年在财务费用中列支的利息费用；R_t为第 t 年的回收额。

【例 8-1】某个工业项目需要原始投资 125 万元，其中固定资产投资为 100 万元，长期待摊费用为 5 万元，流动资产投资为 20 万元。建设期为 1 年，建设期与购建固定资产有关的资本化利息为 10 万元。固定资产投资和长期待摊费用于建设起点投入（开始摊销），流动资金于第 1 年末投入。该项目寿命期为 10 年，固定资产按直线法折旧，期满有 10 万元净残值，长期待摊费用自投产年份起分 5 年摊销完毕。预计投产后第 1 年获净利润 5 万元，以后每年增长 5 万元，流动资金于终结点一次收回。

要求：按简化公式计算项目各年净现金流量。

解：依题意计算如下指标：

（1）项目计算期 n=1+10=11（年）。

（2）固定资产原值=100+10=110（万元）。

（3）固定资产年折旧额=(110−10)÷10=10（万元）。

（4）长期待摊费用摊销额=5÷5=1（万元）。

（5）投产后每年利润分别为 5 万元、10 万元……50 万元（共 10 年）。

（6）建设期净现金流量为

NCF_0=−100−5=−105（万元），NCF_1=−20（万元）

（7）经营期净现金流量为

NCF_2=5+10+1=16（万元），NCF_3=10+10+1=21（万元）

NCF_4=15+10+1=26（万元），NCF_5=20+10+1=31（万元）

NCF_6=25+10+1=36（万元），NCF_7=30+10=40（万元）

NCF_8=35+10=45（万元），NCF_9=40+10=50（万元）

NCF_{10}=45+10=55（万元），NCF_{11}=50+10+10+20=90（万元）

【例 8-2】某固定资产投资项目需要一次投入价款 100 万元，资金来源是银行借款，年利率为 10%，建设期为 1 年。该固定资产可使用 10 年，按直线法计提折旧，期满有净残值 10 万元。投入使用以后，经营期第 1～7 年每年可获营业收入（不含增值税）80 万元，第 8～10 年每年可获营业收入（不含增值税）70 万元，经营期第 1～10

年的经营成本（付现成本）为 38 万元。该企业的所得税率为 25%。投产后前 7 年每年需支付银行借款利息 11 万元。

要求：根据上述资料计算该项目计算期内各期的净现金流量。

解：根据所给资料计算下列相关指标：

（1）项目计算期=1+10=11（年）。

（2）固定资产原值=100+100×10%=110（万元）。

（3）固定资产年折旧额=(110−10)÷10=10（万元）。

（4）经营期第 1～7 年每年总成本费用=38+10+11=59（万元）。

经营期第 8～10 年每年总成本费用=38+10=48（万元）。

（5）经营期第 1～7 年每年营业利润=80−59=21（万元）。

经营期第 8～10 年每年营业利润=70−48=22（万元）。

（6）经营期第 1～7 年每年应缴所得税=21×25%=5.25（万元）。

经营期第 8～10 年每年应缴所得税=22×25%=5.5（万元）。

（7）经营期第 1～7 年每年净利润=21−5.25=15.75（万元）。

经营期第 8～10 年每年净利润=22−5.5=16.5（万元）。

（8）按简化公式计算建设期净现金流量：

$NCF_0=-100$（万元），　$NCF_1=0$（万元）

（9）按简化公式计算经营期净现金流量：

$NCF_{2\sim8}=15.75+10+11=36.75$（万元）

$NCF_{9\sim10}=16.5+10=26.5$（万元）

$NCF_{11}=16.5+10+10=36.5$（万元）

此题也可用列表的方法来计算净现金流量，见表 8-1。

表 8-1　某固定资产投资项目现金流量表　　单位：万元

项目	建设期		经营期										合计
	0	1	2	3	4	5	6	7	8	9	10	11	
现金流入量/万元													
营业收入/万元	0	0	80	80	80	80	80	80	80	70	70	70	770
回收固定资产残值/万元	0	0	0	0	0	0	0	0	0	0	0	10	10
现金流入量小计/万元	0	0	80	80	80	80	80	80	80	70	70	80	780
现金流出量/万元													
固定资产投资/万元	100	0											100
经营成本/万元			38	38	38	38	38	38	38	38	38	38	380
所得税/万元			5.25	5.25	5.25	5.25	5.25	5.25	5.25	5.5	5.5	5.5	53.25
现金流出量小计/万元	100	0	43.25	43.25	43.25	43.25	43.25	43.25	43.25	43.5	43.5	43.5	533.25
净现金流量/万元	−100	0	36.75	36.75	36.75	36.75	36.75	36.75	36.75	26.5	26.5	36.5	246.75

第三节　长期投资决策的基本方法

一、净现值法

（一）净现值的概念

净现值（net present value，NPV）是指在项目计算期内，按行业基准收益率或其他设定折现率计算的各年净现金流量现值的代数和。

净现值的基本计算公式如下：

$$\mathrm{NPV}=\sum_{t=0}^{n}\frac{\mathrm{NCF}_t}{(1+i)^t}=\sum_{t=0}^{n}\left[\mathrm{NCF}_t\cdot(P/F,i,t)\right]$$

式中，$(P/F,i,t)$表示第 t 年的复利现值系数；NCF_t表示第 t 年的净现金流量。

（二）净现值法的原理

对于正常的投资项目（建设期与经营期不重叠），我们可以把净现值的计算公式理解为

$$\mathrm{NPV}=\sum_{t=0}^{s}\frac{\mathrm{NCF}_t}{(1+i)^t}+\sum_{t=s+1}^{n}\frac{\mathrm{NCF}_t}{(1+i)^t}$$

式中，$\sum_{t=0}^{s}\frac{\mathrm{NCF}_t}{(1+i)^t}$表示建设期净现金流量的现值之和；$\mathrm{NCF}_t=-I_t$（$I_t$ 表示建设期内第 t 期的投资额）；$\sum_{t=0}^{s}\frac{\mathrm{NCF}_t}{(1+i)^t}=-\sum_{t=0}^{s}\frac{I_t}{(1+i)^t}$；$\sum_{t=s+1}^{n}\frac{\mathrm{NCF}_t}{(1+i)^t}$表示经营期净现金流量的现值之和；$\mathrm{NPV}=\sum_{t=s+1}^{n}\frac{\mathrm{NCF}_t}{(1+i)^t}-\sum_{t=0}^{s}\frac{I_t}{(1+i)^t}$，即净现值等于经营期净现金流量的现值之和与建设期原始投资额的现值之和的差。因此，当投资方案的净现值大于零时，该方案可行；若净现值小于零，则该方案不可行。

【例 8-3】仍以第二节的例 8-1 为例，要求按 10%的折现率计算该方案的净现值。

解：根据净现值的定义，$\mathrm{NPV}=\sum_{t=0}^{n}\frac{\mathrm{NCF}_t}{(1+i)^t}=\sum_{t=0}^{11}\frac{\mathrm{NCF}_t}{(1+10\%)^t}=\frac{-105}{(1+10\%)^0}+\frac{-20}{(1+10\%)^1}+\frac{16}{(1+10\%)^2}+\frac{21}{(1+10\%)^3}+\frac{26}{(1+10\%)^4}+\frac{31}{(1+10\%)^5}+\frac{36}{(1+10\%)^6}+\frac{40}{(1+10\%)^7}+\frac{45}{(1+10\%)^8}+\frac{50}{(1+10\%)^9}+\frac{55}{(1+10\%)^{10}}+\frac{90}{(1+10\%)^{11}}$=78.62（万元）。

因为该方案的净现值 NPV=78.62 万元＞0，所以该方案可行。

二、内部收益率法

（一）内部收益率的定义

内部收益率（internal rate of return，IRR）是项目投资实际可望达到的报酬率，也可将其定义为能使投资项目的净现值等于零时的折现率。用数学公式表示如下：

$$\mathrm{NPV}=\sum_{t=0}^{n}\frac{\mathrm{NCF}_t}{(1+\mathrm{IRR})^t}=0$$

（二）内部收益率的原理

从内部收益率的计算公式我们可以看出：NPV 与 IRR 成反比，若 IRR≥i_c（i_c表示行业基准收益率或投资者希望的报酬率），则按 i_c 计算的净现值 NPV≥0，所以方案可行；反之，若 IRR≤i_c，则按 i_c 计算的净现值 NPV≤0，所以方案不可行。

（三）内部收益率的计算

（1）当项目的全部投资额均于建设起点一次投入，建设期为零，经营期每年净现金流量都相等时，我们可以按如下方法来计算内部收益率：

$$\sum_{t=0}^{n}\frac{\mathrm{NCF}_t}{(1+\mathrm{IRR})^t}=\mathrm{NCF}_0+\sum_{t=1}^{n}\frac{\mathrm{NCF}_t}{(1+\mathrm{IRR})^t}$$

$$\because \mathrm{NCF}_1=\mathrm{NCF}_2=\cdots=\mathrm{NCF}_n=\mathrm{NCF}\text{（NCF为常数）}$$

$$\therefore \sum_{t=1}^{n}\frac{\mathrm{NCF}_t}{(1+\mathrm{IRR})^t}=\mathrm{NCF}\cdot(P/A,\mathrm{IRR},n)$$

又

$$\because \mathrm{NCF}_0=-I\text{（}I\text{为原始投资）}$$

$$\therefore -I+\mathrm{NCF}\cdot(P/A,\mathrm{IRR},n)=0$$

$$\therefore (P/A,\mathrm{IRR},n)=\frac{I}{\mathrm{NCF}}$$

式中，I、NCF、n 均为已知值，可以利用年金现值系数表和内插法求出 IRR。

【例 8-4】某个投资项目在建设起点一次性投资 254 579 元，当年完工并投产，经营期为 15 年，投产后每年净现金流量均为 50 000 元。若该项目行业基准收益率为 16%，使用内部收益率法评价该方案的可行性。

解：$(P/A,\mathrm{IRR},n)=\dfrac{254\,579}{50\,000}=5.091\,58$，查 15 年的年金现值系数表。

因为$(P/A,18\%,15)=5.091\,58$，IRR=18%＞16%，故该方案可行。

（2）当项目的建设期不为零，经营期净现金流又不相同时，只能用逐次测试法求使净现值等于零的折现率，即内部收益率。

下面我们仍以例 8-1 为例，通过举例来说明这种方法的原理。

第一，先设定一个折现率 r_1，计算方案的净现值 NPV_1，并进行下面的判断。

设 r_1=12%，计算

$$NPV_1=\frac{-105}{(1+12\%)^0}+\frac{-20}{(1+12\%)^1}+\frac{16}{(1+12\%)^2}+\frac{21}{(1+12\%)^3}+\frac{26}{(1+12\%)^4}+\frac{31}{(1+12\%)^5}$$
$$+\frac{36}{(1+12\%)^6}+\frac{40}{(1+12\%)^7}+\frac{45}{(1+12\%)^8}+\frac{50}{(1+12\%)^9}+\frac{55}{(1+12\%)^{10}}+\frac{90}{(1+12\%)^{11}}$$
$$=55.08（万元）$$

第二，若净现值 NPV_1=0，则内部收益率 IRR=r_1；若净现值 NPV_1＞0，则内部收益率 IRR＞r_1，重新设定 r_2＞r_1，重新计算净现值 NPV_2，继续进行下一轮判断；若 NPV_1＜0，则内部收益率 IRR＜r_1，重新设定 r_2＜r_2，重新计算净现值 NPV_2，继续进行下一轮判断。

NPV_1=55.08＞0，故设定 r_2=16%，重新计算净现值 NPV_2=18.08＞0，重新设定 r_3=20%，重新计算净现值 NPV_3=−9.03＜0。

第三，应用内插法计算近似的内部收益率：

$$r_2=16\%,\quad NPV_2=18.08$$
$$IRR=?\ ,\quad NPV=0$$
$$r_3=20\%,\quad NPV_3=-9.03$$

则

$$\frac{IRR-r_2}{r_3-r_2}=\frac{0-18.08}{-9.03-18.08}$$

即

$$\frac{IRR-16\%}{20\%-16\%}=\frac{18.08}{27.11}$$

则

$$IRR=18.67\%$$

若该方案的行业基准收益率为 i_c=16%，则 IRR＞i_c，该方案可行。

三、获利能力指数法

（一）获利能力指数的概念

获利能力指数（profitability index，PI，又称现值指数）是指项目经营期净现金流量的现值与原始投资额的现值之比，表明项目单位投资的获利能力，用公式表示为

$$PI=\frac{\sum_{t=s+1}^{n}\frac{NCF_t}{(1+i)^t}}{\sum_{t=0}^{s}\frac{I_t}{(1+i)^t}}$$

（二）获利能力指数的原理

当 PI≥1 时，方案可以接受；反之，应拒绝。

对于相互独立的方案而言，用净现值法、内部收益率法和获利能力指数法得出的结论应是相同的，即方案的净现值为正，其内部收益率一定大于行业基准收益率，获利能力指数必然大于 1。但是，对互斥方案而言，上述三种方法可能会得出不同的结论。

【例 8-5】仍以例 8-1 为例，计算该方案的获利能力指数，则

$$\mathrm{PI}=\frac{\sum_{t=2}^{11}\frac{\mathrm{NCF}_t}{(1+10\%)^t}}{\sum_{t=0}^{1}I_t}=\frac{201.80}{123.18}=1.64\geqslant 1$$

所以，方案可行。

四、静态回收期法

（一）静态回收期定义

静态回收期（payback period，PP）是企业用投资项目所得的净现金流量来回收原始投资所需的年限，用公式表示为

$$\sum_{t=0}^{\mathrm{PP}}\mathrm{NCF}_t=0$$

或

$$\sum_{t=s+1}^{\mathrm{PP}}\mathrm{NCF}_t-\sum_{t=0}^{s}I_t=0$$

（二）静态回收期的计算

（1）当项目的建设期为零，全部投资在建设期开始一次性投入，经营期各期的净现金流量都相等时，我们可以用如下方法计算回收期：

$$\mathrm{PP}=\frac{I_t}{\mathrm{NCF}_t}=\frac{I_0}{\mathrm{NCF}},\ \mathrm{NCF}=\mathrm{NCF}_1=\mathrm{NCF}_2=\cdots=\mathrm{NCF}_t$$

（2）当项目的建设期不为零，投资是分期投入的，或经营期各期的净现金流量不相等时，我们只能计算累计的净现金流量，求项目的回收期。

【例 8-6】表 8-2 列出的是项目甲的初始投资和经营期净现金流量，要求计算该项目的静态回收期。

表 8-2　项目甲计算期的净现金流量表　　单位：万元

项目	项目计算期						
	0	1	2	3	4	5	6
净现金流量	−100	40	40	50	50	50	50
累计净现金流量	−100	−60	−20	30	80	130	180

累计净现金流量等于零的期数在第三年内，所以回收期 $PP=2+\frac{20}{50}=2.4$（年）。

一般说来，投资项目的回收期越短，说明其原始投资回收的速度越快、风险越小。因而，投资项目的回收期越短越好。由于静态回收期没有考虑资金的时间价值以及回收期后产生的净现金流量，所以，不用此法作为评价项目取舍的主要方法，仅作为辅助评价方法使用。

五、投资报酬率法

（一）投资报酬率定义

投资报酬率（return on investment，ROI）是指经营期年平均利润与投资总额的比率，用公式表示为

$$ROI=\frac{经营期年平均利润}{投资总额}\times 100\%$$

式中，经营期年平均利润是指经营期内全部利润除以经营期数；投资总额等于原始投资额与建设期资本化利息之和。

（二）投资报酬率的计算

【**例 8-7**】某公司现有两个投资项目可选择，已知两个投资项目的原始投资均为 1 000 万元，经营期均为 4 年，经营期每年的净现金流量如表 8-3 所示，项目按直线法计提折旧，使用期满无残值。使用投资报酬率法评价两项目的优劣。

表 8-3　项目的净现金流量表　　单位：万元

期数	净现金流量	
	项目 S	项目 L
0	−1 000	−1 000
1	500	100
2	400	300
3	300	400
4	100	600

解：

$$经营期每年净利润=年净现金流量-年折旧额$$

$$年折旧额=\frac{1000-0}{4}=250（万元）$$

两项目各年的净利润见表 8-4。

表 8-4　项目各年净利润计算表　　　　单位：万元

期数	年净利润	
	项目 S	项目 L
1	500−250=250	100−250=−150
2	400−250=150	300−250=50
3	300−250=50	400−250=150
4	100−250=−150	600−250=350

项目 S 的投资报酬率为 $ROI_S=\dfrac{250+150+50-150}{4\times1\,000}\times100\%=7.5\%$。

项目 L 的投资报酬率为 $ROI_L=\dfrac{-150+50+150+350}{4\times1\,000}\times100\%=10\%$。

若不考虑其他条件，项目 L 要优于项目 S。

从上面的计算可以看出，该方法的优点是计算比较简单；缺点是没有考虑资金的时间价值因素，不能正确反映建设期长短、投资方式、回收额的有无和净现金流量的大小等条件对项目的影响。因此，该方法只能作为投资项目的辅助评价指标。

六、会计收益率法

（一）会计收益率定义

会计收益率（accounting rate of return，ARR）是项目经营期内年平均利润与平均原始投资额之比，用公式表示为

$$ARR=\frac{年平均利润}{平均原始投资额}\times100\%$$

式中，年平均利润是指经营期内全部利润除以经营期数；平均原始投资额等于 1/2 原始投资额。

（二）会计收益率计算

【例 8-8】仍以例 8-7 为例，计算两个项目的会计收益率。

解：

$$平均原始投资额=\frac{原始投资额}{2}=\frac{1\,000}{2}=500（万元）$$

则

$$项目\ S：ARR=\frac{250+150+50-150}{4\times500}\times100\%=15\%$$

$$项目\ L：ARR=\frac{-150+50+150+350}{4\times500}\times100\%=20\%$$

若公司要求的会计收益率不低于16%，则项目S将被舍弃，项目L将被接受。

显然项目的会计收益率越高越好，但是，由于会计收益率与投资报酬率具有同样的缺点，有时也会做出错误的决策，所以仅作为投资项目评价的辅助参考指标。

第四节 几种决策方法的比较

第三节我们介绍了六种项目投资决策评价方法，但在实际应用中，这些方法往往导致不同的结论。那么究竟哪种方法运用起来既方便又准确呢？按照企业价值最大化的理财目标，一个好的投资决策方法应具有以下几个特征：①考虑项目整个寿命期内的现金流量；②考虑资金的时间价值，对现金流量按资本成本或项目的预期收益率折现；③对互斥项目进行比较和选优时，应能选出使公司股票价值最大的项目。

很明显，静态回收期法不具备①、②两个特征。投资报酬率法和会计收益率法不符合①、②两点，因为它采用的是税后净利而不是净现金流量。净现值法、内部收益率法和获利能力指数法都满足①、②两特征，但它们是否都同时具有特征③呢？下面对这个问题作进一步的探讨。

一、净现值法与内部收益率法的比较

（一）净现值与内部收益率在互斥项目比较中的差异

所谓互斥项目是指在多个项目的选择中只能选取一个项目，其他项目必须放弃，即项目之间具有排他性，只能选择一个最优方案。按决策的原则，在许多情况下，净现值法与内部收益率法选优的结论是一致的，但有时也会发生矛盾。

【例8-9】投资项目F和项目G的净现金流量如表8-5所示。

表8-5 项目净现金流量表 单位：万元

项目	项目计算期			
	0	1	2	3
F	−1 224	1 000	500	100
G	−1 273	100	600	1 200

若资本成本为11%，计算两方案的净现值和内部收益率。

解：

$$NPV_F=156.10\text{ 万元},\quad IRR_F=21\%$$

$$NPV_G=181.50\text{ 万元},\quad IRR_G=17\%$$

若按净现值法选优，应选择项目G；但按内部收益率法，应选择项目F。产生这种

情况的原因是 F、G 的现金流量不同，当折现率变化时，他们的净现值对折现率 i 的反应程度不同，如表 8-6 所示。

表 8-6　项目 F 和项目 G 在不同折现率下的净现值

折现率 i /%	净现值/万元	
	项目 F	项目 G
0	376.0	627.0
5	267.9	403.2
10	173.1	214.7
15	89.8	57.2
20	13.9	−78.5
25	52.8	−194.6

当 $NPV_F=NPV_G$ 时，折现率 $i^*=12.67\%$。从图 8-1 可以看出，折现率 $i>12.67\%$ 时，$NPV_G<NPV_F$，与 $IRR_G<IRR_F$ 是一致的。当 $i<12.67\%$时，$NPV_G>NPV_F$，与内部收益率法的结论不一致。例 8-9 中资金成本为 11%<12.67%，故造成净现值法与内部收益率法之间的矛盾。这一矛盾的产生是由于项目 G 现金流量前后变化较大，同时高折现率对晚期现金流量产生的不利影响较大，也就是说，项目 G 的净现值对折现率较敏感，反映在图上，项目 G 的净现值曲线随折现率变化时斜率较大。

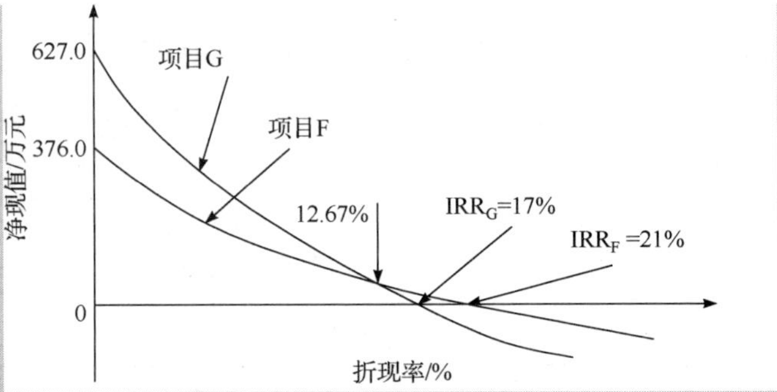

图 8-1　净现值与内部收益率比较图

除了经营期净现金流量发生的早晚会影响净现值对折现率的敏感度外，项目初始投资额的大小也会引起这一敏感度的差异。

【**例 8-10**】现有 E 和 F 两项目，现金流量如图 8-2 所示。

若资金成本为 8%，可得每个项目的净现值为

$$NPV_E=-1\ 000+216\times(P/A,8\%,8)=241（万元）$$

$$NPV_F=-2\ 000+403\times(P/A,8\%,8)=316（万元）$$

每个项目的内部收益率计算如下：

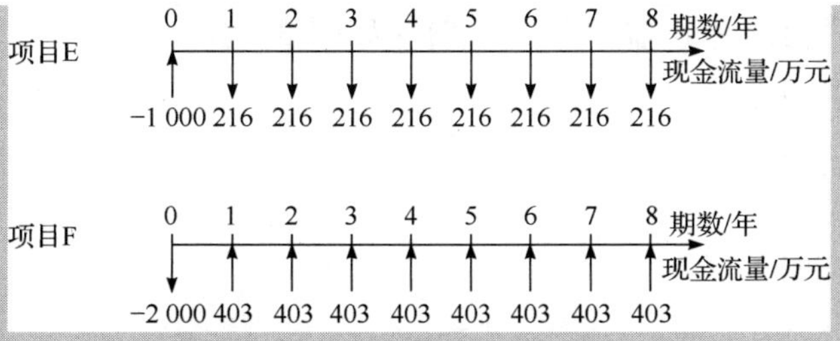

图 8-2　项目 E 和 F 的现金流量图

由

$$-1\ 000+\sum_{t=1}^{8}216\left(1+\text{IRR}_{\text{E}}\right)^{-t}=0$$

得

$$\text{IRR}_{\text{E}}=14\%$$

由

$$-2\ 000+\sum_{t=1}^{8}403\left(1+\text{IRR}_{\text{F}}\right)^{-t}=0$$

得

$$\text{IRR}_{\text{F}}=12\%$$

从以上计算结果看出 $\text{NPV}_{\text{F}}>\text{NPV}_{\text{E}}$，而 $\text{IRR}_{\text{F}}<\text{IRR}_{\text{E}}$，两种方法得出的结论相反。这是由于投资大的项目经营期的净现金流量也大，其净现值对折现率的敏感程度比投资小的项目大。那么，究竟采用哪种方法才能做出正确决策呢？

在资金不受限的情况下，按照使公司价值最大化的原则，应选择净现值大的方案，因为净现值大的方案对公司价值的贡献也大，所以例 8-10 中项目 F 最优。但是，如果资金受限，则应在企业筹资能力允许的范围内，选择最优方案，如果例 8-10 中企业的筹资能力不超过 1 000 万元，则应选择项目 E。

（二）多个内部收益率的问题

对于正常的投资项目，其投资发生在建设期，即经营期没有投资发生，因此，只有在建设期内净现金流量为负值，经营期净现金流量为正值。换言之，通常情况下在项目计算期内，净现金流量的符号只变化一次。但有些项目其计算期内的净现金流量的符号变化多次，分期投资、森林采伐和矿石开采的项目经常会遇到这种情况。以项目 J 为例，其净现金流量和净现值、内部收益率如表 8-7 所示。

表 8-7　项目 J 净现值和内部收益率

项目	各年净现金流量/元			IRR/%	NPV/元（i=10%）
	NCF_0	NCF_1	NCF_2		
J	−4 000	25 000	−25 000	25 和 400	−1 934

项目 J 的净现值与内部收益率的关系曲线如图 8-3 所示。

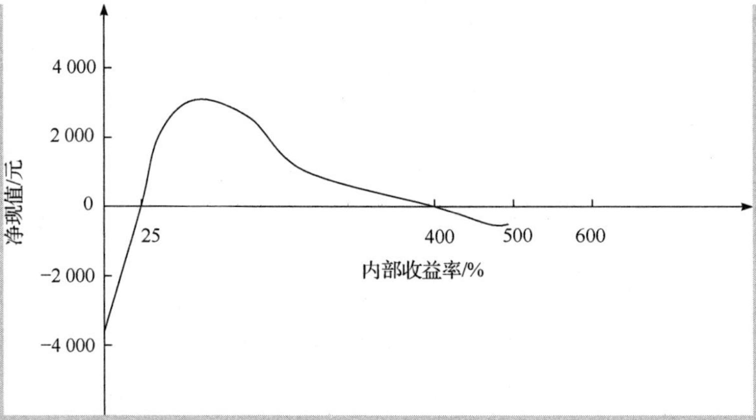

图 8-3 项目 J 的净现值与内部收益率的关系

从图 8-3 可以看出，曲线与横轴有两个交点，IRR_1=25%、IRR_2=400%均大于资金成本 10%。但在 10%的资金成本下，项目的 NPV=−1 934 元，此项目应予拒绝。

对企业而言，项目投资收益率只要高于投资的资金成本，项目应该接受。净现值法按资金成本评估现金流量，净现值为正值，即项目投资收益率高于资金成本，项目应该接受。而内部收益率法按项目投资收益率再投资不符合企业按筹资的资金成本再投资和评估资本预算项目的原则。因此，按内部收益率法有时会得出错误的结论。

二、净现值法与获利能力指数法的比较

利用净现值法和获利能力指数法来评价互斥方案时也会得出不同的结论，以项目 K 和项目 L 为例，它们的净现金流量如表 8-8 所示。

表 8-8 项目 K 和项目 L 的净现值与获利能力指数的比较

项目	各年净现金流量/万元		$\frac{NCF_1}{1+10\%}$	PI	NPV/万元（i=10%）
	NCF_0	NCF_1			
K	−100	200	182	1.82	82
L	−1 000	15 000	13 636	1.36	3 636

当资金成本为 10%时，$NPV_K<NPV_L$，项目 L 较优；但 $PI_K>PI_L$ 时，项目 K 较优。两种方法相矛盾，那么，应按哪种方法选择最优方案呢？

净现值与获利能力指数的差别在于：净现值表示的是价值的绝对值，而获利能力指数是价值的相对数，表明单位投资的效益。

通过上述分析，按价值型的指标来判断互斥方案的优劣，比用比率型指标更符合使公司价值最大的目标。比率型指标往往偏向于选取投资小的方案，因为它衡量的是单

位投资的效益，这和总效益最大往往会产生矛盾。

综合上述分析，以净现值作为投资决策的判断准则是符合公司价值最大原则的，因此，在企业筹资能力不受限的情况下，不管是独立项目还是互斥项目，运用净现值法都可以对投资决策做出正确选择。而内部收益率和获利能力指数在进行互斥方案比较时，有时会做出与净现值相反的决策，后两种方法都偏向于投资小、收益也相对小的方案，这与公司价值最大化的目标相悖。在企业筹资能力有限的情况下，可以考虑利用这两种方法，但要特别小心。

第五节　通货膨胀对项目投资决策的影响

通货膨胀是客观存在的一种经济现象，通货膨胀的存在使货币的购买力下降，因此，通货膨胀对投资项目的影响是不能忽视的。前文介绍的评价投资项目经济可行性的方法，都是假设在没有通货膨胀的前提下的，然而，在实务中，我们必须要考虑通货膨胀对投资项目的影响，否则就可能做出错误的投资决策。本节主要以净现值法为例来说明通货膨胀因素对投资决策的影响。

一、各年通货膨胀率相同时净现值的计算

当每年通货膨胀率保持不变，为一个定值时，我们可分两种情况进行分析，即通货膨胀对资金时间价值的影响和对现金流量的影响一致和不一致时。

1. 通货膨胀对资金时间价值的影响和对现金流量的影响一致

如果通货膨胀对资金时间价值的影响和对现金流量的影响一致，即资金时间价值和现金流量与通货膨胀同步增长，则考虑通货膨胀的净现值为

$$\mathrm{NPV}_{有通胀}=\sum_{t=0}^{n}\frac{\mathrm{NCF}_t(1+f)^t}{(1+i)^t(1+f)^t}=\sum_{t=0}^{n}\frac{\mathrm{NCF}_t}{(1+i)^t}=\mathrm{NPV}_{无通胀} \tag{8-1}$$

式中，f表示年通货膨胀率。

从式（8-1）中可以看出，如果通货膨胀对资金时间价值的影响和对现金流量的影响相同，那么，考虑通货膨胀的净现值与不考虑通货膨胀的净现值的计算是一样的。在实务中，有些企业分析资金时间价值（资金成本）时已经考虑了通货膨胀，但现金流量的估算基于基期价格或不变价格，即在计算净现值的公式中，分母考虑了通货膨胀而分子没有考虑。这时我们可用两种方法来消除误差。

（1）调整现金流量。这种方法是按通货膨胀率来调整分子——现金流量。具体计算见式（8-2）和式（8-3）：

$$\mathrm{NCF}_{有通胀}=\mathrm{NCF}_t(1+f)^t \tag{8-2}$$

则

$$NPV_{有通胀}=\sum_{t=0}^{n}\frac{NCF_t(1+f)^t}{(1+m)^t} \quad (8-3)$$

式中，NCF_t 表示第 t 期无通货膨胀时的净现金流量；$NCF_{t有通胀}$ 表示考虑通货膨胀时第 t 年的净现金流量；f 表示年通货膨胀率；m 表示考虑通货膨胀时的折现率。

（2）调整折现率（资金成本率）。这种方法是保持分子不变，分母的折现率用不考虑通货膨胀时的资金时间价值来计算，详见式（8-4）：

$$NPV_{有通胀}=\sum_{t=0}^{n}\frac{NCF_t}{(1+i)^t} \quad (8-4)$$

式中，i 表示不考虑通货膨胀时的资金时间价值（折现率）。

2. 通货膨胀对资金时间价值的影响和对现金流量的影响不一致

通常情况下，通货膨胀对资金时间价值的影响和对现金流量的影响是不同的，因此，在计算净现值时应分别对资金时间价值和现金流量进行调整，计算公式如下：

$$NPV_{有通胀}=\sum_{t=0}^{n}\frac{NCF_t(1+r)^t}{(1+i)^t(1+f)^t} \quad (8-5)$$

式中，r 表示因通货膨胀引起的现金流量的增长率；f 表示年通货膨胀率。

二、各年通货膨胀率不同时净现值的计算

当各年通货膨胀率不同时，也可分两种情况来分析，即通货膨胀对资金时间价值的影响和对现金流量的影响一致和不一致时。

1. 通货膨胀对资金时间价值的影响和对现金流量的影响一致

$$NPV_{有通胀}=\sum_{t=0}^{n}\frac{NCF_t\prod_{t=0}^{n}(1+f_t)}{(1+i)^t\prod_{t=0}^{n}(1+f_t)}=\sum_{t=0}^{n}\frac{NCF_t}{(1+i)^t}=NPV_{无通胀} \quad (8-6)$$

式中，f_t 表示第 t 年的通货膨胀率。

2. 通货膨胀对资金时间价值的影响和对现金流量的影响不一致

$$NPV_{有通胀}=\sum_{t=0}^{n}\frac{NCF_t\prod_{t=0}^{n}(1+r_t)}{(1+i)^t\prod_{t=0}^{n}(1+f_t)} \quad (8-7)$$

式中，f_t 表示第 t 年的通货膨胀率；r_t 表示第 t 年因通货膨胀引起的现金流量的增长率。

通过分析通货膨胀对投资决策的影响，我们可以得出如下结论：①通货膨胀对企业经营的影响很大，因此，企业必须正视它，在经营决策中考虑它；②由于通货膨胀率是很难准确预计的，使用上述方法难免会产生误差，这是不可避免的。

【例 8-11】某公司正在评估一项经营期为 3 年的投资项目，该项目建设期为 0，原始投资为 100 万元，预计经营期可实现的净现金流量如表 8-9 所示。

表 8-9 项目经营期各年的净现金流量 单位：万元

项目	第 1 年	第 2 年	第 3 年
净现金流量	30	32	36

若该公司的资金成本为 12%（无通货膨胀时）。

要求：

（1）若各年通货膨胀率均为 6%，通货膨胀对现金流量的影响与对资金成本的影响相同，用净现值法评价该项目的可行性。

（2）若 6%的通货膨胀率能持续 3 年，但是，对现金流量的影响为 7.5%，对资金成本的影响为 6%。重新评价该项目的可行性。

（3）若第 1 年的通货膨胀率为 6%，第 2 年为 7%，第 3 年为 8%；通货膨胀对现金流量的影响与对资金成本的影响不同。资金成本将与通货膨胀同步增长，现金流量受通货膨胀的影响第 1 年增加 7%，第 2 年增加 8%，第 3 年增加 9%。该项目是否可行？

解：

（1）由于各年通货膨胀率均为 6%，通货膨胀对现金流量的影响与对资金成本的影响相同，因此，该项目考虑通货膨胀时的净现值与不考虑通货膨胀时的净现值相同，则

$$NPV_{有通胀}=\sum_{t=0}^{n}\frac{NCF_t}{(1+i)^t}=-100+\frac{30}{(1+12\%)}+\frac{32}{(1+12\%)^2}+\frac{36}{(1+12\%)^3}=-22.08（万元）<0$$

所以，项目不可行。

（2）由于通货膨胀率不变，但对现金流量和资金成本的影响不同，根据式（8-5）则有

$$\begin{aligned}NPV_{有通胀}&=\sum_{t=0}^{n}\frac{NCF_t(1+r)^t}{(1+i)^t(1+f)^t}\\&=-100+\frac{30\times(1+7.5\%)}{(1+12\%)\times(1+6\%)}+\frac{32\times(1+7.5\%)^2}{(1+12\%)^2\times(1+6\%)^2}+\frac{36\times(1+7.5\%)^3}{(1+12\%)^3\times(1+6\%)^3}\\&=-19.87（万元）<0\end{aligned}$$

所以，考虑通货膨胀后，该项目不可行。

（3）由于各年通货膨胀率不同，而且，对现金流量和资金成本的影响又不一样，由式（8-7）可得

$$\text{NPV}_{有通胀}=\sum_{t=0}^{n}\frac{\text{NCF}_t\prod_{t=0}^{n}(1+r_t)}{(1+i)^t\prod_{t=0}^{n}(1+f_t)}$$

$$=-100+\frac{30\times(1+7\%)}{(1+12\%)\times(1+6\%)}+\frac{32\times(1+7\%)\times(1+8\%)}{(1+12\%)^2\times(1+6\%)\times(1+7\%)}$$

$$+\frac{36\times(1+7\%)\times(1+8\%)\times(1+9\%)}{(1+12\%)^3\times(1+6\%)\times(1+7\%)\times(1+8\%)}$$

$$=-20.62（万元）<0$$

所以，该项目不可行。

◆ 复习思考题

一、思考题

1. 为什么在长期投资决策中要考虑与投资项目有关的现金流量，而不考虑按权责发生制确认的收入、成本或利润？

2. 与投资项目有关的现金流量一般包括哪些内容，如何计算？

3. 净现值法和内部收益率法、获利能力指数法在什么情况下得出的结论会相互矛盾？

4. 如何消除通货膨胀对投资项目的评价指标产生的影响？

二、练习题

1. 某投资项目需两年建成，第 1 年初在固定资产上投资 100 万元，长期待摊费用投资 20 万元，项目于第 2 年末建成投产，投产时需垫支流动资金 30 万元。预计项目可使用 10 年，期满有残值 10 万元，同时可收回全部流动资金。固定资产按平均年限法计提折旧，长期待摊费用在 5 年内摊销完毕。

要求：

（1）若项目投产后，每年可获税后净利 15 万元，求项目计算期内各期的净现金流量。

（2）若项目投产后，每年可获营业收入 60 万元，付现成本 32 万元，假定企业所得税率为 33%。求项目计算期内各期净现金流量。

2. 某项目投资总额为 130 万元，其中固定资产投资 105 万元，流动资产投资 20 万元，长期待摊费用 5 万元，该项目建设期为 1 年，固定资产和长期待摊费用于建设期期初投入，流动资金于建设期期末投入，预计项目投产后可使用 10 年，期满可收回残值 5 万元及垫支的流动资金 20 万元。项目投产后预计每年可取得营业收入 80 万元，支付付现的经营成本 40 万元，已知该项目采用直线法计提折旧，长期待摊费用自投产年份起分 5 年平均摊销，假定该企业所得税率为 25%。

要求：

（1）按简化公式求出项目计算期内各年的净现金流量。

（2）用列表法求出项目计算期内各年现金净流量。

3. 根据第一题的资料，假定行业基准收益率为 10%。

要求用下列方法评价该方案的可行性：①投资报酬率法；②静态回收期法；③净现值法；④获利能力指数法。

4. 根据第二题的资料，假定行业基准收益率为 12%。

要求用下列方法评价该项目的可行性：①净现值法；②获利能力指数法；③内部收益率法；④静态回收期法。

5. 某公司正在考虑投资一种新的电子防盗装置，其预计市场寿命为 5 年。公司的前任财务主管对拟议中的该项目做出如下分析（表 8-10）；他认为，由于预计的投资报酬率只有 12%，所以公司不应投资于该项目。表 8-10 的分析是基于目前的成本和售价，前任财务主管认为未来售价会上升以补偿未来成本的提高。

表 8-10 拟议中的电子防盗装置分析报告

项目	项目计算期					
	0	1	2	3	4	5
固定资产上的投资/万元	4 500					
流动资产上的投资/万元	300	100	100	100	100	
销售收入/万元		3 500	4 900	5 320	5 740	5 320
材料成本/万元		535	750	900	1 050	900
人工成本/万元		1 070	1 500	1 800	2 100	1 800
制造费用/万元		50	100	100	100	100
利息支出/万元		576	576	576	576	576
计提折旧/万元		900	900	900	900	900
成本费用合计/万元		3 131	3 826	4 276	4 726	4 276
税前利润/万元		369	1 074	1 044	1 014	1 044
所得税/万元		129	376	365	355	365
税后净利/万元		240	698	679	659	679
初始投资额/万元	4 800					
平均年税后净利/万元	591					
投资报酬率/%	12.3					

公司现任财务主管进一步取得如下资料：①售价、营运资本的需要量因通货膨胀的存在将以每年 5%的比率上升；②材料成本和人工成本因通货膨胀的存在将以每年 10%的比率上升；③固定资产按平均年限法计提折旧；④企业所得税率为 25%，允许拖欠一年支付；⑤固定资产使用期满无残值；⑥公司未考虑通货膨胀因素的资金成本预计为 8%，考虑后的资金成本为 15%。

要求：

（1）计算该项目的净现值，并说明每一步骤的依据。

（2）计算该项目的内含报酬率。

第九章　证券投资决策

随着金融市场的逐步发展和完善，证券投资已成为企业的一项重要资金运用方式，但证券投资既可能获得较大投资收益，同时又面临一定风险，只有恰当地进行证券投资，才能有效避免风险，同时获得较大的投资收益。

第一节　证券投资的种类与目的

一、证券投资的含义

证券是指票面载有一定金额，代表财产所有权或债权，可以有偿转让的凭证。证券投资是指对证券进行投资的一种行为，是企业投资的重要组成部分。科学地进行证券投资管理，能增加企业收益，降低风险，并有利于实现财务管理的目标。

二、证券投资的种类

证券的种类很多，按不同的标准可以进行不同的划分。

（一）按证券的发行主体划分

按照证券发行主体的不同，证券可分为政府证券、金融证券和公司证券。政府证券是指中央政府或地方政府为筹集资金而发行的证券。金融证券则是指银行或其他金融机构为筹措资金而发行的证券。公司证券又称企业证券，是指工商企业为筹集资金而发行的证券。政府证券的风险最小，金融证券次之，公司证券的风险则视企业的规模、财务状况和其他情况而定。

（二）按证券的持有期限长短划分

按照证券的持有期限长短，可分为短期证券和长期证券。短期证券是指持有期限在一年以内的证券，如短期国债、商业票据、银行承兑汇票等；长期证券是指持有期限长于一年的证券，如股票、债券等。一般而言，短期证券的风险小、变现能力强，但收益率相对较低；长期证券的收益一般较高；但时期长、风险大。

（三）按证券的收益状况划分

按照证券收益状况不同，可将证券分为固定收益证券和变动收益证券。固定收益证券是指在证券的票面上规定有固定收益率的证券，如债券和优先股票面上一般都有固定的利息率，都属于固定收益的证券。变动收益证券是指证券的票面不标明固定的收益率，其收益情况随企业经营状况而变动的证券，普通股股票是最典型的变动收益证券。一般来说，固定收益证券风险较小，但报酬不高；而变动收益证券风险大，但报酬高。

（四）按证券体现的权益关系划分

按照证券所体现的权益关系，可将证券分为所有权证券和债权证券两种。所有权证券是指证券的持有人便是证券发行单位的所有者的证券，这种证券的持有人一般对发行单位有一定的管理和控制权。股票是典型的所有权证券，股东便是发行股票的企业的所有者。债权证券是指证券的持有人是发行单位的债权人的证券（如债券），这种证券的持有人一般无权对发行单位进行管理和控制。当一个发行单位破产时，债权证券要优先清偿，而所有权证券要在最后清偿，所以所有权证券一般风险较大。

三、证券投资的目的

企业进行证券投资的目的主要有以下几个方面。

（1）暂时存放闲置资金。企业一般都持有一定量的有价证券，以调整企业现金的持有量，当现金持有量较大时，企业会将现金转变为有价证券，替代持有较大量的非盈利的现金，在现金短缺时，再将有价证券售出，增加现金。

（2）与筹集长期资金相配合。处于成长期或扩张期的公司一般每隔一段时间就会发行长期证券（股票或公司债券），但发行长期证券所获得的资金一般并不一次用完，而是逐渐、分次使用的。这样，暂时不用的资金可投资于有价证券，以获取一定收益；而当企业投资需要资金时，则可卖出有价证券，获得现金。

（3）满足季节性经营对现金的需求。从事季节性经营的公司在一年内的某些月份有剩余现金，而在其他月份则会出现现金短缺，这些公司通常在现金有剩余时购入有价证券，而在现金短缺时出售有价证券。

（4）获得对相关企业的控制权。如果一家企业想获得对另一家企业的控制权，可以通过股票投资实现。

第二节 债券投资决策

一、债券的价值

债券表明的是以偿还本金和支付利息为条件的一种债权债务关系凭证。债券发行后可转让及流通。

（一）债券基本价值模型

一般来讲，购买债券都能够按债券的票面利率定期获取利息并到期收回本金，因此，债券的价值可以看作在债券持有期内，本金和利息的现值之和。将定期支付的利息视为年金，本金的偿付看作一次性付款项目，那么债券的价值是年金现值和复利现值之和，公式表示为

$$V=\sum_{t=1}^{n}\frac{I}{(1+r)^{t}}+\frac{M}{(1+r)^{n}}$$

式中，V 表示债券的价值；I 表示每年支付的债券利息额，即票面利率×面值；M 表示债券到期偿还的价值，通常是债券的票面面额；r 表示投资者要求的投资报酬率，通常用市场利率表示；n 表示债券到期的年限。

【例 9-1】某公司发行一种面额为 1 000 元、偿还期限为 10 年的债券，该债券的票面利率为 15%，其价值计算如下。

（1）在其他条件不变时，假设资本市场利率为 15%时，债券价值为

$$\begin{aligned}V&=\sum_{t=1}^{10}\frac{150}{(1+15\%)^{10}}+\frac{1\ 000}{(1+15\%)^{10}}\\&=150\times5.018\ 8+1\ 000\times0.247\ 2=1\ 000（元）\end{aligned}$$

这是债券在第 0 年时，即上市时的价值，债券上市 1 年后的价值为

$$\begin{aligned}V&=\sum_{t=1}^{9}\frac{150}{(1+15\%)^{9}}+\frac{1\ 000}{(1+15\%)^{9}}\\&=150\times4.771\ 6+1\ 000\times0.284\ 3=1\ 000（元）\end{aligned}$$

如果我们继续计算债券上市后第 2 年和第 3 年的价值，会得出同样的结论，因此，在债券的票面利率与市场利率一致时，债券的价值在任何时候与其面值都是相等的。

上面我们讨论了债券票面利率与市场利率一致时债券的价值，但实际上，债券的票面利率与市场利率经常有差别。

（2）在其他条件不变时，假设资本市场利率为 10%，即低于债券的票面利率，则债券的价值为

$$\begin{aligned}V&=\sum_{t=1}^{10}\frac{150}{(1+10\%)^{10}}+\frac{1\ 000}{(1+10\%)^{10}}\\&=150\times6.144\ 6+1\ 000\times0.385\ 5=1\ 307.19（元）\end{aligned}$$

由上述计算可知，在市场利率为 10%时，债券上市的价值为 1 307.19 元，高于其面值。

债券持有 1 年后，其价值为

$$V=\sum_{t=1}^{9}\frac{150}{(1+10\%)^9}+\frac{1\,000}{(1+10\%)^9}$$
$$=150\times5.759\,0+1\,000\times0.424\,1=1\,287.95\text{（元）}$$

上述结果表明债券持有 1 年后的价值低于债券发行时的价值。如果继续计算债券在持有第 2 年、第 3 年的价值，其价值还会降低，到第 10 年时，其价值刚好等于 1 000 元。因此，当市场利率小于债券票面利率时，债券的价值会逐年下降，直至到期时，债券的价值刚好等于其面值。

（3）在其他条件不变时，假设资本市场利率为 20%，即大于债券票面利率，这时，债券的价值为

$$V=\sum_{t=1}^{10}\frac{150}{(1+20\%)^{10}}+\frac{1000}{(1+20\%)^{10}}$$
$$=150\times4.192\,5+1\,000\times0.161\,5=790.38\text{（元）}$$

持有该债券 1 年以后，该债券的价值为

$$V=\sum_{t=1}^{9}\frac{150}{(1+20\%)^9}+\frac{1000}{(1+20\%)^9}$$
$$=150\times4.031\,0+1\,000\times0.193\,8=798.45\text{（元）}$$

上述结果说明，当市场利率大于票面利率时，债券的价值会上升，如果计算第 2 年、第 3 年的债券价值，其价值也会上升，直至 10 年到期时，其价值刚好等于其面值。

下面我们用图 9-1 来表示以上分析的结果。假定债券票面利率为 15%，考虑市场利率分别为 10%、15%、20%时债券价值的变化情况。

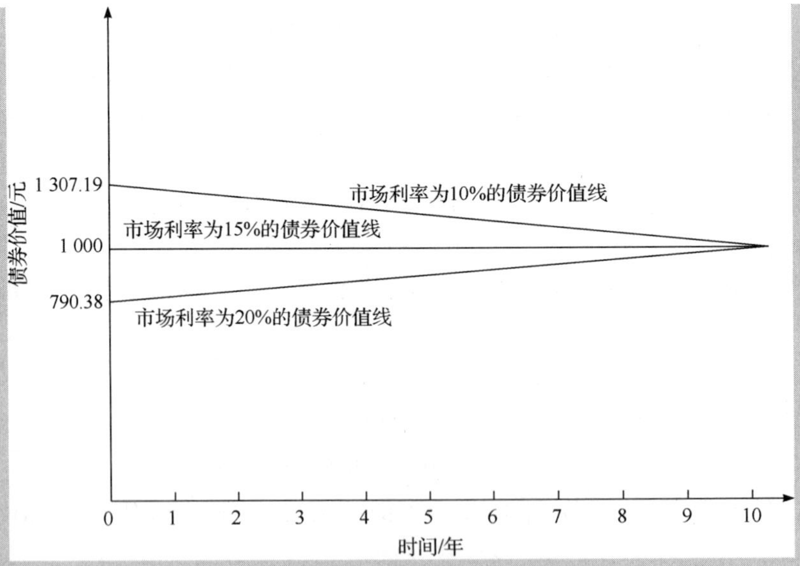

图 9-1 债券价值与市场利率的关系

根据图 9-1，我们能得出以下几个结论：①当市场利率与债券票面利率一致时，债券的价值等于其面值；②当市场利率低于债券票面利率时，债券的价值高于其面值；③当市场利率高于债券票面利率时，债券的价值低于其面值；④市场利率提高会使市场上债券价格下跌，而市场利率降低会使市场上债券价格上涨；⑤随着债券偿还期限的临近，债券的价值会越来越接近其面值。

（二）债券的到期收益率

到期收益率是指以市场价格购进某种债券至到期日止的投资利润率是多少。假设某投资者以 1 307.19 元的价格购买 10 年期、票面利率为 15%、面值为 1 000 元的债券，持有该债券至到期日，其收益率为

$$V=\sum_{t=1}^{10}\frac{150}{(1+r)^{10}}+\frac{1\,000}{(1+r)^{10}}=1\,307.19（元）$$

通过计算可得到期收益率 r=10%。债券票面利率的高低直接影响到期收益的多少。

（三）债券的利率风险

从前面分析得知，债券的价值会随着市场利率的变化而变化，而市场利率随着时间的变化也发生变化。这种利率变化给投资者带来的收益风险称为债券的利率风险。债券持有的期限越长，承受的利率风险就越大，反之，期限越短，承受的利率风险就越小。现以 1 年期和 10 年期债券为例，说明在不同利率水平下期限不同对其价值的影响。假设两种债券面值均为 1 000 元，票面利率均为 12%，价值变化计算结果如表 9-1 所示。

表 9-1 不同期限债券价值同利率关系比较

市场利率/%	债券价值/元	
	1 年期债券	10 年期债券
5	1 066.67	1 540.50
10	1 018.18	1 122.85
12	1 000	1 000
15	973.92	924.26
20	933.33	664.60

我们将计算结果用图 9-2 表示。

从表 9-1 和图 9-2 的分析可知，长期债券的价值受市场利率影响较大，而短期债券的价值受市场利率影响较小。当市场利率与票面利率同为 12%时，1 年期和 10 年期债券价格都等于其票面价值 1 000 元；当市场利率上升至 20%时，长期债券价格降至 664.60 元，下降 33.54%，而短期债券价格降至 933.33 元，下降 6.67%；当市场利率下降至 5%时，长期债券价格上升至 1 540.50 元，上升了 54.05%，而短期债券价格上升至 1 066.67 元，仅上升 6.67%。

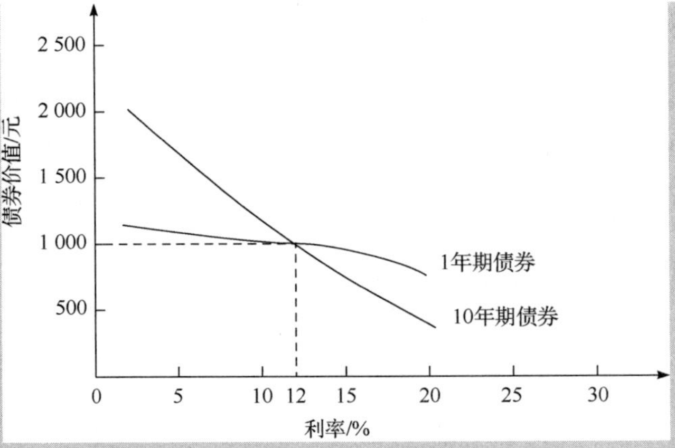

图 9-2　不同期限债券价值同利率的关系

（四）半年复利的债券价值计算

债券既可以以年为单位计息，也可以以半年为单位计息，而以半年计息的债券价值与以年计息的债券价值明显不同，半年计息债券的价值可表示如下：

$$V=\sum_{t=1}^{2n}\frac{I/2}{(1+r/2)^{t}}+\frac{M}{(1+r/2)^{2n}}$$

式中，V 表示债券价值；$I/2$ 表示半年支付的利息额；$r/2$ 表示半年的市场利率；M 表示债券到期偿还的本金即面值；$2n$ 表示利息支付的期数。

【例 9-2】假设某企业发行 10 年期面额为 1 000 元的债券，每半年计算并支付一次利息 75 元，在市场利率为 10%时，该债券的价值为

$$V=\sum\frac{75}{(1+10\%\div 2)^{10\times 2}}+\frac{1\,000}{(1+10\%\div 2)^{10\times 2}}$$
$$=75\times 12.462\,2+1\,000\times 0.376\,9=1\,311.565（元）$$

（五）永续债券

虽然我们在前面介绍的债券都有偿还期限，但确实存在这样一种债券，票面上没有规定期限，而是规定每年支付的利息至无限期，这种债券被称为永续债券。当然，市场利率的变动也会引起这种债券价值的波动。永续债券价值的计算基本公式为

$$V=I/r$$

式中，V 表示债券价值；I 表示每年支付的利息；r 表示市场利率。

现在我们假设某公司发行面值为 1 000 元的无期债券，每年固定支付利息 150 元，市场利率为 15%，则该债券的价值=150÷15%=1 000（元）。同理，市场利率上升，则永续债券的价值下降；相反，市场利率下跌，则永续债券的价值上升。

二、债券的评级

（一）债券评级的含义

债券的评级是指债券偿债能力的高低和违约的可能性的等级。自 20 世纪初期起，西方国家就开始通过债券的质量等级评定，来反映债券偿债的可能性。目前，美国最权威的债券等级评定机构是穆迪投资者服务公司（Moody’s Investor Service，以下简称穆迪公司）和标准普尔公司（Standard & Poor’s Corporation，S&P），它们对债券质量等级的评定如表 9-2 所示。

表 9-2　债券质量等级评定表

公司名称	高质量级	投资级	低于标准	冒险的
穆迪公司	Aaa、Aa	A、Baa	Ba、B	Ca～C
S&P	AAA、AA	AB、BB	BB、B	CCC～C

表 9-2 中，高质量级代表安全性极高的债券，投资级表示安全性相对下降但可以投资，BB 级及以下级别的债券违约的可能性较大，许多投资机构都拒绝购买这类债券。

（二）债券评级的标准

虽然债券评级带有浓厚的主观色彩，但在对债券进行评级时，仍需考核发行企业的以下诸多因素：①负债比率。②利息保障倍数。③固定费用比率。④流动比率。⑤抵押条款。债券有无抵押作为担保，若有，且该抵押品价值高于债券价值，则债券的等级就会提高。⑥附属条款。发行的债券是否附属于其他负债，如果是，那么这种债券的等级较无附属的债券等级要低一些，相反，一个债券若有其他债券附属于它，其等级应较高。⑦担保条款。某些债券是由其他企业担保的。如果一个实力较弱企业的债券由另一个实力较强的企业担保（通常为母公司），则债券的等级等同于担保企业的债券等级。⑧偿债基金。债券是否有偿债基金以确保还款，是评价债券等级的因素。⑨到期日。到期日较短的债券比到期日较长的债券风险小，这一特点也反映在债券等级中。⑩稳定性是指发行企业销售收入和收益是否稳定。⑪法规规定。发行企业是否受法规限制，不利的法规规定是否会使发行企业的经济地位下降，在对公用事业、航空、铁路及电话企业债券进行评定时法规是很重要的。⑫反对联盟。是否有正在进行的反对联盟托拉斯行动影响到企业。⑬海外经营。发行企业的销售收入、资产及利润中有多少成分是从海外经营中获得的，而该海外国家的政治状况如何。⑭环境因素。发行企业是否要花费大笔支出来装置防治污染的设备。⑮退休基金。发行企业是否准备退休基金，准备退休基金能否影响发行企业财务状况。⑯劳资纠纷。是否有足以降低发行企业经营地位的劳资纠纷问题。⑰资源的可用性。发行企业根据其是否有原料短缺问题，从而决定是否削减其经营活动。⑱会计政策。如果发行企业运用的是稳健的会计政策，会计报表上的数字就较为真实、可靠，债券的等级就高一些。

西方债券评级机构一致认为，他们在评定债券时，没有统一的公式，而是考虑上面列出的所有方面。因此，债券的评级掺杂了不少主观判断的因素。

（三）债券评级的重要性

债券等级的评定对发行企业和投资者都非常重要。

（1）债券等级是衡量债券风险大小的指标，因此，债券等级对债券的利率确定及发行企业的负债成本高低有直接影响。

（2）由于多数债券由投资机构购买，而且法律规定只能购买投资等级以上的债券，因此，如果发行企业发行的债券低于投资等级，在销售时就会出现困难。

（3）债券等级影响发行企业的资本可供量。企业债券等级越低，购买该企业新债券的投资者就越少，企业负债资本的可供量也越小。

（四）债券等级的调整

债券等级的改变对发行企业借入长期资本的数量及资本成本有重大的影响。评级机构评定的债券级别不是固定不变的，而是定期对已发行债券进行重估，并根据发行企业的经营状况和财务状况，调整发行企业债券的等级。

如果发行企业的经营状况变坏，但其再次发行的债券未被重新审定，其等级未下降，那么该发行企业再次筹资时应选择使用定期贷款或短期负债方式，而不应再向社会公开发行新的债券，直到发行企业情况改善为止。

三、债券投资的优缺点

（一）债券投资的优点

（1）本金安全性高。与股票相比，债券投资风险比较小。政府发行的债券有国家财力作为后盾，其本金的安全性非常高，通常视为无风险证券。企业债券的持有者拥有优先求偿权，即当企业破产时，优先于股东分得企业资产，因此，其本金损失的可能性也小。

（2）收入稳定性强。债券票面一般都标有固定利息率，债券的发行人有按时支付利息的法定义务。因此，在正常情况下，投资于债券都能获得比较稳定的收入。

（3）市场流动性好。许多债券都具有较好的流动性。政府及大企业发行的债券一般都可在金融市场上迅速出售，流动性很好。

（二）债券投资的缺点

（1）购买力风险较大。债券的面值和利息率在发行时就已确定，如果投资期间的通货膨胀率比较高，则本金和利息的购买力将不同程度地受到侵蚀，在通货膨胀率非常高时，投资者虽然名义上有收益，但实际上却有损失。

（2）没有经营管理权。投资于债券只是获得收益的一种手段，无权对债券发行单位施以影响和控制。

第三节 股票投资决策

一、普通股的价值

（一）普通股价值的一些基本概念

要研究普通股的价值，必须了解一些与之相关的基本概念。下面介绍几个有关的基本概念。

（1）票面价值。票面价值又称股票的票面额，是指股票票面上标出的金额。股票的发行价格一般都不等于其面值，所以许多企业不再在股票票面上标明金额。

（2）发行价格。股票的发行价格是股票在发行时的价格。股票的发行价格既可以按股票的面值发行，也可以按超过股票的面值发行，即溢价发行，还可以按低于股票的面值发行，即折价发行。我国目前规定股票不得折价发行。溢价发行股票获得的价差，计入资本公积金。

（3）设定价值。在发行无票面价值的股票时，根据设定股本和发行股数所确定的价值，叫设定价值。例如，某公司章程规定设定股本为 1 000 000 元，授权发行 200 000 股，则每股普通股设定价值为

$$1\,000\,000 \div 200\,000 = 5\text{（元）}$$

普通股不载明票面的价值，但具有设定价值，会使股票更有灵活性和弹性。

（4）账面价值是指按账面计算的每一普通股份的资产价值，是股东实际拥有的资产权益。股票的账面价值往往与股票的票面价值相差很远，它随着企业资产的增值而上升，随着企业资产的减少而下降，其计算公式为

$$\text{股票的账面价值} = \frac{\text{资产的净值} - \text{优先股的总面值}}{\text{普通股的总股数}}$$

例如，某公司资产负债表中权益部分如下：

优先股（面值 50 元）	50 000
普通股（面值 5 元）	25 000
留存收益	40 000
权益合计	115 000

则

$$\text{每股普通股账面价值} = \frac{115\,000 - 50\,000}{5\,000} = 13\text{（元）}$$

（5）清算价值是指企业清算时，每股所代表的实际价值。从理论上来说，账面价值与其清算价值应当一致，实际上并非如此。因为清算时企业资产的销售金额很难与财务报表上的账面价值一致，大多数情况下，每股清算价值都小于账面价值。

（6）内在价值是筹资者或投资者对某种股票分析得出的估计价值。

（二）普通股估价

（1）多年期股利不变股票估价。如果股票多年持有而且每年股利不变，那么股票的价值应是所有年度股利的现值和股票最终售价的现值之和，公式如下：

$$V_0=\sum_{x=1}^{n}\frac{D_x}{(1+r)^x}+\frac{V_n}{(1+r)^n}$$

式中，r 表示投资者要求的报酬率；D_x 表示第 x 年的股利；V_n 表示 n 年后股票的售价；V_0 表示股票内在价值。

如果股票长期持有永不出售，也就是说，上式中的 $n\to\infty$，则 $\frac{V_n}{(1+r)^n}\to 0$，那么股票价值应为

$$V_0=\sum_{x=1}^{\infty}\frac{D_x}{(1+r)^x}=\frac{D}{r}$$

（2）成长时期股票的价值。上面计算股票价值时，假设公司股利每年是固定的，但通常情况下，股利是不固定的，并且是逐年增长的，所以，股票价值判断应考虑股利每年递增率 g（假定 g 每年不变）。假设当前每股股利为 D_0，则股票价值应为每年股利的现值之和，其公式如下：

$$V_0=\frac{D_0(1+g)}{(1+r)}+\frac{D_0(1+g)^2}{(1+r)^2}+\cdots+\frac{D_0(1+g)^\infty}{(1+r)^\infty} \tag{9-1}$$

假设 $r>g$，把式（9-1）两边同乘 $(1+r)/(1+g)$，再减去式（9-1），可得

$$\frac{V_0(1+r)}{(1+g)}-V_0=D_0-\frac{D_0(1+g)^\infty}{(1+r)^\infty} \tag{9-2}$$

由于 $r>g$，所以 $\frac{D_0(1+g)^\infty}{(1+r)^\infty}\to 0$，式（9-2）变为

$$V_0\left(\frac{1+r}{1+g}-1\right)=D_0$$

则

$$V_0=\frac{D_0(1+g)}{r-g}=\frac{D_1}{r-g} \tag{9-3}$$

同时也可以推出

$$r=\frac{D_1}{V_0}+g \tag{9-4}$$

式（9-3）和式（9-4）就是著名的戈登模型（Gordon model）。

二、优先股的价值

优先股的种类很多，评价不同优先股的内在价值应采用不同的方法。

如果优先股是累积而又分享收益的优先股，那么，它的收益与普通股相类似，既有股利收益也有剩余盈余的收益。但由于优先股的风险要大大低于普通股，所以优先股的报酬率可能要低些。因此，对于这种优先股的估价，除报酬率较低外，其内在价值的估价方法基本上与普通股相同。

对于一般的具有固定股利的累积优先股，其估价又具有与债券相同的性质。虽然大部分优先股均是可收回的，但其票面上并没有固定的到期日，所以，在估价时可认为优先股没有到期日。优先股的内在价值可表示为

$$V_0=\frac{D}{(1+r)^1}+\frac{D}{(1+r)^2}+\cdots+\frac{D}{(1+r)^n}+\frac{V_n}{(1+r)^n} \quad (9\text{-}5)$$

式中，V_0 表示内在价值；V_n 表示 n 年后股票的售价；D 表示固定股利；r 表示必要报酬率。

两边同乘 $(1+r)$，得

$$V_0(1+r)=D+\frac{D}{(1+r)}+\cdots+\frac{D}{(1+r)^{n-1}}+\frac{V_n}{(1+r)^{n-1}} \quad (9\text{-}6)$$

式（9-6）减式（9-5）得

$$\begin{aligned}V_0\times r&=D-\frac{D}{(1+r)^n}+\frac{V_n}{(1+r)^{n-1}}-\frac{V_n}{(1+r)^n}\\&=D-\frac{D}{(1+r)^n}+\frac{V_n r}{(1+r)^n}\end{aligned}$$

若 $n\to\infty$，$\frac{D}{(1+r)^n}\to 0$，$\frac{V_n r}{(1+r)^n}\to 0$，则

$$V_0 r=D,\quad V_0=D/r \quad (9\text{-}7)$$

【例 9-3】假设某公司优先股的面值为 1 000 元，其累积的固定股利率为 8%。根据调查，此种股票的必要报酬率为 10%，那么股票价格应为多少适宜？

由式（9-7）可得

$$V_0=D/r=1\,000\times 8\%\div 10\%=800（元）$$

如果该股票的市场价格为 840 元，那么报酬率应为

$$r=D/V_0=1\,000\times 8\%\div 840\times 100\%=9.52\%$$

这就是说，如果股票价格等于或高于 800 元，不应投资；如果股票价格低于 800 元，可以投资。

三、股票的评级

（一）优先股评级

优先股评级是证券评估机构对优先股的质量做出的一种评价。对优先股评级考虑的主要因素是：①支付股息的可能性；②优先股的性质和各种条款；③在破产清算和企业重组时优先股的相对地位。

优先股的评级与债券评级大体一致，但优先股的股利分配和对企业财产的要求权都位于债权人之后，因此，优先股等级一般不能高于同一个企业发行的债券的级别。

（二）普通股编类排列

证券评级机构按照各种股票的收益和红利的不同水平对股票进行编类排列。普通股和其他证券不同，事先没有规定红利的多少，不存在违约风险。这样普通股就不存在评级问题，只是依据普通股红利的增长情况和稳定程度、以往的信息资料以及发行普通股企业的大小来进行普通股的编类排列。美国穆迪公司把普通股划分为四大类八个等级，其含义分别为：① A^+表示股东收益最高；② A 表示股东收益较高；③ A^-表示股东收益略高于平均水平；④ B^+表示股东收益相当于平均水平；⑤ B 表示股东收益略低于平均水平；⑥ B^-表示股东收益较低；⑦ C 表示股东收益很低；⑧ D 表示股东无收益或负收益。

四、股票投资的优缺点

（一）股票投资的优点

股票投资是一种最具有挑战性的投资，其收益和风险都比较高。其优点主要有：①投资收益高。普通股票的价格虽然变动频繁，但从长期看，优质股票的价格总是上涨的居多，只要选择得当，都能取得优厚的投资收益。②购买力风险低。普通股的股利不固定，在通货膨胀率比较高时，由于物价普遍上涨，股份公司盈利增加，股利的支付也随之增加，因此，与固定收益证券相比，普通股能有效地降低购买力风险。③拥有经营控制权。普通股股东是股份公司的所有者，有权监督和管理企业，因此，欲控制一家企业，最好是收购这家企业的股票。

（二）股票投资的缺点

股票投资的缺点是风险大。这是因为：①求偿权居后。普通股对企业资产和盈利的求偿权均居于最后。企业破产时，股东原来的投资可能得不到全额补偿，甚至一无所有。②价格不稳定。普通股的价格受众多因素影响，如政治因素、经济因素、投资人心理因素、企业的盈利情况、风险情况，都会影响股票价格，导致股票投资具有较高的风险。③收入不稳定。普通股股利的多少，视企业经营状况和财务状况而定，其有无、多寡均无法律上的保证，其收入的风险也远远大于固定收益证券。

第四节　投资基金

一、投资基金的含义和特征

（一）投资基金的含义

投资基金在美国被称为共同基金（mutual fund），在英国被称为信托单位（trust unit），它是一种集合投资制度，由基金发起人以发行收益证券的形式汇集一定数量的具有共同投资目的的投资者的资金，委托由投资专家组成的专门投资机构进行各种分散的投资组合，投资者按出资的比例分享投资收益，并共同承担投资风险。

投资基金作为一种集合投资制度，其创立和运行主要涉及四个方面，即投资人、发起人、管理人和托管人。投资人是出资人，也是受益人，它可以是自然人或者法人，大的投资人往往也是发起人。发起人根据政府主管部门的基金章程或基金证券发行办法筹集资金而设立投资基金，将基金委托于管理人管理和运营，委托于托管人保管和进行财务核算，发起人与管理人、托管人之间的权利与义务通过信托契约来规定。

（二）投资基金与股票、债券的区别

投资基金也是一种有价证券，但它与股票、债券不同，具体表现在以下方面。

（1）发行的主体不同，体现的权利关系也不同。投资基金是由基金发起人发行的，投资基金的投资人与发起人之间是一种契约关系，投资人与发起人都不参与基金的运营管理，而是委托基金管理人进行运营。受托的管理人根据“受人之托、代人理财、忠实服务、科学运营”的原则，按基金章程规定的投资限制，对基金自主运用，以保证投资人有较丰厚的收益。发起人与管理人、托管人之间完全是一种信托契约关系。这种关系与股票、债券所体现的关系具有明显的区别。

（2）风险和收益不同。投资基金由投资专家组成的专门投资机构进行投资组合管理，由于有一定的规模，再加上这种组合以降低风险为出发点，所以其风险小于股票投资的风险，但毕竟还属于冒险的投资项目，因此，其风险大于债券投资。由于投资基金的风险不固定，所以其收益也是不固定的，一般小于股票投资，大于债券投资。

（3）存续时间不同。投资基金都规定有一定的存续时间，期满即终止，但是，投资基金经持有人大会或基金公司董事会决定可以提前终止，也可以期满再延续。这一点与债券、股票也有明显的区别。

二、投资基金的种类

投资基金可以按不同的标准进行分类，通常的分类方法如下。

（1）按照组织形式不同，投资基金可以分为契约型投资基金和公司型投资基金。

契约型投资基金也称信托型投资基金，是指基金发起人通过发行受益证券的形式筹集投资基金，受益证券由证券机构或金融机构认购包销并向社会公开发行，投资人购买受益证券即成为该基金的受益人，在约定的存续时间内凭所持证券分享红利。

公司型投资基金是指基金发起人通过组织基金公司的形式，发行投资基金股份，投资人购买基金股份即成为基金公司的股东，享有决议权、利益分配权和剩余财产分配权。

（2）按照能否随时赎回，投资基金可以分为封闭型投资基金和开放型投资基金。

封闭型投资基金是指在基金的存续时间内，不允许证券持有人赎回基金证券，发行人（管理人）不得随意增减基金证券，证券持有人只能通过证券交易所买卖证券。这种基金证券的资产比较稳定，便于经营，但价格受市场供求关系的影响较大。公司型的封闭型投资基金，其经营业绩对基金股东来说至关重要，在其经营业绩好时，股东可以通过超过基金净资产价值的证券价格而获得较高的收益；但在其经营业绩不好时，投资人则会承担较大的亏损，因此其风险也较大。

开放型投资基金是指在基金的存续时间内，允许证券持有人申购或赎回所持有的单位或份额，在基金发行新证券时，一般按基金的净资产价值加经销手续费出售基金证券，持有人赎回基金证券时，则按净资产价值减除一定比例的手续费作为赎回价格。由于开放型投资基金允许随时赎回，所以管理者压力较大，其资产经常处于变动之中，一般要求投资于变现能力较强的证券。

（3）按照投资对象不同，投资基金可以分为股权式投资基金和证券投资基金。

股权式投资基金是指以合资或参股的形式进行的基金投资，这种投资以获取投资收益为主要目的，它可以参与被投资企业的经营，但一般不起控制支配作用。股权式投资基金的流动性和变现能力较差，一般是封闭型投资基金。

证券投资基金是指以投资于已经公开发行上市的股票和债券为主的投资基金，这种投资基金的流动性较好、容易变现，因此，可以是开放型投资基金。

三、投资基金的优缺点

投资基金的最大优点是能够在不承担太大风险的情况下获得较高收益。这是因为：①投资基金具有专家理财优势。投资基金的管理人都是投资方面的专家，他们在投资前均进行多种研究，能够降低风险、提高收益。②投资基金具有资金规模优势。我国的投资基金一般拥有资金 20 亿元以上，西方大型投资基金一般拥有资金百亿美元以上，这种资金优势有利于进行充分的投资组合，能够降低风险、提高收益。

投资基金的缺点是：①无法获得很高的投资收益。投资基金在投资组合过程中，在降低风险的同时，也丧失了获得巨大收益的机会。②在大盘整体大幅度下跌的情况下，进行基金投资也可能会损失较多，投资人承担较大的风险。

第五节　证券投资组合

一、证券投资组合的意义

证券投资组合又叫证券组合，是指在进行证券投资时，不是将所有的资金都投向单一的某种证券，而是有选择地投向一组证券。这种同时投资多种证券的做法被称为证券的投资组合。

证券投资的营利性吸引了众多投资者，但证券投资的风险性又使许多投资者望而却步。如何才能有效地解决这一难题呢？科学地进行证券的投资组合就是一个比较好的方法。通过有效地进行证券投资组合，便可消减证券风险，达到降低风险的目的。

投资风险存在于各个国家的各种证券中，它们随经济环境的变化而不断变化，时大时小，此起彼伏。简单地把资金全部投向一种证券，便要承受巨大的风险，一旦失误，就会全盘皆无。因此，证券市场上经常听到这样一句名言：不要把全部鸡蛋放在同一个篮子里。证券投资组合是证券投资的重要武器，它可以帮助投资者全面捕捉获利机会、降低投资风险。

二、证券投资组合的风险与收益率

由于证券投资组合能够降低风险，所以，绝大多数法人投资者都同时投资于多种证券。即使是个人投资者，一般也进行投资组合而不只是投资于某一个公司的股票或债券。因此，了解证券投资组合的风险与收益率的确定极其重要。

（一）证券投资的组合效果

计算协方差与相关系数。当我们进行两个或两个以上的项目投资，即投资组合时，要如何进行总投资的报酬和风险的计量呢？总投资的期望收益即为投资的每个项目的期望收益与其投资比重的乘积之和，其公式如下：

$$E(r_p)=\sum x_i E(r_i) \tag{9-8}$$

式中，x_i表示投资项目 i 在总投资中占的比例；$E(r_i)$表示投资项目 i 的期望收益。若企业将 x_1 比例的资金投资于项目 1，x_2 比例的资金投资于项目 2，则两个投资项目构成的投资组合的期望收益为

$$E(r_p)=x_1E(r_1)+x_2E(r_2)$$

三个投资项目构成的投资组合的期望收益为

$$E(r_p)=x_1E(r_1)+x_2E(r_2)+x_3E(r_3)$$

那么这个投资组合的标准差σ如何计算呢？假如这两个投资组合的标准差的计算与期望值计算一样，计算加权平均数，那么投资组合的标准差应该为

$$\sigma_p = x_1\sigma_1 + x_2\sigma_2 \quad (9\text{-}9)$$

这样得到的σ_p一定大于或等于σ_1和σ_2中的一个，假设σ_1比σ_2小，当投资者投资项目 1 同时加进投资项目 2 以后，风险反而变大了。假定他和普通投资者一样不喜欢风险，那他一定只投资项目 1 而不再扩充投资。显然，按照计算期望收益的思路计算风险是不正确的，一个投资组合的标准差并不是像期望值那样根据两个单独标准差的简单加权平均数计算出来，而是要考虑投资组合中的相互反应，即考虑多个投资项目的相关性。协方差是用来描述多个投资项目相互关联程度的一个指标，协方差可用以下公式计算：

$$\sigma_{12} = \sum\left(E(r_1) - r_1\right)\left(E(r_2) - r_2\right)\cdot P \quad (9\text{-}10)$$

式中，P 表示概率；σ_{12}表示协方差。若两个投资项目不相关，协方差为零；若正相关，协方差大于零；若负相关，协方差小于零。

协方差给出的是两个变量相对运动的绝对值。有时，投资者更需要了解这种相对运动的相对值，这个相对值，就是相关系数ρ。相关系数$\rho_{12} = \sigma_{12}/\sigma_1\sigma_2$，相关系数永远满足$-1 \leqslant \rho \leqslant 1$的条件。

投资项目组合的风险既与每个投资项目有关，也与他们的相关程度ρ有关，因此，投资项目组合的方差可表示为

$$\sigma_p^2 = \sum\sum x_i x_j \sigma_{ij} \quad (9\text{-}11)$$

两个投资项目构成的投资组合的方差为

$$\sigma_p^2 = (x_1\sigma_1)^2 + (x_2\sigma_2)^2 + 2x_1x_2\sigma_{12}$$

当$i = j$时，σ_{ij}正好是某投资项目的方差，否则是两个对应投资项目的协方差。

三个投资项目构成的投资组合的方差为

$$\begin{aligned}\sigma_p^2 &= \sum\sum x_i x_j \sigma_{ij} \\ &= x_1^2\sigma_1^2 + x_1x_2\sigma_{12} + x_2x_1\sigma_{12} + x_2^2\sigma_2^2 + x_2x_3\sigma_{23} + x_3x_2\sigma_{32} + x_1x_3\sigma_{13} + x_1x_3\sigma_{13} + x_3^2\sigma_3^2\end{aligned}$$

我们可以用表格的形式表示投资组合方差计算的这一结果，见表 9-3。

表 9-3　投资组合方差计算

投资项目 1	投资项目 2
$x_1^2\sigma_1^2$	$x_1x_2\sigma_{12}$
$x_1x_2\sigma_{12}$	$x_2^2\sigma_2^2$

从表 9-3 可以看出，两个投资项目的方差是由四个（2×2）单元格中的数据组成，只要用一定的规则填好四个单元格并把其数据加起来，即可得到投资组合的方差，从而得到标准差。填空的规则为：①从左上方到右下方的对角线单元格（同一投资项目的交叉点）用所对应的投资项目的方差和其占总投资比例的平方乘积填入；②其他单元格用

其一一对应的每对投资项目的协方差与其分别占总投资的比例的乘积填入。

同理，对于由 N 个投资项目构成的投资组合的方差由 N^2 个单元格数据组成，根据上面的填写原则，其方阵图可见图 9-3。

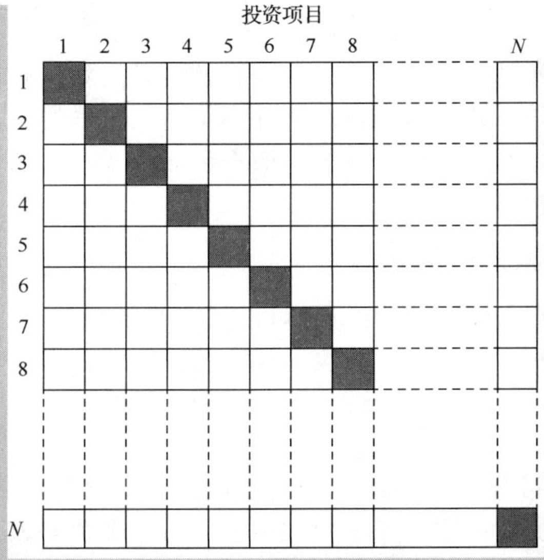

图 9-3 投资组合风险计算图

图 9-3 中对角单元格用投资项目投资比例的平方和其方差的乘积填入，共有 N 个方差项，其余单元格由投资项目的各自投资比例和每对投资之间的协方差的乘积填入，共有 N^2-N 个协方差项。

从图 9-3 可以看出，协方差对于由多个投资项目构成的投资组合是非常重要的。在两个投资项目构成的投资组合中，其方差项的数量与协方差项的数量相同（都是两项），但随着投资项目增加，协方差项的数量要比方差项的数量多。可见，一个完全多样化的投资组合的方差主要取决于协方差。

假设我们用相同的投资比例投入 N 个投资项目组成投资组合，那么每个投资项目的投资比例（权数）就是 $\frac{1}{N}$，所以每个方差单元格里填入 $\left(\frac{1}{N}\right)^2$ 乘以方差，在协方差的单元格填入 $\left(\frac{1}{N}\right)\times\left(\frac{1}{N}\right)$ 乘以协方差。共有 N 个方差项和 N^2-N 个协方差项，因此，该投资组合的方差公式为

$$\begin{aligned}\text{投资组合方差}\sigma_p^2 &= \left(\frac{1}{N}\right)^2\times\text{方差}+(N^2-N)\cdot\left(\frac{1}{N}\right)^2\times\text{平均协方差}\\ &=\frac{1}{N}\times\text{平均方差}+\left(1-\frac{1}{N}\right)\times\text{平均协方差}\end{aligned}$$

当 N 越大时，投资组合方差的值就越接近平均协方差的值。因为当 $N\to\infty$ 时，公

式的第一项 $\frac{1}{N}\times$ 平均方差 $\to 0$，这表明当投资项目增多时，各投资项目的方差项趋于 0，这部分与个别投资项目相联系的风险将逐渐消失，即当 $N\to\infty$ 时，公式第二项 $\left(1-\frac{1}{N}\right)\times$ 平均协方差，却由于 $1-\frac{1}{N}\to 1$，而使协方差项趋于其平均协方差。如果平均协方差等于 0，通过掌握足够的投资项目的数量就可以消除所有的风险，即投资组合的方差等于 0，但不幸的是，各投资项目之间并不是毫无联系的，大多数投资项目都是以正相关的关系紧密地联系着，平均协方差一般不会等于 0，所以投资组合总要保留一部分风险，它等于一个平均协方差。

（二）证券投资组合的风险

从上面的论述中我们知道，投资组合可以减少投资风险，但不能完全消除风险。哪些风险能够消除，哪些不能消除，取决于风险的性质，证券投资组合的风险可以分为两种性质完全不同的风险，即非系统性风险和系统性风险。

1. 非系统性风险

非系统性风险又叫可分散风险或公司特别风险，那些随着投资项目增加而最终可被消除的风险称为非系统性风险，非系统性风险只与个别企业和个别投资项目相联系，由企业投资项目本身的种种不确定性引起。例如，可能一家企业推出新产品影响了另一家企业的产品销售，也可能原材料价格上涨，政府政策变化影响到企业的经营，这些变化不会对所有企业或所有投资项目产生普遍的影响。这种风险可通过证券持有的多样化来抵消，即多买几家公司的股票，其中某些公司的股票收益上升，另一些股票的收益下降，从而将风险抵消。上面讲到的投资组合可以降低风险，指的就是投资组合可以降低非系统性风险。非系统性风险包括经营风险和财务风险。现举例说明如下。

【例 9-4】假设证券组合由完全负相关的股票 W 和 M 构成，每种股票在证券组合中各占 50%，它们的收益率和风险的详细情况见表 9-4。

表 9-4 完全负相关的两种股票构成的证券组合的收益情况 单位：%

年份	W 的收益 K_W	M 的收益 K_M	WM 组合的收益 K_p
2019	40	−10	15
2020	−10	40	15
2021	35	−5	15
2022	−5	35	15
2023	15	15	15
平均收益率 K	15	15	15
标准离差 δ	22.6	22.6	0.00

根据表 9-4 的资料，可以绘制出两种股票以及由它们构成的证券组合的收益率图，

如图 9-4 所示。

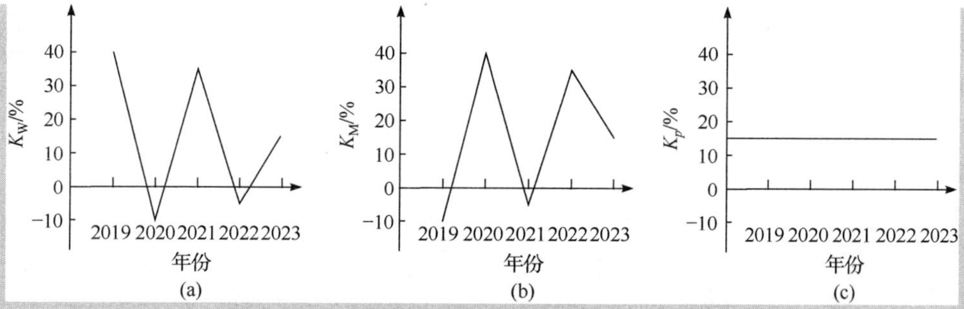

图 9-4　两种完全负相关股票的收益图

从表 9-4 和图 9-4 中可以看出，如果分别持有两种股票，都有很大风险，但如果把它们组合成一个证券组合，则风险为零。

W 股票和 M 股票之所以能结合起来组成一个无风险的证券组合，是因为它们收益的变化正好相反，即当 W 股票的收益下降时，M 股票的收益正好上升，反之则反。它的相关系数 $r=-1.0$。

当股票种类足够多时，几乎能把所有的非系统性风险分散掉。

2. 系统性风险

系统性风险又称不可分散风险或市场风险，是指某些因素给市场上所有的证券都带来经济损失的可能性，如宏观经济状况的变化、国家税法的变化、国家财政政策和货币政策的变化、世界能源状况的改变等。这些风险影响到所有的证券，因此，不能通过证券组合分散掉。对投资者来说，这种风险是无法消除的，故被称为不可分散风险。系统性风险主要包括经济周期风险、购买力风险、市场利率风险。但这种风险对不同企业的影响程度不同，这种影响程度用 β 系数来计量。β 系数有多种计算方法，实际计算过程十分复杂，但幸运的是 β 系数一般不需投资者自己计算，而由一些投资服务机构定期计算并公布。

整体的证券市场的 β 系数为 1。如果某种股票的风险情况与整个证券市场的风险情况一致，则这种股票的 β 系数等于 1；如果某种股票的 β 系数大于 1，说明其风险大于整个市场的风险；如果某种股票的 β 系数小于 1，说明其风险小于整个市场的风险。

单个证券的 β 系数可以由有关的投资服务机构提供。那么，投资组合的 β 系数需要投资者计算。投资组合的 β 系数是单个证券 β 系数的加权平均数，权数为各种证券在投资组合中所占的比重。其计算公式是

$$\beta_p = \sum_{i=1}^{n} x_i \beta_i$$

式中，β_p 表示证券组合的 β 系数；x_i 表示证券组合中第 i 种股票所占的比重；β_i 表示第 i 种股票的系数；n 表示证券组合中股票的数量。

通过以上分析可知，非系统性风险是只与个别企业或个别投资项目相关联的风

险，因此，当投资项目数增加时，不同投资项目的风险相互抵消、彼此制约，从而使总投资的非系统性风险减小。而系统性风险反映了由所有投资活动构成的总的经济活动的运动状况和运动趋势，是无法通过增加投资项目数来消除的。因此，投资的总风险公式表示如下：

总风险=非系统性风险+系统性风险

这个结论，可表示为图 9-5。

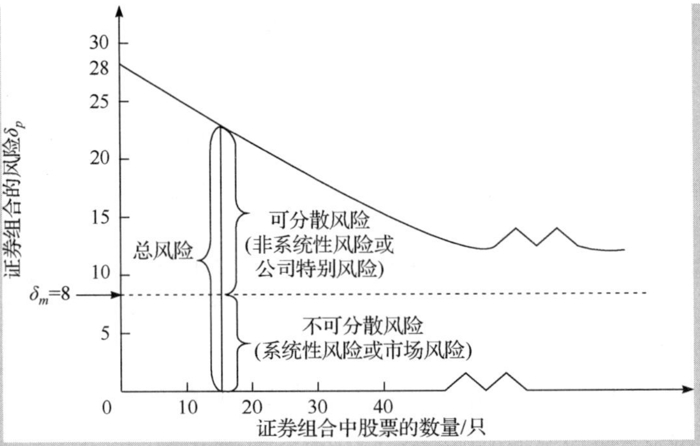

图 9-5　证券风险构成图

（三）证券投资组合的风险收益

投资者进行证券组合投资与进行单项投资一样，都要求对承担的风险进行补偿，股票的风险越大，要求的收益就越高。但是，与单项投资不同，证券组合投资要求补偿的风险只是不可分散风险，而不要求对可分散风险进行补偿。如果有可分散风险的补偿存在，善于科学地进行投资组合的投资者将购买这部分股票，并抬高其价格，其最后的收益率只反映不能分散的风险。因此，证券组合的风险收益是投资者因承担不可分散风险而要求的，是超过时间价值的那部分额外收益，其计算公式为

$$R_p=\beta_p\left(K_m-R_F\right) \qquad (9\text{-}12)$$

式中，R_p 表示证券组合的风险收益率；β_p 表示证券组合的 β 系数；K_m 表示所有证券投资的平均收益率，也就是由市场上所有证券组成的证券投资组合的收益率，简称市场收益率；R_F 表示无风险收益率，一般用政府公债的利息率来衡量。

【例 9-5】某公司持有由甲、乙、丙三种股票构成的证券组合，它们的 β 系数分别是 2.0、1.0 和 0.5，它们在证券组合中所占的比重分别为 60%、30%和 10%，股票的市场收益率为 14%，无风险收益率为 10%，计算这种证券组合的风险收益率。

（1）确定证券组合的 β 系数。

$$\begin{aligned}\beta_p&=\sum x_i\beta_i\\&=60\%\times2.0+30\%\times1.0+10\%\times0.5=1.55\end{aligned}$$

（2）计算该证券组合的风险收益率。

$$R_p = \beta_p(K_m - R_F)$$
$$= 1.55 \times (14\% - 10\%) = 6.2\%$$

当然，计算出风险收益率后，便可根据投资额和风险收益率计算出风险收益的数据。从以上计算中可以看出，在其他因素不变的情况下，风险收益取决于证券组合的β系数，β系数越大，风险收益就越大，反之则反。

【例 9-6】在例 9-5 中，该公司为降低风险，售出部分甲股票，买进部分丙股票，使甲、乙、丙三种股票在证券组合中所占的比重变为10%、30%和 60%，试计算此时的风险收益率。

此时，证券组合的β值为

$$\beta_p = \sum x_i \beta_i$$
$$= 10\% \times 2.0 + 30\% \times 1.0 + 60\% \times 0.5 = 0.8$$

那么，此时证券组合的风险收益率应为

$$R_p = \beta_p(K_m - R_F)$$
$$= 0.8 \times (14\% - 10\%) = 3.2\%$$

从以上计算可以看出，调整各种证券在证券组合中的比重可改变证券组合的风险、风险收益率和风险收益额。

（四）风险和收益率的关系

在西方金融学和财务管理学中，有许多模型论述风险和收益率的关系，其中一个最重要的模型为资本资产定价模型，这一模型为

$$K_i = R_F + \beta_i(K_m - R_F)$$

式中，K_i为第 i 种股票或第 i 种股票证券组合的必要收益率；R_F为无风险收益率；β_i为第 i 种股票证券组合的β系数；K_m为所有证券的平均收益率。

【例 9-7】某公司股票的β系数为 2.0，无风险报酬率为 6%，市场上所有股票的平均收益率为 10%，那么，该公司股票的收益率应为

$$K_i = R_F + \beta_i(K_m - R_F)$$
$$= 6\% + 2.0 \times (10\% - 6\%) = 14\%$$

也就是说，该公司股票的收益率达到或超过 14%时，投资者方肯进行投资。如果低于 14%，则投资者不会购买公司的股票。

图 9-6 表示资本资产定价模型的基本原理。

从图 9-6 中可看到，无风险收益率为 6%，β系数不同的股票有不同的风险收益率，当β=0.5 时，风险收益率为 2%；当β=1.0 时，风险收益率为 4%；当β=2.0 时，风险收益率为 8%。也就是说，β值越高，要求的风险收益率也就越高，在无风险收益

率不变的情况下，必要收益率也就越高。

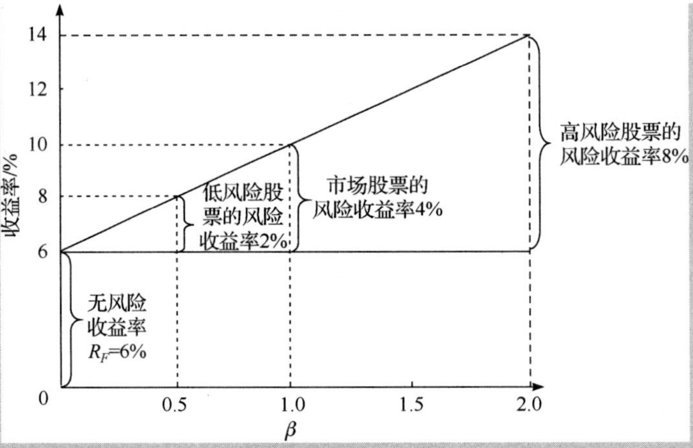

图 9-6　证券收益率与 β 系数的关系

◈ 复习思考题

一、思考题

1. 简述证券投资的种类和目的。
2. 简述债券评级的种类及每一种类的意义。
3. 简述债券投资的优缺点。
4. 简述股票投资的优缺点。
5. 简述投资基金的含义及投资基金与股票、债券的区别。
6. 简述投资基金的种类及投资基金的优缺点。
7. 简述证券投资组合的意义。
8. 简述系统性风险与非系统性风险的含义及区别。
9. 简述资本资产定价模型及其含义。

二、练习题

1. 某公司发行优先股，票面价值为 500 元，年股利率为 10%，要求的最低投资报酬率为 16%。

要求：

（1）计算该公司股票的内在价值。

（2）若该公司股票的市场价格为 400 元，那么其报酬率应为多少？

2. 某公司股票的投资报酬率为 10%，年股利增长率为 5%，公司当年的每股股利为 1 元。

要求：

（1）计算公司股票的内在价值。

（2）若按此价格购进股票，则下一年的预期报酬率应为多少？

（3）若某人购进该公司股票后，预计持有 3 年，3 年后按 60 元的价格卖出，那么该公司股票价格应为多少合适？

3. 某人欲投资 M 公司股票，预期 M 公司股票未来 4 年的股利将高速增长，增长率为 20%，此后将转为正常的增长，增长率为 12%。M 公司当年的每股股利为 1 元，要求的最低投资报酬率为 10%。

要求：计算 M 公司股票目前的内在价值。

4. 某公司 2023 年的资产负债表中有关股东权益部分资料如表 9-5 所示。

表 9-5　公司股东权益表　　单位：元

项目	金额
优先股（面值 1 元）	1 000 000
普通股（面值 1 元）	3 000 000
留存收益	4 000 000
权益合计	8 000 000

该公司普通股价格为 20 元，经预测 3 年后可上涨为 28 元，年股利收入预计为每股 1.5 元，投资者要求的最低投资报酬率为 10%。

要求：

（1）计算该公司普通股股票每股账面价值。

（2）计算该公司普通票股票的内在价值。

（3）如果投资者要求的报酬率为 12%，重新计算普通股股票的投资价值。

（4）请说明投资者要求报酬率的变动对股票投资价值的影响。

5. 某公司多次发行 1 000 元面值的债券的情况如下：①2021 年发行的债券，票面年利率 10%，期限 2 年，市场利率为 12%；②2022 年发行的债券，票面年利率 8%，期限 4 年，市场利率为 10%；③2023 年发行的债券，票面年利率 12%，期限 5 年，市场利率为 10%。上述债券均每满一年付息一次。

要求：计算每次债券的发行价格。

第十章　营运资金管理

营运资金管理又被称为企业资金的日常管理，是企业资金运用的另一个方面，企业日常资金是否充足以及运用是否有效，主要看营运资金管理是否得当。本章介绍了营运资金的含义、结构性管理的方法及现金、应收账款和存货的管理。

第一节　营运资金概述

一、营运资金的含义

营运资金又称营运资本，是指流动资产减去流动负债后的余额。这里所说的流动资产是指可以在一年或超过一年的一个营业周期内变现或使用的资产，主要包括现金、有价证券、应收账款、存货等。这里所说的流动负债是指在一年或超过一年的一个营业周期内必须清偿的债务，主要包括银行短期借款、应付账款、应付票据、预收账款、应计费用等。如果流动资产等于流动负债，则占用在流动资产上的资金由流动负债融资；如果流动资产大于流动负债，则与此相对应的净流动资产要以长期负债或股东权益的一定份额为其资金来源。

从有效管理的角度出发，企业应以一定量的营运资金为基础从事生产经营活动。这是因为，在商业信用高度发达的条件下，企业的流动资产可转化为现金，构成现金流入之源；企业偿还流动负债需支付现金，构成现金流出之源。虽然流动资产各项目的流动性不尽相同，但相对来说，持有流动资产越多，企业的偿债能力就越强。

企业持有一定数量营运资金的另一个原因是现金流入量与流出量的非同步性和不确定性。这主要表现在：企业支付材料货款在先，取得现金收入（产品销售）在后；未来经营活动的不确定性使现金流量预测难以准确。在实务中，大多数企业的现金流入与现金流出无法在时间上相互匹配，因此，保持一定数量的营运资金，以备偿付到期债务和当期费用具有重要意义。

企业营运资金的多少还可用以衡量经营风险的大小。在一般情况下，营运资金越多，企业违约风险就越小，举债融资能力就越强。因此，许多贷款契约都要求借款企业保持一定数量的营运资金，或保持最低的流动比率（流动资产/流动负债）。

二、营运资金的特点

（一）流动资产的特点

流动资产投资又称经营性投资，与固定资产相比，有如下特点。

（1）投资回收期短。投资于流动资产的资金一般在一年或一个营业周期内收回，对企业影响的时间比较短，因此，流动资产投资所需要的资金一般可通过商业信用、短期银行借款等加以解决。

（2）流动性。流动资产在循环周转过程中，经过供、产、销三个阶段。其占用形态不断变化，即按现金—材料—在产品—产成品—应收账款—现金的顺序转化。这种转化循环往复。流动性使流动资产的变现能力较强，如遇意外情况，可迅速变卖流动资产以获取现金。这对于财务上满足临时性资金需求具有重要意义。

（3）并存性。在流动资产的周转过程中，每天不断有资金流入，也有资金流出，流入和流出总要占用一定的时间，从供产销的某一瞬间看，各种不同形态的流动资产同时存在，因此，合理地配置流动资产各项目的比例，是保证流动资产得以顺利周转的必要条件。

（4）波动性。占用在流动资产上的投资并非一个常数，随着供产销的变化，其资金占用量时高时低，起伏不定，季节性企业如此，非季节性企业也如此。随着流动资产占用量的变动，流动负债的数量也会相应变化。

（二）流动负债的特点

与长期负债融资相比，流动负债融资具有如下特点。

（1）速度快。申请短期借款往往比申请长期借款更容易、更便捷，通常在较短时间内便可获得。长期借款的借贷时间长、贷方风险大，贷款人需要对企业的财务状况进行评估后才能做出决定。因此，当企业急需资金时，往往先寻求短期借款。

（2）弹性高。与长期债务相比，短期贷款给债务人更大的灵活性。长期债务中债权人为了保护自己的利益，往往要在债务契约中对债务人的行为加以种种限制，使债务人丧失某些经营决策权；而短期借款契约中的限制条款比较少，使企业有更大的行动自由。对于季节性企业，短期借款比长期借款具有更大的灵活性。

（3）成本低。在正常情况下，短期负债筹资所发生的利息支出低于长期负债筹资的利息支出，而某些自然融贷（如应付税金、应计费用等）则没有利息负担。

（4）风险大。尽管短期债务的成本低于长期债务，但其风险却大于长期债务。这主要表现在两个方面：一方面，长期债务的利息相对稳定，即在相当长一段时间内保持不变；而短期债务的借款利率则随市场利率的变化而变化，时高时低，使企业难以适应。另一方面，如果企业过多筹措短期债务，当债务到期时，企业不得不在短期内筹措大量资金还债，这极易导致企业财务状况恶化，企业甚至会因无法及时还债而破产。

第二节 营运资金水平的确定

一、营业循环和现金循环

短期融资与公司短期营业活动（short-run operating activities）有关。

下面通过一家传统制造企业的现金流动时间线（cash flow time line）说明短期营业活动与现金流量，见图 10-1。

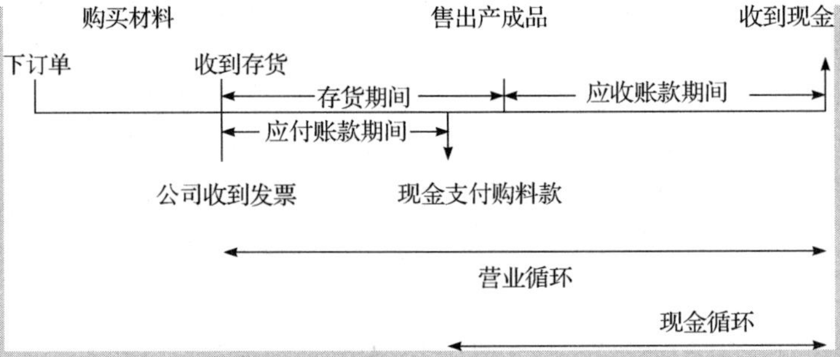

图 10-1 一家传统制造企业营业循环和现金循环图

营业循环（operating cycle）是指自取得存货至账款收现的期间；现金循环（cash cycle）则始于以现金支付购买原料的货款，止于应收账款的收现。现金流动时间线由营业循环与现金循环构成。正因为现金流入及流出有时间差距，所以才需要制定短期融资决策。现金流量的时间差距又与营业循环及应付账款期间长短有关。此时间差距可由借款或持有有价证券等流动资产来弥补；也可由改变存货期间，应收账款及应付账款期间来缩短。

营业循环的期间是指存货期间与应收账款期间之和。存货期间是指从收货、生产到销售所需要的时间，应收账款期间则是指货款收现所需时间。

应付账款期间是指公司购买劳务和原料之类的各种资源，而能延迟付款的时间。实务上，存货期间、应收账款期间及应付账款期间分别是以存货、应收账款及应付账款的持有天数来衡量的。

现金循环是从付现到收现的时间。也就是营业循环与应付账款期间的差距，即

$$现金循环=营业循环-应付账款期间$$

二、营运资金的营利性和风险性

在评估一个企业的净营运资金状况时，我们必须同时从营利性和风险性两个角度进行考察。从营利性看，与净营运资金相对应的净流动资产是以长期资金为其资金来源的，基于流动资产与固定资产盈利能力上的差别，以及短期资金与长期资金筹资成本上的差别，净营运资金越多，越意味着企业是以更大份额的筹资成本和长期资金运用到盈

利能力较低的流动资产上的，从而使企业整体的盈利水平相应地降低。这是理财上不可忽视的净营运资金与企业盈利水平之间的内在联系。再从风险性看，在这里，主要是指企业陷入无力偿付到期债务而导致技术性无力清偿的可能性，通常用净营运资金的多少来衡量。企业的净营运资金越多，意味着流动资产与流动负债之间的差额越大，则陷入技术性无力清偿的可能性也就越小；反之则反。然而，在现代市场经济中，盈利与风险往往是并存的。要获得更高的盈利，往往要以承担更大风险为代价；如果只愿意承担较小的风险，则必须在获得的盈利水平上做出一定的牺牲。它们之间存在一定的互为消长的关系。为此，现代企业理财必须对流动资产、流动负债以及两者之间的变动所引起的盈利与风险之间的消长关系进行全面的估量，正确进行营运资金的结构性管理。

第三节 营运资金的结构性管理

一、流动资产的结构性管理

（一）流动资产的营利性与风险性分析

流动资产结构性管理的目的是，确定一个既能维持企业的正常生产经营活动，又能在减少或不增加风险的前提下，给企业带来尽可能多利润的流动资金水平。一般而言，流动资产的盈利能力低于固定资产。首先，制造企业中的厂房、设备等固定资产作为劳动资料（生产手段），通过人作用于原材料、辅助材料、燃料等劳动对象，生产在产品、产成品，并通过产品的销售或转化为现金、有价证券，或转化为应收账款，收回的价值大于生产与销售中的资金耗费，就会给企业带来利润，因而固定资产可视为再生产过程中的营利性资产。与此相联系，流动资产也是企业生产经营中必不可少的。但除现金、有价证券外，应收账款、存货等流动资产只是为企业再生产活动的正常进行提供必要的条件，它们本身并不具有直接的营利性。其次，依据盈利与风险对应原则，一项资产的风险越小，其预期报酬也就越低。由于流动资产比固定资产更易于变现，其潜亏的可能性（风险性）小于固定资产，其报酬率自然也低于固定资产。因此，对流动资产进行结构性管理，企业财务经理人员必须在营利性与风险性之间进行全面的权衡并做出合理的选择。

（二）营运资金投资策略的报酬与风险分析

为便于分析，我们假定公司的固定资产额保持不变，并假定在相关的产量范围内，企业的应收账款及存货的管理是非常有效的，在每一产量水平下，应收账款和存货的投资是固定的。这样，我们的分析就可集中于流动资产中的现金与有价证券部分。盈利能力按全部资产收益率（息税前利润/全部资产）计量；而企业陷入财务困境的风险则与企业的净营运资金状况有关。一般而言，一个公司的流动资产占全部资产的比例越大，则在流动负债保持不变的情况下，其净营运资金越多，其支付到期债务的能力越强，风险也就越小。另外，在某一特定的销售水平下，流动资产所占比例越大，其冻结或近于闲置在流动资产上的资金也越多，其利润自然低于将这些资金投资于固定资产时的利润，因而，其盈利能力也就越低。相反，流动资产占全部资产的比例越小，则企业的盈利能力越大，风险也越大。图 10-2 显示了三种可供选择的营运资本管理政策。

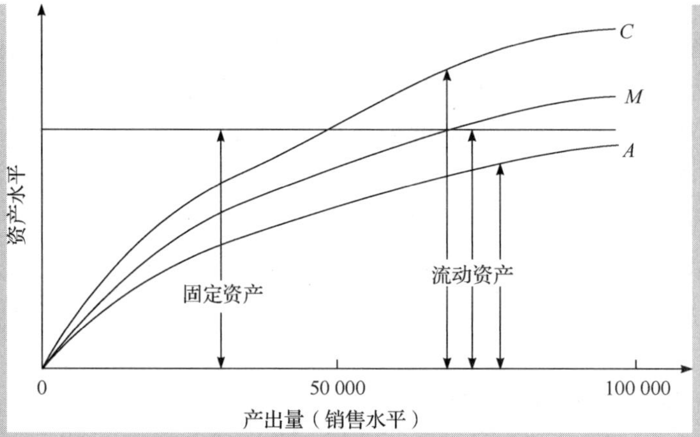

图 10-2　三种可供选择营运资本管理政策

由图 10-2 可以看出，流动资产与销售水平之间是非线性关系。这是因为，在流动资产的持有中存在规模经济因素，即随着销售水平的增加，流动资产以递减的速度增加，特别是现金和存货。也就是说，随着销售水平的增加，这些方面的资金因时间、数量上的不一致性，可以相互调剂使用，由此使占用于流动资产上的资金的增长速度小于销售的增长速度。

曲线 *C* 代表一种稳健（保守）的营运资金管理政策。在这一政策下，企业持有的流动资产占全部资产的比例相当大。由于流动资产的收益率一般低于固定资产的收益率，所以这一政策下的预期盈利能力比较低。假定流动负债保持不变，则这一政策将使企业的净营运资金增加，企业技术性无力清偿的风险也就比较低。

与曲线 *C* 相反，曲线 *A* 代表一种比较激进的营运资金管理政策。在此政策下，企业持有的流动资产占全部资产的比例相对较少，其净营运资金也就相对较少，其结果是，这一政策使企业在获得较高的预期盈利能力的同时，也承受较高的陷入财务困境的风险。

曲线 *M* 则代表一种中庸的营运资金管理政策，其预期盈利能力和风险都居于政策 *A* 与 *C* 之间。

二、流动负债的结构性管理

由于预期现金流动很难与债务的到期时间及数量保持协调一致，这就要求流动负债的结构性管理把重点放在负债到期结构问题上，即在允许现金流动波动的前提下，我们在负债到期结构上应保持多大的安全边际。这一问题的解决，也有赖于盈利能力与风险之间的权衡、选择。

（一）长、短期融资来源的风险与成本

负债筹资根据其到期时间的长短可分为短期负债与长期负债两类。短期负债与长期负债所涉及的风险差异，将导致不同的利息成本，表现为两个方面：首先，由于长期负债相对于短期负债而言，比较缺乏弹性，所以长期负债的实际成本通常高于短期负债。其次，长期负债在债务存在期限内，即使在公司不需要资金的时候，也必须支付利息；而短期负债则会使公司在资金的使用上具有弹性。如果公司的资金需要有季节性，则采用短期负债方式，便可使公司随着资金需要量的减少而逐渐偿还负债，由此而不必支付不必要的利息。

长、短期负债不仅成本不同，其风险也不相同。借款人（企业）与贷款人（资金的提供者）对长、短期负债的相对风险的态度是不同的。就贷款人而言，贷款期限越长，风险就越大。但对借款人而言，情况刚好相反。一般而言，一个公司的债务到期时间越短，其不能偿付本金与利息的风险就越大；反之，若其他情况不变，则到期日越长，该公司的融资风险就越小。其理由主要表现为以下两个方面。

首先，公司有可能因现金流量不足，而难以偿还到期债务。当公司的债务到期时，它要么按借款偿付计划如期偿付，要么安排新的借款以偿还到期债务。然而，由于短期借款的到期时间很短，公司很有可能因各种意外事件的干扰而难以取得所需资金；同时，贷款人又不愿更新契约，由此，公司越需重新筹措负债资金，其不能取得必要资金的风险也就越大。

其次，短期负债的利息成本具有不确定性。长期负债的利息成本在整个资金使用期内基本稳定。而短期负债在一次借款偿还后，下次再借款的利息成本究竟是多少难以知道，其利率在各个时期波动较大，由此可能加重公司税后利润的波动。

（二）不同筹资计划的盈利能力与风险的选择

如前文所述，长、短期负债的盈利能力与风险各不相同，这就要求在进行流动负债的结构性管理时，对其盈利能力与风险进行权衡和选择，以确定出既能使风险最小，又能使企业盈利能力最大化的流动负债结构。企业流动负债水平的变动对盈利能力与风险选择的影响，可用流动负债占全部资产的比率来表示，这一比率可以反映出在企业的全部资产中由流动负债融资的百分比。假定企业的总资产保持不变，则流动负债占总资产比率的提高，会使企业的盈利能力和风险同时提高。这是因为流动负债占总资产比率的提高，意味着短期筹资多于长期筹资，而应付账款、应付票据以及其他应付款等短期负债的成本远低于长期筹资，这导致企业融资成本下降，使其利润提高。而在假定企业的流动资产不变的情况下，企业的净营运资金将随流动负债的增加而减少；净营运资金的减少意味着企业财务风险的增加。另外，这一策略实际上因短期负债大于长期负债而缩短了企业的债务到期结构。更多的负债将在短期内到期，从而使用于偿还到期债务的现金流量的负担增大，由此造成企业陷入无力清偿的风险加大。相反，流动负债占总资

产的比率下降，使企业大部分资产通过成本更高的长期资金筹措，从而使企业的盈利能力下降；相应地，企业的财务风险也将因流动负债减少引起的净营运资本增加而下降。其结果是延长了企业负债的到期结构，减轻了短期负债的负担，从而减少了企业的清偿风险。

同流动资产的结构性管理一样，企业可以确定多种不同的流动负债结构性管理政策，但总括起来主要有稳健、中庸、激进三大类型的政策可供选择。不同的政策，其盈利能力和风险各不相同。

三、营运资金管理的综合决策

前面我们分别讨论了流动资产和流动负债的结构性管理问题，着重分析在其他因素不变的情况下，与它们各自相关的盈利能力与风险之间的选择问题。然而，有效的营运资金管理更要求分析研究它们之间相互影响、共同作用对企业盈利能力和风险的综合影响。下面我们将这两个相互联系、相互依存、共同作用的方面综合起来加以讨论。

由于流动资产和流动负债的变动对盈利能力和风险的影响各不相同，所以营运资金管理的一个重要任务，是确定流动资产的来源渠道，概括来说，流动资产的融资来源有短期来源（流动负债）和长期来源（长期负债和权益资本）。这就要求企业财务经理人员分析确定应以多大比例的流动负债和多大比例的长期资金作为流动资产的正常资金来源，即如何正确地确定最优的筹资组合问题。

总括地说，企业总的筹资量等于投放在固定资产（包括长期投资、无形资产和递延资产）与流动资产上的资金之和。流动资产又可以进一步划分为恒久性流动资产和波动性流动资产两大类。恒久性流动资产是指用于满足企业长期稳定的资金需要的那部分流动资产。波动性流动资产则是指受季节性或周期性影响的那部分流动资产，如产品销售高峰期比年内其他时期要求对应收账款和存货作更多的投资。相应地，企业的筹资需要也可划分为恒久性资金需要和波动性资金需要两部分。企业固定资产和恒久性流动资产共同构成恒久性资金需要，而波动性流动资产则构成波动性资金需要。恒久性与波动性资金的融资策略，一般有以下三种类型。

（一）配合型融资策略

配合型融资策略是指企业负债的到期结构与企业资产的寿命期相对应。具体地说，短期及季节性流动资产的变动，通过短期负债融资；而恒久性流动资产及固定资产，则通过长期负债或权益资产融资，如图 10-3 所示。

从图 10-3 可以看出，只要企业的短期融资计划做得好，实现现金流动与预期的安排相一致，在季节性低谷时，公司应该没有任何流动负债；只有在波动性资金需求的高峰期，企业才向外举借短期负债，在现金有余额时偿还。恒久性资金需要将随公司的成长而增加，相应地，其融资的需求量也随之增加。然而也必须看到，这仅仅是一种理想的融资模式，较难在现实经济生活中完美地实现。

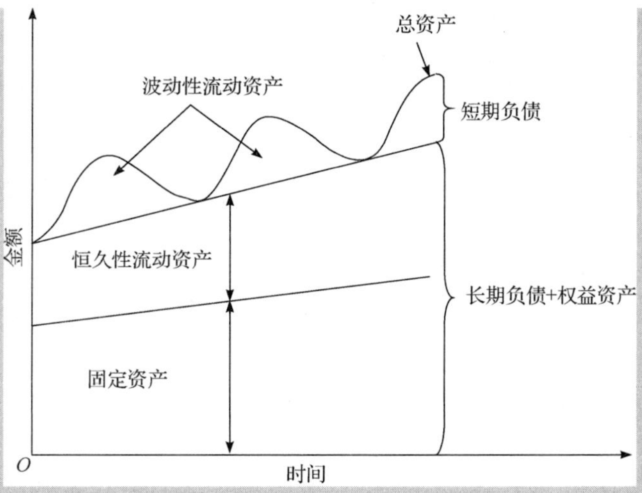

图 10-3　配合型融资策略

（二）稳健型融资策略

稳健型融资策略是指公司将其一部分预期的波动性资金需要，以长期负债或权益资产的方式融通，如图 10-4 所示。

由图 10-4 可以看出，企业的资金需要，除恒久性流动资产和固定资产由长期负债（权益资产）融通外，还有部分波动性流动资产也用长期负债（权益资产）融通。这一融资策略使短期负债比例相对较低，由此可降低企业无法偿还到期债务的风险，它同时也降低了利率变动的风险。然而，与此同时，这一筹资策略也因长期负债的融资成本高于短期融资，以及在季节性低谷时，公司继续持有长期负债而需支付债务利息，由此降低归属于股东的预期收益。

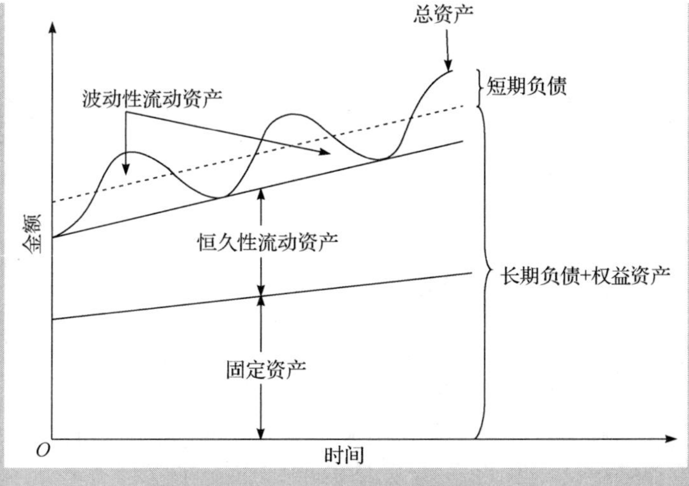

图 10-4　稳健型融资策略

（三）激进型融资策略

激进型融资策略与稳健型融资策略相反，它是以短期负债来融通部分恒久性流动资产的资金需要，如图 10-5 所示。

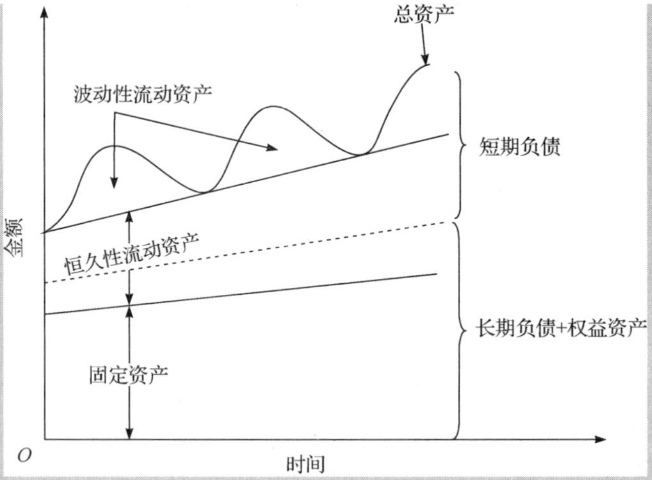

图 10-5　激进型融资策略

由图 10-5 可以看出，这一融资策略使恒久性资金需要也通过相当大比例的短期负债融通，从而使企业必须更为经常地偿还到期债务，由此增大企业无法重新筹措到所需资金的风险。

另外，与筹资计划相联系的短期负债利率的变动，也会增加企业盈利的变动风险。短期负债的低成本所带来的较高的税后利润将被这些高风险抵消。

由此可见，各种不同的流动资产管理政策和流动负债管理政策的相互依存、共同作用，形成了上述三种不同类型的营运资金融资策略。

第四节　现金的管理

一、现金的持有动机与成本

现金是指在生产过程中暂时停留在货币形态的资金，包括库存现金、银行存款、银行本票、银行汇票等。

现金是变现能力最强的资产，可以用来满足生产经营开支的各种需要，也是还本付息和履行纳税义务的保证。因此，拥有足够的现金对于降低企业的风险，增强企业资产的流动性和债务的可清偿性有重要的意义。但是，现金属于非营利性资产，即使是银行存款，其利率也非常低。现金持有量过多，它所提供的流动性边际效益便会随之下降，从而使企业的收益水平降低。因此，企业必须合理确定现金持有量，使现金收支不但在数量上，而且在时间上相互衔接，以便在保证企业经营活动所需现金的同时，尽量减少企业闲置的现金数量，提高资金收益率。

（一）现金的持有动机

企业持有一定数量的现金，主要基于以下三个方面的动机。

（1）交易动机，即企业在正常生产经营秩序下应当保持一定的现金支付能力。企业为了组织日常生产经营活动，必须保持一定数额的现金余额，用于购买原材料、支付工资、缴纳税款、偿付到期债务、派发现金股利等。由于企业每天的现金流入量与现金流出量在时间上与数额上通常存在一定程度的差异，所以企业持有一定数量的现金余额以应对频繁支出是十分必要的。一般说来，企业为满足交易动机所持有的现金余额主要取决于企业销售水平，企业销售规模扩大、销售额增加，所需现金余额也会随之增加。

（2）预防动机，即企业为应对紧急情况而需要保持的现金支付能力。由于市场行情的瞬息万变和其他各种不测因素的存在，企业通常难以对未来现金流入量与流出量做出准确的估计和预测，一旦企业对未来现金流量的预期与实际情况发生偏离，必然对企业的正常经营秩序产生极为不利的影响。所以，在正常业务活动现金需要量的基础上，追加一定数量的现金余额以应对未来现金流入和流出的随机波动，是企业在确定必要现金持有量时应当考虑的因素。企业为应对紧急情况所持有的现金余额主要取决于以下三个方面：一是企业愿意承担风险的程度；二是企业临时举债能力的强弱；三是企业对现金流量预测的可靠程度。

（3）投机动机，即企业为了抓住各种瞬息即逝的市场机会、获取较大的利益而准备的现金余额。例如，利用证券市价大幅度跌落购入有价证券，以期在价格反弹时卖出证券获取高额资本利得（价差收入）等。投机动机只是企业确定现金余额时所需考虑的次要因素之一，其持有量的大小往往与企业在金融市场的投资机会及企业对待风险的态度有关。

企业除了基于以上三种原因持有现金外，也会基于满足将来某一特定要求或者在银行维持补偿性余额等原因而持有现金。企业在确定现金余额时，一般应综合考虑各方面的持有动机。但需要注意的是，由于各种动机所需的现金可以调节使用，企业持有的现金总额并不等于各种动机所需现金余额的简单相加，前者通常小于后者。另外，上述各种动机所需保持的现金，并不要求必须是货币形态，也可以是能够随时变现的有价证券以及能够随时转换成现金的其他各种存在形态，如可随时借入的银行信贷资金等。

（二）现金的成本

现金的成本通常由以下三个部分组成。

1. 机会成本

现金的机会成本是指企业因保留一定现金余额而增加的管理费用及丧失的再投资收益。企业保留现金，对现金进行管理，会发生一定的管理费用，如管理人员工资及必要的安全措施费等。这部分费用具有固定成本的性质，它在一定范围内与现金持有量的多少关系不大。

再投资收益是企业不能同时用该现金进行有价证券投资所产生的机会成本，这种成本在数额上等同于资金成本。例如，企业欲持有 10 000 元现金，就只能放弃 1 000 元的证券投资收益（假设证券收益率为 10%）。可见，放弃的再投资收益（即机会成本）属于变动成本。它与现金持有量的多少密切相关，即现金持有量越多，机会成本越高；反之成本就越低。

2. 转换成本

转换成本是指企业用现金购入有价证券以及转让有价证券换取现金时付出的交易费用，即现金同有价证券之间相互转换的成本，如委托买卖佣金、委托手续费、证券过户费、实物交割手续费等。严格地讲，转换成本并不都是固定费用，有的具有变动成本性质，如委托买卖佣金或手续费。

这些费用通常是按照委托成交金额计算的，在证券总额既定的条件下，无论变现次数怎样变动，所需支付的委托成交金额是相同的，因此，那些依据委托成交金额计算的转换成本与证券变现次数关系不大，属于决策无关成本。这样，与证券变现次数密切相关的转换成本便只包括其中的固定性交易费用。转换成本与证券变现次数呈线性关系，即转换成本总额=证券变现次数×每次的转换成本。证券转换成本与现金持有量的关系是：在现金需要量既定的前提下，每次现金持有量（即有价证券变现额）的多少，必然对有价证券的变现次数产生影响，即现金持有量越少，进行证券变现的次数越多，相应的转换成本就越大；反之，现金持有量越多，证券变现的次数就越少，需要的转换成本也就越小。因此，现金持有量的不同必然通过证券变现次数多少而对转换成本产生影响，必然通过证券变现次数多少而对转换成本产生影响。

3. 短缺成本

现金短缺成本是指在现金持有量不足又无法及时通过有价证券变现加以补充而给企业造成的损失，包括直接损失与间接损失。现金的短缺成本随现金持有量的增加而下降，随现金持有量的减少而上升，即与现金持有量负相关。

明确与现金有关的成本及其各自的特性，有助于从成本最低的角度出发确定最佳现金持有量。

二、最佳现金持有量

基于交易、预防、投机等动机的需要，企业必须保持一定数量的现金余额。

对于如何确定最佳现金持有量，经济学家提出了许多模式，这里只介绍存货模式、成本分析模式和随机模式三种常见的模式。

（一）存货模式

威廉·鲍莫尔（William Baumol）首先根据现金管理的特点，提出现金管理的存货模型，第一次正式将机会成本和转换成本纳入现金管理模型中。

假设某公司一开始时的现金余额 C=1 200 000 元，每星期现金流出比流入多 600 000

元，其现金余额在第 2 个星期结束时会降到 0，而这两周内的平均现金余额为 600 000 元（$C/2$=1 200 000÷2）。在第 2 个星期结束时，该公司不是出售有价证券就是必须借款才能补充现金，如图 10-6 所示。

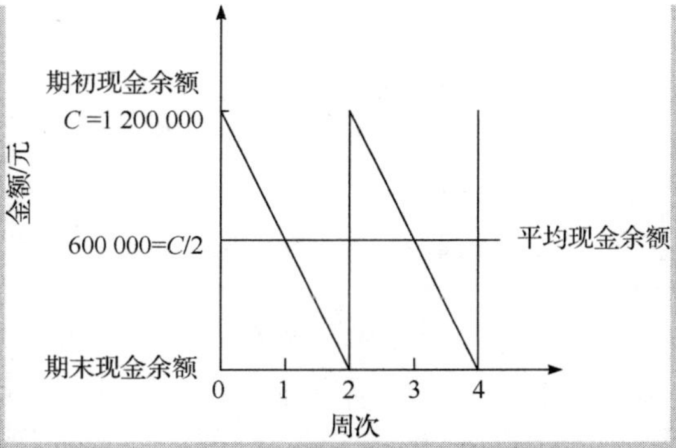

图 10-6　该公司的现金余额

假如将 C 提高到 2 400 000 元，则该公司在 4 周之后才需要出售有价证券，公司的现金平均余额也将提高到 1 200 000 元。若将 C 设定在 600 000 元，则现金将在 1 个星期内耗尽，该公司补充现金的次数将更频繁，但其现金平均余额将从 600 000 元降至 300 000 元。

由于补充现金时必会发生转换成本（如出售有价证券的佣金成本），所以从现金管理的观点出发，设定较高的期初现金余额可降低转换成本。然而，平均现金余额越大，机会成本（丧失有价证券产生的报酬）也越高。如果用 F 表示转换一次有价证券的成本，用 T 表示全年现金需要量，用 K 表示持有现金的机会成本，也就是有价证券的利率，则机会成本（opportunity cost）等于平均现金余额乘以利率，即

$$\text{机会成本} = \frac{C}{2} \times K$$

表 10-1 是各种现金余额的机会成本。

表 10-1　各种现金余额的机会成本计算表　　单位：元

期初现金余额 C	平均现金余额 $C/2$	机会成本（K=0.1）$\frac{C}{2}\times K$
4 800 000	2 400 000	240 000
2 400 000	1 200 000	120 000
1 200 000	600 000	60 000
600 000	300 000	30 000
300 000	150 000	15 000

转换成本（transfer cost）由该公司 1 年中必须出售有价证券的次数决定。该公司本年度的现金支出总额是 600 000 元×52 个星期=31 200 000 元。如果期初现金余额设定在

1 200 000 元，F 设定在 1 000 元，则转换成本是

$$\frac{31\ 200\ 000}{1\ 200\ 000}\times 1\ 000 = 26\ 000(\text{元})$$

它的通式是

$$\text{转换成本} = \frac{T}{C}\times F$$

表 10-2 是各种现金余额的转换成本。

表 10-2　各种现金余额的转换成本计算表　　单位：元

全年现金需要量 T	期初现金余额 C	转换成本 $\frac{T}{C}\times F$
31 200 000	4 800 000	6 500
31 200 000	2 400 000	13 000
31 200 000	1 200 000	26 000
31 200 000	600 000	52 000
31 200 000	300 000	104 000

总成本（total cost，TC）等于机会成本加转换成本，用公式表示如下：

$$\begin{aligned}\text{总成本} &= \text{机会成本} + \text{转换成本}\\ &= \frac{C}{2}\times K + \frac{T}{C}\times F\end{aligned}$$

表 10-3 是现金持有总成本计算表。

表 10-3　现金持有总成本计算表　　单位：元

期初现金余额	总成本	机会成本	转换成本
4 800 000	246 500	240 000	6 500
2 400 000	133 000	120 000	13 000
1 200 000	86 000	60 000	26 000
600 000	82 000	30 000	52 000
300 000	119 000	15 000	104 000

我们从表 10-3 看到期初现金余额 600 000 元的总成本是 82 000 元，是各个期初现金余额中最低的，但是 700 000 元、500 000 元或其他期初现金余额的总成本又如何呢？为了精确地决定最低总成本，该公司必须使期初现金余额增加时降低的边际转换成本，等于所增加的边际机会成本。期初现金余额目标即为两者相互抵消的那一点。我们可以由数值方法或微积分求得答案。

总成本公式如下：

$$\mathrm{TC}=\frac{C}{2}\times K+\frac{T}{C}\times F$$

如果将总成本对期初现金余额作微分并且设导函数为 0，则

$$\frac{\mathrm{dTC}}{\mathrm{d}C}=\frac{K}{2}-\frac{TF}{C^2}=0$$

解出公式 $\frac{K}{2}=\frac{TF}{C^2}$ 中的 C，即为最佳现金余额

$$C=\sqrt{\frac{2TF}{K}}$$

若 F=1 000 元，T=31 200 000 元，而 K=0.1，则 C=789 936.71 元。

求出 C 值后，机会成本为

$$\frac{C}{2}\times K=\frac{789\ 936.71}{2}\times 0.1=39\ 496.84（元）$$

转换成本为

$$\frac{T}{C}\times F=\frac{31\ 200\ 000}{789\ 936.71}\times 1\ 000=39\ 496.84（元）$$

所以，总成本为

$$39\ 496.84+39\ 496.84=78\ 993.68（元）$$

运用存货模式确定最佳现金持有量时，以下列假设为前提：①企业所需要的现金可通过证券变现取得，且证券变现的不确定性很小；②企业预算期内现金需要总量可以预测；③现金的支出过程比较稳定、波动较小，而且每当现金余额降至 0 时，均可通过部分证券变现得以补足；④证券的利率或报酬率以及每次转换成本可以获悉。如果这些条件基本得到满足，企业便可以利用存货模式来确定现金的最佳持有量。

（二）成本分析模式

成本分析模式是根据现金有关成本，分析预测其总成本最低时现金持有量的一种方法。

运用成本分析模式确定最佳现金持有量，只考虑因持有一定量的现金而产生的机会成本及短缺成本，而不考虑转换成本。前面已经提到，在现金有关成本中，管理费用具有固定成本的性质，与现金持有量不存在明显的线性关系；机会成本即因持有现金而丧失的再投资收益，是与现金持有量成正比例变动的，机会成本=现金持有量×有价证券利率（或报酬率）；短缺成本同现金持有量负相关，现金持有量越大，现金短缺成本越小；反之，现金持有量越小，现金短缺成本越大。这些成本同现金持有量之间的关系可见图 10-7。

从图 10-7 可以看出，由于各项成本同现金持有量的变动关系不同，总成本线呈抛物线形，抛物线的最低点，即为成本最低点，该点所对应的现金持有量便是最佳现金持

有量，此时总成本最低。

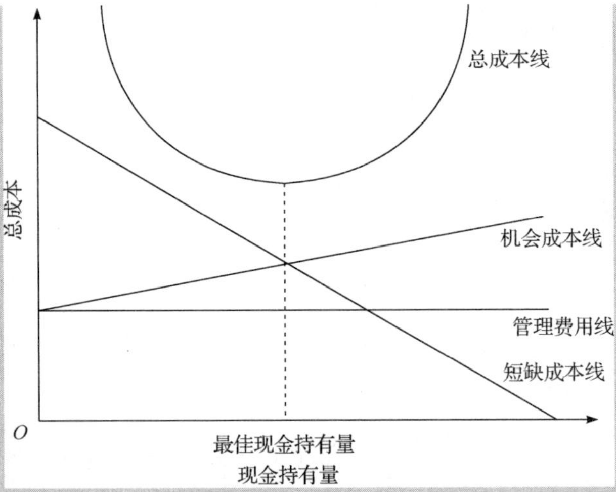

图 10-7　现金持有量成本分析图

成本分析模式正是运用上述原理确定最佳现金持有量的。在实际工作中运用该模式确定最佳现金持有量的具体步骤为：①根据不同现金持有量测算并确定有关成本数值；②按照不同现金持有量及其有关成本资料编制最佳现金持有量测算表；③在测算表中找出总成本最低时的现金持有量，即最佳现金持有量。

【例 10-1】某企业现有 A、B、C、D 四种现金持有方案，有关成本资料如表 10-4 所示。

表 10-4　现金持有量备选方案表

项目	A	B	C	D
现金持有量/元	10 000	20 000	30 000	40 000
机会成本率/%	12	12	12	12
管理费用/元	2 000	2 000	2 000	2 000
短缺成本/元	5 600	2 500	1 000	0

根据表 10-4 编制的该企业最佳现金持有量测算表见表 10-5。

表 10-5　最佳现金持有量测算表　　单位：元

方案及现金持有量	机会成本	管理费用	短缺成本	总成本
A（10 000）	1 200	2 000	5 600	8 800
B（20 000）	2 400	2 000	2 500	6 900
C（30 000）	3 600	2 000	1 000	6 600
D（40 000）	4 800	2 000	0	6 800

通过分析比较表 10-5 中各方案的总成本可知，C 方案的总成本最低，因此企业持有 30 000 元的现金时，各方面的总代价最低，30 000 元为最佳现金持有量。

（三）随机模型

默顿·米勒（Merton Miller）和达姆·欧尔（Dame Ors）共同发展出一个能处理每日随机变动的现金流出和流入的现金余额模型（Miller-Ors 模型）。在此模型中，现金流出和流入都必须考虑。此模型假设每日的净现金流量（现金流入减现金流出）是呈常态分配的。每一天，净现金流量可以大于、小于或等于期望值。我们假设预计的净现金流量值为 0，见图 10-8。

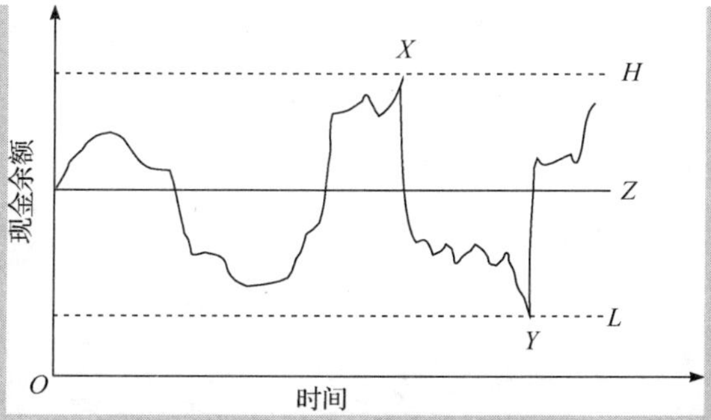

图 10-8　现金持有量随机模型图

图 10-8 表示该模型的原理，它是以上限控制余额（H）、下限控制余额（L）及现金余额目标（Z）为基准的。公司允许现金余额在上、下限之间任意浮动，只要现金余额在上限和下限之间，公司就什么都不必做。当现金余额达到 H，如图中的 X 点，公司会拿剩余资金购买 Z～H 的有价证券。此举可将现金余额降至现金余额目标的水准。同理，当现金余额降到 L，如图中的 Y 点，该公司会卖出 L～Z 的有价证券，使现金余额增加到 Z。在这两种情况下，现金余额都会回到 Z 的水准。管理者以公司愿意承受的现金短缺风险水准作为制定下限（L）的依据。只要现金余额落在 L 和 H 之间，公司就无须作任何交易。

Miller-Ors 模型和 Baumol 模型一样，也会受转换成本和机会成本的影响。每次买卖有价证券的交易成本 F，假设是不变的，但本模型与 Baumol 模型的不同之处是，每期的转换次数为随机变数，需视现金流出和流入的趋势而定，因此，每期的转换成本需视该期预计的有价证券交易次数而定。

持有现金的机会成本 K，是有价证券的利率，持有现金的机会成本是每期预计现金余额的函数。

公司设定出 L 之后，Miller-Ors 模型即可算出现金余额目标（Z）和上限控制余额（H）。米勒和欧尔求出能使预期总成本达到最小的 Z［回归现金点（the return-cash point）］和 H 分别如下：

$$Z=\sqrt[3]{\frac{3F\delta^2}{4K}}+L$$

$$H=3\sqrt[3]{\frac{3F\delta^2}{4K}}+L=3Z-2L$$

$$\text{平均现金余额}=\frac{H+Z+L}{3}=\frac{4Z-L}{3}$$

【例 10-2】假设 F=1 000，年利率是 10%，每天的净现金流量标准差为 2 000，则每天的机会成本（K）的计算如下：

$$(1+K)^{365}-1=10\%$$

$$1+K=\sqrt[365]{1.10}=1.000\ 261$$

$$K=0.000\ 261$$

每天的净现金流量变异数是

$$\sigma^2=(2\ 000)^2=4\ 000\ 000$$

令 L=0，则

$$Z=\sqrt[3]{(3\times 1\ 000\times 4\ 000\ 000)\div(4\times 0.000\ 261)}+0=22\ 568$$

$$H=3\times 22\ 568=67\ 704$$

$$\text{平均现金余额}=\frac{4\times 22\ 568}{3}=30\ 091$$

三、现金收支的管理

一家公司财务报表上的现金余额（book cash or ledger cash）和它银行账户里的余额（bank cash or collected bank cash）并不相同。银行现金和账面现金的差异称为浮差（float），这为尚在收款流程中的款项。

（一）现金回收管理

为了提高现金的使用效率，加速现金周转，企业应尽量加速账款的回收。一般来说，企业账款的回收包括三个阶段，即客户开出支票、企业收到支票、银行清算支票（图 10-9）。

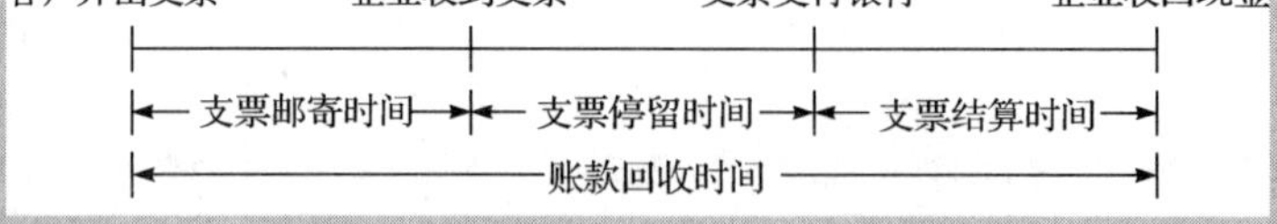

图 10-9 企业账款回收示意图

企业账款回收的时间包括支票邮寄时间、支票停留时间以及支票结算时间。前两个阶段所需时间的长短不但和客户、企业与银行之间的距离有关，而且和收款的效率有关。

（二）现金支出管理

与现金回收管理相反，现金支出管理的主要任务是尽可能延缓现金的支出时间。当然这种延缓必须是合理合法的，否则企业延期支付账款所得到的收益将远远低于由此遭受的损失，延期支付账款的方法一般有以下几种。

（1）合理利用浮差。现金的浮差是指企业账户上现金余额与银行账户上所示的存款余额之间的差额。有时，企业账户上的现金余额已为0或负数，而银行账户上该企业的现金余额还有很多，主要是因为有些支票企业已经开出，但客户还没有到银行兑现。如果能正确预测浮差并加以利用，可节约大量现金。

【例 10-3】假想某公司现有银行存款 100 000 元。该公司买入一些原料，并在 7 月 8 日开出一张 100 000 元的支票给供应商。该公司账上现金余额（指总账余额）已因这 100 000 元的支票而减少，但银行在这张支票存入供应商银行，并向公司往来银行提示要求付款之前（假设为 7 月 15 日），不会知道该公司开出该支票。也就是说，在支票使用之前，该公司银行账上的现金比企业账上的多，故为正的差额。

7 月 8 日的情况：

$$\begin{aligned}浮差&=银行账户余额-公司账面余额\\&=100\,000-100\,000\\&=0\end{aligned}$$

7 月 8 日～7 月 14 日：

$$\begin{aligned}浮差&=银行账户余额-公司账面余额\\&=100\,000-0\\&=100\,000（元）\end{aligned}$$

在支票交换期间，该公司银行账户中的余额是 100 000 元。当支票仍在交换的这期间，公司仍可以利用这笔钱获利。

【例 10-4】假想公司收到顾客一张 100 000 元的支票。假定 11 月 8 日该公司将支票存入银行并增加账上现金，但在该公司往来银行将支票办理存入之前（假设为 11 月 15 日），该公司无法动用这 1 00 000 元。此时，该公司的现金会反映出收款浮差。

11 月 8 日以前：

$$\begin{aligned}浮差&=银行账户余额-公司账面余额\\&=100\,000-100\,000\\&=0\end{aligned}$$

11 月 8 日～11 月 14 日：

$$\begin{aligned}收款浮差&=银行账户余额-公司账面余额\\&=100\ 000-200\ 000\\&=-100\ 000（元）\end{aligned}$$

该公司收到支票会产生收款浮差，收款浮差会立即增加账面余额，但不会马上改变银行账户余额。支付浮差对公司有利，而收款浮差对公司是不利的。支付浮差和收款浮差的总和称为净浮差（net float）。

浮差管理包括控制现金的收入和支出两部分。在收款方面的目标是缩短顾客付款和真正拿到钱之间的时间落差。付款方面的目标是减缓付款速度，也即拉长开出支票到支票被提出之间的时间。换言之，早收晚付。当然，要是公司在这方面做得很成功，损失的就是顾客和供应商了，不过公司必须权衡其与供应商和顾客之间的关系。

【例 10-5】一张顾客在 9 月 1 日（星期一）寄来的 1 000 元的支票，因为邮寄、处理和交换，迟至 7 天后（下一个星期一）才拨入公司的银行账户。这张支票的浮差是

$$浮差=1\ 000\times7=7\ 000（元）$$

另一张在 9 月 1 日寄出的 7 000 元的支票，因为隔天就可以使用，所以这张支票的浮差是

$$浮差=7\ 000\times1=7\ 000（元）$$

（2）推迟支付应付款。企业可在不影响信誉的情况下，尽可能推迟应付款的支付期。

（3）采用汇票付款。在使用支票付款时，只要受票人将支票放进银行，付款人就要无条件地付款。但汇票不是见票即付的付款方式，在受票人将汇票放进银行后，银行要将汇票送交付款人承兑，并由付款人将一笔相当于汇票金额的资金存入银行，银行才会付款给受票人，这样就有可能合法地延期付款。

（4）改进工资支付方式。有的企业在银行单独开设一个账户专供支付职工工资。为了最大限度地减少这一存款余额，企业可预先估计出开出支付工资支票到银行兑现的具体时间。例如，某企业在每月 5 日支付工资，根据经验，5 日、6 日、7 日及 7 日以后的兑现率分别为 20%、25%、30%和 25%。这样，企业就不需要在 5 日存足支付全部工资所需要的工资额，而可将节余的部分现金用于其他投资。

（三）闲置现金投资管理

企业在筹资和经营时，会产生大量的现金，这些现金在用于资本投资或其他业务活动之前，通常会闲置一段时间。这些现金可用于短期证券投资以获取利息收入或资本利得，如果管理得当，可为企业增加相当可观的净收益。

企业现金管理的目的首先是保证主营业务的现金需求，其次才是使这些现金获得最大的收益。这两个目的要求企业把闲置资金投入流动性高、风险性低、交易期限短的金融工具中，以期获得较多的收入。在货币市场上，财务人员通常使用的金融工具有国库券、可转让大额存单、回购协议等。

第五节 应收账款的管理

一、应收账款管理的目的

应收账款是指企业因销售产品、材料以及提供劳务等业务，应向购货单位或接受劳务的单位收取的款项。赊销通常指的是卖方在交付货物或提供服务后，允许买方在一定时期内付清款项，这种交易方式虽然会延缓企业的现金回收时间，甚至使企业蒙受坏账损失的风险，但在现代市场经济中，赊销已被认为是一种通用的交易形式，其主要原因有两方面：第一，为了加强市场竞争力。在现代市场经济中，竞争手段五花八门，除了以价廉、物美、质优、广告等手段吸引顾客外，赊销也是一种促销的重要手段。因为在赊销期间，客户相当于从企业那里得到了一笔无息贷款，而企业也可实现拓宽销路、增加销售量的目标，因此，许多企业纷纷推出赊销方式以招揽客户。第二，商品销售数量与销售空间的距离拉大。伴随着市场经济竞争手段的多样化，商品交易的数量以及交易的范围也在日益扩大，由跨市区、跨省发展为跨国界，而且不少中间环节介入其中，使商品发货和收回货款的时间差距拉大。

存在一定数量的应收账款对于现代企业经营来说完全是一种正常现象，但也必须看到，应收账款形成一项经常性的资金占用，赊销额越大、赊销期越长，企业占用在账款上的资金所付出的代价就越高。因此，应收账款管理的主要目的，就是要在采用信用政策所增加的盈利和由此所付出的代价之间进行权衡。

二、信用政策

制定合理的信用政策，是加强应收账款管理、提高应收账款投资效益的重要前提。信用政策即应收账款的管理政策，是指企业为对应收账款投资进行规划与控制而确立的基本原则与行为规范，包括信用标准、信用条件和应收账款的收账三部分内容。

（一）信用标准

信用标准是指企业用来衡量客户是否有资格享受商业信用所应具备的基本条件。如果客户达不到该项信用标准，就不能享受企业按商业信用赋予的各种优惠或只能享受较低的信用优惠。

1. 信用标准的定性分析

客户具有什么样的信用标准才能得到商业信用呢？在做出正确评价之前，应对申请赊购的客户进行信用状况分析。通常采用“五 C”系统进行评估。

信用的“五 C”系统是指品德（character）、能力（capacity）、资本（capital）、担保（collateral）和条件（condition）五个方面。

品德是指客户履行偿还债务义务的态度，这是评价客户信用品质的首要因素。众所周知，信用交易意味着付款承诺，债务人能否诚信履约尤为重要，为此，企业应对客户过去的往来记录进行分析，对客户承兑表现做到心中有数。

能力是指客户偿债的能力，包括对客户的流动资产数量、质量及流动负债性质的判断，流动比率和速动比率的计算及对客户日常运营状况的实地观察，并进行评价。

资本是指客户拥有的资本金，主要是有形净资产。

担保是指客户提供作为信用安全保障的资产，当企业尚未了解对方的底细时，客户提供的抵押品越充足，信用安全保障就越高。

条件是指社会经济环境的变化对客户经营状况和偿债能力可能产生的影响。对此，应了解客户以往在窘境时期的付款表现。

2. 各项信用资料的来源

信用的“五 C”系统代表了信用风险的判断因素，要做到客观、准确地判断，关键在于能否及时掌握客户的各种信用资料。

这些资料的来源主要有以下几个渠道：①财务报表，即企业向预期的准信用客户索取或查阅其近期的资产负债表和损益表等报表。这些资料是企业进行分析评估的最重要信息，企业可据此对赊销对象的资产流动性、支付能力以及经营业绩等诸方面的各项比率进行详尽分析并做出判断。②银行证明，即应客户要求，由客户的开户银行出具一些有关其信用状况的证明材料。企业通过这些资料可了解到客户的存款余额、借款情况和结算状况等。此外，银行和其他金融机构定时公布的一些企业的信用等级，也可收集起来，作为企业评价赊销客户信用标准的参考。③企业间证明。一般而言，企业的每一客户对外会同时拥有许多供货单位，所以企业可以通过这些客户联系，与有关的各供应商交换资料，如往来年数、提供信用的条件、数额以及客户支付货款的及时程度等证明。这些供货单位出具的书面证明，再加上必要的调查了解，可为企业对客户信用状况做出准确评价奠定良好的基础。在收集、整理客户的信用资料后，即可采用“五 C”系统分析客户的信用程度。

3. 信用标准的定量分析

为避免信用评价人员的主观意向性，在对客户信用状况进行定性分析的基础上，还有必要对客户的信用风险进行定量分析。其具体做法是建立客户的信用评分制：首先，将反映客户的财务实力、经营状况等有关数量指标，按照一定标准予以打分；其次，汇总计算出各个客户的信用总分；最后，将各个客户的信用总分，按由低到高的顺序排列，分数越低排在越前面，表明信用质量越好，风险越低。企业可据此对分数较低的客户提供较优惠的信用条件，对分数较高、风险较大的客户，企业可拒绝提供信用条件。

（1）设立信用标准。首先，应查阅客户以前若干年的信用资料，找出 10 个具有代表性、能说明偿债能力和财务状况的比率，作为评判信用风险的指标；其次，将近几年内“信用好”和“信用坏”两种客户 10 个比率的平均值，作为评价其他客户的信用标准。根据上述原则计算出的信用标准如表 10-6 所示。

表 10-6 信用标准一览表

指标	信用标准	
	信用好	信用坏
流动比率	2.5∶1	1.6∶1
速动比率	1.1∶1	0.8∶1
现金比率	0.4∶1	0.2∶1
产权比率	1.8∶1	4∶1
已获利息倍数	3.2∶1	1.6∶1
有形净值负债率	2.5∶1	1.9∶1
应收账款周转率	14 次	9 次
存货周转率	6 次	4 次
总资产报酬率	35%	20%
赊购付款履约情况	及时	拖欠

（2）计算各客户的风险系数。利用各客户（或潜在客户）的财务报表，计算这些指标值，并与表 10-6 中的数据进行比较（假定实际值越大越好）。其方法是，若某客户的某项指标值等于或低于最坏信用标准，则该客户的信用风险增加 10%；若某项指标介于好的信用标准与坏的信用标准之间，则该客户的信用风险增加 5%；若某项指标等于或高于好的信用标准则认为该客户的这一指标无信用风险。各项指标值比较后，即可累计客户的风险系数。某客户的 10 个指标值及拒付风险系数计算结果如表 10-7 所示。

表 10-7 客户信用状况评价表

指标	指标值	拒付风险系数
流动比率	2.6∶1	0
速动比率	1.2∶1	0
现金比率	0.3∶1	5%
产权比率	1.7∶1	0
已获利息倍数	3.2∶1	0
有形净值负债率	2.3∶1	5%
应收账款周转率	10 次	5%
存货周转率	7 次	0
总资产报酬率	35%	0
赊购付款履约情况	及时	0
累计拒付风险系数		15%

（3）风险排序。企业按上述方法分别计算出各客户的累计风险系数后，即可按风险系数的大小进行排序，系数小的排在前面，系数大的排在后面，由此便可根据风险程度由小到大选择客户。

此种方法虽然能为企业的财务决策提供直观的风险系数指标，但就方法本身而言，还是比较粗糙的，而且实际情况错综复杂，每个客户特点各异，远非指标值本身能完全衡量的。因此，企业财务人员在取得风险系数指标的基础上，还应根据经验及主、客观条件，进行综合判断，才能正确地做出决策。

（二）信用条件

信用标准是企业评价客户等级，决定给予或拒绝客户信用的依据。一旦企业决定给予客户信用优惠，就需要考虑具体的信用条件，因此，所谓信用条件就是指企业接受客户信用订单时所提出的付款要求，主要包括信用期限、折扣期限及现金折扣等。信用条件的基本表现方式，如“2/10，*n*/45”，表示若客户能够在发票开出后的 10 日内付款，可以享受 2% 的现金折扣；如果放弃折扣优惠，则全部款项必须在 45 日内付清。在此，45 天为信用期限，10 天为折扣期限，2%为现金折扣（率）。

1. 信用期限

信用期限是指企业允许客户从购货到支付货款的时间间隔。企业产品销售量与信用期限之间存在一定的依存关系。通常，延长信用期限可以在一定程度上扩大销售量，从而增加毛利。但不适当地延长信用期限，会给企业带来不良后果：一是使平均收账期延长，占用在应收账款上的资金相应增加，引起机会成本增加；二是引起坏账损失和收账费用增加。因此，企业是否给客户延长信用期限，应视延长信用期限增加的边际收入是否大于增加的边际成本而定。

2. 现金折扣和折扣期限

延长信用期限会增加应收账款占用的时间和金额。许多企业为了加速资金周转，及时收回货款，减少坏账损失，往往在延长信用期限的同时，采用一定的优惠措施，即在规定的时间内提前偿付货款的客户可按销售收入的一定比率享受折扣，如“2/10，*n*/45”表示赊销期限为 45 天，若客户在 10 天内付款，则可享受 2%的折扣。现金折扣实际上是产品售价的扣减，企业决定是否提供以及提供多大程度的现金折扣，着重考虑的是提供折扣后所得的收益是否大于现金折扣的成本。

3. 应收账款的成本

企业在采取赊销方式促进销售的同时，会因持有应收账款而付出一定的代价，这种代价即为应收账款的成本。

（1）机会成本。应收账款的机会成本是指资金投放在应收账款上丧失的其他收入，如投资于有价证券便会有利息收入。这一成本的大小通常与企业维持赊销业务所需资金、资金成本率或有价证券利息率有关。其计算公式为

$$应收账款机会成本=维持赊销业务所需资金\times资金成本率$$

式中，资金成本率一般可按有价证券利息率计算；维持赊销业务所需资金可按下列步骤

计算。

计算应收账款周转率：

应收账款周转率=日历天数（360）÷应收账款周转期

计算应收账款平均余额：

应收账款平均余额=年赊销净额÷应收账款周转率

计算维持赊销业务所需资金：

维持赊销业务所需资金=应收账款平均余额×变动成本÷销售收入

=应收账款平均余额×变动成本率

在上述分析中，假设企业的成本水平保持不变（即单位变动成本不变，固定成本总额不变），随着赊销业务的扩大，只有变动成本随之上升。

【例 10-6】假设某企业预测的年赊销净额为 3 000 000 元，应收账款周转期（或收账天数）为 60 天，变动成本率为 60%，资金成本率为 10%，则应收账款机会成本可计算如下：

应收账款周转率=360÷60=6（次）

应收账款平均余额=3 000 000÷6=500 000（元）

维持赊销业务所需资金=500 000×60%=300 000（元）

应收账款机会成本=300 000×10%=30 000（元）

上述计算表明，企业投放 300 000 元的资金可维持 3 000 000 元的赊销业务，相当于垫支资金的 10 倍之多。这一较高的倍数在很大程度上取决于应收账款的周转速度。在正常情况下，应收账款周转率越高，一定数量资金所维持的赊销额就越大；应收账款周转率越低，维持相同赊销额所需要的资金数量就越大。而应收账款机会成本在很大程度上取决于企业维持赊销业务所需资金的多少。

（2）管理成本。企业对应收账款进行管理而耗费的开支，是应收账款成本的重要组成部分，主要包括对客户的资信调查费用、应收账款账簿记录费用、收账费用以及其他费用。

（3）坏账成本。应收账款基于商业信用而产生，存在无法收回的可能性，由此给应收账款持有企业带来的损失，即为坏账成本。这一成本一般同应收账款数量成正比，即应收账款越多，坏账成本也越多。基于此，为规避发生坏账成本而给企业生产经营活动的稳定性带来不利影响，企业按规定应以应收账款余额的一定比例提取坏账准备。

4. 信用条件备选方案的评价

【例 10-7】某企业准备了三个备选方案，方案 A：*n*/60（赊销收入 1 000 万元，坏账损失率 2%，收账费用 12 万元，应收账款周转率为 6 次）；方案 B：*n*/120（赊销收入 1 320 万元，坏账损失率 3%，收账费用 20 万元，应收账款周转率为 3 次）；方案 C：*n*/180（赊销收入 1 400 万元，坏账损失率 5%，收账费用 28 万元，应收账款周转率为 2 次）。另外，变动成本率为 65%，资金成本率（或有价证券利息率）为 20%，有关资料如表 10-8 所示。

表 10-8　信用条件备选方案表

项目	方案 A（n/60）	方案 B（n/120）	方案 C（n/180）
年赊销额/万元	1 000	1 320	1 400
应收账款周转率/次	6	3	2
应收账款平均余额/万元	1 000÷6=166.67	1 320÷3=440	1 400÷2=700
维持赊销业务所需资金/万元	166.67×65%=108.33	440×65%=286	700×65%=455
坏账损失率/%	2	3	5
坏账损失/万元	1 000×2%=20	1 320×3%=39.6	1 400×5%=70
收账费用/万元	12	20	28

根据以上资料，信用条件分析评价如表 10-9 所示。

表 10-9　信用条件分析评价表　　单位：万元

项目	方案 A（n/60）	方案 B（n/120）	方案 C（n/180）
年赊销额	1 000	1 320	1 400
变动成本	650	858	910
信用成本前收益	350	462	490
信用成本			
应收账款机会成本	108.33×20%=21.67	286×20%=57.2	455×20%=91
坏账损失	20	39.6	70
收账费用	12	20	28
小计	53.67	116.8	189
信用成本后收益	296.33	345.2	301

【例 10-8】仍按例 10-7 中的数据，如果企业选择了方案 B，但为了加速应收账款的回收，决定将赊销条件改为“2/10，1/20，n/120”的方案，估计约有 60%的客户（按赊销额计算）会利用 2%的折扣；15%的客户将利用 1%的折扣。坏账损失率降为 2%，收账费用降为 15 万元。根据上述资料，有关指标可计算如下：

应收账款周转期=60%×10+15%×20+25%×120=39（天）

应收账款周转率=360÷39=9.23（次）

应收账款平均余额=1 320÷9.23=143.011 9（万元）

维持赊销业务所需资金=143.011 9×65%=92.96（万元）

应收账款机会成本=92.96×20%=18.6（万元）

坏账损失=1 320×2%=26.4（万元）

现金折扣=1 320×(2%×60%+1%×15%)=17.82（万元）

根据以上资料可编制表 10-10。

表 10-10　信用条件比较计算表　　　　单位：万元

项目	方案 B（n/120）	方案 D（2/10，1/20，n/120）
年赊销额	1 320	1 320
减：现金折扣		17.82
年赊销净额	1 320	1 302.18
减：变动成本	858	858
信用成本前收益	462	444.18
减：信用成本		
应收账款机会成本	57.2	18.6
坏账损失	39.6	26.4
收账费用	20	15
小计	116.8	60
信用成本后收益	345.2	384.18

计算结果表明，实行现金折扣后，企业的收益增加，因此，企业应该选择方案 D。

（三）应收账款的收账

企业采用赊销方式进行销售，就不可避免地要将一定资金占用在应收账款上。为了及时收回货款，以加速资金周转，杜绝或尽可能减少坏账损失，必须使用科学的方法，对应收账款的收账进行有效的管理。

1. 账龄分析法

账龄分析法是指根据客户赊欠企业账款的时间长短，按顺序给予排序。通常，客户拖欠货款的时间越长，催收账款的难度就越大，所发生的收款费用也越多，形成坏账损失的可能性也越大。因此，企业必须进行经常性的账龄动态分析，然后采用有目标、有重点的催款策略。

从表 10-11 中可以看出，在 30 天及以内收回的账款占总应收账款的 72%，但是，仍有 28%的应收账款在 30 天以上付款。这意味着，有相当数量的客户拖欠，已致使该企业有相当多的资金被冻结在应收账款上面。此外，在拖欠的客户中，有 11%的应收账款已拖欠了 60 天以上，这些客户有可能赖账不付或发生坏账，需引起足够重视并及时采取有效措施。

表 10-11 某企业年末应收账款账龄分析表

应收账款账龄/天	占应收账款总额的百分比/%
1～10	52
11～30	20
31～45	13
46～60	4
＞60	11
合计	100

2. 收账政策

应在增加收账费用、减少坏账损失、降低应收账款的资金占用、节约成本之间权衡。

【例 10-9】某企业应收账款现行收账政策和拟改变的收账政策两种方案如表 10-12 所示。

表 10-12 收账政策备选方案表

项目	现行收账政策	拟改变的收账政策
年收账费用/万元	6	10
平均收账期/天	60	30
坏账损失率/%	3	2
年赊销额/万元	480	480
变动成本率/%	60	60

假设资金成本率为 20%，根据表 10-12 中的资料，两种方案的收账总成本计算如表 10-13 所示。

表 10-13 收账政策分析评价表

项目	现行收账政策	拟改变收账政策
年赊销额/万元	480	480
应收账款周转率/次	360÷60=6	360÷30=12
应收账款平均余额/万元	480÷6=80	480÷12=40
应收账款占用的资金/万元	80×60%=48	40×60%=24
应收账款机会成本/万元	48×20%=9.6	24×20%=4.8
坏账损失/万元	480×3%=14.4	480×2%=9.6
年收账费用/万元	6	10
收账总成本/万元	30	24.4

表 10-13 中的计算结果表明，拟改变的收账政策发生的收账总成本低于现行收账政策的收账总成本，因此，改变收账政策的方案是较为适宜的。

3. 应收账款的日常管理

为了加速应收账款周转速度、节约应收账款上的资金占用，企业在日常业务工作中，必须做好以下几方面的管理工作：①做好基础记录，了解收账的及时程度。基础记录工作包括企业对客户销售各种产品提供的信用条件、建立赊销关系的日期、客户付款的时间、目前尚欠货款的余额以及对客户评定的信用等级、以往客户的守信程度等。企业财务部门和销售部门只有及时掌握这些信息，才能对信用政策的执行、客户的信用状况等进行卓有成效的分析，并就存在问题提出对策。②制定信用限额。企业对不同信用状况的客户除了提供不同信用条件外，还应制定不同的赊销限额。销售部门对提供的每一笔赊销业务，都要查验客户是否有超过正常规定期限偿还账款的记录，并注意查验客户所欠的债务是否突破了规定的最高限额。③建立考核应收账款管理评价指标。从企业总体评价应收账款管理的指标主要有应收账款周转率或平均收账期。其计算公式如下：

$$\text{应收账款周转率}=\frac{\text{赊销收入净额}}{\text{应收账款平均余额}}$$

$$\text{平均收账期}=\frac{360}{\text{应收账款周转率}}$$

该指标反映了应收账款的流动程度：企业在一定时期内周转率越高，或平均收账期越短，即应收账款转为现金的次数越多、平均每次转为现金的时间越短，收款效率越高，反之则反。企业可通过该项指标，同以往实际比、与现计划比、与同行业比，借此评价在应收账款管理工作中的成绩与不足。

第六节 存货的管理

一、存货的概念和种类

（一）存货的概念

存货是指企业在生产经营过程中为销售或者耗费而储备的各种资产，包括商品、产成品、半成品、在产品以及各类材料、燃料、包装物和低值易耗品等。由于存货经常处于不断销售和重置、耗用和重置的过程中，所以具有鲜明的流动性。不论企业的存货存放在哪里，只要对它拥有所有权，都应包括在企业存货之内。

（1）凡依照销售合同已经售出，其所有权已转让的货品，都不应包括在存货之中，即使货物尚未运离企业也如此。

（2）如果货物已经运离企业，而其所有权尚未转移给对方的，应包括在存货之内。

（3）已经购入而在运输途中尚未收到入库的货物，如果所有权已经转为本企业所有的，应包括在存货之中。

（4）委托其他单位代销的货物，由于这部分委托代销货物的所有权并未转移，仍属于本企业存货的一部分。相反，企业接受其他单位委托代为销售的货物，在尚未售出以前，仍属寄销人所有，不属于本企业的存货。

（二）存货的种类

（1）存货按储存目的不同可以划分为销售存货、生产存货和杂项存货，具体内容如下：①销售存货是指企业在正常生产经营过程中处于待销售过程中的商品或产成品。②生产存货是指企业供生产和销售耗用的材料、燃料、外购零部件及正处于生产加工过程中的在产品。③杂项存货是指企业供近期用的低值易耗品、运输用品等。这类存货耗用时通常直接计入销售费用或管理费用等。

（2）存货按存放地点不同可以划分为库存存货、在途存货和委托加工存货，具体内容如下：①库存存货是指已经运达企业，并已验收入库的各种材料和商品，以及已验收入库的自制半成品和产成品；②在途存货是指货款已经支付，尚未验收入库，正在运输途中的各种材料和产品；③委托加工存货是指委托外单位加工的各种材料和半成品。

二、企业储存存货的动机

如果企业能保证从它的供应者那里源源不断地得到原材料，供应速度与生产过程中原材料消耗的速度完全相同，则不需要储存原材料。同时，如果它能使销售产品的速度与生产的速度相一致，那也就不需要储存产成品。因此，在这种最理想的条件下，企业的生产经营，除了工艺上必需的在产品存货外，可以不需要存货。但是，这种理想状态几乎是不可能存在的，原材料采购最理想的速度或生产上最有效的速度和原材料的装运、社会上对企业产品的需求，在数量上和时间上很难达到一致，即使企业能准确地预测其原材料的交货日期、生产过程的时间以及社会对其成品需求的数量和时间，企业也不可能准确地预测某些意外事件的发生。因此，企业储存适当的存货是非常有必要的，也是有利可图的。其储存的利益，可以分为如下几个方面。

（一）保险库存，以防止生产销售中断

连续生产的企业，其供产销在数量上和时间上，难以保持绝对平衡，如果没有一定的存货，一旦某个环节出现问题，就会影响到企业的正常生产和销售。例如，材料供应商没有及时发货，运输途中出现了意外事故，所供货物质量、数量不符等，任何方面出现异常现象，企业都要停工待料；上一车间由于机器故障或其他原因停工，就会导致下一车间的停工；等等。而有了保险库存，就有了应对意外情况的物资保证，就可以避免停工待料，保证生产过程连续进行。

（二）效益性库存，以提高企业盈利水平

成批地购进原材料，既可以获得价格上的优惠，又可以减少采购、管理费用，从而降低采购成本、提高利润。

（三）投机性库存，以获取意外收益

当市场上产品价格变化不定时，就会出现对价格涨落进行投机的机会。原材料方面，一次偶然性的大降价，或季节性的临时跌价，会使企业在购货时获得差价收益（与正常购买价格相比）。当预计原材料价格会大幅度上涨时，企业购进这些材料同样可以获得差价收益。产品方面，某些产品的最终产品可能会有若干变化，当收到一个特殊的订单以后，可按其要求将所储存的半成品加工成产成品，从而获得一部分利润。然而，正常的存货水平是不包括这类投机存货的，生产企业通常也不因为投机而储存存货，但是，管理部门还应该考虑到价格的变动，根据价格变动进行库存调整。

三、存货的预测

存货的预测是指对存货的资金占用数额所进行的预测。存货的预测方面主要有周期计算法、因素分析法和比例计算法。

（一）周期计算法

周期计算法又称定额日数法，是根据各种存货平均每天周转额和资金周转日数（定额日数）来确定资金数额的一种方法。其计算公式为

$$资金数额=平均每天周转额\times资金周转日数（定额日数）$$

式中，平均每天周转额表示某项存货资金平均每天从本阶段流出的数额；资金周期日数（定额日数）表示存货完成一次周转所需要的天数。这种方法通常适用于原材料、在产品和产成品资金数额的测定。

（二）因素分析法

因素分析法是以上年资金实际占用额为基础，分析计划年度各项变动因素，加以调整后核定资金数额的方法。其计算公式为

$$\begin{aligned}资金数额 &= (上年资金实际平均占用额 - 不合理占用额)\times(1\pm 计划年度生产增减\%)\\ &\quad \times(1-计划年度资金加速周转\%)\end{aligned}$$

这种方法主要适用于品种繁多、规格复杂和价格较低的材料物资。对于供产销变化不大的中小企业，也可用此法匡算全部存货资金数额。

（三）比例计算法

比例计算法是根据存货资金和有关因素之间的比例关系，来测定资金数额的方法。以销售收入存货资金率法为例，其计算公式为

$$存货资金数额=计划年度商品销售收入总额\times计划销售收入存货资金率$$

$$\begin{aligned}计划销售收入存货资金率 &= \frac{上年存货资金平均余额 - 不合理占用额}{上年实际销售收入总额}\\ &\quad \times(1-计划年度资金周转加速率)\times 100\%\end{aligned}$$

这种方法过去主要适用于辅助材料、修理用备件等资金数额的核定，目前是匡算全部存货资金数额的主要方法。

四、存货的成本与控制

（一）存货的成本

要想持有一定数量的存货，必然会有一定的成本支出。存货的成本有以下几项。

（1）采购成本是指由买价、运杂费等构成的材料成本。采购成本一般与采购数量成正比。为降低采购成本，企业应研究材料的供应情况，争取采购质量好、价格低的材料物资。

（2）订货成本是指为订购材料、商品而发生的成本。订货成本一般与订货的数量无关，而与订货的次数有关。企业要想降低订货成本，需要大批量采购，以减少订货次数。

（3）储存成本是指在物资储存过程中发生的仓储费、搬运费、保险费、占用资金支付的利息费等。一定时期内的储存成本总额，等于该期内平均存货量与单位储存成本之积。企业要想降低储存成本，则需要小批量采购，减少储存数量。

（二）存货的控制

存货控制是指在日常生产经营过程中，按照存货预测的要求，对存货的使用和周转情况进行的组织、调节和监督。

1. 存货的分级分口控制

存货的分级分口控制是加强存货日常管理的一种重要方法。这一管理方法包括如下三项内容。

（1）在厂长（经理）的领导下，财务部门对存货资金实行统一管理。企业必须加强对存货资金的集中、统一管理，促进供产销互相协调，实现资金使用的综合平衡，加速资金周转。

（2）实行资金的归口管理。根据使用资金和管理资金相结合，物资管理和资金管理相结合的原则，每项资金由哪个部门使用，就归哪个部门管理。各项资金归口管理的分工一般如下：①原材料、燃料、包装物等资金归供应部门管理；②在产品和自制半成品归生产部门管理；③产成品资金归销售部门管理；④工具、用具占用的资金归工具部门管理；⑤修理用备件占用的资金归设备动力部门管理。

（3）实行资金的分级管理。各归口的管理部门要根据具体情况将资金计划指标进行分解，分配给所属单位或个人，层层落实，实行分级管理。具体分解过程可按如下方式进行：①原材料资金计划指标可分配给供应计划、材料采购、仓库保管、整理准备各业务组管理；②在产品资金计划指标可分配给各车间、半成品库管理；③成品资金计划指标可分配给销售、仓库保管、成品发运各业务组管理。

2. 存货的 ABC 控制法

ABC 控制法是意大利经济学家巴雷特于 19 世纪首创的，其后得到不断发展和完善，现已广泛用于存货管理、成本管理和生产管理。对于一个大型企业来说，常有成千上万种存货项目，在这些项目中，有的价格昂贵，有的不值几文；有的数量庞大，有的寥寥无几。如果不分主次，面面俱到，对每一种存货都进行周密的规划、严格的控制，就抓不住重点，不能有效地控制主要存货资金。ABC 控制法正是针对这一问题提出来的重点管理方法。运用 ABC 控制法管理存货资金，一般分如下几个步骤：第一步，计算每一种存货在一定时间内（一般为一年）的资金耗用额；第二步，计算每一种存货资金占用额占全部资金占用额的百分比，并按大小顺序排列，编成表格；第三步，根据事先测定好的标准，把最重要的存货划为 A 类，把一般存货划为 B 类，把不重要的存货划为 C 类，并画图表示出来；第四步，对 A 类存货进行重点规划的控制，对 B 类存货进行次重点管理，对 C 类存货只进行一般管理。

【例 10-10】某企业有 20 种材料，共占用资金 50 000 元，按占用资金多少的顺序排列后，根据上述原则划分成 A、B、C 三类，见表 10-14。

表 10-14　20 种材料基本情况

材料品种（用编号代替）	耗用资金数额/元	类别	各类存货种数及所占比重		各类存货耗用资金及所占比重	
			种数/种	比重/%	数额/元	比重/%
1	25 000	A	2	10	37 500	75
2	12 500					
3	5 000	B	5	25	10 000	20
4	2 500					
5	1 250					
6	750					
7	500					
8	450	C	13	65	2 500	5
9	400					
10	350					
11	300					
12	250					
13	200					
14	150					
15	100					
16	95					
17	90					
18	85					
19	25					
20	5					
合计	50 000		20	100	50 000	100

◆ 复习思考题

一、思考题

1. 简述营运资金的含义及企业持有一定营运资金的原因。
2. 论述营运资金的结构性管理。
3. 简述营运资金组合的策略及其特点。

二、计算题

1. 某公司的存货周转率为 9，应收账款周转率为 10，应付账款周转率为 12，若一年按 360 天计算，求：

（1）该公司的存货周转期（循环期）、应收账款周转期（循环期）、应付账款周转期（循环期）。

（2）该公司的营业循环期。

（3）该公司的现金循环期。

2. 假设某企业应收账款现行收账政策和拟改变的收账政策如表 10-15 所示。

表 10-15　企业现行收账政策和拟改变的收账政策

项目	现行收账政策	拟改变的收账政策
年收账费用/万元	6	10
平均收账期/天	90	60
坏账损失率	0.003	0.002
年赊销额/万元	600	480
变动成本率/%	50	50

假设资金成本率为 10%，试评价两种收账政策。

3. 某制造公司的资产总额为 1 000 万元，其中流动资产 500 万元，固定资产 500 万元，实现销售收入 1 000 万元。明年的销售收入预计增长 10%，预计的息税前利润为 100 万元。公司的长期负债和短期负债的年利率分别为 10%和 8%。该公司目前正考虑三种不同的融资方案，方案 A：短期负债 280 万元，长期负债 200 万元；方案 B：短期负债 240 万元，长期负债 240 万元；方案 C：短期负债 100 万元，长期负债 380 万元。

试对以上三种融资方案进行评价。

4. 某公司预计，下一年度的现金流出量为 187 500 元，而这些现金流量平均发生在每一天中。公司打算定期出售投资组合中的有价证券，以满足对现金的需求。该公司的有价证券能提供 10%的报酬率，而每一次将有价证券转换为现金时，都要负担 5 元的交易成本。

（1）计算每次将有价证券转换为现金时的最佳交易额。

（2）公司的平均现金余额将为多少？

（3）公司每年需要多少交易次数？

（4）为了维持最优现金余额，公司每年要负担多少成本？当公司需要维持的现金余额分别为 5 000 元和 0 时，该公司每年需负担的现金持有总成本是多少？

第十一章 收益分配

企业收益分配关系到国家、企业、投资者、职工等多方面的利益，因此，企业收益分配管理的质量对各方面的经济利益都会产生一定的影响。本章主要介绍收益分配的程序、收益分配政策、影响收益分配政策的因素、常用股利分配政策及企业纳税筹划的方法等内容。

第一节 收益分配的原则和程序

一、收益分配的原则

收益分配是指如何将企业的净利润在投资者和企业用于再投资的留存收益之间进行分配。收益分配是企业财务管理中十分重要的一项工作，它不仅影响企业的筹资和投资决策，而且涉及国家、企业、投资者、职工等多方面的利益关系，涉及企业长远利益与近期利益、整体利益与局部利益等关系的处理和协调。为合理组织企业财务活动和正确处理财务关系，企业在进行收益分配时应遵循一定的原则。

（一）依法分配的原则

企业的收益分配必须依法进行，这是正确处理各方面利益关系的前提。为规范企业的收益分配行为，国家制定和颁布了若干法规，主要包括企业制度方面和财务制度方面的法规。这些法规规定了企业收益分配的基本要求、一般程序和重大比例，企业应真正遵守，不得违反。

（二）兼顾各方面利益原则

收益分配是利用价值形式对社会产品的分配，直接关系到各有关方面的利益。因此，要坚持全局观念，兼顾各方面利益。国家作为社会的管理者，为行使其自身职能，必须有充分的资金保证，这就要求企业以纳税的方式，无偿上缴一部分利润，这是每个企业应尽的义务，同时也是企业发展的保障。投资者作为资本投入者、企业所有者依法享有收益分配权。企业的净利润归投资者所有，是企业的基本制度，也是企业所有者投资于企业的根本动力所在。可见，企业进行收益分配时，应统筹兼顾、合理安排；既要满足国家集中财力的需要，又要考虑企业自身发展的要求和投资者的利益。

（三）分配与积累并重原则

企业进行收益分配，应正确处理长远与近期利益的辩证关系，将二者有机结合起来，坚持分配与积累并重。考虑未来发展的需要，增强企业后劲，企业除按规定提取法定盈余公积金以外，可适当留存一部分利润作为积累。这部分留存收益虽暂时未予分配，但仍归企业所有者所有；而且，这部分积累不仅为企业扩大再生产筹措了资金，同时也增强了企业抗风险的能力，提高了企业经营的安全系数和稳定性，这也有利于增加所有者的回报。通过处理收益分配和积累的关系，留存一部分利润不仅可以供企业未来分配之需，还可以达到以丰补歉、平抑收益分配数额波动幅度、稳定投资报酬率的效果。实践证明，投资者更青睐能够提供稳定回报的企业，而利润分配时高时低的企业因暗含不稳定信息，对投资者的吸引力难免大打折扣。因而，企业在进行收益分配时应当正确处理分配与积累的关系。

（四）投资与收益对等原则

企业分配收益应当体现“谁投资谁受益”、收益大小与投资比例相适应，即投资与收益对等的原则，这是正确处理投资者利益关系的关键。这就要求企业在向投资者分配收益时，应本着平等一致的原则，按照各方出资的比例来进行，以保护投资者的利益。

二、收益分配程序

在我国与企业收益分配有关的法律法规主要有《中华人民共和国公司法》、《中华人民共和国企业所得税法》及《企业财务通则》。现行的 2006 年中华人民共和国财政部令第 41 号《企业财务通则》第五十条对企业收益（企业年度净利润，除法律、行政法规另有规定外）分配顺序的规定如下：

1. 弥补以前年度亏损

企业发生亏损，可用下一年度的税前利润等补亏，下一年度利润不足弥补的，可以在 5 年内延续弥补，5 年内不足弥补的，用税后利润等弥补。

2. 提取法定公积金

按税后利润的 10%提取，当法定公积金达到注册资金的 50%时，可不再提取。法定公积金用于企业生产经营、弥补亏损或转增资本金。

3. 提取任意公积金

任意公积金提取比例由投资者决议。

4. 向投资者分配利润

企业应按照收益分配的原则和投资者的出资比例等给投资者分配利润。

第二节 收益分配政策

一、影响收益分配政策的因素

收益分配政策是指管理当局对收益分配有关事项所做出的方针与决策。从根本上说，收益分配政策是企业税后利润的分配政策，对股份公司而言，即股利政策。

企业收益分配政策制定的质量如何，直接关系到企业的短期和长期利益及股东的利益。合理的股利分配政策对企业具有特别重要的意义。

分配政策在一定程度上决定企业对外筹资的能力。这是因为：①如果企业分配政策得当，则能直接增加企业积累能力。在利润一定的条件下，增加留存比例实质上能够增加企业筹资量。从这一角度看，分配政策也是再筹资政策。②如果分配政策得当，能够吸引投资者（包括潜在的投资者）对企业进行投资，增强其投资信心，从而为筹资提供基础。

此外，分配政策在一定程度上决定企业市场价值的大小，其连续性在某种程度上反映了企业经营的连续、稳定和有计划，因此，如何确定较好的投资分红模式，并保持一定程度上的连续性有利于提高企业的财务形象，提高股票的市价和企业的市场价值。

然而影响收益分配政策的因素有很多，基本上有以下几个方面。

（一）法律方面的因素

为了保护债权人和股东的利益，国家有关法规对企业收益的分配予以一定的硬性限制。这些限制主要体现为以下几个方面。

（1）资本保全约束。资本保全是财务管理的一项重要原则，它要求企业发放的股利或投资分红不得来源于原始投资（或股本），而只能来源于企业当期的利润或留存收益，其目的是防止企业任意减少资本结构中所有者权益（股东权益）的比例，以维护债权人利益。

（2）资本积累约束。它要求企业在分配收益时，必须按一定的比例和基数提取各种公积金。另外，它要求企业在具体的分配政策上，贯彻“无利不分”的原则，即当企业出现亏损时，一般不分配利润。

（3）偿债能力约束。偿债能力是指企业按时足额偿付各种到期债务的能力，对股份公司而言，当其支付现金股利后会影响公司偿债能力和正常经营时，公司发放现金股利的数额就要受到限制。

（4）超额积累利润约束。对于股份公司而言，由于投资者接受股利缴纳的所得税要高于进行股票交易的资本利得所缴纳的税金，因此，许多公司可以通过积累利润使股价上涨的方式来帮助股东避税。西方许多国家都注意到了这一点，并在法律上明确规定公司不得超额累计利润，一旦公司留存收益超过法律认可的水平，将被加征额外税款。我国法律目前尚未对此做出规定。

（二）股东方面的因素

股东出于自身考虑，也会对公司的收益分配产生一些影响。

（1）控制权考虑。公司股利支付率高，必然导致保留盈余减少，这又意味着将来发行新股的可能性加大，而发行新股会稀释公司的控制权，因此，这些公司的股东往往限制股利的支付，而愿意较多地保留盈余，以防止控制权的分散。

（2）避税考虑。一些高收入的股东出于避税考虑（股利收入的所得税高于股票交易的资本利得税），往往要求限制股利的支付，而较多地保留盈余，以便从股价上涨中获利。

（3）稳定收入考虑。某些股东往往靠定期的福利维持生活，他们要求公司支付稳定的股利，反对公司留存较多的利润。

（4）规避风险考虑。在某些股东看来，通过增加留存收益引起股价上涨而获得的资本利得是有风险的，而目前所得的股利是确定的，即便现在获得较少的股利，也强于未来较多的资本利得，因此，他们希望能发放较多的股利。

（三）公司方面的因素

公司出于长期发展与短期经营考虑，需要综合考虑以下因素，并最终制定出切实可行的分配政策。

（1）公司举债能力。如果一个公司举债能力强，能够及时地从资金市场筹措到所需要的资金，则有可能采取较为宽松的收益分配政策，保留较少的留存收益；反之，对于举债能力较弱的公司，往往采取较保守的分配政策，留有较多的盈余。

（2）未来的投资机会。收益分配政策受企业未来投资机会的影响，主要表现在：当企业预期未来有较好的投资机会，且投资收益率大于投资者期望的收益率时，公司应首先考虑将应分配的收益用于再投资的可能性，减少分红的数额，这样做既有利于公司的长远发展，又能被广大投资者理解。相反，如果企业缺乏良好的投资机会，保留大量盈余会造成资金的闲置，可适当增大分红数额。正因为如此，处于成长中的企业多采取少分多留的政策，而陷于经营萎缩的企业多采取多分少留的政策。

（3）盈余稳定情况。企业盈余是否稳定，也将直接影响其收益。盈余稳定的企业能够较好地把握自己，因此，有可能支付比盈余不稳定的企业更高的股利；盈余不稳定的企业由于对未来盈余的把握较小，所以多采取低股利的分配政策。

（4）资产流动状况。较多地支付现金股利，会减少企业现金持有量，使资产的流动性降低，而保持一定的流动性是企业经营的基础和必备条件，因此，若企业的资产流动性差，不宜分配过多的现金股利。

（5）筹资成本。一般而言，将税后的收益用于再投资，有利于降低筹资的外在成本，包括再筹资费用和资本实际支出成本，因此，许多债务资金较多、资金结构欠佳的企业，多将企业的盈余作为筹资的首选渠道。

（四）其他因素

（1）债务合同限制。企业的债务合同，特别是长期债务合同，往往有限制企业现金支付程度的条款，以保护债权人的权益。通常包括：①未来的股利只能以签订合同之后的收益来发放，不能以过去的留存收益来发放；②营运资金低于某一特定金额时不得发放股利；③把利润的一部分以偿债基金的形式留存下来；④利息保障倍数低于一定水平时不得支付股利。企业出于将来再筹资方便考虑，一般均遵守与债权人事先签订的有关合同的限制性条款，以协调企业与债权人之间的关系。

（2）通货膨胀。通货膨胀会带来货币购买力下降，固定资产重置资金来源不足，此时，企业往往不得不考虑留用一定的利润，以便弥补由货币贬值造成的固定资产重置资金缺口，所以，在通货膨胀时期，企业多采取较保守的分配政策。

二、常用的收益分配政策

在实务中，不同的企业可能采取不同的收益分配政策，即使是同一企业，在不同时期也可能采取不同的分配政策。在理财实践中，股份公司经常采用的股利分配政策主要有以下几种。

（一）剩余股利政策

股利分配政策直接影响公司的资本结构，奉行这种政策的公司在进行股利分配时，较多地考虑将净利润用于增加股东权益，只有当增加的权益资本能够满足目标资本结构的需要时，才将剩余的利润用于股利分配。

采用剩余股利政策时，应遵循以下四个步骤：①设定目标资本结构，即确定权益资本与债务资本的比例，在此资本结构下加权平均资金成本应最低；②确定目标资本结构下投资所需的权益资本数额；③最大限度地使用保留盈余来满足投资方案所需的权益资本；④满足投资方案所需的权益资本后若还有剩余的盈余，再将其作为股利发放给股东。

可见，在这种股利分配政策下，股利分配成为新的投资机会的函数，随着投资需求的变化而变化，只要存在良好的投资机会，就应首先考虑其资金的需要，最后考虑股利的分配。这种政策的优点是能够充分利用筹资成本最低的资金来源，保持理想的资本结构，使加权平均资金成本最低。

（二）固定或稳定增长的股利政策

固定股利政策是将每年发放的股利固定在一个固定的水平上，并在较长时期内保持不变，只有公司认为未来的盈余将会显著持续增长时，才提高股利。但是，在通货膨胀的情况下，大多数公司的盈余会随之增长，且多数股东也希望能够获得足以抵消通货膨胀不利影响的股利，因此，在长期通货膨胀时期，公司应不断提高股利发放额，使股利每年有一个稳定的增长率，即采用稳定增长的股利政策。

这种股利政策的优点是：①稳定的股利可以给投资者（包括潜在的投资者）一种

公司经营较稳定的印象，这对树立公司良好的形象，增强投资者对公司的信心，以及稳定股票市价都有一定的作用；②稳定的股利有利于投资者安排收入与支出，特别是对那些对股利有着较强依赖性的股东更是如此。

这种股利政策的缺点是：股利支付与公司的盈利能力相脱节，当盈利能力较差时仍要支付较高的股利，容易引起公司的资金短缺，导致财务状况恶化。

（三）固定股利支付率政策

股利支付率是每年支付的股利与净利润的比率。固定股利支付率政策要求公司每年按固定的股利支付比例从净利润中支付股利。由于公司的盈利能力是经常变动的，所以每年支付的股利也随之变动，这种政策体现了风险与收益的对等。但股利的波动使外界产生公司经营不稳定的印象，不利于股票市价的稳定与上涨。

（四）正常的低股利加额外股利政策

这种股利分配政策的做法是：公司在一般情况下，每年只支付固定的、数额较低的股利；在盈利状况较好的年份，再根据实际情况向股东发放额外的股利。

这种股利政策的优点是：具有较大的灵活性，可给公司带来较大的弹性。由于平常股利发放水平较低，故在公司净利较少或许要保持较多的留存收益时，公司仍可以维持稳定的股利发放水平，避免股价下跌；而当公司的盈利水平较高时，可以通过发放额外股利的方式，将其分配给股东，也有利于股价的提高。

三、股利支付形式

（一）现金股利

现金股利是指用现金支付股利的形式，这是支付股利的最主要形式。这种形式能满足大多数股东希望得到现金收益的要求，但这种形式增加了公司的现金流出量，增加了公司支付的压力，因此，采用这种股利支付形式要求公司必须有足够的现金支付能力。

（二）股票股利

股票股利是指以股票的形式支付股利。通常做法是按现有股东持有股份的比例来配股，并且采用增发股票的形式分发给普通股东，如某公司发放 6%的股票股利，则现有股东每持有 100 股，就可以获得 6 股额外的普通股。用这种形式发放股利，既不影响公司的资产和负债，也不增加股东权益的总额。因为留存收益和股本都是股东权益。但是，股票股利增加了流通在外的普通股的数量，每股普通股的权益将被稀释，从而可能会影响公司股票的市价。股票股利是公司将留存收益的一部分予以股本化的一种做法，它既不减少公司的现金，又可以使股东分享利润，保留下来的现金可以用于追加投资，扩大经营规模，因此，这种股利支付形式较为普遍。

（三）财产股利

财产股利是指以除现金外的资产作为股利发放给股东的股利支付形式。具体有：

①实物股利。发给股东实物资产或实物产品。这种形式不增加货币资金支出，多用于现金支付能力不足的情况，减少公司的资产净值，这种形式不经常采用。②证券股利。最常见的财产股利是以其他公司的证券代替货币资金发放给股东。由于证券具有流动性，即安全性比较好，仅次于货币资金，投资者愿意接受。对企业来说，把证券作为股利发给股东，既发放了股利，又保留了对其他公司的控制权，可谓一举两得。

（四）债权股利

债权股利是指公司以自己的债权作为股利发放给股东的股利支付形式。以这种形式发放股利，对股东来说，他们又成了公司的债权人；对公司来说，资产总额不变，负债增加，资产净值减少。这包括发行的公司债券和本公司开出的应付票据两种办法，都是带息的票据，并有固定的到期日。对股东来说，到期还本收到货币股利的时间要很长，但可以获得额外的利息收入；对公司来说，增加了支付利息的财务压力。所以，一般在公司已宣布并必须立即发放股利，而货币资金又不足的情况下，才采取这种股利支付方式。

第三节 纳税筹划

一、纳税筹划的意义

企业利润是一个总括的概念，企业的各个利益相关者虽然都关注企业利润的最大化，但相应“利润”的具体含义又各不相同。例如，债权人关注的主要是息税前利润，而股东更关注税后利润。所谓息税前利润是指企业计算支付的利息、缴纳所得税之前的利润，一般都包括营业利润、投资净收益和营业外收支净额三个基本部分。税后利润是企业缴纳所得税之后的利润，这部分利润基本上就是可供股东分配的利润了。税前利润和税后利润之间的差额是企业的应纳所得税，其计算公式为“企业应纳税所得额×所得税率”。从形式上看，似乎所得税是针对企业的盈利而征的税，它的多少取决于企业资产的盈利能力和所适用的税率，对其进行筹划和管理无从谈起，而事实上，给定资产的盈利能力和税率，相对于不同的财务决策，应纳所得税是权变的，如不同的融资结构、不同的资产结构、不同的投资方向组合以及资本运营中不同的收购目标、支付手段等，这些财务决策都会通过改变计税基础或适用税率而改变应纳所得税的多少，最终影响股东的实际财富。

纳税筹划的重要性除了应纳所得税与股东收益之间的此消彼长关系外，更取决于纳税成本的其他财务特性：①付现性。税金是必须以现金支付的成本，而且根据税法规定，企业只要取得账面收入和账面利润，就必须按照适用税率计算缴纳增值税和所得税，而不论这些账面收入或利润是否已经变现或能否变现，这使税金具有一定的预付性质。现金是企业财务管理中最为稀缺的资源，很多时候拥有现金流量比盈利更为重要，可以说，相对于非付现成本，纳税成本对企业的影响更为直接、显著。②强制性或缺乏弹性。国家税收的一个主要特点就是具有强制性，这与通过商业交易形成的现金支出有很大不同，在商业交易中，买卖双方地位较平等，具有讨价还价的空间。例如，对于还本付息，在企业支付能力不足，出现财务危机时，债务展期或减免是可能的，但对于税金，拖延只能加付滞纳金，一般是不能减免的。因此，可以说纳税成本是具有刚性、增加理财难度的一项支出。

股东财富最大化的目标要求在收益管理中重视纳税的筹划管理，使税后利润达到最大化。

二、纳税筹划的内涵

纳税筹划是指纳税人（法人或自然人）在纳税之前，依据所涉及的现行税法规定（不限于一国、一地），在遵守税法的前提下，以税收政策为导向，在经营活动和理财活动中，对纳税事项事先做出安排，对应纳税金进行少纳、不纳或缓纳的控制，从而取得合法的税收收益。国内外一般公认，纳税筹划包括节税和避税，而偷税、逃税等非法行为则不是纳税筹划。

纳税筹划的基本实质是节税，节税（tax saving）是指在遵守现行税收法规的前提下，当存在多种纳税方案可供选择时，纳税人以减轻税负为目的，可以选择税负最轻的方案。

纳税筹划与避税的关系众说不一，主要取决于对避税的界定。有关避税的定义有：①指个人或企业，通过精心安排，利用税法的漏洞、特例或其他不足之处来钻空取巧，以达到减少应纳税额的目的。②“避税是对法律企图包括但由于这种或那种理由而未能包括进去的范围加以利用”，“为了少纳或完全避免承担纳税义务，自然人或法人要相应地选择一种合法的经营方式，这种选择行为或是选择过程中有对纳税义务的疏漏可定义为避税。”以上定义都或多或少强调了避税的合法性，但在动机上存在一些投机心理。而纳税筹划更为积极，一般是与税收的立法意图相符合，体现税收的调节功能。在实践中，二者很难区分，纳税筹划也要用到某些避税的方法。

（1）从节税的时间上考察，可分为暂时性纳税筹划和永久性纳税筹划两类。暂时性纳税筹划主要是纳税人递延纳税义务，如我国财务会计制度规定的存货计价方法有先进先出法、加权平均法、移动平均法、分批实际进价法、后进先出法等多种，由企业自行选择运用。采用不同的计价方法，对计算当期的库存金额和应纳税所得额有不同的影响，纳税人就可以选择某种方法使当期的应纳税所得额最小，从而少交当期的所得税。但从一个较长时期看，某一期所节约的税款会在以后各期缴纳，所以这种节税是暂时性的。暂时性的纳税筹划可以使纳税人获得资金使用上的好处。

永久性纳税筹划是指纳税人节税获得的利益是永久性的。假定纳税人预期未来所得税税负要降低或者某项所得的纳税义务将免除，因而存货计价方法上选择有利的方法，实现节税，这就是永久性的节税。

（2）从避税涉及的税种多寡考察，可分为单一税种纳税筹划和多税种纳税筹划两类。单一税种纳税筹划是指这类筹划只涉及一个具体税种，与其他税种没有关联，如所得税、建筑税、资金税等。单一税种避税在采用累进税制条件下，若累进所得税则可使纳税人获得双重好处：一是缩小税基带来的好处；二是降低边际税率带来的好处。

多税种纳税筹划是指这类避税涉及的税种是多种相关的税种。这类避税又可分为两种不同情况：第一种情况是同时节约几种税，如根据我国现行税法，对某种若能被认定是以“三废”为原料生产的产品则流转税可以减免，“三废”产品的利润同时又可以减免所得税，这是一举两得的避税。第二种情况是由于节约一个税种反而增加缴纳另一种税额，如节约了某种作为费用列支的房产税、车船使用税、土地使用税等，节税相应减少了成本费用，反而增大了所得额，导致增纳所得税。一般产品的流转税与所得税之间也存在类似的关系，这种情况下的税收筹划能否给企业带来真正利益，取决于节税数额与增纳税数额的大小对比。

（3）从税收筹划涉及的地域范围来看，分为国内纳税筹划和国际纳税筹划。国内纳税筹划是指企业在本国范围内通过各种方式、手段进行税收筹划，其特点是企业利用本国税法所提供的条件和可能，根据财务、会计制度的各种要求，以可行的手段实现节税的目的。国际纳税筹划是指企业以合法手段跨越国境，通过人或物的流动（或不流动）来实现减少或免除纳税义务的行为。国际纳税筹划产生的根本原因主要是各国税收制度（包括纳税义务、课税程度方式、税率高低、税基范围、国际双重征税的避免方法等）的差异以及由此产生的税负轻重的差异。

三、纳税筹划的原则

（一）守法原则

纳税筹划必须以遵守税法为前提，在税法许可的范围内，对纳税进行一种最优化选择。背离这一原则，筹划就只能是名义，其实质自然变成了偷税、逃税等。

（二）整体原则

纳税筹划的目的是节税、增收，企业的生产经营活动过程中会涉及多个税种，存在促进节税增收的多种非独立方案，在选择中应注意各方案之间的互动效应，不能独立地分析一种税种，一种税负的减少可能意味着另一种税负的增加，因此，应遵循整体原则，重视总体税负的轻重。

（三）动态原则

各国的税收政策，尤其是实施细则会随着政治、经济形势的发展不断发生变化，同时企业的增长状况、财务状况也不是一成不变的，因此，企业应随时关注国家税收制度的变动，做出纳税政策的及时调整。

（四）最佳税负原则

纳税筹划选择最佳方案的标准不是企业纳税最少，根据企业价值最大化或股东财富最大化的目标，其标准应当是税后收益最多。二者并不等同。单纯片面追求税负的最小化很可能给企业带来负面影响，如增加企业的风险，影响经营的稳定性等。最佳税负是使总的收益最多，而非纳税最少的政策选择。

四、纳税筹划的主要方法

纳税筹划是一个系统工程，它涉及从流转税到所得税等多个税种，从企业设立方式、组织形式到经营理财的全过程，本书仅从企业理财的角度进行分析。

（1）企业组织形式筹划。这主要涉及独资企业、合伙企业、公司制企业的选择。目前，许多国家对公司制企业和非公司制企业实行不同的纳税规定，如公司净利润由公司缴纳公司所得税后形成税后利润，税后利润作为股息分配投资者，投资者还要缴纳个人所得税；而独资、合伙企业的利润不缴纳公司所得税，只课征各合伙人分得收益的个人所得税。从纳税的角度看，对于投资者而言，采用独资、合伙企业组织形式比采用股份公司组织形式有利，可少纳所得税。

（2）注册地点的纳税筹划。一个国家由于传统或发展战略的需求，不同地区会存在税负差别。例如，在我国，为了实现对外开放由沿海向内地推进的战略布局、高新技术产业开发的生产力布局，政府制定了不同地区税负差别的税收优惠政策，这就为纳税筹划提供了一个极好的机会。所以，投资者根据税法的优惠条例选择企业的注册地点，对企业节省税金支出，实现国家生产力的战略布局都有积极影响，是一个双赢战术。

（3）筹资筹划。企业使用不同的筹资方式筹集资金，其成本各不相同，不同的税收待遇是影响成本的一个重要原因，如对于筹资费用，借款和租赁筹资时都需支付印花税，这样实际筹资净额也会受到影响；另外，对于资金使用费用，即利息或股息，由于各国目前实行的公司所得税政策都允许公司从应税所得中扣除因借贷资本所支付的利息，而对向股东支付的股利没有相应的扣除规定，公司股本融资的成本高于举债融资的成本。例如，在公司所得税的税率为 25%时，公司必须在税前赚取 1.33 元才有能力支付 1 元的股利；但负债融资时，只需要税前赚取 1 元就能支付 1 元的负债利息。税收对资金使用费用的这种影响在企业筹资理论、资本结构理论中的地位举足轻重。在放松了无公司税假设的 MM 理论中，莫迪利亚尼和米勒证明了公司举债能够取得举债经营收益，提高了企业的价值。不过，他们也提醒并不是负债融资越多越好，因为资本结构还受其他因素的影响，如债权人对破产的担心、个人所得税等。

（4）会计政策的利用筹划。对收入与费用确认标准的选择、会计事项处理程序的选择、会计事项处理方法的选择，也是企业实现轻税负的途径之一。例如，我国会计制度规定，存货计价的方法有个别计价法、加权平均法、先进先出法和后进先出法等，上市公司还可以制定计提存货减值准备等政策调节利润。不同的计价方法和准备金比率对成本、利润及纳税多少的影响是不一样的。例如，先进先出法是假定先购进的存货先发出，并以这种假定的存货流转顺序进行计价；后进先出法是假定后购进的存货先发出，并以这种假定的存货流转顺序进行计价。在通货膨胀，物价持续上涨的情况下，采用后进先出法能使销售成本增大，应税利润减少，而且也符合稳健性原则，有利于增强企业发展后劲。企业可根据自身的经营方针，在一定的时期内选择有利于减轻税负的存货计价方法。

又如，在固定资产折旧方面，也有多种方法，如直线法、工作量法、双倍余额递减法、年限总额法等。其中双倍余额递减法和年限总额法属于加速折旧的方法，不同方法选择也影响纳税额；折旧年限的弹性区间的选择和残值率的确定都会对企业成本费用的计算有不同的影响。由此，在税法允许的情况下，选用不同的财务会计政策会影响企业各期纳税水平。其中，直线法是将固定资产的折旧均衡地分摊到每一个使用年限，它可避免在不同年度间利润的过分集中或锐减，对纳税的影响也比较均衡；加速折旧法可以在固定资产的使用初期多计折旧，加大成本而减少利润，从而减轻企业前期的税收负担。

（5）转移定价筹划。这是指有关联的企业之间进行产品交易、劳务供应与资金往来时为均摊利润或转移利润，根据双方协商，制定高于或低于市场的价格以实现节税或递延税款。例如，企业之间，特别是母子公司之间、子公司之间在承担的税负不一致的情况下，便可以通过某些互惠形式，增加某企业利润而减少另一家企业的利润，使他们各自承担的税负最少。在一个集团公司内部，尤其是跨国公司内部利用关联定价进行税收筹划也比较常见。

（6）利润分配筹划。税收筹划在利润分配中的运用主要是考虑所得税对不同所得的影响。例如，分派现金股利股东要缴纳所得税，而股票回购同样可以起到回报股东的目的，但所负担的资本利得税通常少于所得税。另外，我国企业还可以通过推迟开始获利年度、延长申报经营期、利用对外商投资企业的税收优惠实现纳税筹划。

（7）资本经营中的纳税筹划。企业进行资本经营的实质是对企业控制权进行交易，从而实现股东财富最大化。在研究企业购并动机的理论中存在一种财务协同效应理论，该理论认为企业购并，特别是混合购并往往希望在现金流量、筹资能力或税收抵扣等财务素质方面优势互补。

◆ 复习思考题

1. 企业收益分配的程序是什么？
2. 影响收益分配政策的因素主要有哪几个方面？它们对收益分配政策有什么影响？
3. 常用的股利分配政策有哪几种，它们的特点是什么？
4. 股利支付形式主要有哪几种？各有什么特点？
5. 企业纳税筹划的意义是什么？
6. 企业纳税筹划应遵循哪些原则？
7. 企业纳税筹划方法主要有哪几种？

第十二章　资本运营管理

公司在发展过程中，出于多种原因需要对其他公司进行收购股权的活动，同时，本公司也可能成为其他收购方的标的。例如，在企业发展过程中遇到资产经营无法克服的某些问题，或者只有通过对相关利益主体的利益关系重新安排才有利于公司目标时，运用资本运营程序对适当的公司进行收购或对既有的股权结构进行重构，以达到控制关系发生有益的改变的目的。

本章主要介绍公司收购其他公司而进行的资本运营管理活动，虽然一个公司成为目标公司也是资本运营管理活动，但由于收购大多由收购方发起，目标方多处于被动状态，所以本章从收购方角度讨论相关的财务管理活动。应指出的是，公司收购管理涉及多方面管理活动作业，此处仅介绍并购活动过程中关键的财务管理活动，即目标公司价值估计、并购支付方式、并购融资等内容，其他内容，如并购谈判、并购整合等活动则不予以介绍，尽管这些活动中也有财务管理作业。

从财务角度看，资本运营管理就是对公司资产负债表右方要素进行安排构造，使公司资本关系由一种状态转变为另一种状态，这种状态改变包括仅进行负债融资、仅进行股本发行以及负债按原契约偿还或转换作业，也包括组合安排。一般按照重构主要要素可分为负债（债务）重组、股权重组以及债股互转三大类资本运营管理。

公司实务运作过程中还有另一类资本运作活动，即资产重组活动，由于资产重组活动也涉及资本关系改变，故虽名为资产重组，本质上仍属于资本运营管理活动，而显著区别于一般的资产经营活动。之所以将其称为资产重组，主要是因为该类活动强调对公司现有资产尤其是长期资产进行安排，同时伴随着企业所有者在企业中股权地位的改变或所有者自身的其他资产权属关系的改变。

债务重组是指对公司现有负债进行非偿还安排，使债权人与企业之间的关系变为一种与原债项契约关系不同的一种管理作业，如债权人转变为公司股东等；股权重组是指现在股东关系为另外一种具体股东关系所代替，使公司控制人发生改变或股东之间控股关系发生改变的管理活动。

第一节 目标公司价值估计

一、为收购而进行的财务分析

上市公司与非上市公司（即私人公司，非公众公司）的价值估计有明显差异，但是估值基础工作都应从财务分析开始。收购方对目标公司进行财务分析，可以使收购方确定一个合理的收购价格区间，判断出目标公司是否符合收购方收购标准；对收购方进行的财务分析可以使收购方管理层、股东清楚收购是否满足财务管理目标，即公司价值最大化。由于每个公司都有自身特征，在为收购而进行的财务分析活动中，所做的分析工作有别于其他目的的分析工作，最显著的差异是，为收购而进行的分析需要更加重视表外信息，由于收购动因差异，分析内容预测重点会不同。下面介绍的财务分析仅是收购财务分析的一般框架。

（一）资产负债表分析框架

常态下资产负债表揭示公司会计年度最终日的资产负债及所有者权益结存数，即公元历年的十二月三十一日数据，这些数据揭示的信息对收购方收购活动的支持表现在以下各方面。

（1）货币资金。它是支付工具，收购方现金越充裕，收购难度越低；目标公司充裕的现金结存，是资源搜寻者重要的判断标准之一。因为一旦收购成功，目标公司现金流就会为收购方所掌控，至少会对收购现金支付产生缓冲剂的作用。所以，公司管理当局为避免由于这一动因被收购，会在公司现金量较大时，采取某种措施，如派发现金红利、对外投资等，降低收购方获取控制权的欲望，以降低敌意收购的可能性。尤其是目标方具有优势变现资源时，它更可能成为猎物。

（2）短期投资。事实上，短期投资流动性较高，它可能产生于公司对暂时闲置货币资金的收益安排，也可能产生于对行将到期的负债偿还准备。个别的短期投资在某些时候流动性或许降低，但在整体上其性质可类同货币资金，因此，收购方也会关注此项资产的规模和结构及有无变现障碍特征。

（3）应收及预付事项。它表明一项收款权利或一项资产收入权利，良好的收款变现能力会补充收购方资金，目标公司应收款项的变现能力分析是衡量应收款项质量的重要事项。主要判断目标公司重要债权的债务人的信用状况、偿债能力以及其履约意愿。在分析时，还要关注应收款项的账龄状态及收款保障措施是否有效，那些账龄短（无逾期）、保障良好的应收款项收回风险低。另外，债务人所在行业的景气状态也会对偿还债项产生重要影响。

（4）存货。这是公司直接获利的资产，一般而言，即使是追求零库存作业管理的公司，其存货也不会为零，因为一家以存货获利的公司如果没有存货，其获利也无法实现，所谓的零库存管理目标，确切地说应为存货零闲置时间目标，即购入存货应在需要该存货时到达需求现场，待销存货一旦达到可销出状态立即销出，所以，对目标公司存货的分析主要集中在存货变现能力以及存货结构上。存货变现能力主要分析存货的变现速度，理论上，存货变现速度（存货周转率）应与存货技术周期一致，后者是指存货从采购加工至销售所需的时间。

存货结构分析主要分析在全部存货中各类存货比重以及变现能力好的存货所占比重。对目标公司存货的估值重点放在变现能力强的存货，按会计准则，这类存货账面值是按成本计量的，而其变现值是其售价，因此，多数情况下，存货估值会有溢价（相对于账面价值）。在对存货估值时，应结合收入增长与存货结存变化趋势判断公司是否存在存货积压，如果存货增幅大于收入增幅可能意味着存货积压；如果存货增幅小于收入增幅说明公司存货管理效率提高，存货变现能力整体增强，因此，这类公司存货价值高。

（5）其他应收款。按会计核算准则，此项数额比重应该小，且该项目极可能转化为企业费用，因此，其他应收款占全部流动资产比重大的公司可能存在问题，所以，此项目应相当谨慎。

（6）待摊费用。这是一种会转为费用抵减盈利的项目，故可称为虚资产，较大的数额会对未来盈利产生持续性不利影响。当此项为负数时，公司总资产实际上要高于报告数。

（7）长期投资。此类投资分为债权投资、股权投资两大类。收购活动有时是针对股权投资进行的。当目标公司是一家公司的控股股东时，直接收购被其控股的公司会有某些不利事项或存在某种障碍，如行业进入限制、收购成本高等，但收购它的控股权，即间接收购时，就容易得多，此时，对于收购者而言，间接收购就有了合理性。

（8）固定资产。这是公司运营能力的保障。不同行业公司固定资产地位不同，制造业公司其地位较高，技术密集型的制造业其地位更高，而金融业其地位高并不一定是好现象。此类资产估价按市值法进行，因为随着技术进步会使资产价值贬低，很少发生评估增值事项。在实际收购案例中，尽管有为了获得生产能力而进行的收购，但随着时间的延续，这类案例越来越少，尤其是在轻资产运营模式被运用、被认同的氛围下更是如此。在杠杆收购中，一些投资银行正是因为对目标公司此类资产估值过于乐观导致收购失败，使其成为众矢之的。

（9）无形资产。无形资产构成是公司无形资产估价的重要内容，那些拥有领先技术的公司在竞争中处于优势地位，此项信息很难准确通过会计数据揭示出来，但是，一家公司的技术战略及状态会表现在其账面上。例如，在中国上市的生物制药类公司中，有的公司无形资产与其他公司相比明显处于劣势，这从公司上市后连续几年的盈利数据、股价水平上可以验证，缺乏技术支持的公司其业绩处于劣势。对无形资产估价除关注账面数据外，还要关注公司获利能力，具有良好获利能力的公司会有超额收益，其无形资产实际价值会远大于其账面价值。此外，与技术能力相关联的财务信息是研发投入规模及其在营收中的占比规模。例如，持续多年几乎占营收 15%的研发支出是华为公司营收、净利润等高成长的核心支撑，而那些初期有着良好发展势头但最终没有成功的公司几乎无一例外在这方面存在缺陷。

资产负债表右方第一大类数据即为公司负债，尽管负债形成原因不同，但有一个共同特征，即需要企业偿还，因此，负债价值水平确认直接决定总资产中有多少留归公司股东。负债数值可以依据企业记录确认，特别需要注意的事项是或有负债，它产生于公司对外提供担保、公司经营过程的承诺，如质量水平保证承诺等。或有负债一旦满足确认条件，将转为企业实际负债，对这些负债水平的确认是目标公司负债估值的重要内容。在中国上市公司中，对外担保而产生的支付责任案例已发生多起，说明管理层要么未认识到担保责任重大，要么是不得已而为之。例如，对大股东的贷款提供担保，往往受控于大股东的压力，管理层可能明知风险大没有收益，但不得不为。

全部资产扣除负债后即为股东权益，这种留剩特性决定了股权价值可以间接估价，即用公司价值减去负债价值来确定股东权益价值。

（二）损益表分析框架

公司经营最主要的目标之一是获利，这也是股票投资的原动力，因而，损益分析在收购公司的财务分析中处于重要地位。通过对目标公司收入成本进行分析可以判断其盈利来源、变化趋势，进而判断收购的效益性。

以并购为目的的损益表分析除常规分析内容外，还要注意公司收益核算的会计政策分析，不同会计政策选择会造成损益差别。例如，不同折旧政策会使固定资产使用产生的价值损耗（转移）计为各期的费用水平不同，进而会对各期息税前利润、损益平衡点、利润总额、净利润等产生影响；又如，存货消耗也有多种计价方法（加权平均法、分批确认、先进先出法等），不同选择会对生产成本、销货成本产生影响，直接影响息税前利润、边际利润、损益平衡点、利润总额、净利润水平，进而影响收益能力趋势确认。

（三）现金流量表分析框架

损益表揭示的是损益来源及规模，但是，揭示损益质量方面的能力却因会计程序性缺陷而存在不足，另外，企业运作能力和水平在财务上的一个重要表现就是收入实现能力、付款支付能力，这些因素决定了另一张报表，即现金流量表是重要的，它很好地解决了收益质量衡量的信息需求，也能反映一家公司的现金头寸情况。公司净现金流与净利润差额越小，表明收益质量越好，在连续多期稳定（或稳定增长）的情况下，收益品质可以确认较优。

需指出的是前期支出当期确认为费用的事项，如折旧等，会增加企业现金流，这种现金流和收益品质无直接关系。

（四）收购报表分析需关注的事项

（1）债务的完整性。当一个目标公司有未记录负债时，一旦收购完成可能产生诉讼事项而增加额外支出，加大收购成本。此类负债包括未足额支付的养老保险金或有负债以及故意隐藏不报的购货负债等。

（2）资产的质量及所有权，尤其是目标公司存货的质量。当目标公司产品技术含量较高时，存货中可能存在变现能力低的存货，而这些存货外部很难确知；当目标公司行业产品有贮存期时，可能存在已过期产品；应收账款也存在坏账损失等。

（3）对外投资效益与效率属性。以成本计价的证券投资及投资变现受限的投资，变现发生损失的可能性较大。

（4）无形资产的获利属性。这是一项存在重大风险的资产，既可能给企业带来超额收益，也可能给企业带来损失。例如，一项恶性事件会使公司商誉一落千丈，甚至使有形资产变现都受到影响。反过来，那些利用关联交易形成的无形资产，如商标、专利技术等，可能在计入目标公司账上时已经被严重高估了。

（5）房地产资产价值。有些目标公司可能拥有房地产资源而账面没有体现或体现价值较少；也可能相反，公司在地价高时购入而目前市价较低。

（6）收入确认可靠度。目标公司可以利用会计政策高估收入，而这些收入实质并未实现。

（7）收益质量属性。只有足额收现的收入带来的收益品质才是最可靠的，而那些由应收账款形成的收益、资产重估的收益质量则可能很差。

（8）现金流量大小及构成。企业的现金流应来自企业主要业务收入，依靠融资形成的现金流入会加大企业支付要求。

（五）收购分析中财务比率指标的使用

财务比率分析是一种主要方法，应用于同行业、同规模公司之间进行相互比较。常用指标有四大类：①流动性比率。用于反映到期负债偿还能力，那些收购前流动性不足的企业收购后易遇到流动性危机。②周转性比率。用于揭示公司各项资产的管理效率，也即转化为现金的速度，因此，它们是流动性比率指标的一种补充解释工具。③财务杠杆比率。在国外的第四次并购浪潮中广泛地使用债权融资完成并购，形成了收购者只需支付部分权益资本，就可完成较大股本收购的情况，形成了杠杆效应，由此出现财务杠杆一词。财务杠杆现象的存在要求收购者衡量支付压力与效益并做出恰当选择。④获利能力比率。收购与其他经营活动相比，共性之一是获利，所以评估盈利水平是必不可少的，尤其要注意获利能力的演变趋势，获利形成的要素结构、来源结构。

有时，较低净利润水平的公司可能比较高水平公司更值得收购，其原因在于：第一，前者股东要价低，后者股东要价高；第二，前者改造空间大，后者则可能小；第三，股东出售公司股票尤其是让出控股权的出售，有时会选在公司处于低迷状态下进行，而这可能意味着一个良好的收购机会。如果目标公司资产变现能力无碍或存有某项优势资产，就更值得收购。

常用的财务比率指标包括流动比率、速动比率、平均收账期、存货周转率、固定资产周转率、总资产周转率、资产负债率、负债权益比、利息保障倍数、负债资本化率［长期负债/(长期负债+股东权益)］、毛利率、净利润率、资产净利润率、资本收益率等。

除了上述比率外，还使用一些与市场相关的比率指标，如市盈率（price-to-earnings ratio，P/E 比）、股利支付率以及一些非货币性指标（人均指标、设备产能指标等）。

二、上市公司估价

首先，由于公司持续运营，影响其价值的各个要素随时都在发生各种变化，而基于财务数据的公司价值确定，往往基于特定时点（时期）的财务报告数据，这使公司价值的确定具有滞后性；其次，一家公司价值水平如何，主要取决于公司的未来状态，即使是公司内部人或核心控制人，也不能准确无偏差地预测公司的未来状态；最后，到目前为止没有一种权威有效的方法给予精确计量，因此，关于公司价值水平确认，人们广泛使用估价而非计价。尽管如此，人们还是发现了一些合理的估价程序，所得到的结论也比较可靠。需要说明的是，尽管如此，公司估价不是一种纯粹的主观臆断，这也切合了社会的模糊属性。

与非上市公司相比，上市公司存在被敌意收购的可能，中国上市公司全部股份都可以在交易所挂牌交易后，这种机会大大加强了，在国外并购史中这种案例常有发生。而在此之前，中国上市公司极少有纯粹敌意收购，使上市公司高管人员不太关注公司股价水平，一旦敌意收购的自然条件具备，管理层就有必要把提高公司股价作为一项管理内容以维护自己的劳动职位，最终使各类股东在股价上升中受益。发生于 2015 年中期的“宝万之争”预示着中国的市场化并购时代已经开启。

1. 股利折现模型估价

此模型由迈伦 • J. 戈登教授（Myron J. Gordon）论证，被称为戈登模型。公司价值取决于公司未来收益，从股东角度，投资成本简化为购买股价，取决于以股东身份获取投资回报以抵偿投资风险，即收益变现模型：

$$P_0=\sum_{t=1}^{\infty}\frac{D_t}{\left(1+K_S\right)^t}$$

式中，P_0 表示即时股价；D_t 表示 t 时期股利；K_S 表示公司普通股成本率。

当公司股利恒定以年递增率 g 增长时，可推导出戈登模型：

$$P_0=\frac{D_1}{K_S-g}$$

此模型假设公司资本成本率 K_S 大于股利增长率，且公司以恒定速率 g 实现股息增长，公司需要派发股利。

公司股利增长速度 g 可以采用几何平均算法得到，即

$$g=\sqrt[t-1]{\frac{D_t}{D_1}}-1$$

如果一家公司第一段时期以一个较高的速度 g_1 增长，另一段时期以一个较低的速度 g_2 增长，就需要分两阶段分别计算股利折现价值，然后加总即可求出即时股价估计

值。当目标公司股价估值计算出来后，应判断计算结果的可靠度，常用做法是找一个同行业、同规模公司，观察其股价，如果存在这一公司且其股价与所估计状态差别较小，说明估计可靠，如果差别较大，或不存在一个增长类似的公司，则需要谨慎对待估值结果，还要用其他方法进行验证。

该方法基本原理被认同，但最大缺陷是理论假设性太强，几乎没有一家公司可以恒定速度增长，甚至也不能做到在整个存续期内始终正增长，因此，几乎不具备使用价值。

2. 市盈率法

市盈率（即 *P/E* 比）是股票价格与每股收益之比，其经济含义是简化的静态投资回收期，一般忽略指标单位，但实际上该指标是有单位的，即时间长度单位为年。因为股价的单位是“元/股”，每股收益的单位是“元/（股·年）”，经运算，所以市盈率的计量单位是“年”，意味着按照每股收益水平，多少年可以给投资者回报本金水平的收益（与是否分到投资者名下无关），即投资回收期。

估计公司股票价值使用的市盈率可按不同标准确定：使用历史数据，使用预期未来数据。使用前者是假设公司未来按历史状态延续下去，使用后者假设公司未来按预计状态发展，显然，在假设成立的条件下，结果才可靠，否则会产生误差，甚至是错误。

使用程序：①判断公司收益。通常利用公司历史数据演进趋势预计未来收益，要结合行业周期、收购后管理改进等确认收购目标公司的年收益。②选用恰当水平的市盈率。不同市盈率水平对估价有重要影响，恰当的市盈率意味着股东肯支付的股利倍数，即市场能够接受的水平。这依赖于实践检验。③计算股票估价及企业股权价值。

【例 12-1】 A 公司拟以等价换股方式完成对 B 公司的收购，有关数据见表 12-1。

表 12-1 并购双方有关资料

项目	A 公司	B 公司	AB 公司
总净利润/万元	400	600	1 000
每股收益/元	0.4	0.4	0.5
股价/（元/股）	6	4	7.5
市盈率	15	10	15
总股本/万股	1 000	1 500	2 000

假定并购后无协同效应，对方（B 方）肯接受的换股比例为每 1.5 股 B 公司股票兑换 1 股 A 公司股票。

例 12-1 中 A 公司首先需确认 B 公司被收购后是否能至少维持目前的收益水平，即相应资产能否带来不少于 600 万元的利润，假定通过收益预计至少可实现此规模收益，合并后公司（为区别称为 AB 公司）净利润为 1 000 万元。实际上，只要收购整合顺利，合并后协同效应发挥，合并后净利润可以高于 1 000 万元。

由于合并后 B 公司消失，并以 A 公司名义存在于市场，而市场认可 A 公司的市盈率水平，所以选定合并前 A 公司市盈率为合并后 AB 公司的市盈率，即 15。依据假设条件计算下述数据：

$$合并后公司总股本 = 1\,000 + 1\,500 \div 1.5 \times 1 = 2\,000（万股）$$

$$合并后每股收益 = 1\,000 \div 2\,000 = 0.5（元）$$

$$合并后股价 = 15 \times 0.5 = 7.5（元/股）$$

$$目标公司B股权价值 = 7.5 \times (1\,500 \div 1.5) = 7\,500（万元）$$

目前目标公司 B 股权价值 6 000 万元（4×1 500=6 000），此次收购对 B 公司原股东实现升值 25%［(7 500−6 000)÷6 000 或(7.5−4×1.5)÷(4×1.5)］，即单纯从经济利益看，对 B 公司股东有利。

同理可以得出，如果合并后按 B 公司市盈率估价，则 A 公司原先股东利益受损。问题是合并后市场会做出怎样的反应，这是决定这次合并原双方股东利益的关键要素。由于市场良好预期、规模经济效应以及协同效应发挥，市场大多数情况下会有积极反应，即已有案例提供的证据表明，合并方案的执行按照 A 公司市盈率估值概率大。

市盈率的倒数也可以理解为投资报酬率，因此，可以以预计收益为基础，估计公司资本化价值，即按照整体方式估值。

【例 12-2】目标公司预计可保持年均息税前利润 2 000 万元，当前负债 1 500 万元，年负债平均利息率 8%，收购方股东可接受的年投资报酬率不低于 12.5%。假定适用所得税率为 30%，对目标公司进行估值。

解：

$$\begin{aligned} 利润总额 &= \text{EBIT} - I \\ &= 2\,000 - 1\,500 \times 8\% \\ &= 1\,880（万元） \end{aligned}$$

$$\begin{aligned} 税后净利润 &= 1\,880 \times (1 - 30\%) \\ &= 1\,316（万元） \end{aligned}$$

$$\begin{aligned} 公司价值 &= 1\,316 \div 12.5\% \\ &= 10\,528（万元） \end{aligned}$$

可见，以市盈率为基础确定公司估价，关键是确认公司收益、市盈率水平。可以利用的资料还有行业发展报告、同类型可比公司数据、证券交易统计资料。

3. 资本资产定价模型

资本资产定价模型用来描述证券风险与投资收益水平之间的关系，其公式为

$$K_S = K_{\text{RF}} + \beta\left(K_M - K_{\text{RF}}\right)$$

式中，K_S 表示普通股收益率；K_{RF} 表示无风险报酬率；K_M 表示市场平均收益率；β 表示贝塔系数，表明个别资本项目（证券）风险与市场风险之间的关系，$\beta = \text{Cov}\left(K_S, K_M\right)/\delta_M^2$ 中 δ_M^2 表示证券市场平均回报率 K_M 的方差，$\text{Cov}\left(K_S, K_M\right)$ 表示公司收

益率 K_S 与证券市场平均收益率 K_M 之间的协方差。

在资本资产定价模型中，关键是确定合适的 β 系数，此值确认后，可求出 K_S，即个别证券回报率，继而可利用收益本金化方法求出目标公司价值估计值。β 系数除了按照上述定义计算外，可以用多种方法适当修正，如寻找同类型可比公司、利用目标公司过去交易结果等。

三、非上市公司估价

尽管上市公司并购影响大，但过去中国资本市场上，对非上市公司并购的活动至少在发生频率上不少于前者。由于非上市公司信息披露不具有强制公开性，人们不太关注此类收购活动，尤其收购方与目标公司同为非上市公司时，其收购活动知悉范围更小。此外，非上市公司某些特殊属性使收购更容易发生，如收购人看中目标公司某一单方面资源优势、目标公司股东无意继续经营下去，收购方实现产能扩张快速完成等。

对非上市公司估价更为困难，主要表现在以下几个方面：第一，缺乏公开可信的财务信息；第二，缺乏相关风险信息；第三，目标公司出售方高价出售的心理预期会加大其所提供信息的虚估成分；第四，中小企业管理不健全使其会计数据与实际差别较大；第五，会计政策的不当选用也会使估值基础出现较大误差。一般使用以下几种方式进行基础价值估计，实际成交价取决于在此基础上双方谈判的结果。

1. 资产基础估价法

资产基础估价法即通过对目标公司资产估价完成公司估价。此类方法涉及资产计价方法问题，选择合适的资产估价基础对估价结果有重要影响，常用估价标准有：①账面价值。多数情况下，资产账面价值是静态的历史实际成本，要求物价波动水平不大且资产物理质量可以可靠确认，主要适用于有形资产估值。采用此方法估值，还需要特别考虑的价值是公司整体价值与要素价值合计之间的差异，因为经营资产的组合价值往往在历史账面中无法体现出来。②市场价值也称重估价值，是指按当前市场上同种类物资的价格水平确认资产价值。适用于物价波幅较大的资产，如电子类产品、资源类产品等。③清算价值是指出现清算状态时，出售各项资产确认的价值。当公司价值不依赖其盈利能力时，以盈利水平估计公司价值会产生大误差，而以清算价值估值更好一些。④续营价值，即公司作为一个整体存在，可以保持盈利能力，而单独出售资产会降低资产结构配合收益，公司存在资产组合价值，此时，可以公司整体资产收益为基础进行估价，也可以理解为以收益为基础估价。

2. 收益法

对非上市公司以收益法估值在程序上与对上市公司估值相近。估值时首先预计公司在被收购后连续经营所能获得的净收益，这些收益产生于收购后目标公司全部的继续使用资产。其次，选择资本化率，相当于对上市公司选择市盈率。资本化率可以同行业、同规模可比上市公司数据为基础进行调整得到，通常，这种调整是调低市盈率，即调高资本收益率（相当于 E/P），这是因为非上市公司资本流动性弱，收购者会通过较高收益水平补偿资本流动性不足。此步骤的关键性因素是寻找到可比上市公司，通常这种公司难以找到，此时可以选择若干个上市公司，要求这些公司尽可能与目标公司可比，通过分别分析目标公司相似方面的优劣，适当调整收益化比率。例如，与第一家标准公司收益水平相比，目标公司收益能力更好一些，则目标公司市盈率可适当提高，即资本收益率可适当调低；与第二家公司相比，负债水平相近，而目标公司负债更小一些，即财务安全度更高，则可再调低收益比率；以此类推，直到与所选择的一组标准公司比较完毕，得到调整结果，然后再适当考虑资本流动性特点，调整收益化率，就得到对目标公司估价所需的资本化率。再次，依据前面估计的可保持收益与调整后的资本收益率计算资本价值。资本价值估计值=净可保持收益÷资本收益率。最后，用资本价值估计值加上收购完成后目标公司资产中拟出售部分资产的可变现值，即得到此次目标公司估计总价值。

3. 折现现金流法

折现现金流法除了适用于对上市公司估价外，也适用于对非上市公司估价，因为投资于一个公司重要的是投资后产生的回报，即公司现金流量的流入、流出及对比关系，而不是是否上市，只不过上市公司资本流动性好一些而已，尤其对收益为负的公司，使用折现现金流法更具有可行性。

对非上市公司现金流折现与对上市公司现金流折现的计算方法几乎完全一致，细微的差别或者说更困难的是获得可靠的目标公司——非上市公司的现金流更困难一些。因此，需仔细判断目标公司未来现金流情况。估值公式为

$$\mathrm{PV}=\sum_{t=0}^{n}\frac{\mathrm{NCF}_t}{(1+r)^t}+\frac{V_n}{(1+r)^n}$$

式中，PV 表示目标公司估计值；NCF_t 表示第 t 年目标公司净现金流；n 表示预计现金流的时期数；r 表示选取的折现率，此值高于对上市公司折现的一般水平；V_n 表示预计第 n 年公司价值，可以用收购方预计出售时的最小值。

在上面的公式中，较难选择的因素有两个：其一是折现率，它表明投资者要求的回报水平，投资者要求不同，此指标不同；其二是第 n 年时的公司估值，可以按投资人（收购方）要求的最小变现值确定。

第二节 并购支付方式

一、决定支付方式的因素

收购方对目标公司进行收购取得目标公司股权，目标公司原股东随着原股权的失去，会获得来自收购方的某种形式补偿，补偿形式问题即并购支付方式问题。

影响并购支付方式的因素很多，包括收购方的收购目的、收购方的支付能力、目标公司股东出让股权的目的、目标公司愿意接受的支付补偿形式、双方的一致性意向、

目标公司规模及并购方案设计等，其中最主要的因素是目标公司原股东愿意并能够接受的支付方式。从逻辑角度讲，如果目标公司股东仅能接受货币支付，那么，除非收购方支付足够货币，否则收购就不能完成。而实际上，目标公司股东也不总是仅能接受货币支付的，如果收购方能给予目标方股东某些其他优惠，后者也会接受非货币收购方案。由此，会形成各种不同的资本运营方案。

二、现金支付方式

现金支付方式是收购方向目标公司股东支付货币获得目标公司股权的方式。一般在敌意收购中，至少收购初期会使用现金支付，随着收购的深化，尤其是最后阶段的收尾性收购，也可用其他支付手段完成。收购方是否使用现金支付方式收购，主要考虑以下因素：第一，收购方流动性保持要求，即当以货币完成支付后，收购方流动性仍能满足企业运营要求。有时收购支付量很大，使支付完毕后收购方营运资本不足，进而使收购方营运陷入困境。第二，筹资成本。一般收购所需支付会大于正常经营使用的货币性资金，此时要考虑筹资成本与收购收益之间的关系，收购的经济性判断是必不可少的。第三，税收政策考虑。收购本质上是一种投资，因此，税收政策、法律方面的规定会对投资产生影响，如限制或鼓励该领域投资等。第四，收购规模。对巨型公司的控股权收购所需资金会非常庞大，一般较少使用或不使用货币支付。

【例 12-3】1999 年至 2000 年期间，收购方西安东盛集团有限公司与让出方青海省同仁县国有资产管理局就其在上市公司青海同仁铝业股份有限公司中的股权 49 024 140 股（占总股本 52.46%，为第一大股东）达成协议，将 28.92%的股权转让与西安东盛集团有限公司，另外的 23.54%转让给收购方的关联公司陕西东盛药业股份有限公司，转让价格均为每股 2.18 元，支付方式为现金。其后，青海同仁铝业股份有限公司将其主要资产、负债与第二大股东进行置换，青海同仁铝业股份有限公司更名为东盛科技。这是一起典型的买壳上市案例。

三、股票支付方式

越来越多的并购案例中收购双方采取股票支付方式完成并购支付，这种并购也被称为换股并购，即收购方向目标公司股东发放收购方的股票，换取目标公司原股东股份，换股完成后目标公司或注销或变为收购方全资子公司。在实际工作中，这种支付方式表现形式也有多种类型，如目标公司名义上收购其他公司，但实质是其他公司对该公司的借壳上市运作。

采用股票支付方式的最大好处是收购方不必动用现金即可完成收购，不足是在换股合并完成后，收购方公司原股东的股权比例会被稀释，目标方股东也会有被稀释的现象。

采用股票支付方式的一个关键要素是换股比率，即目标公司股票与收购方股票的兑换比例，它直接涉及双方利益关系。一定数量目标公司股票换取的收购方股票越多，越有利于目标公司股东，也就越宜实现收购，但会对收购方原股东利益产生影响，损失在这种情况下变大或收益变小。换股比例的确定本质上决定于收购方对目标公司股票估值以及对自己公司股票的估值水平，一般来说，收购方需要确认自己可忍受的上限，目标方确认自己可忍受的下限，双方就在此上下限之间进行谈判，最终交换比例会落在此区间内，否则交易无法实现。

换股并购需要考虑的因素还包括：第一，股权结构，即收购完成后收购方股权分布。第二，目前双方股价水平。如果目标公司股价处于高于价值状态，不适宜此时收购，否则出价不易被目标公司股东接受。第三，财务杠杆状态。若目标公司目前处于高财务杠杆状态，则会加大收购风险，因为完成收购后，目标公司债务会转嫁到收购方，所以除非目标公司当前债权人肯做出足够的让步，否则收购代价加大。例如，中国的三联公司重组郑百文案例中，郑百文的最大债权人，即华融资产管理公司就接受了对郑百文巨额债权的大部分豁免方案，使三联公司肯重组郑百文。

【例 12-4】1999 年，清华同方吸收合并鲁颖电子。鲁颖电子是中国国内最大的中高压瓷介电容器制造商，其股票（个人股东持有的）在山东省产权交易所（地方性交易市场，现已更名为山东产权交易中心）挂牌交易，合并前国有股 1 008.8 万股，社会个人股 1 722.219 2 万股，产品市场占有率 40%以上，是长虹、康佳、TCL、海信等公司的原件供应商之一。收购方清华同方大股东清华大学有很强的研发能力，而未形成产业化，清华同方为迅速形成产能与鲁颖电子通过谈判达成合并协议。合并前，清华同方总股本 16 605 万股。由于双方股份流通部分在不同市场交易，股价可比度较低，也都有不可流通股份，双方选择了以会计数据（即每股净资产）为基础进行换股比例确定。换股比例=(清华同方每股净资产÷鲁颖电子每股净资产)×(1+预期增长加成系数)=(4.48÷3.32)×(1+35%)=1.8∶1，即每 1.8 股鲁颖电子股票兑换 1 股清华同方股票。方案还约定鲁颖电子原股东获得的清华同方新发股票在合并后期满 3 年，即 2002 年 6 月 10 日起与清华同方原流通股一样在上海证券交易所挂牌交易，法人股则随同清华同方原来的法人股，即（在方案约定时）暂不流通，未确定流通方法。后来，在股权分置改革过程中，清华同方的国有法人股一波三折，最终也在向流通股东支付对价后，实现了可上市流通。

四、非货币资产支付方式

收购方对目标公司股东支付的是非货币性资产，目标公司股东让渡股权后获得收购方非货币资产或收益权。一般情况下，当让出方无意继续经营下去，收购方又无意支付货币，或双方均有意进入对方领域时，可采用此种支付方式。此时，对于双方来说，都是收购者，也都是目标方。

五、组合支付方式

在实际发生的收购案例中，还有一部分采用多种方式支付而不采用单一支付方式。组合支付除前面介绍的支付方式外，还可以使用认股权证、可转换债券等作为支付补偿的方式。这类方案的共同特点是支付手段多样化。这类支付方式的优点是少量现金支付可以减少收购方的支付压力，部分换股使收购方原大股东控制权稀释效应降低，可转换债券支付则给目标公司股东一次选择机会，即会有多种支付方式优点，尤其是大规模合并时，这种支付方式更可能被引入。

第三节　并购融资

一、并购融资分析

并购支付方式不同直接决定并购活动是否需要融资及融资规模和融资方式，一般而言，当使用货币支付方式时往往需要融资，而采用换股方式支付则不涉及融资问题。除此以外，并购方自身的资产结构、权益结构及资本市场都对并购融资产生重要影响。

可以选择的融资方式是发行债券、发行股票、贷款。其中，为并购活动而发行股票与为其他目的发行股票没有区别并且使用频率较低，这里重点介绍贷款与发行债券两种方式，并且重点介绍特殊之处。

1. 贷款

为并购而申请贷款常需采用担保、质押方式获得金融机构资金支持，即以并购贷款完成资金筹措，并购贷款与一般实业经营业务贷款的主要差别集中在两方面：其一，质押品差别。为并购而申请的贷款，常用并购过程中所购入的股票进行质押，这些质押股票包括用贷款购入的股票、用其他资金（如收购人自有资金）购入的股票。它可以先行获得贷款并专户存放，再随着购入股票而陆续质押，而一般贷款按时间顺序是先质押后收资金。其二，发行贷款人。为并购而进行的贷款通常不能从商业银行获得资金支持，而是来源于投资基金、投资银行等专业金融机构，这些专业金融机构往往会对收购方提供资本运作方面的支持。

由于向并购活动发放贷款的风险高于一般实业项目贷款风险，所以，此种贷款利率一般也较高。

2. 债券

为并购活动而发行债券产生于西方的第四次并购浪潮，这种债券的一个显著特点是高风险对应高利息水平，因此得名为垃圾债券（junk bond），也称为高收益债券（high-yield bond），之前也被称为低等级债券（low-grade bond）。实际上，单纯从等级角度看，早在 20 世纪三四十年代人们就使用过这种债券，并称之为“堕落天使”（fallen angels），之所以有垃圾一名，是因为这类债券违约率较高，甚至高达 10%以上。这种为并购而发行的垃圾债券在 1986 年达到高峰，美国的规模是 319 亿美元，为 1982 年的近 16 倍。其后，垃圾债券也用于其他项目融资。

首次使用垃圾债券融资的收购案是梅瑟石油公司。它在德崇证券（Drexel Burnham Lambert，DBL）公司的支持下，发行 20 亿美元垃圾债券，向海湾石油公司发动敌意收购，后者迫于压力选择了雪佛龙公司作为“白衣骑士”进行并购。

一般情况下，以发行垃圾债券融资进行并购需要以下几个步骤完成：①设立一家子公司，以此子公司的名义对目标公司实施收购计划。②由子公司向目标公司发出收购要约，在收购要约中说明融资安排，即发行垃圾债券，此项说明需得到投资银行的高度确信函（highly confident letter）支持。投资银行在高度确信函中声明依据市场条件和对收购事项的分析，高度确信能够筹集到足够资金支持此项交易完成。③拟投资购买垃圾债券的投资者向投资银行出具承诺书，承诺将购买投资银行协助、由子公司发行的债券。④投资银行安排搭桥贷款，也就是一笔过渡性贷款，用于支付先期收购资金，在发行垃圾债券后，用垃圾债券融资归还搭桥贷款。⑤发行垃圾债券融资，完成对目标公司控制权的收购。⑥收购方对目标公司进行整合，并出售部分资产，用于归还高息的垃圾债券。

垃圾债券的年回报率较高，这从统计数据中可以得到证实，见表 12-2。

表 12-2　投资品种年均回报率的几何平均值　　单位：%

类别	1977 年 1 月～1988 年 12 月	1977 年 1 月～1989 年 12 月	1982 年 1 月～1985 年 12 月	1982 年 1 月～1989 年 12 月
长期国债	8.6	9.3	20.9	16.3
高等级债券	9.1	9.7	23.1	17.1
低等级债券	11.3	10.2	20.9	14.0
标准普尔 500 指数	13.3	14.6	20.2	18.9
小公司股票	19.4	19.1	20.1	13.4

二、融资成本分析

相同的融资规模会因为融资方式不同，造成成本差异较大。由于并购通常伴随融资，而且融资规模较大，所以需要分析、预计融资成本。尤其是其中的负债融资，利息水平一般较高，可能会使收购变为不可行，已经出现过的收购失败案例显示，过高融资规模导致的收购后高额融资成本支出是并购失败的主要因素之一。

融资成本计算与普通融资成本确认无本质差异。在分析时应注意的问题是高息融资有很大一部分受所得税法限制不能在所得税前计为费用，因此，仅能按部分利息费用计算税收屏蔽效应。企业实际承担的负债融资成本计算公式为：企业负债融资成本=[该负债融资利息额中税法允许计为税前费用部分×(1−所得税率)+不允许税前列支的利息费用]÷(该方式负债筹资额−该方式负债筹资费用)。当每一筹资方式个别成本计算完毕后，用各种筹资方式的筹资成本计算加权平均，即得到综合筹资成本。用综合筹资成本比较收购带来的收益的标准是：若筹资成本大于收购增量收益，不具有财务可行性。这里收购带来的增量收益是指未考虑筹资成本时，收购后收入减去相应成本后的差额。另外，判断标准还有收购后收购方原股东每股收益或资本回报率要大于收购前该指标，否则也不具有收购财务可行性。

◈ 复习思考题

1. 为并购而进行财务分析主要分析目标公司的哪些事项？

2. 对目标公司估值有哪些方法？

3. 上市公司估值与非上市公司估值的主要区别是什么？

4. 为什么有时资本会选择收购一家公司完成规模扩张而不选择自建方式完成，而后者往往具有成本优势？

5. 选择股票支付方式有哪些优势？

6. 发行债券方式完成收购的债券与普通融资债券主要有哪些区别？

7. 收购融资成本分析有什么意义？收购财务可行性判断标准有哪些？

8. 1993 年 9 月 30 日 11 时 15 分，上海上市的延中实业股份有限公司（以下简称延中）股价升至 12.91 元，上海证券交易所突然宣布延中股票临时停牌，原因是深圳市宝安企业（集团）股份有限公司（以下简称宝安）上海分公司通过上海证券交易所公告："本公司于本日已拥有延中实业股份有限公司发行在外的普通股 5%以上的股份。"这是中国证券市场第一起收购案，从其后演化看，也是第一起敌意收购案。

面对收购，延中方面采取的应对方案包括声东击西和利用宝安行动的法律漏洞阻击收购。前一个方案是意图在证券市场上由延中发起另一起收购，以阻击宝安收购延中，后一个方案是指控宝安收购过程中有违法行为，力图获得司法支持，宣布宝安持股不合法。依据证据是截至 1993 年 9 月 29 日收盘，宝安已拥有延中股份的 4.56%，那么，9 月 30 日集合竞价起，宝安只要再买进 0.44%股份就需要公告。而其实际上，开盘竞价就购入了 342 万股使股份一步跨过 5%，累计超过 11%，违反了超出 5%以后每增加 2%就必须公告的规定。另外，宝安上海分公司注册资金仅为 1 000 万元，单是用于购买延中股票就需支付 6 000 万余元，由此延中董事会怀疑其资金来源非法。

市场上各方也有不同反应，其中谢百三教授认为，延中管理层在此事件中反应迟钝，事先竟然无察觉，在资本市场中处于劣势也就不足为奇。证券投资者大多支持宝安做法，认为延中管理层指诉不合理，中国证监会为此进行了专项调查，并在发布了调查处理结果后指出，法人依法购买上市公司股票，是证券市场正常现象，证券主管部门和交易所不干预，但是必须依法进行。

要求：使用公司估价方法对目标公司价值进行估计，必要资料可从相关网站获得，并分析管理层在管理公司活动中的反收购行动。

第十三章 财务分析

企业财务管理活动中，离不开财务信息的支持，如筹集资金、对外投资以及企业日常控制、考核、评价等活动。本章介绍财务分析与评价的指标、方法。通过学习，了解财务分析的意义与目标，掌握评价指标特征，使用恰当方法分析企业财务数据。需要指出的是，财务分析能够揭示经营管理中存在的、可以通过财务数据显示的问题，可以指明问题解决方向，但财务分析本身不能解决问题，改善企业经营成果与状况依赖于各项管理实践作业。

第一节 财务分析的意义与内容

一、财务分析的意义

财务分析以企业财务报告及其他相关资料为主要依据，对企业的财务状况、经营成果和现金流量进行评价和剖析，反映企业在运营过程中的利弊得失、发展趋势，从而为改进企业财务管理工作和优化经济决策提供重要的财务信息。财务分析既是已完成的财务活动的总结，又是财务预测的前提，在财务管理的循环中起承上启下的作用。充分利用财务报表所揭示的信息，使之成为经济决算的重要依据，是财务分析的主题。做好财务分析工作具有以下几方面的重要意义。

（一）财务分析是评价企业财务状况、衡量经营业绩的重要方法

通过对企业财务的分析，可以了解企业偿债能力、营运能力、盈利能力和发展能力；通过分析将影响企业财务状况、经营成果和现金流量的主观因素与客观因素、微观因素与宏观因素区分开来，以划清经济责任，合理评价企业经营者的工作业绩；企业管理者可依据分析结果奖优罚劣，促使企业不断改进经营状况。

（二）财务分析是挖掘潜力、改进工作的出发点

企业理财的目标是实现企业价值最大化，通过财务指标的计算和分析，了解企业的盈利能力和资金周转状况，不断挖掘企业改善财务状况、扩大财务成果的内部潜力，

充分揭示未能良好利用的各种资源，发现进一步提高利用效率的可能性，以便从各个方面揭露问题，找出解决问题的措施、方法，促进企业目标的实现。

（三）财务分析为筹资、投资决策提供信息

通过对企业财务数据的分析，可以了解企业获利能力的高低、偿债能力的强弱及营运效率的大小，可以了解投资后的收益水平和财务风险水平，为筹资、投资决策提供必要的信息。

二、财务分析的内容与资料依据

（一）财务分析内容

由于财务分析信息使用者的出发点不同，执行具体财务分析时，其目标会各有侧重。财务分析的具体目标可以根据三个方面确定：①为企业投资人、债权人的相关决策提供信息；②为企业的经营决策、提高管理水平、提高经济效益提供信息；③为政府宏观经济决策、对国有企业实施间接管理、考核企业经营者业绩提供信息。

财务分析的内容按照内容属性，可归为以下四个方面，即偿债能力分析、营运能力分析、盈利能力分析和发展能力分析。其中，偿债能力是财务目标实现的稳健保证，营运能力是财务目标实现的物质基础，而盈利能力则是前两者共同作用的结果，同时也对两者的增强起着推动作用，发展能力表示企业经营的持续性以及改进状态趋势。四者相辅相成，共同构成了企业财务分析的基本内容。

（二）资料依据

财务分析主要数据资料来源于财务报表。一套完整的财务报表主要由以下内容组成。

（1）主表。包括资产负债表、利润表（损益表）、现金流量表及有关成本费用报表。

资产负债表是反映某一会计主体在某一特定时点财务状况的报表。使用资产负债表时，特别注意以下几个问题：①它反映资产、负债、所有者权益结存情况，即存量信息；②直接信息是各个要素的绝对水平，即分别揭示资产变现水平、负债偿还压力水平、资本的稳定性水平；③使用数据时充分利用比较分析法，多数情况下，各种数据对比使用，使用价值更大；④对比分析时，尤其是与动态数据结合使用时，往往需要对数据动态化处理，但某些惯例做法例外；⑤结合企业特征进行，即分析时必须结合企业专有属性，如行业资产结构比例、资金来源结构、企业发展阶段、企业经营积累水平以及技术储备水平等。

利润表（损益表）是反映某一会计主体一定会计期间经营成果的财务报表。使用损益表时，特别注意以下几个问题：①反映一段时期收入、成本费用、利润累计情况，即流量信息。②直接信息是一段时期的收入水平、成本水平、利润实现情况。③数据会体现企业的行业周期特征。各种行业几乎都具有某种周期性特征，反映在损益表数据上，会表现为相邻时期数据水平呈现规律性波动。周期性特征要求不能简单地将两个不

同时期数据直接对比，否则，会产生较大误差。

现金流量表是以现金及现金等价物为编制基础，反映某一会计主体一定会计期间的现金及现金等价物流入和流出状况的财务报表。使用现金流量表时，特别注意以下几个问题：①该表揭示了企业不同现金来源（产生）、去向（用途）的构成情况。按照业务类型分为经营活动的现金流、投资活动的现金流、筹资活动的现金流。其中，经营活动的现金流应该是一个企业现金流的主体，因为经营业务代表了企业的经营方向。例如，如果企业现金流入以筹资活动为主，则现金流的持续性就值得怀疑。②现金流量的稳定性及递增性。现金流量水平既代表企业财务安全程度，也表明获利质量，因此，不稳定的现金流表明企业财务活动存在某种潜在问题。③流量规模水平及变化趋势，长期的流量数据趋势可以清晰表明经营状况转向。④企业所处发展阶段。一般而言，初创期的企业现金流与稳定期企业现金流会有显著差异。

以上三张主表之间的数据关系见图 13-1。

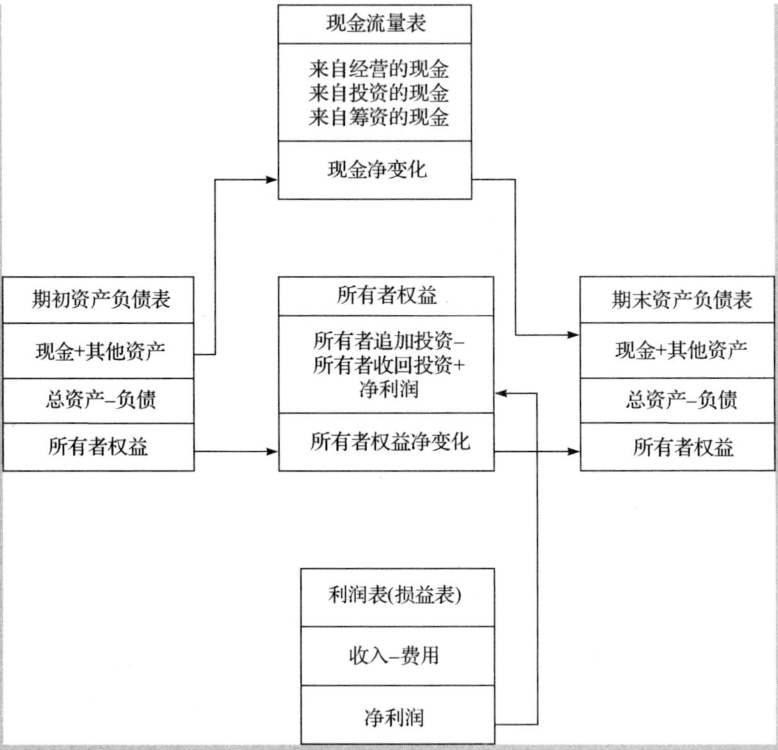

图 13-1　资产负债表、利润表（损益表）、现金流量表之间关系简示图

成本费用报表是反映某一会计主体一定期间的产品成本、费用的水平及构成情况的报表。此表可以理解为损益表（部分数据，即成本费用）的详细数据构成说明。由于此表数据的某些细节的公布会使企业在竞争中处于不利地位，所以按照《中华人民共和国公司法》第五十七条规定，“股东可以要求查阅公司会计账簿、会计凭证。股东要求查阅公司会计账簿、会计凭证的，应当向公司提出书面请求，说明目的。公司有合理根

据认为股东查阅会计账簿、会计凭证有不正当目的，可能损害公司合法利益的，可以拒绝提供查阅”。这意味着若信息（如成本结构等）属于可不公布的商业秘密，无须对外披露。该表为企业内部的成本分析、考核、控制提供信息，因而，有必要定期编制、分析。

（2）附表。附表是对主表中的某一项或几项内容提供更为详细情况的报表。常见的附表有利润分配表、成本费用开支明细表、各类资产明细表等。

（3）附注。附注又称报表注释、会计报表附注，是会计报表的补充，主要对会计报表不能包括的内容，或者披露不详尽的内容作进一步的解释说明，有助于会计报表使用者理解和使用会计信息。《企业财务会计报告条例》规定，附注至少应当包括下列内容：①不符合基本会计假设的说明；②重要会计政策和会计估计及其变更情况、变更原因及其对财务状况和经营成果的影响；③或有事项和资产负债表日后事项的说明；④关联方关系及其交易的说明；⑤重要资产转让及其出售情况；⑥企业合并、分立；⑦重大投资、融资活动；⑧会计报表中重要项目的明细资料；⑨有助于理解和分析会计报表需要说明的其他事项。

财务分析除了上述报表资料以外，其他相关资料也是必要的，如行业数据、价格信息等。

第二节 财务指标

一、财务指标的含义

狭义上，财务指标是把某些彼此存在关联的要素项目加以对比，计算出的比率数值。人们发现，某一特定的财务指标可以确定经济活动的某一属性特征，因而可以用财务指标来评价财务状况、财务成果的状态。广义上，财务评价指标还包括绝对指标，如营业收入、净利润、资产等。如不特指，本章中财务指标一词不是广义内涵。

由于财务比率指标是相对数，采用比率数值能够把某些条件下的不可比指标变为可比指标，以便进行分析。财务比率指标包括偿债能力比率指标、盈利能力比率指标、营运能力比率指标、发展能力比率指标等。

二、反映偿债能力的指标

适度负债对企业是有利的，一方面可从中获得财务杠杆效应；另一方面可以缓解资金不足，或降低资金成本。反映企业偿债能力的指标可分为两大类，即短期偿债能力指标和长期偿债能力指标。前者主要有流动比率、速动比率，后者主要有负债保障倍数、净权益负债率、利息比率、财务杠杆系数等。

（一）评价偿债能力的目的

市场经济条件下，企业的筹资方式、渠道具有多样性。既有股权性筹资，也有债权性筹资，还有或然性筹资，因此，企业利益关系人的类型也是多样化的，各方关系人都有必要基于自身利益评价企业的偿债能力。

（1）债权人评价偿债能力的目的。债权人将资金在一段时期内的使用权让渡给债务人，原因可能不同。例如，金融机构贷款给企业是为了获得贷款利息收入，债券购买者是为了获得债券利息，而采用商业信用方式让渡资金的使用权，则是为了促进销售。但是，他们融出资金（推迟收款）的前提是相同的，即债务人能按期足额归还资金，否则，债权人不仅不能从资金出借中得到好处，而且可能会遭受一定直接损失或承担机会成本（如赊销方的资金被占用，影响这部分资金再投入产生净收益；为回收资金而发生费用；等等），如果债务人破产，债权人的损失更大。所以，作为债权人，他最关心债务人的偿债能力。尽管融出资金的原因不同，但他们评价偿债能力的目的是一致的，即衡量其出借资金的安全性，如果安全性小意味着他们遭受损失的可能性大，甚至血本无归。

（2）企业所有者评价偿债能力的目的。企业所有者评价偿债能力的目的有两个：第一，保护资本的安全性。企业所有者对企业资产的要求权是一种留剩权益，具有劣后属性，这意味着如果企业因不能归还到期债务而进入破产程序时，只有在企业资产优先归还债务人后，剩余部分才能在所有者之间按企业章程约定比率分配。一般而言，在这种法律程序约束下，所有者会遭受资本损失。为了避免损失，所有者需评价偿债能力，及时调整投资策略、经营策略，以保护资本安全性。第二，获利的目的。企业在保持良好的偿债能力时，债务的杠杆属性会放大收益水平。

（3）管理者评价偿债能力的目的。从债务人自身角度看，如果偿债能力出现问题，不仅会使企业因为资金不足丧失良好的获利机会，也会使企业因到期债务未及时归还而信誉受损，更会增加企业的风险。管理者评价偿债能力主要是为了防止企业偿债能力恶化，使企业保持良好的财务状况，进而完成受托责任。

除了上述利益关系人以外，其他的各方也会评价企业偿债能力，其目的可以归纳为上述之一。

由于三方的评价目的差异，他们对一家公司偿债能力的要求、希望也不同。债权人希望债务人既有负债偿债能力越强越好；所有者希望在可清偿的基础上，偿债能力适度控制至偏弱，以充分利用财务杠杆效应；管理者则希望既可以获得杠杆效应，又不承担过高负债风险，即保持适度的负债水平。

（二）评价偿债能力的主要指标

1. 流动比率

流动比率是流动资产与流动负债之间的比率，表示每元流动负债有多少流动资产保证，它反映的是偿还流动负债的能力，其值越大，偿还流动负债的能力越好，公式为

$$流动比率=\frac{流动资产}{流动负债} \quad (13-1)$$

经验认为，该指标大于 1 较好。该指标的使用要点包括：①该指标应该大于 1，否则企业流动负债偿债能力有问题；②要结合流动资产的结构分析流动比率，因为变现力好的资产，偿还流动负债的保障程度高，不同企业流动资产变现能力差异较大；③计算方法使它只反映一个时点状况，因而易被粉饰，即存在窗饰效应（window dressing）。可以用下面方法弥补：使用经 CPA（certified public accountant，即注册会计师）验证的报表数字；将不同时点的数字对比——注意是否有异常；结合其他指标，如速动比率，综合判断；改变指标计算方法，用若干时点的平均数计算指标。

2. 速动比率

速动比率是速动资产与流动负债之间的比率，表示每元流动负债有多少速动资产保证，它反映的是偿还流动负债的能力，其值越大，偿债能力越好，计算公式为

$$速动比率=\frac{速动资产}{流动负债} \quad (13-2)$$

由于速动资产是在流动资产中扣除存货等变现能力较弱的流动资产项目后剩余的其他项目合计数，该指标突出了变现能力较好的流动资产对流动负债的保障性，反映短期偿债能力比流动比率更好。

经验认为，该指标大于 1 较好。该指标的使用要点有：①结合行业特点来评价判断。由于行业之间差别较大，使用此指标时应区别对待，如商业企业中此指标小于 1 也可以，而属于长周期行业的大型造船厂此指标应大于 1。②结合应收账款分析。速动资产中包括应收账款，由于应收账款的收账期大部分很长，并且当社会信誉体制不健全时，其变现能力必须进一步分析，否则误差较大。③同流动比率一样，该指标也可能存在窗饰效应。可以通过下述方法补充，即结合应收账款周转率、应收账款账龄、坏账损失进行评价分析或者用现金比率补充。

3. 负债保障倍数

负债保障倍数是资产总额与负债总额之比，表示每元负债有多少资产保障其安全性，表示企业对全部负债的偿债能力。该指标主要反映长期偿债能力，其值越大，偿债能力越强，计算公式为

$$负债保障倍数=\frac{资产总额}{负债总额} \quad (13-3)$$

我国现行的评价指标体系中，还使用一个相关指标是资产负债率，资产负债率与该指标互为倒数。

一般情况下，企业负债总额中长期负债比率较大，并且各年度负债水平基本稳定，因此，用时点数据也可以近似反映企业的状况。但为了使指标之间有相同的运算基础，也为了使结果更反映企业的经常负债水平，本指标可以采用平均值计算。

企业经营所处阶段不同，该指标数值特征不同：快速发展阶段此数值小些，此时

债权人会提出最低数值界限，要求企业遵守，经验数值是 1.5；企业处于正常经营阶段，长期债权的债权人在提供债权时，往往要求债务人保证其值不小于某一数值，一般是 2。因为资产数字是按历史成本记录的，它的变现能力受资产质量影响，其现时价值很可能较小，对负债的保障能力较弱。

4. 其他指标

除上述三个主要指标外，净权益负债率、利息比率、财务杠杆系数等指标也是反映偿债能力的指标。它们与前三个指标之间的区别是：前三个指标侧重从变现能力角度反映偿债能力，而这三个指标则侧重从负债水平角度反映偿债能力。

净权益负债率是负债与净权益之比，即全部资产中债权人的要求权与所有者的要求权之比，它等于负债保障倍数减 1 的倒数。

利息比率表示企业所获得的息税前利润中，有多大比例用来支付负债费用（即利息），它的倒数就是西方广泛使用的利息赚取倍数指标。

财务杠杆系数是息税前利润与税前利润之比，它表示企业所获得的息税前利润变化与企业所有者获得的收益变化的比率，西方财务理论认为这是第二阶段杠杆效应。

三、反映盈利能力的指标

（一）评价盈利能力的目的

良好的盈利能力是企业保持稳定发展的基础，由于企业是各方利益的集中体，不具备良好的盈利能力既不利于其发展，又影响现在的经营策略选择。如果一个企业保持良好的持续盈利能力，那么，即使其他方面指标暂时不太理想，其关系人仍会对这个企业的未来充满信心。因为良好的盈利能力既会有良好的收益，也会改善企业的偿债能力，尤其是当盈利能力远高于同行业水平且各时期稳定增长时更是如此，可见，评价盈利能力是重要的。对盈利能力的评价，必须关注其时期属性（即近期企业的盈利能力）以及企业较长时期的盈利能力。

尽管报表使用者都分析盈利能力，但不同使用者侧重点不同。

（1）债权人评价盈利能力的目的。短期债权人的直接利益是短期的债权本息能否及时足额收回，因而，他们可以较少关心企业的盈利趋势，而往往把焦点集中在短期盈利水平的高低上。只要企业短期盈利能力水平高，则其债权权益的安全性较高。只有在短期债权人重复对企业进行放贷时，他们才会较多地注意企业的长期盈利能力。这些利益相关人十分注意短期内现金净流量，除了用盈利能力指标进行评价分析外，他们往往深入盈利的内部结构进行分析，如形成的盈利能力是来源于现销还是赊销。

对于长期债权人，其直接利益是投入企业的债权在较长一段时期内收回本息的安全性。一般而言，长期债权人比短期债权人更需要高水平的、稳定的、持久的盈利能力。这是因为：第一，长期负债利息费用高，只有企业具有较高的盈利能力，才能应对这种高水平的费用；第二，长期负债的本息要在较长时间支付，只有当盈利能力稳定持久时，才有能力支付这种较多的本息费用；第三，由于归还期长，企业所处的市场环境可能发生各种巨大变化，只有较高持久的盈利能力，才能较稳妥地降低债权人的风险。

因而，长期债权的债权人就特别关注企业的长期盈利能力。无论如何，债权人对企业的盈利能力的评价，最终目的是确定其能否及时足额地收回本息。

（2）所有者评价盈利能力的目的。所有者的直接利益本质是所投资企业的净资产增值的速度。在市场经济条件下，投资者投资去向基本上是由投资收益决定的，即使投资者的投资可能另有目的（如对被投资企业的控制权、避税等），其最终也是为了在未来获得高水平回报。

所有者除了在决定投资时关注企业盈利能力外，投资后仍然会关注企业的盈利能力，原因如下：第一，所有者将资本投入企业后，他不仅成了相应的产权主体，同时也成为企业破产风险的承担主体。如果企业连年亏损以致资不抵债而破产，所有者的投资损失是巨大的，所有者不会愿意看到这种情况出现。第二，如果所有者错误地判断了企业的盈利能力，在低利润或负利润时，在资本市场上让出了产权以获得利益，至少是希望资本得以保全，否则，所有者会蒙受损失，即如果事实证明这种让出是错误的，投资者就要承担资本收益风险——丧失本应获得的资本收益。所以，所有者不仅需要判断企业现在的盈利能力，还需要判断其未来的盈利能力。

（3）企业的管理者评价盈利能力的目的。保持企业较好的盈利能力是其管理者必须完成的受托责任的一个方面，管理者需要根据盈利能力指标进行判断、分析、决策，其主要目的是保持企业有良好的盈利能力及发展趋势。

（二）评价盈利能力的主要指标

1. 净权益收益率

净权益收益率又称净权益净利率，是指一定时期内（一般是一个会计年度，下同）净利润与平均净权益之间的比率。这个指标也叫作净资产利润率、所有者权益收益率、净资产报酬率。净权益收益率的计算公式为

$$净权益收益率=\frac{净利润}{平均净权益} \tag{13-4}$$

该指标代表了以股权方式投资的回报水平，指标越大，企业经营业绩越好，所有者投资获利水平越高。投资人可以用该指标比较，选择是以股权方式投资还是以债权方式投资。如果该指标小于以债权方式投资的回报率，投资者会放弃股权投资，企业也将因此而不能获得所需要的资本金；一个企业的净权益收益率指标不应低于无风险的债券——政府债券［金边债券（gilt-edged bond）］的利息率。

从该指标的构成看，它的综合性极强，几乎所有的作业事项和要素对它都有影响，甚至会计处理程序也不例外。它不仅反映盈利能力，还能反映变现能力、负债水平、资产管理效率、企业发展潜力。其基本关系公式为

$$净权益收益率=总资产收益率\times资产净权益倍数 \tag{13-5}$$

式（13-5）表明，资产净权益倍数越大，总资产收益率对净权益收益率影响越大，即企业处于获利状态，一定净权益支配的资产额越多（负债方式融资越多），企业所有者所获收益越高；若企业处于亏损状态（资产报酬水平低于负债成本使资产净利率为

负值），一定净权益支配的资产越多，则所有者承担的损失越大。正由于如此，企业在融资时，必须充分注意融资成本，至少融资成本不得高于资产报酬率。同时，这一指标还暗示了负债水平越高，企业风险越大（一般而言，风险高可能盈利水平高，风险低可能盈利水平低）。

式（13-5）还表明，当企业处于盈利状态时，所有者可以获得因负债增加带来的利润，这也解释了企业愿意负债经营的原因。

我国现行财务评价指标体系中的资本保值增值率指标本质上与净权益收益率是一致的。因为资本保值增值率是用扣除客观因素后的期末所有者权益除以期初所有者权益计算的，在未实施股利分配时，资本保值增值率减 1 应该等于净权益收益率。

2. 总资产净利润率

总资产净利润率是指一定时期净收益与资产总额之间的比率，简称资产净利率或资产净收益率。为明确区分它与总资产税前利润率之间的差别，将前一指标命名为资产净利润率，后一指标命名为资产利润率。总资产净收益率值越大，收益水平越高，计算公式为

$$总资产净收益率=\frac{净利润}{平均总资产} \tag{13-6}$$

如何计算该指标中平均总资产有两种观点（算法）：其一，用资产负债表上的资产合计数的平均值，即按净值计算；其二，在前项基础上加上折旧，即按原值计算。

第一种观点的优势：①资产净值表明了企业资金的真实占用水平；②资产负债表上除固定资产外，其他项目都是净值，具有强可比性。

第二种观点的优势：①原值能更准确地反映企业资源占用的水平，强调了必要的原始投入，尤其是技术密集型企业更为明显，这类企业固定资产所占比重大，而反映固定资产生产能力的指标是其原值，如果不含折旧，就不能反映出企业利用资源的价值；②若扣除折旧，对于一个企业而言，如果两个相邻年度企业在其他方面是一样的，仅后一个年度因固定资产继续提折旧而使资产总额下降，这样就会使后一个年度的资产净利率上升（分子相同，分母减少），出现资产运用效果较上一年好的假象，而事实上两年基本上可能无显著差异，这一结果差异就源于资产价值数标准的不一样。

两种观点都存在某种程度上的合理性，但我们更倾向于采纳第一种观点，除上述理由外，原因还在于以下方面：第一，折旧性资产的生产效率是逐渐下降的，因而，后面年度如果要保证前一年度的获利水平，管理上必须付出更大的努力；第二，折旧性资产维持修理费用是随使用时间增加而增加的，这意味着如果两年所做其他工作一样，随着折旧的增加，资产净值的下降，费用在增加，净利润也下降，两者相比运算后无太大的出入；第三，如果资产总值中含有折旧，则各个部门可能为提高其获利水平而使旧资产加速报废，进而使企业蒙受损失。

由于两种算法各有优势，故实务中，还可以两种算法同时使用。强化年份间相互比较时，使用第二种算法，发挥互相借鉴各种方法的优势。

总资产净利润率可以进一步分解，其公式为

$$总资产净利润率=净收益比率\times财务杠杆系数\times资产利润率 \tag{13-7}$$

从上式中可以看到：各项因素对总资产净利润率均是正向影响的。在企业为社会创造的价值（相当于剩余价值 M）中净收益比率越大，则企业总资产净利润率越大；财务杠杆系数越大，杠杆效应越明显；资产利润率越高，总资产净利润率也越高。这体现了企业成果的多因素性特征。

3. 资产利润率

资产利润率是指税前利润与平均总资产的比率，该指标与总资产净利润率之间的差异源于所得税项目的影响。如果企业处于免交所得税状态，则两个指标是相同的，该指标与总资产净利润率之差为企业缴纳所得税的水平，良好的税前利润水平是企业有较好净利润的必备前提。该指标计算公式为

$$资产利润率=\frac{税前利润}{平均总资产} \tag{13-8}$$

该指标受营业收入利润率、总资产周转率两个因素影响，其关系是

$$资产利润率=营业收入利润率\times资产周转率 \tag{13-9}$$

式（13-9）表明，企业的获利来源于营业收入利润和资产运用效率，营业收入利润率越高，资产利润率也越高；企业提高资产周转速度，也会增加获利水平。因为减少资产沉淀量会提高资产利用效率，增加获利，式（13-9）也符合资金周转越快管理效率越高的实际情况。

4. 营业收入利润率

营业收入利润率是企业税前利润除以营业收入，它表示单位收入的获利水平的高低，数值越大，获利水平越好。

营业收入有两种概念：一是营业收入总额；二是营业收入净额，它是在总额中扣除销货退回、销货折扣、销货折让的余额。由于利润来源于销货净额，按第二种含义计算分子、分母可比性更强一些。若按第二种含义计算，则下述销货事项也可以反映出来：①销货退回。本质上讲，销货退回是企业某一环节工作不当造成的，将这一部分反映出来可以看到无效销货业务比例。②销货折扣。这是企业财务政策在销货环节的体现之一，这项数据的提供会将采用这一政策的情况反映出来。③销货折让。这个项目是企业由于销货质量、规格引起的价款折让，因而提供这一信息也是有用的，也反映了企业经营环节中存在的问题。应以营业收入净额为基数计算，并将其余事项单独反映出来，后文如无特殊说明均指这一含义。

营业收入利润率计算公式为

$$营业收入利润率=\frac{税前利润}{营业收入净额} \tag{13-10}$$

该指标数据来源于损益表，指标值越大，获利水平越高。这一指标可以继续分解为

$$营业收入利润率=\frac{利润总额}{收入总额\times(1-退货率-折扣率-折让率)} \tag{13-11}$$

式中，退货率是按退货额除以收入总额计算的；折扣率是按销货折扣额除以收入总额计算的，它反映了企业在销售环节上总的折扣水平，这一指标不可过高，过高的折扣率不但会使企业获利水平下降，还会暗示销货方有牟取暴利的嫌疑；折让率是用销货折让总额除以收入总额计算的，它反映了企业销售环节中出现的产品质量问题及发货工作质量水平，它的值越大，获利水平越低。

5. 其他指标

除上述四个指标外，下述指标也反映企业的盈利能力，如净权益周转率、营业收入毛利率、营业收入净利率、净收益比率等。

净权益周转率是用营业收入除以净权益平均值计算的，反映的是企业所有者权益的管理效率及潜在获利能力；营业收入毛利率反映的是销货环节毛利水平，在有的企业这一指标是企业纳税依据；营业收入净利率反映的是企业从收入中获利的水平，这个指标越高则企业盈利能力越好，同行业的指标对比及不同时期数值对比均有重要意义；净收益比率反映的是企业创造的剩余价值中属于所有者的比例有多大，它体现了企业所有者在企业全部新创造的价值中分享了多少，这一指标越大，则所有者实际分享比例越大。

四、反映资产营运能力的指标

（一）评价资产营运能力的目的

企业的资产营运能力的高低，即各项资产是否得到充分有效的利用，既影响企业的偿债能力，也影响企业的盈利能力，反映了管理者的工作业绩。反映资产运用效率的指标是周转率，即资产完成一次形态转换所需要的时间或单位时间内完成的形态转换次数，前者是逆指标，后者是正指标。

（1）所有者评价资产营运能力的目的。第一，资产营运能力指标可以分析企业盈利的效果。很明显，在其他因素相同时，资产周转速度越快，企业盈利水平越高；反之，盈利水平越低。第二，资产营运能力指标可以考核、评价管理者受托责任履行状况。所有者可能发现企业在某一时期内盈利水平与前期相同，但资产周转速度却明显变慢，这可能暗示了管理者有意放弃部分盈利机会，以使以后时期的责任较容易完成。

（2）管理者评价资产营运能力的目的。第一，利用该指标可以考核、评价各部门的工作业绩，如信用部门工作不力，会使应收账款周转率变慢；第二，利用该指标还可以揭示企业的各项资产的配置是否合理，良好的资产结构会充分发挥资源的效率。

（3）债权人评价资产营运能力的目的。一般情况下，只有长期债权人才关注、评价企业的资产营运能力指标，因为良好的资产营运能力意味着资产有良好的变现能力，进而会保证债权人按时收回债权；对于短期债权人，一般只需要运用偿债能力指标，就可以做出是否提供债权的判断，当然，更谨慎的债权人也可以通过该类指标判断企业未来的财务安全性。

（二）评价资产营运能力的主要指标

（1）存货周转率。用正指标表示时是指一定时期内销货成本与存货平均余额之比，它反映的是存货的销售速度，即存货的流动性。一般来说其值越大效果越好。过高的周转次数可能意味着存货不足，容易使企业丧失销货机会。其计算公式为

$$存货周转率=\frac{销货成本}{存货平均余额} \tag{13-12}$$

使用该指标时注意以下问题：①存货的计价方法对该指标有较大影响，如果企业在年度中间改变了计价方法，必须进行调整，才能进行不同时期的对比分析；②在季节性营业情况下，计算结果只能是粗略地估计，可是，同一个企业的各个年度或同类企业之间的可比性较大。

（2）应收账款周转率。应收账款周转率是赊销收入与应收账款平均余额之比，反映了应收账款的变现速度，其变化方向反映了应收账款的可靠性的改变，应收账款周转速度加快，收账期变短，可使应收账款收回的风险减少，计算公式为

$$应收账款周转率=\frac{赊销净额}{应收账款平均余额} \tag{13-13}$$

使用该指标时注意以下问题。①指标分子不能直接从会计报表中获得，外部使用者只能采取某种补偿措施，如要求企业提供该指标，或用销售收入总额近似计算；而对于企业来说，其应收账款赊销收入是其应收账款账户的借方发生额扣除坏账回收额后的余额。②赊销收入有两种含义，即赊销总额和赊销净额。由于企业实际能够收回的只是赊销净额，因此，按后者计算才不虚增数值。另外，企业可能有一部分赊销是以票据方式表现的，这一部分也应剔除。③有可能出现例外情况。例如，年初赊销一笔，本年一直未收回，则按公式计算结果为应收账款周转一次，从数字表面看应收账款变现了，事实并非如此。又如年初赊销 5 万元，6 月末又赊销 5 万元，年末两笔款都未收回，按公式应收账款周转率$=(5+5)\div[(5+10)\div 2]=1.33$（次），这也不符合事实。主要原因是：在计算时应该对应收账款进行分析，从应收账款性质看，它属于流动资产，其收账期应小于一年。若后一种情况中收账期为一年，则赊销收入为 10 万元，应收账款平均余额$=[5\times 360+(5+5)\times 180]\div 360=10$（万元），应收账款周转率$=10\div 10=1$（次），周转天数$\equiv 360\times(1\div 1)=360$（天），恰好与实际相符合。运用公式时必须注意其适用条件是应收账款发生均衡且符合流动资产定义。如果发生不均衡，则应收账款平均值简化的计算方法有误差。④现行税制下应收账款中包含着增值税而销售收入中不包括此项，故为准确测定应收账款回收速度，应对上述公式予以修正，修正后的公式为

$$应收账款周转率=\frac{赊销净额\times(1+增值税率)}{应收账款平均余额} \tag{13-14}$$

修正后的公式分子、分母计价基础一致，具有合理性。⑤同行业不同企业数据对比更有实际意义，因为相同的生产特点增加了数据的可比性，更容易比较优劣。⑥客户购买产品后往往有退货权，这种退货权的存在对该指标有重大影响。美国采取的做法是如果退

货权常被客户行使，则相应信息应在报表中披露。

上述两个指标构成了流动资产周转效率的主体。

（3）总资产周转率。总资产周转率是指营业收入与资产总额之比，简称资产周转率。其计算公式为

$$资产周转率=\frac{营业收入}{资产总值平均值} \tag{13-15}$$

这里资产总值使用不含折旧的资产净值计算。

（4）其他指标。除上述三个主要指标外，还可以计算流动资产周转率、固定资产周转率、净资产周转率等指标，分别说明相应的资产营运能力，由于这几个指标相对而言重要性略低一些，并且可以参照其他几个指标的分析方法来评价，此处不予进一步讨论。需要特别强调，为了简化，可以对同一对象不同时期，或不同对象相同时期采用相同的简化算法，除非这种简化有重大影响。

五、企业发展能力指标

毫无疑问，对利益关系人尤其是长期利益关系人来说，评价企业发展能力是重要的。上面各个指标也可以反映企业发展能力的某一方面的潜力，一般认为，应用下述指标专门评价企业发展能力。

（一）销售（营业）收入增长率

销售（营业）收入增长率指标使用主营业务收入的评价期数据与上一个时期（或其他作为比较标准的数据）增长额除以上一个时期（标准数据）主营业务收入计算，它反映企业业务发展变化的状况，其公式为

$$销售（营业）收入增长率=\frac{本期主营业务收入增长额}{上一个时期主营业务收入} \tag{13-16}$$

营业收入是衡量企业竞争地位的重要标志，该指标则揭示了企业竞争地位的变化。指标越大，说明企业占领市场速度越快，发展潜力越大。使用时，可以结合若干时期数据进行趋势对比分析，做出判断。

（二）总资产增长率

总资产增长率指标使用期末总资产净额除以期初总资产计算，它反映了企业资产规模发展速度。计算公式为

$$总资产增长率=\frac{期末总资产净额}{期初总资产} \tag{13-17}$$

使用该指标时，需要结合资产增加的质量、来源进行分析，否则，会产生误差。

除了上述两个指标外，下述指标也用来反映企业发展能力：资本积累率，即本年所有者权益净增额与年初数对比，反映资本积累情况；固定资产成新率，即固定资产净值与原值的比率，它揭示了设备等的新旧程度；三年利润平均增长率、三年资本平均增长率，这两个指标用来揭示盈利、资本平均变化情况，即发展情况。

第三节 基本分析方法

一、比较分析法

比较分析法是财务报表分析中最常用的一种方法，是通过对比两期或连续数期财务报告中相同指标，确定其增减变动的方向、数额和幅度，来说明企业财务状况、经营成果和现金流量的变化趋势的一种方法，又称趋势分析。采用此法可以分析引起财务状况变化的主要原因、变动的性质，并预测企业未来的发展前景。

在采用比较分析法时，要注意以下事项：①用于进行对比的各个期间的指标，在计算口径上必须一致；②剔除偶发性项目的影响，使作为分析的数据能反映企业正常的经营状况；③应用例外原则，对某项有显著变动的指标进行重点分析，研究其产生的原因，以便采取对策，趋利避害。

比较分析法比较的指标既可以是绝对指标，也可以是相对指标，在实际工作中，经常将比率分析法与比较分析法相结合，为了清晰反映财务状况、财务成果，往往以趋势图方式，进行数据对比。

二、因素分析法

因素分析法又称因素替换法，它是用来确定几个相关因素对分析对象——综合财务指标或经济指标的影响程度的一种分析方法。采用此法的出发点在于，当有若干因素对分析对象产生影响作用时，假定其他各因素都不变，顺序确定每一个因素单独变化所产生的影响。此法既可全面地分析各因素对某一经济指标的影响，又可以单独分析某一个因素对某一经济指标的影响。

在实际应用时要注意以下几个问题：①因素选择的关联性（因果性）；②因素分析时进行替代的顺序性；③替代顺序的连环性；④计算结果的假定性。该方法在成本分析中应用较为广泛。

材料费用的多少由三个因素决定，假定产品计划产量为 100 件，单位产品计划消耗量为 10 千克，该材料计划单位成本为 9 元。实际数据依次是 110 件、9 千克、11 元。分别计算生产量、单位产品消耗、单位成本对材料费用变化影响数，其计算如下：

$$\text{计划材料费用}=100\times10\times9=9\ 000（\text{元}）$$

$$\text{实际材料费用}=110\times9\times11=10\ 890（\text{元}）$$

$$\text{生产量增加使材料费用变化}=(110-100)\times10\times9=900（\text{元}）$$

$$\text{单产消耗变化使材料费用变化}=110\times(9-10)\times9=-990（\text{元}）$$

$$\text{单位材料成本变化使材料费用变化}=110\times9\times(11-9)=1\ 980（\text{元}）$$

毫无疑问，上述计算顺序改变，结果将有差异，这源于该种方法本身严谨性存在缺陷。为了强化可比性，必须采用相同程序，以弱化其不足。

三、比率分析法

使用财务比率指标的分析被称为比率分析，是指某两个项目之间存在相关关系，利用这种相关关系建立比率指标，如速动比率、资产负债率等。

比率分析法具有计算简便、计算结果容易判断的优点。采用此法应注意以下问题：①对比项目的相关性。计算比率的子项和母项必须具有相关性，否则对比是没有任何意义的。②对比口径的一致性。计算比率的子项和母项必须在计算时间、范围等方面保持口径一致。③衡量标准的科学性。运用此法需选用一定的标准与计算结果对比，以便对企业的财务状况、经营成果和现金流量等做出评价。通常科学合理的对比标准有预定目标、历史标准、行业标准、公认（经验）标准。

四、结构分析

结构分析就是将绝对数据变成相对数据，也称百分比分析，具体做法是把资产负债表变为百分比报表，即各个项目分别除以资产总额得到百分比报表，根据资产结构、负债结构、所有者权益结构状态进行分析；把损益表各项数据除以收入总额得到百分比损益表，根据各项比重及多期数据对比变化，判断工作重点，评价相应岗位业绩。

会计数据可以揭示企业特征，在这一方面结构数据表现得特别突出，尤其是业务技术特征、理财理念、筹资能力、还贷压力等。例如，房地产类企业流动资产比例会高达 80%以上；航空运输企业这一比例通常在 30%以下；同样是计算机行业，在发展初期负债比例会高于成熟期（稳定期）等。

某一企业数据结构是否合理，需要结合企业具体情况状态判断，因此，此种分析更需要了解企业实际。判断标准是改变目前结构是否能增加企业价值，如果答案是肯定的，则目前结构（资产、负债、所有者权益结构）需要调整。

第四节 综合分析

一、综合评分分析法

单一的财务指标仅从某一侧面揭示问题，并且也很难从指标大小判断企业状态，为了综合评价企业经营状况和成果，亚历山大·沃尔提出了综合计分方法。

由于该方法产生时期较早，存在较多局限性，现使用该方法时，对该方法进行修正形成综合评分分析法。根据我国目前使用的评价指标体系，此种分析方法形成如表 13-1 所示。

表 13-1 沃尔比重评分表

指标	分值	标准	行业最高	最高分	最低分	单位比率得分	实际比率	得分
	①	②	③	④=①×1.5	⑤=①×0.5	⑥=(④-①)÷(③-②)	⑦	⑧=1+(⑦-②)×⑥
盈利能力								
总资产净利率	20	10%	20%	30	10	100	15%	25
销售净利率	20	4%	20%	30	10			
净资产报酬率	10	16%	20%	15	5			
偿债能力								
自有资本比率	8	40%	100%	12	4			
流动比率	8	1.5	4.5	12	4			
管理效率								
应收账款周转率	8	6 次	12 次	12	4			
存货周转率	8	8 次	12 次	12	4			
成长能力								
销售增长率	6	15%	30%	9	3			
净利润增长率	6	10%	20%	9	3			
人均净利增长率	6	10%	20%	9	3			
合计	100							

注：空白单元格计算结果略

该方法限定了评分结果区间为 50～150，避免了单一指标的严重影响。使用该方法时不同评价目的选用指标及标准分值可以有差别，只要保证标准分值合计为 100 即可。

二、现金流量分析

现金流量信息对于指导投资活动具有非常重要的作用，其地位是其他各种分析不可替代的。一方面，资产的内在价值是其未来现金流量的现值，现金流就成为衡量企业价值最合理的指标；另一方面，会计信息是建立在一系列假设基础上的数据，其质量与假设符合现实的程度密切相关，而现金流量信息的质量却相当可靠。

（一）现金流量结构分析

流入结构即经营活动、投资活动、筹资活动产生的现金流入结构比例关系，通过对比分析，判断构成现金流入业务的稳定性。

流出结构即经营活动、投资活动、筹资活动产生的现金流出结构比例关系，通过对比分析，判断构成现金流出业务的规模性。

流入流出对比即经营活动、投资活动、筹资活动产生的现金流入流出结构比例关系，通过对比分析，判断现金流入对流出的保障程度，指导下一时期财务管理是以筹资为主还是以投资活动为主。

（二）流动性分析

现金到期债务比即经营现金净流入与本期到期债务之比，该指标揭示到期债务归还来源保障程度。

现金流动负债比即经营现金净流入与流动负债之比，该指标揭示短期债务归还来源保障程度。

（三）获取现金能力分析

销售现金率=经营现金净流入÷销售额，该指标揭示销售质量。

全部资产现金回收率=经营现金净流入÷资产总额，该指标揭示资产质量状态。

（四）财务弹性分析

现金满足投资比率=近五年经营现金净流入÷(近五年资本支出+存货增减+股利支付)，该指标揭示投资来源主要途径。

现金股利支付保障=经营现金净流入÷支付股利，该指标揭示股利支付压力解决来源。

（五）收益质量分析

净收益营运指数=(净收益−非营业收益)÷净收益，收益质量与各方利益关系人的利益密切相关，因此，该指标极为重要。

现金营运指数=经营现金净流量÷经营所得现金，该指标揭示经营现金剩余程度。

三、杜邦分析法

（一）基本方法

财务分析的最终目的在于全方位、准确客观地揭示企业经营理财的状况，并借以对企业经济效益的优劣做出系统的、合理的评价。要达到这样的目的，仅靠几个孤立的财务比率是不可能得出合理、正确的结论的。因此，只有将企业偿债能力、营运能力、盈利能力及发展趋势能力等各项分析指标有机地联系起来，相互配合，做出系统的综合评价，才能从总体意义上对企业经济效益的优劣做出准确的评价与判断。财务状况综合分析方法很多，其中应用比较广泛的有杜邦分析法，即

$$\text{权益报酬率}=\text{销售净利率}\times\text{资产周转率}\times\text{权益乘数} \qquad (13\text{-}18)$$

该方法因首先由美国杜邦公司使用而得名，基本原理是将资本收益水平的影响因素分解为三个方面，即盈利水平、资产管理效率、负债水平，分别考核各方面工作对资本提供者的贡献水平，公式可以表示为

$$权益报酬率=\frac{净利润}{资产总额}\times\frac{资产总额}{资产总额-负债}$$
$$=\frac{净利润}{销售收入}\times\frac{销售收入}{资产总额}\times\frac{1}{1-资产负债率}$$
$$=销售净利率\times资产周转率\times\frac{1}{1-资产负债率}$$

权益报酬率是杜邦分析法的核心。按上述公式分解之后，可以将其发生升降变化的原因具体化。

（1）销售净利率反映企业利润与销售收入的关系，它的高低取决于销售收入与成本总额的高低。要想提高销售净利率，一是要扩大销售收入，二是要降低成本费用。

（2）影响资产周转率的一个重要因素是资产总额，它揭示出企业资产实现主营业务收入的综合能力。企业要联系主营业务收入分析企业资产的使用是否合理、结构是否恰当，以及对影响资产周转率的各具体因素进行分析。

（3）权益乘数（即第三项）主要受资产负债率指标的影响，因此，对权益乘数的分析要联系权益结构以分析企业的偿债能力。联系销售收入分析企业的资产使用是否合理，以反映出给企业带来的财务风险和经营风险的大小。

本质上，杜邦分析法是因素分析法的一个特例。

（二）财务指标层次关系模型

根据各个指标之间的关系，可以建立指标层次关系模型，其层次关系见图 13-2。

盈利能力指标的重要性体现在：第一，盈利水平稳定持久对企业未来的影响。若盈利水平不稳定，即企业的各期盈利水平之间有较大差异，这种差异正是企业面临风险的象征，差异越大，风险越大；差异越小，风险越小。一般会计报表的使用人都希望企业能保持较稳定的盈利水平，当风险水平相同时，一个理智的投资人会选择获利水平高的投资机会，当回报相同时，他会选择风险低的获利机会。而各个利益关系人的决策，直接关系到企业的发展变化方向，所以获利水平的稳定性、持久性，对一个企业的未来有重要影响。第二，获利能力对企业现实的财务安全性的影响。获利能力对企业的财务安全有重要影响，表现为企业现金净流量的增加，一方面可满足企业近期偿债的需要；另一方面，较好的获利能力会使企业有良好的财务形象。这会使企业在筹集资金时，较容易获得所需资金。特别是随着银行的商业化管理，获利能力较高的企业易获得所需资金，这样的企业进入良性循环状态：良好的获利能力→所需资金及时满足→开发新获利机会→高获利水平。若获利能力下降，则企业就会陷入财务困境中，甚至进入恶性循环：获利能力下降→所需资金不及时满足→丧失获利机会→低盈利水平。

在图 13-2 中，第一层指标是净权益收益率，由于它既是重要的收益能力指标，又具有其他指标所不具备的优势，且可以用其他指标解释说明该指标所处状态的原因，所以它是整个指标体系的核心。从图 13-2 中可以看到该指标可以与各个层次的指标建立解释说明关系。

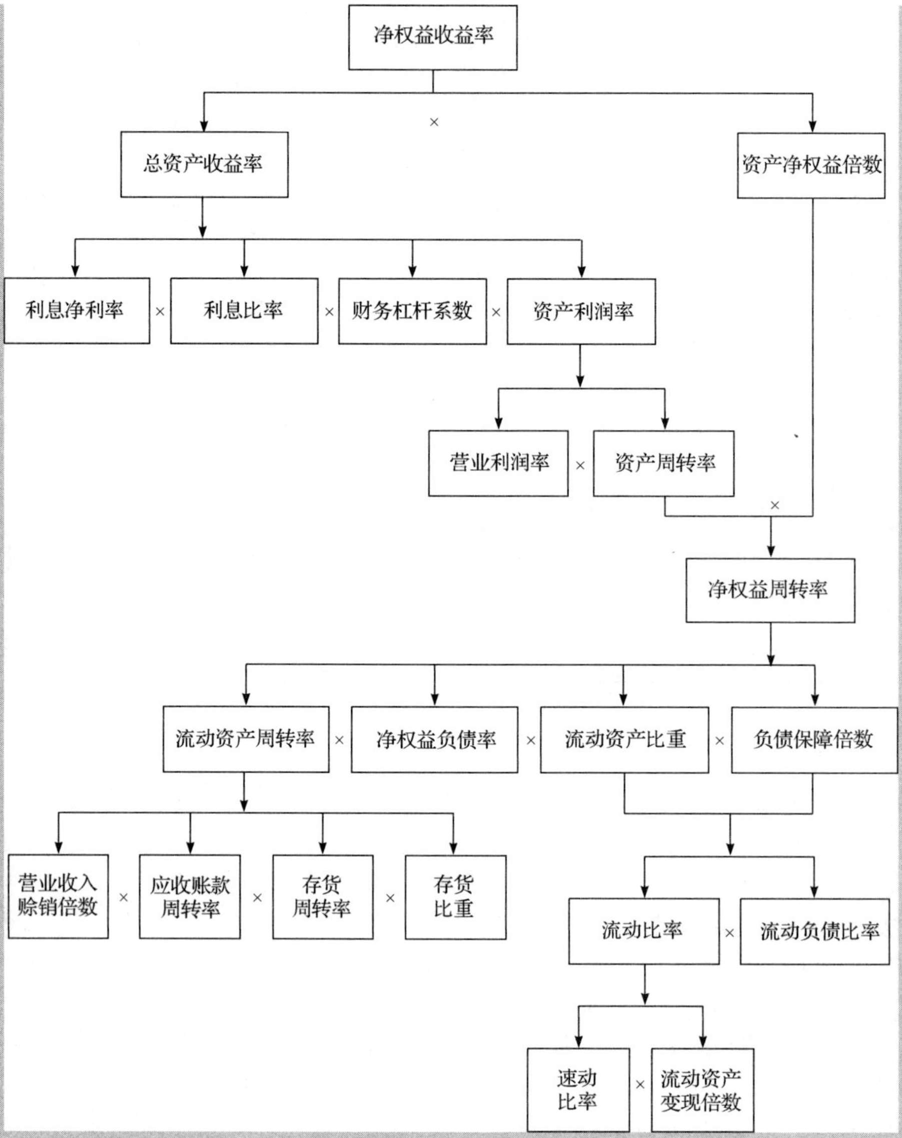

图 13-2 财务指标层次关系模型

第二层指标有总资产收益率、资产净权益倍数，它们分别从总资产获利水平、企业权益结构方面解释说明净权益收益率，两者对第一层指标的影响都是正向的。

第三层指标是资产利润率，它可以被第四层指标，即营业利润率和资产周转率解释。实际上这两层指标构成的子体系就是杜邦分析系统，这一点本身就可以说明层次关系模型要比杜邦系统有更大的优势。

第四层由资产周转率和资产净权益倍数组成了净权益周转率，这一层次属于过渡层，它起到承上启下的作用。对前面层次而言，它是净权益收益率的一个正向影响因素；对于后面层次而言，它说明企业对净权益（资本）的利用效率主要受对资产的利用状况影响。

图 13-2 中其余指标同属于第五层指标。这一层次中存在两类指标：①独立指标，如利息净利率、利息比率、财务杠杆系数、营业利润率、净权益负债率、营业收入赊销倍数、应收账款周转率、存货周转率、存货比重、速动比率、流动资产变现倍数，它们分别从一个侧面解释说明前面层次指标；②子层次指标，如流动资产周转率、流动资产比重、负债保障倍数、流动比率，它们既可以独立解释前面层次指标，也可以被相应子层次内指标解释，因而起到过渡作用。

该层次关系模型的作用是：第一，为利用因素分析法提供了分析工具。进行因素分析必须知道某一指标与其影响因素之间的关系，该层次体系指明了各指标之间的关系，因而有利于使用因素分析法。第二，清晰地表示了财务评价指标体系各指标之间的联系。这种联系表明对企业进行评价时必须有综合性评价，而不能仅进行某一方面的评价。第三，该体系的使用并不排除杜邦分析系统的使用，相反，杜邦分析系统只是它的一个子系统，因此，其使用价值更大。

复习思考题

一、思考题

1. 企业的流动比率与速动比率出现趋势性差异的原因可能有哪些？

2. 哪些账务处理程序会修饰流动比率，同时也会修饰速动比率？

3. 绝大多数情况下动态要素与静态要素需要对比计算指标时，需要将静态指标动态化处理，那么，如何理解资产利润率计算时未对“资产”一项进行动态化处理？

4. 会计利润分析为什么要结合现金流量分析？

5. 根据本书中提出的财务指标层次关系模型可以总结出哪些关系公式？

二、练习题

案例分析：

某企业的财务比率数据表如表 13-2 所示。

表 13-2 某企业的财务比率数据表

指标	2021 年	2022 年	2023 年
流动比率	4.06	6.06	5.50
速动比率	2.96	4.93	4.63
经营活动净现金比率/%		73.69	112.99
应收账款周转率	8.21	8.18	8.12
存货周转率	5.42	5.95	6.06
负债比率/%	21.08	19.44	23.15
产权比率/%	26.72	24.14	24.90

续表

指标	2021 年	2022 年	2023 年
已获利息倍数	8.49	2.79	5.48
流动资产周转率	2.32	1.98	1.66
总资产周转率	1.39	1.28	1.19
毛利率/%	36.76	33.77	37.59
营业利润率/%	9.30	7.20	14.26
成本费用利润率/%	9.64	6.06	14.72
总资产利润率/%	13.76	10.05	18.24
长期资本报酬率/%	16.14	11.53	20.86
销售增长率/%		7.92	27.81
固定资产成新率/%	84.24	81.46	75.88
总资产增长率/%		33.55	41.91
资本积累率/%		39.57	37.78
经营活动产生的现金流量净额与上年比净增加比率/%		40.45	81.70
投资活动产生的现金流量净额与上年比净增加比率/%		-36.31	-66.26
筹资活动产生的现金流量净额与上年比净增加比率/%		95.86	84.56
汇率变动对现金的影响额与上年比净增加比率/%		0	0
现金及现金等价物净增加额与上年比净增加比率/%		100	100

该企业创建于 1980 年，其主导产品香辣酱、蒜酱都曾获国家银奖。近年来公司加大调整产品结构，加强成本控制取得了良好效果，反映在 2023 年的年报中，公司主营业务利润增加了 86.20%，净利 199.03%，与此同时公司充分意识到品牌优势的重要性，努力以提高品牌价值，提高经济效益。

要求：

（1）对公司经营状况、经营成果整体评价。

（2）阐述公司未来工作重点。

第十四章 司 库 管 理

司库管理是企业集团财务管理的重要组成部分，通过集中管理和实时监控企业集团的金融资源，能够实现对资金的统一调度和高效配置，对于提高企业的资金使用效率、降低资金成本和防控资金风险具有重要意义。

第一节 司库管理概述

司库管理是企业持续发展的保障。随着我国市场经济的不断发展，大多数企业在一定程度上实现了生产模式的转型。然而，随着转型的深入，企业内部在现金流量管理及内部控制方面仍暴露出诸多问题，尤其是整体控制能力的不足。这直接影响了企业对现金流的有效控制和管理能力，这不仅会严重阻碍企业的发展和经营，更可能引发企业面临经济危机的风险。因此，在互联网、大数据的时代背景下，企业管理者应该采用科学合理的现金流量管理方法，并优化司库管理架构，以有效的措施来提高企业对现金流的管理与调配效率，从而为企业的长远发展奠定坚实的财务基础，并注入强劲的经济动力，从而有效推动企业实现可持续发展。

一、司库的产生与发展

（一）司库的产生

工业革命时期，机械化生产伴随着企业规模的扩大和市场的全球化，涉及了更广泛的资金流和更复杂的财务管理，且企业对外部资金的依赖增加，对资金的需求也相应增长，彼时的司库职责不仅限于保管资金等日常财务活动，而是更多地涉及资金的筹集、管理和分配，服务对象逐渐转变为大型工业企业和公司，开始参与更复杂的财务活动，如股权和债务平衡管理、投资和资本结构规划。

司库可追溯到第二次世界大战后，成形在 20 世纪 70 年代，成熟于 20 世纪 90 年代。20 世纪 60 年代，司库的主要功能是现金归集，级别在财务部门之下，与会计部平行；进入 70 年代，经济走向衰退期，司库职能外延，扩展至管理现金收支、获取资金、保持账户头寸等，但仍旧归属于财务部门；到了 80 年代，企业内部的现金管理职能不只局限于最初的内涵，而是与财务资金管理和流动性管理的内涵更加接近。随后，在一些企业集团中，司库逐渐独立，成为与财务部门平行的管理部门。

20 世纪见证了企业司库角色的发展和职责的显著发展。这一时期，随着全球经济的融合、金融市场的成熟发展及技术的进步，司库的角色变得更加专业化和全球化。第二次世界大战后，衍生品和外汇管理工具等金融工具的创新、国际贸易趋势的显著增长和金融市场的扩张进一步要求司库应处理更为复杂的跨国资金流动和风险管理问题，这也为企业司库提供了新的策略和挑战。20 世纪后半叶，司库开始更多地参与企业的战略规划和决策过程，为高层管理提供财务数据和分析，以便于帮助企业制定长期发展战略。尽管司库在当时的职能并未像现代那样形式化，但可以在商业和金融管理方面找寻其早期形态的痕迹，这一时期的发展为现代司库的角色奠定了基础。

（二）司库的现实重要性

数字化时代信息技术的飞速发展对司库的角色产生了更为深远的影响。司库已经从传统的财务管理者转变为战略规划者和创新者，信息和金融科技等技术驱动了其职责的进一步变革，司库开始广泛使用各种数字化工具和平台，这不仅改变了司库的工作方式，也为其提供了新的优化企业财务表现的工具，如自动化的财务软件、云计算、大数据分析等技术。自动化的财务系统和电子交易平台极大地提高了资金管理的效率和准确性，数据分析和预测模型的应用也使司库更有效地预测市场趋势和管控风险。

司库管理在数十年实践过程中，普遍为大型跨国企业所采用，成为广泛采用的一种资金管理模式，如通用技术集团、壳牌公司、英国石油公司、西门子、三菱、eBay（易趣）等跨国公司都建立了自己的全球司库管理体系。当前，国外大型跨国公司为了促进资金使用效率的提升，将资金成本和风险维持在合理的低水平，纷纷成立了垂直化的司库管理职能部门，通过高效的银企直联方式，在全球建立起了资金池。反观我国，虽然少部分已经走出去的企业集团进行了司库的有益尝试，但是大多数企业集团仍然把资金管理工作的着力点放在存量资金的集中管理上，在一定程度上忽视了资金计划与预算、投融资管理、债务水平管理和风险管理、资金的全球动态分布管理以及信息系统的建设，实现战略层面的金融资源配置的公司少之又少。而真正的司库体系建设既涉及理念的转变，又涉及利益格局的重新调整与监管部门政策的突破等问题，建设难度及其复杂性大，面临众多现实问题。

2022 年 1 月，国务院国资委正式印发的《关于推动中央企业加快司库体系建设进一步加强资金管理的意见》（以下简称《司库体系建设意见》）中首次明确提出司库的定义：司库体系是企业集团依托财务公司、资金中心等管理平台，运用现代网络信息技术，以资金集中和信息集中为重点，以提高资金运营效率、降低资金成本、防控资金风险为目标，以服务战略、支撑业务、创造价值为导向，对企业资金等金融资源进行实时监控和统筹调度的现代企业治理机制。简而言之，司库体系是为了让企业管好钱、用好钱的一种企业集团资金集中管理方式。要求通过司库体系的建设实现建系统、管资金与控风险，业务与财务，制度体系、管理机制与信息系统的统一，这表明司库建设的内容及其所要发挥的作用得到了更加全面的发展。

二、司库管理的概念与职能

（一）司库与企业司库管理

司库是英文 treasury 在财务管理领域的中文翻译，treasury 在英文中的含义较多，如国库、金库、财政部、宝库、资金、金融、财资等，是对金融领域中资金属性较强的相关事项的统称。中文中很难找到在发达金融经济中可以涵盖资金属性事务的名词，所以在引进过程中采用了司库这种翻译。司是主管、操作等，库有金库、国库等意思，司库本意是指掌兵器卤簿的部门或机构；后指存放和支付汇集资金的地方，如金库和国库。

对于企业来说，资金和资产是企业的生存之基，管理和用好企业资产是企业经营管理的重要一环。将司库概念运用到企业管理，是大中型企业规范资金管理、盘活资金存量、降低资金成本、提高资金使用效率的有效途径。随着企业经营成熟度的提升，管理者深刻认识到财务管理在企业管理中的核心作用，尤其是现金管理的核心地位。企业司库逐步从会计职能中独立出来，成为与企业会计部门平行的司库管理职能部门。

企业司库管理是从企业或机构利益出发，保全及高效利用所有财务资产的行为，是对传统资金管理的超越和创新，管理对象扩大至包含资金在内的企业各类金融资源，管理方式也不仅仅是传统的账户管理和资金集中，更加强调资源管理、风险防控，追求专业化管理和价值最大化。

（二）司库管理与资金管理的区别

企业司库管理通常被理解为“资金管理”，但二者具有本质区别。司库管理是对企业现金进行的计划、预算、调配等，通过这些方式实现企业无风险或者低风险的利润最大化。具有战略导向，强调创造价值的理念，其目标是当管理层为实现整体财务目标而采取行动时，企业司库必须能够提供必要的资金和信息支持，并能够从财务和运营中识别风险，以更加全局乃至全球的视野管理企业和监控企业现金流。

传统的资金管理主要是企业资金的流入和流出，目的是在保证生产经营所需现金的同时，节约使用资金，在资产的流动性和盈利能力之间做出抉择，以获取最大的长期利润。现金节余过多，会降低企业的收益；但现金太少，有可能会出现现金短缺，影响生产经营活动。

司库管理作为更为综合的资金管理中心，涵盖了资金管理、资产管理和负债管理等多个方面，更注重整体资金状况的全面把控和与外部合作伙伴的沟通协调。而资金管理则更侧重于企业现金流的监控、调度和规划，确保企业资金的正常运作。两者相互补充，共同构成企业财务管理的重要组成部分。

（三）司库管理的职能作用

1. 财务层面

司库管理主要扮演“算钱”“管钱”的角色，服务于交易业务，专注于账户管理、资金交易处理等基础职能。其目标是发挥资金结算功能，并通过一定的流动性管理确保企业拥有充足的资金存量，以满足日常经营需求。

2. 企业层面

司库管理更关注营运资金管理以及对企业整个经营价值链的支持，其核心目标是贯穿企业经营价值链，通过构建客商信用体系、合理配置应收与应付款项期限等方式，加快资金运转、降低资金成本、提升企业经营效率。

3. 产业链层面

司库管理将职能拓展至对产业链上可触及的所有金融资源的管理，更加注重对企业战略决策的支持。比如，企业依托财务公司或联合银行建立开放化、生态化的供应链金融服务平台，对接供应链中实体企业在生产、流通、交易等环节的金融需求，打造产融生态圈，拉动全产业链价值提升，同时实现自身良好发展。

第二节 司库管理体系

一、司库管理体系的建设目标与总体规划

（一）司库管理体系的概念

司库体系是企业集团依托财务公司、资金中心等管理平台，运用现代网络信息技术，以资金集中和信息集中为重点，以提高资金运营效率、降低资金成本、防控资金风险为目标，以服务战略、支撑业务、创造价值为导向，对企业资金等金融资源进行实时监控和统筹调度的现代企业治理机制。司库管理体系指企业依托财务公司、资金中心等平台，运用现代网络信息技术，以资金集中和信息集中为重点，以提高资金运营效率、降低资金成本、防控资金风险为目标，对企业资金等金融资源进行实时监控和统筹调度的管理体系。司库体系侧重于金融资源的集中管理、实时监控和高效配置，强调通过信息技术手段实现金融资源的优化配置和风险控制。司库管理体系侧重于管理体系的构建和完善，包括组织架构的搭建、管理流程的规范、信息系统的建设以及制度体系的健全等多个方面，以确保司库管理的全面性和系统性。司库体系是司库管理体系的基础和核心，而司库管理体系则是司库体系得以有效运行和持续优化的保障。

（二）司库管理体系的建设目标

企业司库管理体系的建设要以公司金融资源的统筹调度及高效配置为总体目标。司库管理体系建设的具体目标是搭建一个由集团统筹调度，多部门协同配合，实现资金

运营管理规范高效、金融资源管理精益有效、资金风险管控严格合规、战略决策支持可靠有力的司库管理平台。

（三）司库管理体系的总体规划

企业司库管理体系的总体规划要结合企业发展战略、行业特点、业务布局和资金管理模式，依托现代信息技术，坚持系统观念和底线思维，以“统一规划、全面规范、系统集成、安全高效、集约精益”为指导，从建设目标、管理机制、制度规范、信息系统、实施路径等方面做好司库体系建设顶层设计和中长期规划，加强组织、流程、数据、技术、人才等要素统筹和协同创新，推动司库体系建设实现高标准起步、高水平设计、高质量建设、高效率运行。要围绕资金等金融资源构建管理标准、内控流程和监督评价等管理机制，建立完善分级分类管理制度体系，实现司库管理体系化、制度化、规范化、信息化。

二、司库管理体系建设框架

（一）司库管理体系管理内容

国务院国资委印发的《司库体系建设意见》明确指出中央企业要把银行账户统一管理、集团资金集中管理、资金预算约束管理、债务融资严格管理、资金结算规范管理、票据使用高效管理、应收款项清收管理、借款与融资担保管理、境外企业资金管理、供应链金融服务管理、战略决策支持管理等 11 项管理内容作为司库管理的重点，这 11 项管理重点可划分为资金运营管理、金融资源管理、资金风险防控与战略决策四大类业务。

1. 资金运营管理

资金运营管理强调打破传统“资金”管理边界，拓展至为集团带来资金来源的“N”项资源，主要范围包含应收账款、存货闲置资产等。根据企业业务经营发展需求，结合资源类别对资源使用状态、资金回流时长、资源资金价值等进行管理，帮助企业实现资源从产生到回款的全生命周期资金状态管理与追踪。具体包括账户管理、票据管理、资金集中、资金结算、资金计划和境外资金管理。

1）账户管理

账户管理包括对企业的银行账户设置维护、银行关系维护、支付管理、收款管理和现金流管理等。具体包括：在将类账户（企业经营的各类账户、储蓄账户和特殊用途账户等）纳入司库管理的同时，为了获取最优的服务条款和费用结构，司库相关人员通常需要与银行保持良好的合作关系，定期进行关系维护；追踪所有现金交易，包括收入和支出，确保企业具备必要的流动性；管理企业的所有外部支付，如供应商付款、员工薪资和税金缴纳，并确保支付流程的效率和准确性，减少支付错误和延迟。

2）票据管理

票据管理是指企业司库负责处理、监控和管理所有与票据相关的业务活动，涉及财务安全、效率和合规性。票据通常包括支票、汇票、本票等支付工具。票据管理的几个关键方面包括：票据发行和处理、票据记录和核对、票据安全监控防范和合规性等，具体包括：关注票据是否符合相关的法律和财务规定，详细记录所有票据的发行和支付情况，定期核对票据记录，并与银行对账单进行匹配，确保所有交易的准确性和完整性。

3）资金集中

资金集中是指司库在企业内部集中管理和优化所有资金资源的过程，主要体现在资金汇集、集中的现金预测和规划、集中支付和收款等。资金汇集通过将企业内部不同部门或子公司的资金流汇集到一个中央账户，实现统一管理和调度。司库通过现金预测和规划功能有效把握企业资金流动的趋势和变化，从而做出更加准确和科学的财务决策，更好地应对短期和长期的资金需求。集中支付和收款主要体现在所有支付和收款活动通过中央账户进行，较大程度上简化了财务操作并提高了处理效率。

4）资金结算

企业应基于司库信息系统搭建集团级资金结算平台，打通业务到资金结算全流程，实现集团及下属单位资金结算业务线上化，提高资金结算效率。同时将资金结算数据与业务数据及外部舆情数据相关联，并将资金结算相关风险参数与指标内嵌于资金结算平台，以及时发现和预警资金结算风险。

5）资金计划

企业需通过司库信息系统建设实现对未来业务活动支出、投融资和回款收入等数据的准确预测，帮助企业编制更有效的资金计划。在资金计划执行过程中，可通过线上关联付款申请与资金计划强化管控，保证有预算不超支、无预算不开支。依托资金计划，企业能够及时上收沉淀资金，按需下拨刚性支出，实现集团层面资金统一运营。

6）境外资金管理

境外资金管理包括但不限于管理汇率风险、税收合规、跨境支付以及监管遵从等，是确保企业财务稳定和增长的关键。这不仅需要司库相关人员深入了解国际金融市场和多国法律法规，还需要具备灵活运用财务管理和风险管理的技能，以适应不断变化的全球经济环境。同时实现了对企业所有账户的全球动态监控，监测和评估货币汇率波动可能对企业财务造成的影响。例如，使用环球银行金融电信协会（Society for Worldwide Interbank Financial Telecommunication，SWIFT）网络对境外账户进行安全监控；创建和管理全球资金池，以优化企业的全球资金分配和利用。条件允许的企业还将境外企业纳入境内集团的资金结算统一平台，以最大程度实现统一支付与调度。

2. 金融资源管理

金融资源管理是企业充分挖掘资金等金融资源的价值，整合高信用质量的业财类非货币资产，包括应收账款、闲置资产等，以合理的手段实现“资产价值货币化”，提升资金使用效益，降低资金成本，发挥资源最大效用。具体包括债务融资、应收账款管理、借款担保和供应链金融服务。

1）债务融资

债务融资涉及规划、执行和管理企业的债务策略，以确保企业获得必要的资金，维持财务健康。在融资战略规划方面，司库的融资结构决策需确定企业的最优融资结构，平衡债务和股权的比例，以优化资本成本和风险，并基于企业的长期发展目标和资金需求，规划适当的债务融资策略；在融资渠道方面，司库会在银行贷款、公司债券、可转换债务等融资渠道中选择适合企业的融资方式，进而与银行和其他金融机构就利率、期限、还款安排等方面内容谈判融资条款，争取最有利的融资条件。

2）应收账款管理

企业应通过强化应收款项清收事前、事中、事后全流程风险管控，加快资金回笼，提升资金流动能力。事前可与业务部门协同建立完善的客户信用管理机制，严格开展客户信用评价并明确授信政策；事中可依托司库信息系统中的应收款项清收管理功能，实时监控客商信用数据并动态调整客商信用等级，实时监控分析应收账款的账期、金额等数据，预警应收账款逾期风险；事后可通过建立应收账款清收责任制和配套的激励约束机制，分步、分级、分类推进欠款清收，并对逾期款项及时、有针对性地采取保全措施。

3）借款担保

借款担保职能指在企业借贷过程中司库对借款的管理和担保活动，包括评估和管理借款风险、借款谈判条件、确保借款的合规性以及监控借款的使用和偿还情况，确保企业能够以最优条件获得所需的融资。工作重点在于严控借款与担保范围、规模和对象，防范信用风险及代偿风险，并根据借款需求，协调和管理担保安排，包括抵押贷款、信用担保或其他形式的担保，并管理相关担保资产，确保其价值和合法性。

4）供应链金融服务

供应链金融是指在为供应商提供提前付款计划，使买家和供应商双方受益。司库在此过程中会考虑融资方案、信贷合同、保理、反向保理、供应链融资，以及将项目推向市场所需的成本、可行性和时间。具体而言，司库在保护供应链方面发挥着重要作用，并强调了企业持续维持与有偿付能力和健康经营条件的供应商的关系的重要性。这些关系可以促进互惠互利的长期发展，有助于供应商和买方的现金转换周期，进而改善整个供应链的流动性，并为供应商提供更便宜的融资选择。

3. 资金风险防控

企业司库构建包括资金舞弊风险防控、资金合规性风险防控、金融市场风险防控和资金流动性风险防控的风险管理机制，有利于形成事前预警、事中监控、事后分析的风险管理闭环。

1）资金舞弊风险防控

资金舞弊风险防控利用一系列风险管理措施和内部控制流程，确保企业财务安全和资金透明度，有效地减少企业财务活动中的舞弊风险。例如，建立强大的内控体系、利用先进技术、持续风险评估和人才培训以及持续优化的策略和流程。其中内部控制和流程管理包括制定严格的内部控制政策和职责的有效分离，对所有财务交易进行审查和授权，并确保关键财务职责（支付审批、记录和审计）之间的有效分离，防止利益冲突。司库的风险评估流程包括识别潜在风险和制定风险应对策略，如对企业的财务流程进行风险评估，识别可能导致舞弊的薄弱环节；基于风险评估结果，制定相应的缓解策略和预防措施；使用自动化审计轨迹技术和异常交易监测功能等，保障企业财务数据安全。

2）资金合规性风险防控

资金合规性风险防控涉及内部控制、风险管理、透明度和企业文化等多个方面，意在通过司库系统确保所有财务操作和策略符合各种法律法规和内部政策的要求。司库通常会优先考虑数据安全和行业合规性，了解并遵守相关国家有关财务和银行的法律法规，如反洗钱规定、税法、外汇管制等，随时关注法规的变化，及时更新企业政策和程序以保持合规，帮助企业避免法律风险和声誉损失，对不满足合规要求的业务及时预警并拦截，持续监测资金异动情况、市场趋势、监管变化和经济指标，以提供及时的见解和建议，使得组织及时调整其风险管理策略，有效缓解新出现的风险。

3）资金流动性风险防控

资金流动性风险防控指在一定程度内的外部风险控制的基础上，建立与业务相匹配的风险管理模型，防范内部流动性风险。司库预防资金流动性风险的职能主要表现为确保企业在任何时候都能满足财务义务，使其保持足够的灵活性来应对未预见的市场变化。主要是对现金流量进行动态监控、分析与预测，以此判断未来现金流入与流出的情况，并且司库系统会定期评估企业面临的流动性风险，以调整流动性管理策略，多元化拓展融资渠道，确保企业有多个可靠的融资来源，如银行信贷、债券市场、股东注资等。在流动性储备方面司库也有相应措施，如在不同的金融机构中分散现金储备，以降低单一机构失败的风险，同时保留一定量的流动性储备，以备应对突发事件或市场波动。

4）金融市场风险防控

金融市场风险防控指以风险防控而非投机获利为目标，防范外部金融市场风险。金融市场风险管理要求企业以自然对冲为主、衍生品交易为辅。首先应明确集团总部、所属境内和境外企业需承担的风险管控职责，通过职责切分实现精细化管控；其次要实现金融工具使用全流程线上管理和实时监测；最后要形成金融市场风险长效管理机制，持续跟进企业金融工具的交易情况。

4. 战略决策

1）指标分析

司库通过对关键财务指标的分析和解读，能够提供深入的洞察，以支持企业的决策制定和战略规划，指标分析职能对于制定经营策略、监控财务风险、优化企业运营以及支持决策过程都至关重要。这一职能涵盖了从现金流量分析到财务风险评估的多个方面。在现金流方面，司库分析现金流入和流出的趋势，评估企业的流动性状况，计算和分析现金转换周期，以了解资金在业务过程中的流动速度和效率。在绩效分析方面，对于企业、组织或个人，一般常见的指标有 MBO（management by objectives，目标管理）、BSC（balanced score card，平衡记分卡）、KPI（key performance indicators，关键绩效指标）、360 度绩效评估、OKR（objectives and key results，目标和关键成果）

等，但司库系统会进一步将这些传统指标给予区分，从不同层级和不同维度评估企业财务全貌。指标分析职能涉及对企业财务健康、操作效率、风险管理和投资回报的全面评估。

2）模型分析

模型分析职能是指利用财务模型来支持决策、评估风险和优化财务表现，通过提取业务相关历史重要数据以实现分析场景化、动态化、智能化，并充分利用业务系统数据建立从业务端到资金端的全流程分析模型，进而预测企业的财务表现，评估关键变量变化对财务表现的影响，并分析企业的成本结构和对营业额变动的敏感性，以评估收入波动对利润的影响。在资本结构优化方面，通过模型分析确定债务和股权的最佳比例，确保合理的资产配置和债务水平，以降低资本成本并实现企业价值最大化。

3）决策支持

决策支持职能指司库在财务管理和企业运作中会提供关键的数据分析、财务预测和战略建议，以帮助企业做出更明智的决策。主要工作内容为监控和分析公司的财务状况，如现金流、资产负债表和收益表，其中包括识别财务风险和机会，以及提供相关的报告和建议；负责帮助制定和管理预算，以及进行财务预测，这涉及对未来收入、支出和现金流的估计，以便更好地规划和管理财务资源；通过财务洞察帮助指导公司的发展方向，如现金头寸监控、对账和报告，在一定程度上减少了人工错误，提高了运营效率。

（二）司库管理体系保障机制

1. 管理模式保障

大型企业集团普遍存在业务多元化、产业链条长、管理层级多、股权结构复杂等特点，导致下属板块资金规模、运营特点不一，资金管理方式也存在一定差异。因此，在构建司库体系的过程中，需结合企业所处行业特点、自身发展战略、业务布局和财务管理模式等因素，有针对性地构建符合企业管理实际的司库管理模式。当前大型企业集团的司库管理模式，根据司库职能的集权程度从分权到集权，可概括为分权管理模式、部分集中管理模式和高度集中管理模式。

1）分权管理模式

集团不干预下属各子公司的资金结算及其使用与来源，但集团监控下属各子公司资金动态。

2）部分集中管理模式

集团控制下属各分子公司特殊交易即非流动性资金交易及大宗流动资金交易，控制资金投融资决策和依据资金计划控制下属各分子公司资金总量的执行与使用。

3）高度集中管理模式

“融资权、管控权、日常操作权”三权合一，集团统一管理下属各分子公司资金结算、资金的使用及来源和资金管理决策。

2. 管理组织保障

合理的组织结构有利于协调企业内部关系，产生“1+1＞2”的协同效应。因此，在确定集团的分权管理模式后，需进一步确定司库管理体系的整体组织架构，包括确定合适的资金管理主体、所依托的管理平台以及各自的管理权责和汇报关系等。企业需基于职能定位和专业化分工，并结合行业最佳实践，厘清集团总部、资金管理平台组织及成员单位之间的职责分工，若存在多个平台组织，还需进一步明确不同平台组织的职能定位与职责分工。

3. 管理流程保障

司库体系的业务流程是资金业务管理操作的总结描述和固化，管理机制需与流程匹配运作，管理制度需细化并融入流程，信息系统需承载并固化流程，因此，业务流程的制定与优化相当于为企业司库管理“铺平道路”。企业应基于自身资金业务现状，从司库管理各项职能切入，明确司库业务活动范围、流程步骤、职责切分，深度梳理全级次司库管理流程并逐项细化落地。

4. 管理制度保障

管理制度是司库体系各管理主体需共同遵守执行的标准，是司库体系业务运营管理的规范和行动指南。一方面，企业需遵循合规性原则、适应性原则、可执行性原则和制度分级原则，建立各层级标准统一的司库管理制度，保证各层级信息对称，为司库管理中心业务处理提供指导。另一方面，司库管理制度需随着司库管理职能规划与组织机构的更迭，按照“梳理—分析—优化—测试—执行”的路径进行优化修订。按照上述制度体系规划原则和优化完善路径，企业可分级分类规划司库管理制度、管理办法、实施细则、操作说明，最终形成完善的“1+*N*”制度管理体系。

（三）司库管理体系能力支撑

信息技术能力以基础设施和信息系统建设为核心，可基于固定的流程、规则提高业务处理效率。数据技术能力则以数据为核心，关注数据从采集到应用的全过程，通过挖掘数据价值提高决策的质量和效率。信息技术与数据技术两大能力共同发力，可支持企业实现司库体系的建设目标。

1. 信息技术能力

信息技术能力应用强调推动司库管理信息化建设，实现资金集中管控、资金流程标准化和资金信息穿透。司库管理信息化涵盖账户管理、资金结算、资金集中管理、票据管理、内部存货管理、投融资管理等功能模块。通过各功能模块的组合应用以及对接外部全面预算管理系统、共享运营系统、财务核算系统等其他财务系统，实现全面降本增效与资金风险防范。

2. 数据技术能力

数据技术能力应用强调推动司库管理数字化平台建设，实现实时决策支持与风险防范。司库管理数字化平台将司库管理系统获取的企业内部相关数据与银行、证券公司（投资银行）等金融机构的外部数据进行联通，通过数据清洗加工、指标体系构建、数据建模等一系列操作，生成资金总览、资金交易监控等智慧大屏，辅助企业进行资金预测与分析、资金风险监控预警等，进而实现司库管理的全景可视与智能决策。

（四）司库管理体系框架

司库管理体系建设应以资金运营管理规范高效、金融资源管理精益有效、资金风险管控严格合规、战略决策支持可靠有力为目标，以管理模式、管理组织、管理流程、管理制度为保障，以“信息技术（information technology，IT）+数据技术（data technology，DT）”为能力支撑，重点落实资金运营、资源管理、风险防控、战略决策四大核心模块中的管理职能，使司库体系成为企业的资金集约管控中心、金融资源协同中心和资本决策支持中心，为企业高质量发展奠定良好的管理基础。司库管理体系框架见图 14-1。

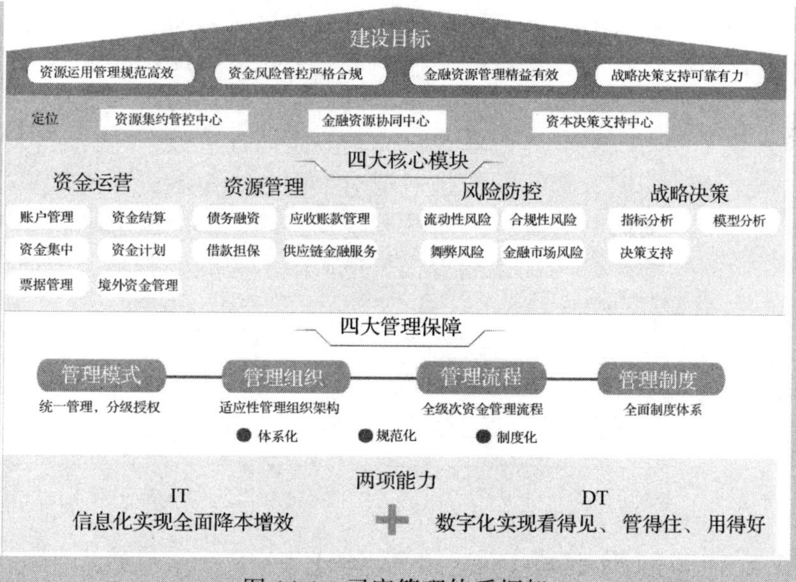

图 14-1 司库管理体系框架

三、司库管理体系建设价值

（一）增强企业资金调度能力、金融资源配置能力和资金风险防控能力

企业通过司库体系建设，构建跨账户、跨单位、跨层级、跨区域的资金池，定期归集各下属单位资金，并进一步优化了资金调拨流程与制度，有助于提升资金调度的合规性和有效性。同时，通过对境内外本外币、资金预算、债权债务等进行统筹管理，以及对产业链上下游、业务财务等进行一体化管理，企业能够充分掌握各单位金融资源情况，有助于不断提高金融资源在全集团、全业务的配置效率和效益。此外，充分利用大数据、人工智能等技术，企业建立了完善的资金风险防范体系，构建了科学的资金风险监测预警机制，有助于实现资金集中可视、资金流动可溯、资金调动可控。

（二）减少企业资金成本、不合规问题和中高风险事件

企业通过内部金融资源的集中配置和统一调度，可避免“存贷双高”现象，同时利用集团整体信用优势加大统筹融资力度，从而降低了集团整体的资金成本。通过建立健全各项资金管理制度、完善控制标准和控制措施、规范分级授权审批流程，并在司库信息系统中固化管控规则以及建立违规操作、异常业务等识别模型，企业能够及时发现并预警合规性风险。此外，企业通过司库体系加强资金业务申请、审批、审核等环节的管控，从源头上遏制风险事件发生，同时深入挖掘资金风险因素，搭建风险评估模型，有利于更精准地监测风险行为，杜绝中高风险事件发生。

（三）提升企业战略协同能力、科技创新能力和价值创造能力

司库体系建设以推动集团战略目标落地为导向，侧重财务公司和集团财务的战略协同、财务公司和经营单位的经营协同、财务公司和集团内部金融单位的服务协同、财务公司与集团外部金融机构的创新协同，将资金等金融资源优化配置到集团运营的各方面。在科技创新方面，数字技术为司库体系建设提供了坚实的技术支撑，通过在司库管理领域不断探索技术创新、拓展应用场景，为企业全面推进数字化转型积蓄技术创新能力。在价值创造方面，司库管理将职能拓展至对集团各类金融资源进行管理，在加快资金运转、降低资金成本的同时，发挥战略性投融资管理、供应链金融服务等职能作用，主动拉动产业链金融资源整合与优化配置，打造产融生态圈，有利于推动全产业链价值提升。

第三节　司库管理信息系统

一、司库管理信息系统迈向“平台化”

信息系统是司库管理体系建设的一大关键要素。《司库体系建设意见》也提出将信息系统作为司库体系建设顶层设计和中长期规划的重要内容。随着“大智移云物”等信息技术的迅猛发展，司库管理信息系统正朝着数字化、智能化的方向升级，此外，司库管理信息系统也呈现出“平台化”趋势。

司库管理信息系统的“平台化”强调了资源共享与价值创造，并在信息系统建设与互联互通的基础上形成“司库管理信息系统平台”，它具备了“平台化”的突出特征：一是跨界融通，能够联通与资金业务相关的内外部信息系统，实现内外部数据资源的共享；二是多业态管控，能够在集团统一管控下，实现在多层级集团企业、各业态板块开展资金管理活动；三是应用共享，能够根据不同管理层级的业务需求，分别提供诸如动态展示、预测分析、预警提示等组合功能。

二、司库管理信息系统平台构建的内容体系

（一）司库管理信息系统平台的设计规划

司库管理信息系统平台的设计规划需要与企业战略目标、财务和业务流程紧密联系，从而更好地支撑司库职能的实现。企业架构为司库管理信息系统平台建设提供了一整套完善的管理方法论。基于企业级开放群组架构框架（the open group architecture framework，TOGAF）的司库管理信息系统平台从战略分析、架构愿景、技术架构、安全保障四个方面进行规划，满足企业需求。

1. 战略分析

司库管理信息系统平台的发展战略通过数字技术整合金融资源、财务资源与产业资源，建立以价值管理为导向、业财融合为目标的数字化、智能化的司库管理体系，实现产融生态聚合与资源统一配置。

2. 架构愿景

司库管理信息系统平台的建设是在满足企业司库数智化转型内在需要的同时，以业务流程为驱动，以数据融合为手段，实现资金集中管理与统一调配，提高资金管理效率与效益，以加强财务风险管理与流动性安全，实现决策支持。

3. 技术架构

司库管理信息系统的技术架构包括存储层、服务层、接入层和客户端四个层面。存储层主要包括多个数据库资源，分别为 Oracle、MySQL、NAS/FTP/SFTP 与 Redis，以及以达梦和高斯为代表的国产数据库，支持储存多种数据类型，包括结构化与非结构化数据；服务层包括监控与保护、业务服务、治理与配置等，形成各种服务者与使用者组件，实现数据读取和设备控制，调取相关服务进行数据交互；接入层包括微服务网关、高可用性/负载均衡的代理软件，方便司库系统与内部 ERP、财务、人力等系统对接，实现统一入口、认证授权、访问控制、API（application program interface，应用程序接口）管理、监控、统计分析等非业务功能；另外，可实现与外部客户端的安全连接。

4. 安全保障

司库管理信息系统的安全保障包括业务风控、硬件安全、软件安全和网络安全。业务风控是在实现司库管理流程简化与标准化的基础上，通过统一集中管控降低运营成本与风险水平，同时通过业务追溯促进业务单元专注于核心业务，制定风险预警机制对现金流的风险征兆进行及时判断，并采取一定的处理措施；硬件安全则主要是指机房等硬件设施的安全，通过双机热备、异地备份、磁盘阵列以及集群部署，从而实现防篡改功能；软件安全是通过软件权限、银企直联与安全审计来抵御软件攻击，增强司库管理信息系统平台的抵御力；网络安全则通过物理隔离、防火墙、VPN（virtual private network，虚拟专用网络）、网络规划以及安全设备等手段，保护系统中的硬件、软件以及相关数据。

（二）司库管理信息系统平台的功能建设

司库管理信息系统平台在功能上形成银企管理平台、业务管理平台、数智司库平台三大核心支柱，内连企业核心业务系统与管理系统，外接银行等金融机构与第三方平台，见图 14-2。

图 14-2 司库管理信息系统平台

1. 银企管理平台

银企管理平台实现与外部银行、第三方支付、财务公司的直联对接，并通过直联接口对账户传送账户余额、账户明细以及电子回单进行查询，直接发起转账支付、电票支付。

2. 业务管理平台

业务管理平台包含较多的司库业务管理功能，主要涵盖资金、融资、投资、外汇以及流动性管理五大业务，并可再细分为具体的功能模块。

3. 数智司库平台

各业务功能模块在执行日常业务管理的过程中，也形成了数据提取的能力。平台通过提取各类数据形成集团数据集市，基于数据标签化以及模型分析处理，最终形成数智司库平台，包括智慧决策和风险监控两项核心能力。

（三）司库管理信息系统平台的数据治理

司库管理信息系统平台数据治理需要遵循业务发展需求，以技术工具为抓手，以流程优化为重点，形成“业务-技术-组织”三位一体的数据治理体系。首先，需要明确数据治理内容，不仅要在业务层面统一数据底层标准，进行元数据、主数据管理，并建立数据资产管理目录；还要在技术层面构建数据基础设施，在组织层面加强数据安全管理。其次，要提升数据治理能力，从“采、存、管、用”四大方面解决数据来源杂、关系乱、质量差、安全无保障等问题，实现系统数据在整个过程中的完整性、准确性、一致性、时效性。

（四）司库管理信息系统平台的分析指标

司库管理信息系统平台在数据治理的基础上，应构建起完整的分析指标体系，为前台和后台司库管理提供辅助业务决策。分析指标主要包括资金运营、经营决策和风险监控三大类。

1. 资金运营指标

资金运营指标包括以企业全球账户数量、企业全球账户各币种现金余额以及企业全球账户每日收支情况等为代表的资金监控指标，以投资收益率、理财规模等为代表的投融资指标，每日现金归集金额与归集率、未能按时提交资金的百分比、现金预测误差程度、现金预测误差所需的缓冲资金、现金余额误差的每日机会成本以及资金池账户的现金净额绝对值等流动性指标。

2. 经营决策指标

随着数字技术的不断成熟，企业司库逐渐从传统的资金管理角色变成“战略家”角色，通过资金高效运营和金融资源统筹管理，实现战略支持和价值创造。这样来看，企业司库可为公司经营决策提供现金流动性情况、融资负债和担保情况、主体债券评级情况、杠杆率及资金集中度情况、合作金融机构等数据分析。

3. 风险监控指标

企业可借助司库管理信息系统平台的数据掌握企业各类风险敞口，并通过监控外汇风险指标、利率风险指标等资金风险指标，合理评估企业风险承受能力。

4. 司库管理信息系统平台安全指标

安全管理是保障司库管理信息系统平台平稳运行的重中之重，企业需将安全管理意识贯穿于司库管理信息系统平台规划、建设、运行、维护的全过程。企业可通过一系列安全风险识别机制与管控措施保障司库管理信息系统平台的安全。一方面，要明确司库管理信息系统平台的风险类型，判断其是系统安全风险还是业务安全风险；另一方面，要积极部署安全管理措施与技术，依托各类技术将安全措施与安全管理技术内嵌于平台的各个层面，贯穿于司库业务全流程中，保障司库管理的安全性。

第四节 司库管理优势与挑战

一、司库管理的优势

在现金与流动性管理方面，司库可以通过科学的账户架构设计、高效的支付结算体系、良好的应收应付款政策等构建资金池，发挥现金集中的规模效应，降低无谓的负债，提高现金的周转率和效益，确保支付结算安全及时。在营运资金管理方面，通过优化企业流动资产和流动负债管理，尤其是加强对应收应付款、票据和存货的管理，以提升流动性，满足营运资金的需求，同时节约资金成本、提高资金使用效率，为企业创造价值。

（一）深化价值投资管理体系，获取指数效应

随着未来国内金融市场的逐步完善和发展，企业融资和投资渠道的不断增多，企业集团资金管理的内涵也将不断扩展。进一步保证和促进企业稳定且低成本地获得长期战略发展所需的多渠道、多品种的市场资金，满足集团、事业部、三级公司不同的金融需求，深化价值投资管理体系，提高和叠加回报收益，这些都是司库未来努力的方向，也为实现整个企业的战略目标提供了更多可能。

（二）实时优化流程管控，提高避险能力

无论是结算业务、票据业务，还是投融资业务、国际业务、衍生品交易服务等，既然是金融服务，都必须在坚守风险底线的前提下进行。因此，要严格内控管理，在制度、流程、体系、风险管理和培训等方面，加大对风险合规体系的建设力度。同时，注重系统优化，通过流程管控对业务操作过程进行实时监控。

（三）打造供应链金融，满足业务需求

在金融“脱虚向实”的背景下，服务实体经济是进行各项金融活动的前提。对于司库管理来说，立足集团、服务集团是开展一切金融服务的宗旨，因此要从实体出发，在挖掘产业需求上下功夫，做到“以产促融、以融兴产”，拓展满足业务需要的资金归集渠道，才能实现集团资金集中管理效能的最大化。

二、司库管理的挑战

在快速变化的全球经济环境中，企业司库体系的建设变得尤为重要。然而，随着经济的全球化、技术的革新以及市场不确定性的加深，司库体系的建设面临着多方面的挑战。

（一）金融市场的波动

资金管理深受金融市场波动的影响，金融市场的波动为企业带来了更大挑战，特别是对于跨国经营的企业而言，利率、汇率和商品价格的波动可能会影响组织的整体财务稳定性，因而需要司库评估和监控诸多风险。例如，利率突然上升可能导致借贷成本上升；进行外币交易时，汇率波动可能会导致重大收益或损失，预测和管理货币风险变得具有挑战性；大宗商品价格波动可能会影响依赖大宗商品作为投入或参与大宗商品市场的组织，需要有效的策略（使用期货、期权等金融衍生工具）对冲汇率风险和利率风险，或是通过业务安排（匹配不同货币的收入和支出）实现自然对冲；金融市场的不稳定可能增加客户和合作伙伴的信用风险，特别是在经济衰退期间，企业的客户和合作伙伴可能面临财务困难。

（二）监管合规性与全球运营的复杂性

由于不同国家市场活动的复杂性，开展全球业务的企业在司库管理方面往往会面临额外的挑战，每个国家都有自己的监管框架、税收规则、银行系统和货币动态，且全球范围内的金融法规和税务法规经常更新与变化，这使司库合规性管理变得更加复杂，因而管理企业现金流、流动性和财务风险需要司库全面了解这些变化，并且具备适应不同法律和运营环境的能力。合规性涵盖财务报告、风险管理、反洗钱措施、定期审查企业的财务操作和内部控制，与外部法律和财务顾问合作，以确保对法规变化的及时响应；整合财务和合规管理系统，提高数据处理的效率，利用自动化技术监测财务流程，减少人工操作和错误等。

（三）专业人才匮乏

随着司库这一角色日益扩大的职责范围和技能要求，许多企业正面临专业司库人才匮乏的挑战。财务能力提升不仅需要财会、信息技术、法律、外语等方面的复合型人才，也需要大量经济、时间等资源的配置，无疑又是一项重要挑战。现代司库更多面临技能多元化的问题，他们不仅需要精通传统的财务管理，还需掌握金融市场分析、风险管理、法规合规等多方面的知识技能。与此同时，在全球化的背景下，企业司库人才更需要具备处理国际财务事务的能力，应具有跨文化沟通的技巧和对不同金融市场的深入理解。随着技术在财务管理中的重要性日益增加，对司库来说，掌握最新的财务软件和数据分析工具也变得至关重要。现阶段，特别是在新兴市场和快速发展的行业中，经验丰富的司库人才相对稀缺，企业若缺乏合格的司库人才可能导致财务操作风险增加，影响企业的稳健运营，司库对于企业的作用在一定程度上也会因技术人才的短缺而受到限制。

（四）数据孤岛林立

企业业务与业务、业务与财务之间数据缺乏贯通，形成大量数据孤岛；不同系统之间的数据口径存在差异，难以核对数据一致性并进行跨系统分析；数据缺少统一标签，随着企业朝着多元化、规模化发展，企业数据种类增加、数据规模扩大，导致难以识别系统内、系统间的数据关联性和逻辑性，进而难以充分挖掘数据价值。

复习思考题

1. 司库管理的内涵是什么？
2. 司库管理与资金管理的区别有哪些？
3. 司库管理体系具体包括的内容有哪些？结构如何？司库管理体系建设存在哪些痛点与难点？
4. 司库管理体系建设的价值有哪些？
5. 如何构建司库管理信息系统？应着重考虑哪些指标进行数据治理？

附　　表

附表一　1元复利终值表

期数	1%	2%	3%	4%	5%	6%	7%	8%	9%	10%
1	1.010 0	1.020 0	1.030 0	1.040 0	1.050 0	1.060 0	1.070 0	1.080 0	1.090 0	1.100 0
2	1.020 1	1.040 4	1.060 9	1.081 6	1.102 5	1.123 6	1.144 9	1.166 4	1.188 1	1.210 0
3	1.030 3	1.061 2	1.092 7	1.124 9	1.157 6	1.191 0	1.225 0	1.259 7	1.295 0	1.331 0
4	1.040 6	1.082 4	1.125 5	1.169 9	1.215 5	1.262 5	1.310 8	1.360 5	1.411 6	1.464 1
5	1.051 0	1.104 1	1.159 3	1.216 7	1.276 3	1.338 2	1.402 6	1.469 3	1.538 6	1.610 5
6	1.061 5	1.126 2	1.194 1	1.265 3	1.340 1	1.418 5	1.500 7	1.580 9	1.677 1	1.771 6
7	1.072 1	1.148 7	1.229 9	1.315 9	1.407 1	1.503 6	1.605 8	1.713 8	1.828 0	1.948 7
8	1.082 9	1.171 7	1.266 8	1.368 6	1.477 5	1.593 8	1.718 2	1.850 9	1.992 6	2.143 6
9	1.093 7	1.195 1	1.304 8	1.423 3	1.551 3	1.689 5	1.838 5	1.999 0	2.171 9	2.357 9
10	1.104 6	1.219 0	1.343 9	1.480 2	1.628 9	1.790 8	1.967 2	2.158 9	2.367 4	2.593 7
11	1.115 7	1.243 4	1.384 2	1.539 5	1.710 3	1.898 3	2.104 9	2.331 6	2.580 4	2.853 1
12	1.126 8	1.268 2	1.425 8	1.601 0	1.795 9	2.012 2	2.252 2	2.518 2	2.812 7	3.138 4
13	1.138 1	1.293 6	1.468 5	1.665 1	1.885 6	2.132 9	2.409 8	2.719 6	3.065 8	3.452 3
14	1.149 5	1.319 5	1.512 6	1.731 7	1.979 9	2.260 9	2.578 5	2.937 2	3.341 7	3.797 5
15	1.161 0	1.345 9	1.558 0	1.800 9	2.078 9	2.396 6	2.759 0	3.172 2	3.642 5	4.177 2
16	1.172 6	1.372 8	1.604 7	1.873 0	2.182 9	2.540 4	2.952 2	3.425 9	3.970 3	4.595 0
17	1.184 3	1.400 2	1.652 8	1.947 9	2.292 0	2.692 8	3.158 8	3.700 0	4.327 6	5.054 5
18	1.196 1	1.428 2	1.702 4	2.025 8	2.406 6	2.854 3	3.379 9	3.996 0	4.717 1	5.559 9
19	1.208 1	1.456 8	1.753 5	2.106 8	2.527 0	3.025 6	3.616 5	4.315 7	5.141 7	6.115 9
20	1.220 2	1.485 9	1.806 1	2.191 1	2.653 3	3.207 1	3.869 7	4.661 0	5.604 4	6.727 5
21	1.232 4	1.515 7	1.860 3	2.278 8	2.786 0	3.399 6	4.140 6	5.033 8	6.108 8	7.400 2
22	1.244 7	1.546 0	1.916 1	2.369 9	2.925 3	3.603 5	4.430 4	5.436 5	6.658 6	8.140 3
23	1.257 2	1.576 9	1.973 6	2.464 7	3.071 5	3.819 7	4.740 5	5.871 5	7.257 9	8.954 3
24	1.269 7	1.608 4	2.032 8	2.563 3	3.225 1	4.048 9	5.072 4	6.341 2	7.911 1	9.849 7
25	1.282 4	1.640 6	2.093 8	2.665 8	3.386 4	4.291 9	5.427 4	6.848 5	8.623 1	10.835
26	1.295 3	1.673 4	2.156 6	2.772 5	3.555 7	4.549 4	5.807 4	7.396 4	9.399 2	11.918
27	1.308 2	1.706 9	2.221 3	2.883 4	3.733 5	4.822 3	6.213 9	7.988 1	10.245	13.110
28	1.321 3	1.741 0	2.287 9	2.998 7	3.920 1	5.111 7	6.648 8	8.627 1	11.167	14.421
29	1.334 5	1.775 8	2.356 6	3.118 7	4.116 1	5.418 4	7.114 3	9.317 3	12.172	15.863
30	1.347 8	1.811 4	2.427 3	3.243 4	4.321 9	5.743 5	7.612 3	10.063	13.268	17.449
40	1.488 9	2.208 0	3.262 0	4.801 0	7.040 0	10.286	14.794	21.725	31.408	45.259
50	1.644 6	2.691 6	4.383 9	7.106 7	11.467	18.420	29.457	46.902	74.358	117.39
60	1.816 7	3.281 0	5.891 6	10.52 0	18.679	32.988	57.946	101.26	176.03	304.48

续表

期数	12%	14%	15%	16%	18%	20%	24%	28%	32%	36%
1	1.120 0	1.140 0	1.150 0	1.160 0	1.180 0	1.200 0	1.240 0	1.280 0	1.320 0	1.360 0
2	1.254 4	1.299 6	1.322 5	1.345 6	1.392 4	1.440 0	1.537 6	1.638 4	1.742 4	1.849 6
3	1.404 9	1.481 5	1.520 9	1.560 9	1.643 0	1.728 0	1.906 6	2.087 2	2.300 0	2.515 5
4	1.573 5	1.689 0	1.749 0	1.810 6	1.938 8	2.073 6	2.364 2	2.684 4	3.036 0	3.421 0
5	1.762 3	1.925 4	2.011 4	2.100 3	2.287 8	2.488 3	2.931 6	3.436 0	4.007 5	4.652 6
6	1.973 8	2.195 0	2.313 1	2.436 4	2.699 6	2.986 0	3.635 2	4.398 0	5.289 9	6.327 5
7	2.210 7	2.502 3	2.660 0	2.826 2	3.185 5	3.583 2	4.507 7	5.629 5	6.982 6	8.605 4
8	2.476 0	2.852 6	3.059 0	3.278 4	3.758 9	4.299 8	5.589 5	7.205 8	9.217 0	11.703
9	2.773 1	3.251 9	3.517 9	3.803 0	4.435 5	5.159 8	6.931 0	9.223 4	12.166	15.917
10	3.105 8	3.707 2	4.045 6	4.411 4	5.233 8	6.191 7	8.594 4	11.806	16.060	21.647
11	3.478 5	4.226 2	4.652 4	5.117 3	6.175 9	7.430 1	10.657	15.112	21.199	29.439
12	3.896 0	4.817 9	5.350 3	5.936 0	7.287 6	8.916 1	13.215	19.343	27.983	40.037
13	4.363 5	5.492 4	6.152 8	6.885 8	8.599 4	10.699	16.386	24.759	36.937	54.451
14	4.887 1	6.261 3	7.075 7	7.987 5	10.147	12.839	20.319	31.691	48.757	74.053
15	5.473 6	7.137 9	8.137 1	9.265 5	11.974	15.407	25.196	40.565	64.359	100.71
16	6.130 4	8.137 2	9.357 6	10.748	14.129	18.488	31.243	51.923	84.954	136.97
17	6.866 0	9.276 5	10.761	12.468	16.672	22.186	38.741	66.461	112.14	186.28
18	7.690 0	10.575	12.375	14.463	19.673	26.623	48.039	85.071	148.02	253.34
19	8.612 8	12.056	14.232	16.777	23.214	31.948	59.568	108.89	195.39	344.54
20	9.646 3	13.743	16.367	19.461	27.393	38.338	73.864	139.38	257.92	468.57
21	10.804	15.668	18.822	22.574	32.324	46.005	91.592	178.41	340.45	637.26
22	12.100	17.861	21.645	26.186	38.142	55.206	113.57	228.36	449.39	866.67
23	13.552	20.362	24.891	30.376	45.008	66.247	140.83	292.30	593.20	1 178.7
24	15.179	23.212	28.625	35.236	53.109	79.497	174.63	374.14	783.02	1 603.0
25	17.000	26.462	32.919	40.874	62.669	95.396	216.54	478.90	1 033.6	2 180.1
26	19.040	30.167	37.857	47.414	73.949	114.48	268.51	613.00	1 364.3	2 964.9
27	21.325	34.390	43.535	55.000	87.260	137.37	332.95	784.64	1 800.9	4 032.3
28	23.884	39.204	50.066	63.800	102.97	164.84	412.86	1 004.3	2 377.2	5 483.9
29	26.750	44.693	57.575	74.009	121.50	197.81	511.95	1 285.6	3 137.9	7 458.1
30	29.960	50.950	66.212	85.850	143.37	237.38	634.82	1 645.5	4 142.1	10 143.0
40	93.051	188.83	267.86	378.72	750.38	1 469.8	5 455.9	19 427.0	66 521.0	*
50	289.00	700.23	1 083.7	1 670.7	3 927.4	9 100.4	46 890.0	*	*	*
60	897.60	2 595.9	4 384.0	7 370.2	20 555.0	56 348.0	*	*	*	*

*＞99 999

附表二　1元复利现值表

期数	1%	2%	3%	4%	5%	6%	7%	8%	9%	10%
1	0.990 1	0.980 4	0.970 9	0.961 5	0.952 4	0.943 4	0.934 6	0.925 9	0.917 4	0.909 1
2	0.980 3	0.971 2	0.942 6	0.924 6	0.907 0	0.890 0	0.873 4	0.857 3	0.841 7	0.826 4
3	0.970 6	0.942 3	0.915 1	0.889 0	0.863 8	0.839 6	0.816 3	0.793 8	0.772 2	0.751 3
4	0.961 0	0.923 8	0.888 5	0.854 8	0.822 7	0.792 1	0.762 9	0.735 0	0.708 4	0.683 0
5	0.951 5	0.905 7	0.862 6	0.821 9	0.783 5	0.747 3	0.713 0	0.680 6	0.649 9	0.620 9
6	0.942 0	0.888 0	0.837 5	0.790 3	0.746 2	0.705 0	0.666 3	0.630 2	0.596 3	0.564 5
7	0.932 7	0.860 6	0.813 1	0.759 9	0.710 7	0.665 1	0.622 7	0.583 5	0.547 0	0.513 2
8	0.923 5	0.853 5	0.787 4	0.730 7	0.676 8	0.627 4	0.582 0	0.540 3	0.501 9	0.466 5
9	0.914 3	0.836 8	0.766 4	0.702 6	0.644 6	0.591 9	0.543 9	0.500 2	0.460 4	0.424 1
10	0.905 3	0.820 3	0.744 1	0.675 6	0.613 9	0.558 4	0.508 3	0.463 2	0.422 4	0.385 5
11	0.896 3	0.804 3	0.722 4	0.649 6	0.584 7	0.526 8	0.475 1	0.428 9	0.387 5	0.350 5
12	0.887 4	0.788 5	0.701 4	0.624 6	0.556 8	0.497 0	0.444 0	0.397 1	0.355 5	0.318 6
13	0.878 7	0.773 0	0.681 0	0.600 6	0.530 3	0.468 8	0.415 0	0.367 7	0.326 2	0.289 7
14	0.870 0	0.757 9	0.661 1	0.577 5	0.505 1	0.442 3	0.387 8	0.340 5	0.299 2	0.263 3
15	0.861 3	0.743 0	0.641 9	0.555 3	0.481 0	0.417 3	0.362 4	0.315 2	0.274 5	0.239 4
16	0.852 8	0.728 4	0.623 2	0.533 9	0.458 1	0.393 6	0.338 7	0.291 9	0.251 9	0.217 6
17	0.844 4	0.714 2	0.605 0	0.513 4	0.436 3	0.371 4	0.316 6	0.270 3	0.231 1	0.197 8
18	0.836 0	0.700 2	0.587 4	0.493 6	0.415 5	0.350 3	0.295 9	0.250 2	0.212 0	0.179 9
19	0.827 7	0.686 4	0.570 3	0.474 6	0.395 7	0.330 5	0.276 5	0.231 7	0.194 5	0.163 5
20	0.819 5	0.673 0	0.553 7	0.456 4	0.376 9	0.311 8	0.258 4	0.214 5	0.178 4	0.148 6
21	0.811 4	0.659 8	0.537 5	0.438 8	0.358 9	0.294 2	0.241 5	0.198 7	0.163 7	0.135 1
22	0.803 4	0.646 8	0.521 9	0.422 0	0.341 8	0.277 5	0.225 7	0.183 9	0.150 2	0.122 8
23	0.795 4	0.634 2	0.506 7	0.405 7	0.325 6	0.261 8	0.210 9	0.170 3	0.137 8	0.111 7
24	0.787 6	0.621 7	0.491 9	0.390 1	0.310 1	0.247 0	0.197 1	0.157 7	0.126 4	0.101 5
25	0.779 8	0.609 5	0.477 6	0.375 1	0.295 3	0.233 0	0.184 2	0.146 0	0.116 0	0.092 3
26	0.772 0	0.597 6	0.463 7	0.360 4	0.281 2	0.219 8	0.172 2	0.135 2	0.106 4	0.083 9
27	0.764 4	0.585 9	0.450 2	0.346 8	0.267 8	0.207 4	0.160 9	0.125 2	0.097 6	0.076 3
28	0.756 8	0.574 4	0.437 1	0.333 5	0.255 1	0.195 6	0.150 4	0.115 9	0.089 5	0.069 3
29	0.749 3	0.563 1	0.424 3	0.320 7	0.242 9	0.184 6	0.140 6	0.107 3	0.082 2	0.063 0
30	0.741 9	0.552 1	0.412 0	0.308 3	0.231 4	0.174 1	0.131 4	0.099 4	0.075 4	0.057 3
35	0.705 9	0.500 0	0.355 4	0.253 4	0.181 3	0.130 1	0.093 7	0.067 6	0.049 0	0.035 6
40	0.671 7	0.452 9	0.306 6	0.208 3	0.142 0	0.097 2	0.066 8	0.046 0	0.031 8	0.022 1
45	0.639 1	0.410 2	0.264 4	0.171 2	0.111 3	0.072 7	0.047 6	0.031 3	0.020 7	0.013 7
50	0.608 0	0.371 5	0.228 1	0.140 7	0.087 2	0.054 3	0.033 9	0.021 3	0.013 4	0.008 5
55	0.578 5	0.336 5	0.196 8	0.115 7	0.068 3	0.040 6	0.024 2	0.014 5	0.008 7	0.005 3

续表

期数	12%	14%	15%	16%	18%	20%	24%	28%	32%	36%
1	0.892 9	0.877 2	0.869 6	0.862 1	0.847 5	0.833 3	0.806 5	0.781 3	0.757 6	0.735 3
2	0.797 2	0.769 5	0.756 1	0.743 2	0.718 2	0.694 4	0.650 4	0.610 4	0.573 9	0.540 7
3	0.711 8	0.675 0	0.657 5	0.640 7	0.608 6	0.578 7	0.524 5	0.476 8	0.434 8	0.397 5
4	0.635 5	0.592 1	0.571 8	0.552 3	0.515 8	0.482 3	0.423 0	0.372 5	0.329 4	0.292 3
5	0.567 4	0.519 4	0.497 2	0.476 2	0.437 1	0.401 9	0.341 1	0.291 0	0.249 5	0.214 9
6	0.506 6	0.455 6	0.432 3	0.410 4	0.370 4	0.334 9	0.275 1	0.227 4	0.189 0	0.158 0
7	0.452 3	0.399 6	0.375 9	0.353 8	0.313 9	0.279 1	0.221 8	0.177 6	0.143 2	0.116 2
8	0.403 9	0.350 6	0.326 9	0.305 0	0.266 0	0.232 6	0.178 9	0.138 8	0.108 5	0.085 4
9	0.360 6	0.307 5	0.284 3	0.263 0	0.225 5	0.193 8	0.144 3	0.108 4	0.082 2	0.062 8
10	0.322 0	0.269 7	0.247 2	0.226 7	0.191 1	0.161 5	0.116 4	0.084 7	0.062 3	0.046 2
11	0.287 5	0.236 6	0.214 9	0.195 4	0.161 9	0.134 6	0.093 8	0.066 2	0.047 2	0.034 0
12	0.256 7	0.207 6	0.186 9	0.168 5	0.137 3	0.112 2	0.075 7	0.051 7	0.035 7	0.025 0
13	0.229 2	0.182 1	0.162 5	0.145 2	0.116 3	0.093 5	0.061 0	0.040 4	0.027 1	0.018 4
14	0.204 6	0.159 7	0.141 3	0.125 2	0.098 5	0.077 9	0.049 2	0.031 6	0.020 5	0.013 5
15	0.182 7	0.140 1	0.122 9	0.107 9	0.083 5	0.064 9	0.039 7	0.024 7	0.015 5	0.009 9
16	0.163 1	0.122 9	0.106 9	0.098 0	0.070 9	0.054 1	0.032 0	0.019 3	0.011 8	0.007 3
17	0.145 6	0.107 8	0.092 9	0.080 2	0.060 0	0.045 1	0.025 9	0.015 0	0.008 9	0.005 4
18	0.130 0	0.094 6	0.080 8	0.069 1	0.050 8	0.037 6	0.020 8	0.011 8	0.006 8	0.003 9
19	0.116 1	0.082 9	0.070 3	0.059 6	0.043 1	0.031 3	0.016 8	0.009 2	0.005 1	0.002 9
20	0.103 7	0.072 8	0.061 1	0.051 4	0.036 5	0.026 1	0.013 5	0.007 2	0.003 9	0.002 1
21	0.092 6	0.063 8	0.053 1	0.044 3	0.030 9	0.021 7	0.010 9	0.005 6	0.002 9	0.001 6
22	0.082 6	0.056 0	0.046 2	0.038 2	0.026 2	0.018 1	0.008 8	0.004 4	0.002 2	0.001 2
23	0.073 8	0.049 1	0.040 2	0.032 9	0.022 2	0.015 1	0.007 1	0.003 4	0.001 7	0.000 8
24	0.065 9	0.043 1	0.034 9	0.028 4	0.018 8	0.012 6	0.005 7	0.002 7	0.001 3	0.000 6
25	0.058 8	0.037 8	0.030 4	0.024 5	0.016 0	0.010 5	0.004 6	0.002 1	0.001 0	0.000 5
26	0.052 5	0.033 1	0.026 4	0.021 1	0.013 5	0.008 7	0.003 7	0.001 6	0.000 7	0.000 3
27	0.046 9	0.029 1	0.023 0	0.018 2	0.011 5	0.007 3	0.003 0	0.001 3	0.000 6	0.000 2
28	0.041 9	0.025 5	0.020 0	0.015 7	0.009 7	0.006 1	0.002 4	0.001 0	0.000 4	0.000 2
29	0.037 4	0.022 4	0.017 4	0.013 5	0.008 2	0.005 1	0.002 0	0.000 8	0.000 3	0.000 1
30	0.033 4	0.019 6	0.015 1	0.011 6	0.007 0	0.004 2	0.001 6	0.000 6	0.000 2	0.000 1
35	0.018 9	0.010 2	0.007 5	0.005 5	0.003 0	0.001 7	0.000 5	0.000 2	0.000 1	*
40	0.010 7	0.005 3	0.003 7	0.002 6	0.001 3	0.000 7	0.000 2	0.000 1	*	*
45	0.006 1	0.002 7	0.001 9	0.001 3	0.000 6	0.000 3	0.000 1	*	*	*
50	0.003 5	0.001 4	0.000 9	0.000 6	0.000 3	0.000 1	*	*	*	*
55	0.002 0	0.000 7	0.000 5	0.000 3	0.000 1	*	*	*	*	*

*＜0.000 1

附表三　1元年金终值表

期数	1%	2%	3%	4%	5%	6%	7%	8%	9%	10%
1	1.000 0	1.000 0	1.000 0	1.000 0	1.000 0	1.000 0	1.000 0	1.000 0	1.000 0	1.000 0
2	2.010 0	2.020 0	2.030 0	2.040 0	2.050 0	2.060 0	2.070 0	2.080 0	2.090 0	2.100 0
3	3.030 1	3.060 4	3.090 9	3.121 6	3.152 5	3.183 6	3.214 9	3.246 4	3.278 1	3.310 0
4	4.060 4	4.121 6	4.183 6	4.246 5	4.310 1	4.374 6	4.439 9	4.506 1	4.573 1	4.641 0
5	5.101 0	5.204 0	5.309 1	5.416 3	5.525 6	5.637 1	5.750 7	5.866 6	5.984 7	6.105 1
6	6.152 0	6.308 1	6.468 4	6.633 0	6.801 9	6.975 3	7.153 3	7.335 9	7.523 3	7.715 6
7	7.213 5	7.434 3	7.662 5	7.898 3	8.142 0	8.393 8	8.654 0	8.922 8	9.200 4	9.487 2
8	8.285 7	8.583 0	8.892 3	9.214 2	9.549 1	9.897 5	10.260	10.637	11.028	11.436
9	9.368 5	9.754 6	10.159	10.583	11.027	11.491	11.978	12.488	13.021	13.579
10	10.462	10.950	11.464	12.006	12.578	13.181	13.816	14.487	15.193	15.937
11	11.567	12.169	12.808	13.486	14.207	14.972	15.784	16.645	17.560	18.531
12	12.683	13.412	14.192	15.026	15.917	16.870	17.888	18.977	20.141	21.384
13	13.809	14.680	15.618	16.627	17.713	18.882	20.141	21.495	22.953	24.523
14	14.947	15.974	17.086	18.292	19.599	21.015	22.550	24.214	26.019	27.975
15	16.097	17.293	18.599	20.024	21.579	23.276	25.129	27.152	29.361	31.772
16	17.258	18.639	20.157	21.825	23.657	25.673	27.888	30.324	33.003	35.950
17	18.430	20.012	21.762	23.698	25.840	28.213	30.840	33.750	36.974	40.545
18	19.615	21.412	23.414	25.645	28.132	30.906	33.999	37.450	41.301	45.599
19	20.811	22.841	25.117	27.671	30.539	33.760	37.379	41.446	46.018	51.159
20	22.019	24.297	26.870	29.778	33.066	36.786	40.995	45.752	51.160	57.275
21	23.239	25.783	28.676	31.969	35.719	39.993	44.865	50.423	56.765	64.002
22	24.472	27.299	30.537	34.248	38.505	43.392	49.006	55.457	62.873	71.403
23	25.716	28.845	32.453	36.618	41.430	46.996	53.436	60.883	69.532	79.543
24	26.973	30.422	34.426	39.083	44.502	50.816	58.177	66.765	76.790	88.497
25	28.243	32.030	36.459	41.646	47.727	54.863	63.249	73.106	84.701	98.347
26	29.526	33.671	38.553	44.312	51.113	59.156	68.676	79.954	93.324	109.18
27	30.821	35.344	40.710	47.084	54.669	63.706	74.484	87.351	102.72	121.10
28	32.129	37.051	42.931	49.968	58.403	68.528	80.698	95.339	112.97	134.21
29	33.450	38.792	45.219	52.966	62.323	73.640	87.347	103.97	124.14	148.63
30	34.785	40.568	47.575	56.085	66.439	79.058	94.461	113.28	136.31	164.49
40	48.886	60.402	75.401	95.026	120.80	154.76	199.64	259.06	337.88	442.59
50	64.463	84.579	112.80	152.67	209.35	290.34	406.53	573.77	815.08	1 163.9
60	81.670	114.05	163.05	237.99	353.58	533.13	813.52	1 253.2	1 944.8	3 034.8

续表

期数	12%	14%	15%	16%	18%	20%	24%	28%	32%	36%
1	1.000 0	1.000 0	1.000 0	1.000 0	1.000 0	1.000 0	1.000 0	1.000 0	1.000 0	1.000 0
2	2.120 0	2.140 0	2.150 0	2.160 0	2.180 0	2.200 0	2.240 0	2.280 0	2.320 0	2.360 0
3	3.374 4	3.439 6	3.472 5	3.505 6	3.572 4	3.640 0	3.777 6	3.918 4	3.062 4	3.209 6
4	4.779 3	4.921 1	4.993 4	5.066 5	5.215 4	5.368 0	5.684 2	6.015 6	6.362 4	6.725 1
5	6.352 8	6.610 1	6.742 4	6.877 1	7.154 2	7.441 6	8.048 4	8.699 9	9.398 3	10.146
6	8.115 2	8.535 5	8.753 7	8.977 5	9.442 0	9.929 9	10.980	12.136	13.406	14.799
7	10.089	10.730	11.067	11.414	12.142	12.916	14.615	16.534	18.696	21.126
8	12.300	13.233	13.727	14.240	15.327	16.499	19.123	22.163	25.678	29.732
9	14.776	16.085	16.786	17.519	19.086	20.799	24.712	29.369	34.895	41.435
10	17.549	19.337	20.304	21.321	23.521	25.959	31.643	38.593	47.062	57.352
11	20.655	23.045	24.349	25.733	28.755	32.150	40.238	50.398	63.122	78.998
12	24.133	27.271	29.002	30.850	34.931	39.581	50.895	65.510	84.320	108.44
13	28.029	32.089	34.352	36.786	42.219	48.497	64.110	84.853	112.30	148.47
14	32.393	37.581	40.505	43.672	50.818	59.196	80.496	109.61	149.24	202.93
15	37.280	43.842	47.580	51.660	60.965	72.035	100.82	141.30	198.00	276.98
16	42.753	50.980	55.717	60.925	72.939	87.442	126.01	181.87	262.36	377.69
17	48.884	59.118	65.075	71.673	87.068	105.93	157.25	233.79	347.31	514.66
18	55.750	68.394	75.836	84.141	103.74	128.12	195.99	300.25	459.45	770.94
19	63.440	78.969	88.212	98.603	123.41	154.74	244.03	385.32	607.47	954.28
20	72.052	91.025	102.44	115.38	146.63	186.69	303.60	494.21	802.86	1 298.8
21	81.699	104.77	118.81	134.84	174.02	225.03	377.46	633.59	1 060.8	1 767.4
22	92.503	120.44	137.63	157.41	206.34	271.03	469.06	812.00	1 401.2	2 404.7
23	104.60	138.30	159.28	183.60	244.49	326.24	582.63	1 040.4	1 850.6	3 271.3
24	118.16	158.66	184.17	213.98	289.49	392.48	723.46	1 332.7	2 443.8	4 450.0
25	133.33	181.87	212.79	249.21	342.60	471.98	898.09	1 706.8	3 226.8	6 053.0
26	150.33	208.33	245.71	290.09	405.27	567.38	1 114.6	2 185.7	4 260.4	8 233.1
27	169.37	238.50	283.57	337.50	479.22	681.85	1 383.1	2 798.7	5 624.8	11 198.0
28	190.70	272.89	327.10	392.50	566.48	819.22	1 716.1	3 583.3	7 425.7	15 230.3
29	214.58	312.09	377.17	456.30	669.45	984.07	2 129.0	4 587.7	9 802.9	20 714.2
30	241.33	356.79	434.75	530.31	790.95	1 181.9	2 640.9	5 873.2	12 941.0	28 172.3
40	767.09	1 342.0	1 779.1	2 360.8	4 163.2	7 343.2	27 729.0	69 377.0	*	*
50	2 400.0	4 994.5	7 217.7	10 436.0	21 813.0	45 497.0	*	*	*	*
60	7 471.6	18 535.0	29 220.0	46 058.0	*	*	*	*	*	*

*>99 999

附表四　1元年金现值表

期数	1%	2%	3%	4%	5%	6%	7%	8%	9%	10%
1	0.990 1	0.980 4	0.970 9	0.961 5	0.952 4	0.943 4	0.934 6	0.925 9	0.917 4	0.909 1
2	1.970 4	1.941 6	1.913 5	1.886 1	1.859 4	1.833 4	1.808 0	1.783 3	1.759 1	1.735 5
3	2.941 0	2.883 9	2.828 6	2.775 1	2.723 2	2.673 0	2.624 3	2.577 1	2.531 3	2.486 9
4	3.902 0	3.807 7	3.717 1	3.629 9	3.546 0	3.465 1	3.387 2	3.312 1	3.239 7	3.169 9
5	4.853 4	4.713 5	4.579 7	4.451 8	4.329 5	4.212 4	4.100 2	3.992 7	3.889 7	3.790 8
6	5.795 5	5.601 4	5.417 2	5.242 1	5.075 7	4.917 3	4.766 5	4.622 9	4.485 9	4.355 3
7	6.728 2	6.472 0	6.230 3	6.002 1	5.786 4	5.582 4	5.389 3	5.206 4	5.033 0	4.868 4
8	7.651 7	7.325 5	7.019 7	6.732 7	6.463 2	6.209 8	5.971 3	5.746 6	5.534 8	5.334 9
9	8.566 0	8.162 2	7.786 1	7.435 3	7.107 8	6.801 7	6.515 2	6.246 9	5.995 2	5.759 0
10	9.471 3	8.982 6	8.530 2	8.110 9	7.721 7	7.360 1	7.023 6	6.710 1	6.417 7	6.144 6
11	10.367 6	9.786 8	9.252 6	8.760 5	8.306 4	7.886 9	7.498 7	7.139 0	6.805 2	6.495 1
12	11.255 1	10.575 3	9.954 0	9.385 1	8.863 3	8.383 8	7.942 7	7.536 1	7.160 7	6.813 7
13	12.133 7	11.348 4	10.635 0	9.985 6	9.393 6	8.852 7	8.357 7	7.903 8	7.486 9	7.103 4
14	13.003 7	12.106 2	11.296 1	10.563 1	9.898 6	9.295 0	8.745 5	8.244 2	7.786 2	7.366 7
15	13.865 1	12.849 3	11.937 9	11.118 4	10.379 7	9.712 2	9.107 9	8.559 5	8.060 7	7.606 1
16	14.717 9	13.577 7	12.561 1	11.652 3	10.837 8	10.105 9	9.446 6	8.851 4	8.312 6	7.823 7
17	15.562 3	14.291 9	13.166 1	12.165 7	11.274 1	10.477 3	9.763 2	9.121 6	8.543 6	8.021 6
18	16.398 3	14.992 0	13.753 5	12.689 6	11.689 6	10.827 6	10.059 1	9.371 9	8.755 6	8.201 4
19	17.226 0	15.678 5	14.323 8	13.133 9	12.085 3	11.158 1	10.335 6	9.603 6	8.960 1	8.364 9
20	18.045 6	16.351 4	14.877 5	13.590 3	12.462 2	11.469 9	10.594 0	9.818 1	9.128 5	8.513 6
21	18.857 0	17.011 2	15.415 0	14.029 2	12.821 2	11.764 1	10.835 5	10.016 8	9.292 2	8.648 7
22	19.660 4	17.658 0	15.936 9	14.451 1	13.163 0	12.041 6	11.061 2	10.200 7	9.442 4	8.771 5
23	20.455 8	18.292 2	16.443 6	14.856 8	13.488 6	12.303 4	11.272 2	10.371 1	9.580 2	8.883 2
24	21.243 4	18.913 9	16.935 5	15.247 0	13.798 6	12.550 4	11.469 3	10.528 8	9.706 6	8.984 7
25	22.023 2	19.523 5	17.413 1	15.622 1	14.093 9	12.783 4	11.653 6	10.674 8	9.822 6	9.077 0
26	22.795 2	20.121 0	17.876 8	15.982 8	14.375 2	13.003 2	11.825 8	10.810 0	9.929 0	9.160 9
27	23.559 6	20.705 9	18.327 0	16.329 6	14.643 0	13.210 5	11.986 7	10.935 2	10.026 6	9.237 2
28	24.316 4	21.281 3	18.764 1	16.663 1	14.898 1	13.406 2	12.137 1	11.051 1	10.116 1	9.306 6
29	25.065 8	21.844 4	19.188 5	16.983 7	15.141 1	13.590 7	12.277 7	11.158 4	10.198 3	9.369 6
30	25.807 7	22.396 5	19.600 4	17.292 0	15.372 5	13.764 8	12.409 0	11.257 8	10.273 7	9.426 9
35	29.408 6	24.998 6	21.487 2	18.664 6	16.374 2	14.498 2	12.947 7	11.654 6	10.566 8	9.644 2
40	32.834 7	27.355 5	23.114 8	19.792 8	17.159 1	15.046 3	13.331 7	11.924 6	10.757 4	9.779 1
45	36.094 5	29.490 2	24.518 7	20.720 0	17.774 1	15.455 8	13.605 5	12.108 4	10.881 2	9.862 8
50	39.196 1	31.423 6	25.729 8	21.482 2	18.255 9	15.761 9	13.800 7	12.233 5	10.961 7	9.914 8
55	42.147 2	33.174 8	26.774 4	22.108 6	18.633 5	15.990 5	13.939 9	12.318 6	11.014 0	9.947 1

续表

期数	12%	14%	15%	16%	18%	20%	24%	28%	32%
1	0.892 9	0.877 2	0.869 6	0.862 1	0.847 5	0.833 3	0.806 5	0.781 3	0.757 6
2	1.690 1	1.646 7	1.625 7	1.605 2	1.565 6	1.527 8	1.456 8	1.391 6	1.331 5
3	2.401 8	2.321 6	2.283 2	2.245 9	2.174 3	2.106 5	1.981 3	1.868 4	1.766 3
4	3.037 3	2.913 7	2.855 0	2.798 2	2.690 1	2.588 7	2.404 3	2.241 0	2.095 7
5	3.604 8	3.433 1	3.352 2	3.274 3	3.127 2	2.990 6	2.745 4	2.532 0	2.345 2
6	4.111 4	3.888 7	3.784 5	3.684 7	3.497 6	3.325 5	3.020 5	2.759 4	2.534 2
7	4.563 8	4.288 2	4.160 4	4.038 6	3.811 5	3.604 6	3.242 3	2.937 0	2.677 5
8	4.967 6	4.638 9	4.487 3	4.343 6	4.077 6	3.837 2	3.421 2	3.075 8	2.786 0
9	5.328 2	4.916 4	4.771 6	4.606 5	4.303 0	4.031 0	3.565 5	3.184 2	2.868 1
10	5.650 2	5.216 1	5.018 8	4.833 2	4.494 1	4.192 5	3.681 9	3.268 9	2.930 4
11	5.937 7	5.452 7	5.233 7	5.028 6	4.656 0	4.327 1	3.775 7	3.335 1	2.977 6
12	6.194 4	5.660 3	5.420 6	5.197 1	4.793 2	4.439 2	3.851 4	3.386 8	3.013 3
13	6.423 5	5.842 4	5.583 1	5.342 3	4.909 5	4.532 7	3.912 4	3.427 2	3.040 4
14	6.628 2	6.002 1	5.724 5	5.467 5	5.008 1	4.610 6	3.961 6	3.458 7	3.060 9
15	6.810 9	6.142 2	5.847 4	5.575 5	5.091 6	4.675 5	4.001 3	3.483 4	3.076 4
16	6.974 0	6.265 1	5.954 2	5.668 5	5.162 4	4.729 6	4.033 3	3.502 6	3.088 2
17	7.119 6	6.372 9	6.047 2	5.748 7	5.222 3	4.774 6	4.059 1	3.517 7	3.097 1
18	7.249 7	6.467 4	6.128 0	5.817 8	5.273 2	4.812 2	4.079 9	3.529 4	3.103 9
19	7.365 8	6.550 4	6.198 2	5.877 5	5.316 2	4.843 5	4.096 7	3.538 6	3.109 0
20	7.469 4	6.623 1	6.259 3	5.928 8	5.352 7	4.869 6	4.110 3	3.545 8	3.112 9
21	7.562 0	6.687 0	6.312 5	5.973 1	5.383 7	4.891 3	4.121 2	3.551 4	3.115 8
22	7.644 6	6.742 9	6.358 7	6.011 3	5.409 9	4.909 4	4.130 0	3.555 8	3.118 0
23	7.718 4	6.792 1	6.398 8	6.044 2	5.432 1	4.924 5	4.137 1	3.559 2	3.119 7
24	7.784 3	6.835 1	6.433 8	6.072 6	5.450 9	4.937 1	4.142 8	3.561 9	3.121 0
25	7.843 1	6.872 9	6.464 1	6.097 1	5.466 9	4.947 6	4.147 4	3.564 0	3.122 0
26	7.895 7	6.906 1	6.490 6	6.118 2	5.480 4	4.956 3	4.151 1	3.565 6	3.122 7
27	7.942 6	6.935 2	6.513 5	6.136 4	5.491 9	4.963 6	4.154 2	3.566 9	3.123 3
28	7.984 4	6.960 7	6.533 5	6.152 0	5.501 6	4.969 7	4.156 6	3.567 9	3.123 7
29	8.021 8	6.983 0	6.550 9	6.165 6	5.509 8	4.974 7	4.158 5	3.568 7	3.124 0
30	8.055 2	7.002 7	6.566 0	6.177 2	5.516 8	4.978 9	4.160 1	3.569 3	3.124 2
35	8.175 5	7.070 0	6.616 6	6.215 3	5.538 6	4.991 5	1.164 4	3.570 8	3.124 8
40	8.243 8	7.105 0	6.641 8	6.233 5	5.548 2	4.996 6	4.165 9	3.571 2	3.125 0
45	8.282 5	7.123 2	6.654 3	6.242 1	5.552 3	4.998 6	4.166 4	3.571 4	3.125 0
50	8.304 5	7.132 7	6.660 5	6.246 3	5.554 1	4.999 5	4.166 6	3.571 4	3.125 0
55	8.317 0	7.137 6	6.663 6	6.248 2	5.554 9	4.999 8	4.166 6	3.571 4	3.125 0